“十四五”职业教育国家规划教材

高等职业教育计算机类课程**新形态一体化**教材

信息技术应用基础（第2版）

主编　李灿辉　刘彦姝

中国教育出版传媒集团
高等教育出版社·北京

内容提要

本书为“十四五”职业教育国家规划教材。

本书依据教育部颁布的《高等职业教育专科信息技术课程标准（2021年版）》（以下简称“新课标”）和《全国计算机等级考试一级计算机基础及MS Office应用考试大纲》的相关要求进行编写，及时纳入新知识和新技术，以信息技术基础知识为主线，精心设计教学内容，按照职业工作过程和学习者的认知规律与能力循序渐进，以蓝蓝从校园“菜鸟”到职场丽人的成长故事为原型，通过“信息技术→个人求职→职场管理→应用创新→技术融合”的工作历程组织全书内容，系统地设置了5个模块20个项目。全书涵盖新课标的基础模块和拓展模块，覆盖19个专业大类的“岗课赛证”“创新创业”教学企业项目资源，通过拓展阅读二维码的形式将新一代信息技术领域的“中国系列成就”贯穿全书，实现工作环境步步跨越，职业能力层层递进，信息素养入脑入心。

本书配有微课视频、课程标准、授课用PPT、案例素材及源代码、习题答案等丰富的数字化学习资源。与本书配套的数字课程在“智慧职教”平台（www.icve.com.cn）上线，学习者可登录平台在线学习，授课教师可调用本课程构建符合自身教学特色的SPOC课程，详见“智慧职教”服务指南。本书同时配有MOOC课程，学习者可访问“智慧职教MOOC学院”（mooc.icve.com.cn）进行在线开放课程学习。授课教师也可登录“高等教育出版社产品信息检索系统”（xuanshu.hep.com.cn）搜索并下载本书配套教学资源，首次使用本系统的用户，请先进行注册并完成教师资格认证。

本书为高等职业院校“信息技术”或“计算机应用基础”公共基础课程教材，也可作为全国计算机等级考试一级计算机基础及MS Office应用考试及各类培训的教材。

图书在版编目（CIP）数据

信息技术应用基础 / 李灿辉，刘彦姝主编．
2版．-- 北京 ： 高等教育出版社，2025.7．--ISBN
978-7-04-062825-8

Ⅰ．TP3

中国国家版本馆CIP数据核字第2024GA5005号

Xinxi Jishu Yingyong Jichu

策划编辑 吴鸣飞　　责任编辑 吴鸣飞　　封面设计 赵　阳　　版式设计 杨　树
责任绘图 杨伟露　　责任校对 刘娟娟　　责任印制 赵义民

出版发行	高等教育出版社	网　址	http://www.hep.edu.cn
社　址	北京市西城区德外大街4号		http://www.hep.com.cn
邮政编码	100120	网上订购	http://www.hepmall.com.cn
印　刷	北京市白帆印务有限公司		http://www.hepmall.com
开　本	850 mm×1168 mm 1/16		http://www.hepmall.cn
印　张	18.75	版　次	2020年12月第1版
字　数	600千字		2025年 7月第2版
购书热线	010-58581118	印　次	2025年 7月第1次印刷
咨询电话	400-810-0598	定　价	52.00元

物 料 号　62825-00

“智慧职教”服务指南

“智慧职教”（www.icve.com.cn）是由高等教育出版社建设和运营的职业教育数字教学资源共建共享平台和在线课程教学服务平台，与教材配套课程相关的部分包括资源库平台、职教云平台和App等。用户通过平台注册，登录即可使用该平台。

• 资源库平台：为学习者提供本教材配套课程及资源的浏览服务。

登录“智慧职教”平台，在首页搜索框中搜索“信息技术应用基础”，找到对应作者主持的课程，加入课程参加学习，即可浏览课程资源。

• 职教云平台：帮助任课教师对本教材配套课程进行引用、修改，再发布为个性化课程（SPOC）。

1. 登录职教云平台，在首页单击“新增课程”按钮，根据提示设置要构建的个性化课程的基本信息。

2. 进入课程编辑页面设置教学班级后，在“教学管理”的“教学设计”中“导入”教材配套课程，可根据教学需要进行修改，再发布为个性化课程。

• App：帮助任课教师和学生基于新构建的个性化课程开展线上线下混合式、智能化教与学。

1. 在应用市场搜索“智慧职教+”App，下载安装。

2. 登录App，任课教师指导学生加入个性化课程，并利用App提供的各类功能，开展课前、课中、课后的教学互动，构建智慧课堂。

“智慧职教”使用帮助及常见问题解答请访问 help.icve.com.cn。

前　言

以大数据、云计算、人工智能为代表的新一代信息技术加速迭代、集成突破、融合创新、全域赋能，为经济社会发展提供了数字基座。建设创新型国家和技能型社会，打造科技强国、网络强国和数字中国，迫切需要大量具备良好信息素养的技术技能型人才。

本书第1版于2020年12月出版后，基于广大院校师生的教学应用反馈并结合目前最新的课程教学改革成果，不断优化、更新教材内容，同时，结合党的二十大精神进教材、进课堂、进头脑的要求，进一步全面落实立德树人的根本任务，努力培养德智体美劳全面发展的新时代建设者和接班人，在本次改版过程中，根据高等职业教育专科各专业教学标准对学生信息处理核心能力的要求，对接《高等职业教育专科信息技术课程标准（2021年版）》，按照现代职业岗位对信息处理能力的要求，结合全国职业院校技能大赛、全国青少年信息素养大赛等赛项，参照办公应用职业技能等级证书标准，通过相关的知识学习、项目实践和综合应用，增强学习者的信息意识，提升计算思维，促进数字化创新与发展能力，树立正确的信息社会价值观和责任感，为其职业发展、终身学习和服务社会奠定基础。本书设计的“中国系列成就”新一代信息技术小故事贯穿全书各项目，以拓展阅读二维码的形式进行呈现。在“应用创新”模块中，通过“VR衣秀创业项目”的项目管理、长文档编辑和路演展示，聚焦科技创新驱动发展战略，守正创新，把握时代、引领时代；在“探视新一代信息技术”项目中，引用“千里江山图”宣传海报制作，展示中华优秀传统文化的独特魅力和艺术价值，促进文化传承与交流，增强学习者的民族自豪感。

本书为“十四五”职业教育国家规划教材、湖南省职业教育优质教材，同时为国家精品课程、国家级精品资源共享课程、国家职业教育虚拟现实技术应用专业教学资源库的配套教材。本书编写团队与蓝图信息技术有限公司等校企“双元”合作项目中精选教学内容，按职业工作过程和学员认知规律与能力循序渐进，以蓝蓝从校园“菜鸟”到职场丽人的成长励志故事为原型，通过“信息技术→个人求职→职场管理→应用创新→技术融合”的工作历程组织全书内容，系统地设置了5个模块20个项目，涵盖新课标中的基础模块和拓展模块，具体如下图所示。

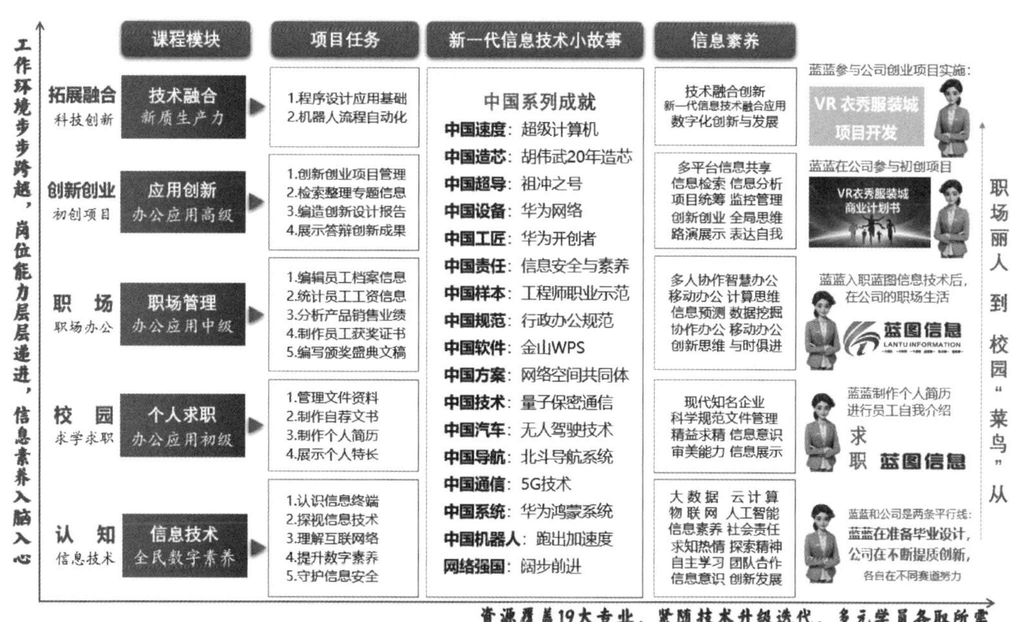

书中的每个项目均以真实项目为引导，通过项目分析、项目实现、相关知识、项目小结、IT工作室等环节，帮助学习者对重点内容进行理解与运用。本书具有以下特点：

1. 内容新颖，与时俱进。在本书的修订过程中，将新一代信息技术，如大数据、云计算、物联网、人工智能等以图文结合的方式进行展示，着力培养读者的互联网思维和信息素养。本书摆脱了传统的编写模式，涵盖了 Windows 10+Office 2016 的 PC 端办公、手机、平板电脑的移动办公以及多人协作办公，全力满足人们利用 PC 端、手机端、平板电脑等设备在家、公司、路上随时随地实现移动办公、信息存储的需求。

2. 经验积累，创新设计。团队成员20余年办公经验和教学改革经验的积累，在介绍Windows文件管理时，采用了现代知名企业科学、规范的文件管理方法，利用印象笔记、百盘网盘等工具使用、管理手机端、PC端以及其他移动设备端的信息资料。通过“中国系列成就”的新一代信息技术小故事贯穿全书各项目，将党的二十大精神有机融入全书；将蓝蓝“创新创业”“技术拓展”的真实体验写入全书，推进创新创业型人才的培养。

3. 团队智慧，终身共享。丰富的教学资源已在“智慧职教”平台、湖南省数字媒体技术专业群教学资源库以及湖南省在线开放课程“信息技术”MOOC 学院平台上线，内容包括 PPT、课程标准、授课计划、电子教案、微课视频、案例素材和效果文件、测试题库、企业项目库等，学习者可以免费注册并访问相关教学资源，实现终身学习。

本书编写团队成员均为国家级职业教育教师教学创新团队骨干成员，主持并参与国家职业教育资源库建设项目及湖南省重点专业群建设项目。

本书由湖南大众传媒职业技术学院李灿辉、刘彦姝担任主编，由李辉熠、谢景伟、罗卓君、施薇担任副主编。全书由李灿辉统稿、审稿并定稿。具体编写分工如下：项目1由田永民、李辉熠编写，项目2由周艳梅、徐娅兰、程华安编写，项目3由邝月娟、万新编写，项目4、项目6由施薇编写，项目5由万新编写，项目7由李勇编写，项目8由徐丹红编写，项目9、项目14由刘彦姝编写，项目10由谭志超编写，项目11、项目13由李灿辉编写，项目12由谢景伟编写，项目15由程华安编写，项目16由欧阳炜昊编写，项目17、项目20由黄翔编写，项目18由李辉熠编写，项目19由罗卓君编写。

在本书的编写过程中，吴振峰、李志勇、曹华山等老师在教材体例、教学案例、资料的收集整理、内容的修订等方面做了大量工作，也得到了许多职业院校老师和企业工程师的大力支持，同时参考和借鉴了部分高等职业院校的研究成果及相关文献资料，在此一并致以衷心的感谢。

由于新一代信息技术发展迅速，加之编者水平有限，书中难免存在疏漏和不妥之处，恳请广大读者批评、指正。

李灿辉

2025 年 6 月 1 日于长沙

目　　录

模块一　信息技术

模块二 个人求职

模块三 职场管理

模块四 应用创新

模块五 技术融合

模块一

信息技术

我国国务院颁布的《国务院关于加快培育和发展战略性新兴产业的决定》中列出了国家战略性新兴产业体系目录，其中就以"新一代信息技术产业"为核心代表。党的二十大报告中更是明确提出：推动战略性新兴产业融合集群发展，构建新一代信息技术、人工智能、生物技术、新能源、新材料、高端装备、绿色环保等一批新的增长引擎。

在信息化的社会，时刻关注目前最前沿的物联网、云计算等互联网络知识，探视大数据、虚拟现实、元宇宙，关注目前最新技术的信息终端，利用QQ、微信等实现信息化学习和办公，这些都是作为新时代大学生所应具备的知识、技能和素养。

学习目标

知识目标

（1）了解信息系统的组成与功能，能清晰描述计算机系统的工作原理，了解计算机系统和软件的运行过程。

（2）理解有线和无线宽带网络连接技术、网络协议、IP地址、文件和打印机共享知识。

（3）理解大数据、人工智能、云计算、物联网、数字媒体、虚拟现实、区块链的基本概念、基本特征、关键技术及应用领域。

（4）熟练掌握手机、个人计算机和平板电脑等不同存储平台之间的文件相互传输的方法。

（5）了解信息安全相关技术，了解信息安全面临的常见威胁和常用的安全防御技术。

（6）掌握信息伦理知识，了解相关法律法规与职业行业自律的要求。

能力目标

（1）能认识并区分计算机的主要部件的功能及性能指标，具备选购计算机硬件系统的能力，能根据应用需求提出性价比较高的计算机系统购置方案。

（2）能连接计算机系统并安装和检查Windows操作系统、Office办公软件等。

（3）具备计算机终端设备连网和共享计算机资源的能力。

（4）能清晰描述运用新一代信息技术解决本专业领域问题的典型应用案例，并能正确分析应用价值。

（5）具备较强的信息安全意识和防护能力，能利用常用的信息安全防御技术维护信息系统安全。

（6）能运用加密技术对重要信息进行保密处理，有效维护信息活动中个人、他人的合法权益和公共信息安全。

素养目标

（1）通过了解我国在新一代信息技术领域取得的一系列重大成果，培养学习者锐意进取、攻坚克难的精神，引导学习者自信自强、守正创新、踔厉奋发、勇毅前行。

（2）引导学习者关注国家时事，维护国家安全。在建设网络强国、数字中国的道路上，知难而进、迎难而上，增强学习者的志气、骨气和底气。

（3）通过新一代信息技术与不同行业领域技术的融合发展，鼓励学习者在不同专业领域、不同学科上进行融合创新，培养学习者的可持续性发展能力。

（4）培养良好的职业态度、秉承端正的职业操守，提升学习者的信息素养与社会责任。

项目 1

认识信息终端

1.1 项 目 分 析

项目描述

蓝蓝是一名准大学毕业生，毕业前还需要完成毕业设计和求职应聘。蓝蓝的同学们为了更好地完成毕业设计，并找到称心如意的工作，准备购置计算机，以及配备全新的智能手机。计算机购置回来后还需要进行安装调试，以确保计算机系统能够正常使用。

项目要求

1. 选购台式计算机

选购台式计算机需求：主要用于办公事务处理和上网检索信息，能运行 Windows 10、Office 2016 办公软件，要求计算机系统稳定可靠、售后服务好、性价比高，价格在 4 000 元左右。

2. 选购移动终端

选购移动终端需求：主要用于上网检索信息、休闲娱乐、定位导航等，能运行音频视频播放器、聊天工具等常用软件，要求系统稳定可靠、携带轻便、售后服务好、性价比高。

3. 安装计算机软件

（1）安装系统软件

计算机购买后还需要安装 Windows 操作系统。首先要准备好 Windows10 简体中文版的安装光盘、产品密钥（在正版软件包装盒内可以找到），然后跟随安装向导来安装系统。

（2）安装应用软件

安装微软 Office 2016 办公软件。

1.2 项 目 实 现

微课 1-1
认识品牌计算机

1.2.1 认识品牌计算机

随着计算机的普及，每个城市都有自己相对集中的计算机、数码类产品卖场，人们习惯称之为“电脑城”，如北京的中关村电脑城、深圳的赛格电脑城、长沙的华海 3C 数码广场等。如果去电脑城转转，会发现计算机的品种繁多，如商用机、家用机、兼容机、组装机等，令人眼花缭乱。如果想足不出户，也可以通过各大网络平台了解计算机的品牌。

1. 了解常用计算机的品牌

蓝蓝来到电脑卖场，在卖场里收集了各商户经营的国内、国外品牌计算机的商标，如图 1-1 所示。

图 1-1 常见计算机品牌的商标

【操作步骤】

① 国内计算机品牌主要有联想、宏碁、神舟、华硕、同方、方正、海尔、七喜、长城、TCL、明基、浪潮等。

② 国外计算机品牌主要有戴尔、惠普等。

2. 认识什么是品牌机

蓝蓝请教了卖场的工作人员辉辉，辉辉告诉了她不少品牌计算机的知识。

【操作步骤】

① 蓝蓝：人们常说品牌机，到底什么是品牌机呢？

辉辉：人们俗称的“品牌机”是指由有一定规模和技术实力的计算机生产厂商生产并标识有注册商标的计算机。品牌机一般有系统的设计、规模化的生产、严格的测试、完整的售后服务和大公司的信用等级，因此计算机的质量有保障。

② 蓝蓝：我看到每个品牌都有不同的系列机型，用途有什么不同吗？

辉辉：品牌计算机可以根据用途分为两大类，一类为家用计算机，另一类为商用计算机。家用计算机一般有多媒体的应用、娱乐以及个性化操作，可充分发挥出机器的个性化；而商用计算机是为适应商业用户的需求而设计制造的，讲究的是工作稳定和办公效率及安全性，其采购对象是中小企业、政府、金融机构、教育机构等，多为批量采购。

③ 蓝蓝：组装机又是什么呢？

辉辉：由于计算机零部件的兼容性比较强，市场选购十分方便，计算机爱好者往往会根据自己的需要和强调某方面的性能，从而考虑自行定制和组装计算机（Do It Yourself，DIY）。但是考虑计算机的兼容性，人们习惯称组装机为兼容机。因为组装机的各个硬件之间难免会存在兼容性问题，而且系统测试不够严格，从而影响计算机的稳定性和可靠性。

④ 蓝蓝：品牌机和组装机有什么不一样吗？

辉辉：品牌机内部结构一般与组装机大致相同，有些世界级品牌计算机有时会采用一些特殊的结构和专用接口，以达到更好的电气性能和特定的目的。不同品牌的计算机都有自己的特色和维护技术支持网络，比较注重售后服务。现在市面上的品牌计算机无论从品牌上、产品系列上都相当丰富，既有实力雄厚的国际知名品牌计算机，也有国内产能和市场销售量大的知名的品牌计算机，还有一些申请了品牌以后自己组装，并在当地或一些区域范围内有一定名气的贴牌计算机。

1.2.2 了解计算机配置

现在计算机已经发展成一个拥有强大的多媒体信息处理和网络传输功能的机器。从外观上看，计算机主要由主机、显示器、键盘、鼠标等组成，如图 1-2 所示。

图 1-2　标准的台式计算机组成

微课 1-2
了解计算机配置

1. 主机的基本配置

蓝蓝找来一台计算机，并把计算机的主机箱拆开，仔细研究主机的配置，分别了解每个部件的功能。拆开的主机箱如图 1-3 所示。

⑧电源
⑦机箱
①CPU
②内存
③主板
④显卡
⑥光盘驱动器
⑤硬盘

主板的结构

案例素材

图 1-3　主机箱内部

【操作步骤】

主机箱里面包含了中央处理器（CPU）、内存、主板、显卡、硬盘、光盘驱动器、机箱和电源等。

① 中央处理器（Central Processing Unit，CPU）是一台计算机的运算核心和控制核心。在图 1-3 中，CPU 在散热风扇的下面。

② 内存（RAM/ROM）是以存储芯片（内存条）的形式出现，用于计算机在运行过程中数据临时存储，同时也是沟通 CPU 与其他设备的桥梁。内存分为随机存取存储器（Random Access Memory，RAM）和只读存储器（Read Only Memory，ROM）。平时选购计算机时提到的内存均是指 RAM。

③ 主板是计算机中最大的一块多层印制电路板，其安装在机箱内，是计算机最基本的也是最重要的部件之一。

④ 显卡负责将 CPU 送来的信息处理为显示器可以显示的格式后送到显示屏幕上形成图像。

⑤ 硬盘是计算机中的重要存储载体，操作系统、应用程序、用户数据等文件资料都存储在硬盘上，是计算机不可缺少的硬件设备之一。

⑥ 光盘驱动器是读取光盘资料的硬件设备，主要有 CD-ROM、DVD-ROM、COMBO、CD-RW、DVD-RW 等格式。

⑦ 机箱是主机部件安装的载体，主要作用是保护内部设备，屏蔽机箱中的配件免受外界电磁场的干扰。

⑧ 电源向主机各部件提供直流电源，事实上机箱和电源是两个部分，但在计算机组装中，这两个部件一般是成套配置。

2. 显示器的配置

显示器是计算机的输出设备，是用户与计算机进行交流的桥梁。用户输入的命令被计算机执行后的结果最重要的输出方式就是通过显示器显示出来。

按显示方式的不同，显示器可分为阴极射线管显示器和液晶显示器。按显示器的尺寸大小，常见的有 17、19、21、24、27 英寸等。

3. 键盘和鼠标

键盘是最常用也是最主要的输入设备之一，通过键盘可以将英文字母、数字、标点符号等输入到计算机中，从而向计算机发出命令、输入数据等。

鼠标是计算机的一种外接输入设备，也是计算机显示系统纵横坐标定位的指示器。鼠标的使用是为了使计算机的操作更加简便快捷，代替从键盘输入烦琐的指令。

1.2.3 选购台式计算机

选购计算机前先要清楚购买的需求，然后决定购买什么样的计算机产品，再决定如何去购买。人们既可以直接购买商用品牌计算机，也可以购买组装计算机。

商用机选购原则

1. 选购品牌计算机

购买品牌计算机应首先从该品牌的官方网站查阅产品信息，也可以拨打厂商提供的售前服务电话咨询，客服人员会根据用户的需求推荐相应的产品。由于商用计算机产品销售途径差异化，用户购买方式也不尽相同，包含零售、网络直销、招标、协商购买等方式供用户选择。

与蓝蓝同寝室的同学也在做毕业设计，并撰写个人简历找工作，蓝蓝陪同学在电脑商城的联想电脑选购区为其购买一台办公用的品牌计算机。

微课 1-3
选购台式计算机

【操作步骤】

① 联想台式整机从适用场景来看主要有商务 / 家用办公以及游戏电竞两个大类。商务 / 家用办公主要包括天逸和扬天两个系列，适合日常办公；用于设计制图主要为 Geek Pro 系列，有独立显卡型号可以选择，适合需要经常使用 PhotoShop 等专业软件的用户选择。游戏电竞有高端的刃 9000K 系列以及主流的刃 7000K 系列。表 1-1 是联想天逸系列一款电脑的配置，适合普通办公使用。

表 1-1 联想天逸 510S 配置参数

处理器	英特尔酷睿 TM i5-14400 处理器
内存	最高可选 32 GB (16 GB×2) DDR4 3200 MHz 内存
硬盘	可选 1 TB NVMe 高速固态硬盘 + 可选 1 TB 机械硬盘
显卡	集成显卡
网卡	802.11ax Wi-Fi 6 + 蓝牙无线网卡 / 千兆有线网卡
显示器	23 英寸显示器，1980×1080 分辨率
操作系统	Windows 11 家庭中文版
软件	预装正版 Office 家庭和学生版
服务	三年有限保修及三年上门服务
参考价格	4099 元

② 在表 1-1 配置可知，整机硬件配置均衡，系统运行稳定，价格合理，完全能够满足一般办公的需要。

2. 选购组装计算机

购买组装计算机，主要是由于用户需求的差异，对计算机硬件性能要求不同。如游戏玩家首要考虑的是硬件性能要高，而有些用户则要求购买实惠、实用的产品。因此根据用户的特点和用途的不同，到电脑商城考察后可以选择购买组装计算机。

蓝蓝也需要购买一台家用计算机，以便放学回寝室后可以上网看新闻、听音乐、查资料、学知识等。考虑到家用计算机的购置应根据用户的特点和用途的不同，到电脑商城考察后给出选购方案，选用组装计算机。其实现方法如下。

（1）选购 CPU 部件

CPU 是计算机最核心的部件。目前市场上主要有 Intel 和 AMD 两家 CPU 生产商，如图 1-4 所示为一块 AMD 品牌 CPU 的正面，如图 1-5 所示为一款 Intel 品牌 CPU 的反面。由于设计理念不同，AMD 比较侧重于实用性上的速度优化，而 Intel 比较注重于在实用性上的速度与稳定性的平衡发展。

图 1-4　AMD 品牌 CPU 正面

图 1-5　Intel 牌 CPU 反面

中国造芯：胡伟武 20 年为中国造芯

【操作步骤】

① CPU 是计算机的核心，其性能的高低直接影响整台计算机性能的高低。不同时期 CPU 的类型是不同的，每种类型的 CPU 在处理速度、引脚数、主频、工作电压、接口类型、封装等方面都有差异，只有购买与主板支持类型相同的 CPU，两者才能配套工作。两大品牌的产品系列都比较多，更新换代也很快。单核 CPU 已退出了历史舞台，多核 CPU 已经成为市场主流。

② 计算机的性能在很大程度上由 CPU 的性能所决定，而 CPU 的性能主要体现在其运行程序的速度上。影响运行速度的性能指标包括 CPU 的工作频率、缓存容量、总线方式和工作电压等参数。

（2）选购主板

主板是计算机主机中最大的一块电路板，集成有 CPU 插槽、内存条插槽、BIOS 芯片、各种控制芯片、各种扩展插槽、跳线开关、键盘接口、鼠标接口、指示灯接口、主板电源插座、硬盘接口、串行接口、并行接口等，它把计算机的 CPU、内存和各种外围设备有机地联系在一起，如图 1-6 所示为主板。

【操作步骤】

① 考虑主板的品牌。目前市面上主板的品牌有很多，如华硕、微星、技嘉、映泰、七彩虹、梅捷、耕升、华擎、磐正等，有一定设计功底的厂商的产品质量都比较可靠。

② 考虑主板芯片组类型。主板上的芯片组是 CPU 与周边设备沟通的桥梁，决定了主板的性能。

③ 考虑主板结构布局是否合理，工艺水准好坏。

④ 考虑主板扩展性。今后可能要增加内存容量和硬盘，所以要看主板是否有足够的内存扩展槽和硬盘接口。

⑤ 考虑售后服务。

（3）选购内存

内存条的性能指标一般有内存容量和读写速度等，专业性指标还有内存工艺、工作电压、芯片密度、位宽、刷新、封装、SPD 芯片、排阻、引脚等，一般用户很少考虑这些指标。如图 1-7 所示为内存条。

图 1-6 主板

图 1-7 内存条

【操作步骤】

① 认识目前内存条的热门品牌。主要品牌有金士顿、三星、威刚、黑金刚等。

② 内存条质量的好坏直接影响系统的性能和稳定性。选购时应主要考虑以下几个方面：

看内存条的外观。一般大品牌厂商生产的内存做工精细，选料考究，金手指排列整齐且色泽好，型号标识字迹清楚且位置比较醒目。

看内存芯片。芯片对内存的性能具有显著影响，质量过硬的内存条的芯片大都采用正规原厂的品牌，并且内存芯片的型号清晰可见。

看售后服务。选择售后服务好的内存条品牌会为用户日后的使用提供不少方便。

（4）选购硬盘存储器

硬盘的种类有固态硬盘、机械硬盘、混合硬盘。固态硬盘采用闪存颗粒来存储，机械硬盘采用磁性碟片来存储，混合硬盘是把磁性硬盘和闪存集成到一起的一种硬盘。如图 1-8 所示为机械硬盘，如图 1-9 所示为固态硬盘。

图 1-8 机械硬盘

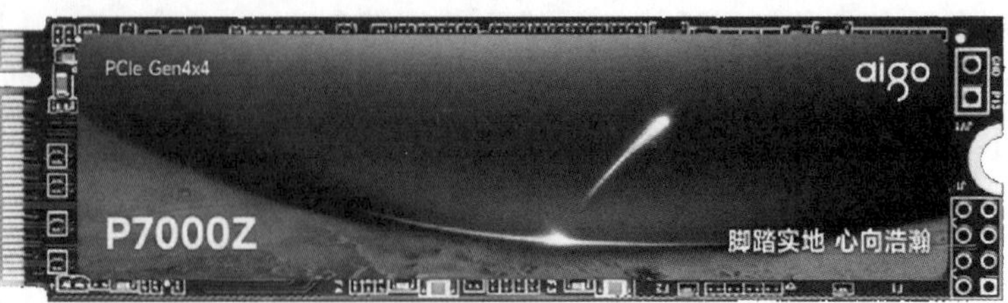

图 1-9 固态硬盘

【操作步骤】

① 选择正规品牌。目前市面上流行的硬盘品牌主要有 Seagate（希捷）、HITACHI（日立）、Maxtor（迈拓）、WD（西部数据）、三星（SAMSUNG）等。

② 在选购硬盘时要考虑以下几点：

接口。现在已经很少采用 IDE 接口了，取而代之的是支持热插拔、传输速度更快、效率更高的 SATA（Serial ATA）接口。

容量。在能够接受的价格范围内，尽量选择大容量的硬盘，尽量购买单碟容量大的硬盘，单碟容量大的硬盘性能比单碟容量小的硬盘高。

转速。即使是容量相同的硬盘，7 200 r/min 和 5 400 r/min 的价格会相差百元不等。从性能上看，7 200 r/min 比 5 400 r/min 有不小的提升，所以 7 200 r/min 的硬盘更适合电脑发烧友、3D 游戏爱好者、专业作图和进行音频视频处理工作的人使用。

缓存。大容量缓存可以很明显地提高硬盘性能，只不过在目前阶段价格还是有些偏贵，也可以按照自己的资金状况来选购。

固态硬盘。固态硬盘（Solid State Drives，SSD）是用固态电子存储芯片阵列而制成的硬盘，虽然成本较高，但也正在 DIY 市场逐渐普及。

（5）选购显卡

显卡又称显示适配器，负责将 CPU 送来的信息处理为显示器可以显示的格式后送到显示屏幕上形成图像。与主板接口部分决定了显卡使用的总线类型（PCI、AGP 或 PCI-E），目前新产品大多使用 PCI Express 总线，如图 1-10 所示。

【操作步骤】

① 了解目前市场占有率较高的显示卡品牌，主要有七彩虹、影驰、索泰、微星等。

② 选择集成显卡或独立显卡。集成显卡是集成在主板上，显示内存较小，可显示一般文字和图像信息，适合一般办公用计算机。对于 3D 游戏、图形制作等有特别需求的用户，需要配置独立显卡，配置较大的显存和图形图像加速功能。选购独立显卡和主板是一样的，首先是看显卡的整体性能和显存容量，其次是看显卡的做工。

（6）选购机箱和电源

【操作步骤】

① 机箱是计算机主机中各种部件的安装载体，有很多式样，如图 1-11 所示为机箱。如图 1-12 所示为主机的电源，一般安装在主机箱内。

图 1-10 显卡

图 1-11 机箱

图 1-12 电源

② 选购机箱时除了考虑价格，还应注意外观款式、尺寸大小、内部整体结构、通风散热、USB 接口及音频接口位置、拆装是否容易等。

③ 选购电源时要注意是否为品牌电源，并问清楚提供怎样的质保服务，是否采用静音设计，是否采用最新供电规范，是否通过 3C 认证、节能认证以及环保认证等。

（7）选购键盘和鼠标

【操作步骤】

① 选购键盘时要看手感舒适度及结构是否合理、稳固，按键表面字符印刷技术是否良好，在同等质量、同等价格下挑选名牌大厂的键盘。

② 选购鼠标时应考虑解析度、刷新率，以及是否符合人体工程学、外观等因素。

微课 1-4
选购移动终端

1.2.4 选购移动终端

随着网络技术朝着宽带化的方向发展，移动通信产业将走向真正的移动信息时代。另一方面，随着集成电路技术的飞速发展，移动终端已经拥有了强大的处理能力，移动终端正在从简单的通话工具变为一个综合信息处理平台。这也给移动终端增加了更加宽广的发展空间。

移动终端即移动通信终端，是指可以在移动中使用的计算机设备，其移动性主要体现在移动通信能力和便携化体积。主要包括笔记本电脑、平板电脑、智能手机等。

1. 选购笔记本电脑

笔记本电脑又被称为“便携式电脑，手提电脑、掌上电脑或膝上型电脑”，其最大的特点就是机身小巧，相比 PC 携带更加方便，是一种小型、便于携带的个人计算机，如图 1-13 所示。

图 1-13 笔记本电脑

蓝蓝是一个努力上进的好学生，她希望利用工作学习之余的时间去网上学习业务知识，并且可以随时随地收发邮件和处理事务，需要配置一台笔记本电脑，其实现方法如下。

【操作步骤】

① 了解笔记本电脑与台式计算机的主要区别如下：

主板：笔记本电脑基本架构和台式计算机基本相同，只是在布局、形状和接口设计上有特殊之处。

CPU：用于笔记本电脑的 CPU 因其供电条件的特殊性，必须尽量降低功耗和发热量，所以，在运算速度相近的条件下，笔记本电脑的 CPU 比台式计算机的 CPU 要贵一些。

内存：一般都集成在主板上，另外还配备了若干个内存扩展槽。

硬盘：笔记本电脑一般采用 2.5 英寸盘片，台式计算机一般采用 3.5 英寸盘片（部分采用 1.8 英寸盘片）。

显卡：多采用集成显卡，如果是独立显卡，一般都采用直接集成在主板上的方式。

显示器：与台式计算机相比，要考虑省电等问题。

声卡：绝大多数都是集成声卡。

电池：电池是台式计算机上没有的部件，笔记本电脑均采用锂离子电池。

无线网络设备：基本都标配了无线网卡和蓝牙适配器。

② 笔记本电脑硬件配置的技术指标和台式计算机大同小异，其他可以考虑的选购要点如下：

外壳材料：主要有 ABS 工程塑料和合金两种。ABS 工程塑料外壳成本低，缺点是重、导热性能欠佳。钛合金外壳能承受的压力大，散热效果好，但成本高。碳纤维材料外壳耐腐蚀、耐压，散热性好，手感舒适细腻，质量轻，清洁性较好。另外，还有镁铝合金、航空级铝合金材料等。

散热性能：散热性能和产品的散热设计、内部硬件布局、CPU 种类、外壳方面都有关系。购买时可以开机后选择系统资源占用率高的软件运行一段时间，然后用手去触摸机身底壳和侧面的散热口，感觉其是否烫手。也可以到网上下载一个测试温度的软件，这种测试方法更为精确。

外部接口：尽量选购接口比较丰富的机型。

重量：如果需要经常携带，一定要应重点考虑重量的问题，一般实际重量是厂家所宣称的重量加上电池、外接电源和电脑包等的重量。

液晶显示屏：除了选择理想的尺寸，还要检查是否有坏点（其实是“亮点”，它是坏点中的一种），检测方法是使用专业的显示器测试软件。

检查随机附件是否齐全，检查保修卡、发票，使售后服务有保障。

③ 考虑笔记本电脑的品牌。目前在全球市场上有多种品牌的笔记本电脑，包括联想（含 ThinkPad）、戴尔（DELL）、惠普（HP）、华硕（Asus）、宏碁（Acer）、神舟、清华同方、方正等。

④ 选择联想 ThinkBook 系列某款笔记本电脑，配置见表 1-2，适合普通休闲、办公使用。

表 1-2 联想 ThinkBook 笔记本电脑配置

处理器	英特尔酷睿 i5-13500H 处理器	屏幕	14 英寸（2240×1400）显示屏
内存	16 GB 运行内存	操作系统	Windows 11 家庭中文版
硬盘	1 TB 固态硬盘	电源	大容量电池，续航时间 5 ～ 8 小时
显卡	集成显卡	净重	1.42 kg
显示器	14 英寸 2.2K IPS 高清屏幕	参考价格	4299 元

2. 选购平板电脑

平板电脑是一种小型、方便携带的个人电脑，以触摸屏作为基本的输入设备，如图 1-14 所示。其触摸屏允许用户通过手写识别、屏幕上的软键盘、语音识别或者一个真正的键盘（如果该机型配备的话）等进行操作。

蓝蓝的一个好友平时喜欢网上追剧、网上购物，希望通过网上商城可以随时了解新产品的相关信息，想配置一台合适的平板电脑，其实现方法如下。

【操作步骤】

① 选择性价比、知名度高的品牌。主要品牌有华为、联想等。

② 选择合适的屏幕尺寸，容易操作。市面上最常见的有 9.7 英寸、10.1 英寸和 13.3 英寸。

③ 考虑配置。不管是用来娱乐，还是用来办公，尽量选择较高的配置。

④ 考虑外观。包括颜色与材质，建议选择金属材质的面板，感觉有安全感和质感。

⑤ 考虑操作系统。平板电脑的系统主要分为 iOS、Android、Windows 和鸿蒙系统（HarmonyOS）等。

⑥ 考虑价格。在个人预算可以承受的范围内，尽量选择低价格、高配置。

3. 选购智能手机

智能手机，与个人计算机类似，具有独立的操作系统、独立的运行空间，可以由用户自行安装软件、游戏、导航等第三方服务商提供的程序，并可以通过移动通信网络来实现无线网络接入的手机类型的总称。目前智能手机的发展趋势是充分加入了人工智能、5G 等多项先进技术，如图 1-15 所示。

图 1-14 平板电脑

图 1-15 智能手机

蓝蓝在求职应聘过程中，需要手机定位导航，及时与公司人力资源部门保持沟通，有时还需要与同学朋友进行沟通交流，外出时移动支付也是必不可少的，所以想要购买一台新的智能手机。

【操作步骤】

① 考虑手机品牌。不同品牌的手机质量、制造工艺都会有一定的差别，而且每个手机厂家的手机风格也截然不同。常见的智能手机品牌有华为、VIVO、OPPO、荣耀、魅族等。

② 考虑手机价位。手机价格，一定程度上会限定用户手机的型号，可以避免众多的型号挑花眼的情况，让选择更加方便。

③ 考虑手机性能。尽量选择 CPU 频率高、内存大、屏幕分辨率较高的手机。

④ 考虑手机外观。在外观上一定是用户喜欢的，包括手机的屏占比、手机样式、屏幕大小、做工工艺等，都和外观有关系。

⑤ 考虑手机的性价比。这就是对于价格和配置的综合性的考虑，一般人都喜欢高性价比的产品。

⑥ 考虑使用习惯。不同的手机，系统对原装系统的深度优化程度不同，各家都有长处，但对个人习惯而言，更喜欢哪家的设置风格、使用情况，也是非常重要的。

1.2.5 安装计算机软件

计算机买回来后，将主机、显示器、键盘和鼠标等设备连接好，接通电源，如果计算机中预装了系统软件，开机后即可使用；如果没有预装系统软件，则需要安装操作系统和常用应用软件才能使用。

1. 安装系统软件

安装 Windows 10 操作系统，其实现方法如下：

【操作步骤】

① 开机按 Delete 键（或 Del 键）进入 BIOS 设置程序，设置系统从光盘或 U 盘引导，然后保存并退出（不同厂商进入 BIOS 方法会有所不同，可根据实际操作）。

微课 1-5 安装计算机软件

② 将安装光盘或安装 U 盘插入电脑，使用 U 盘或者光盘启动电脑，电脑启动后出现 Windows 10 的安装程序欢迎界面，单击“下一步”按钮，再单击“现在安装”按钮，安装 Windows 10。

③ 选择需要安装的版本。根据需要选择安装版本（如 Windows 10 专业版），单击“下一步”按钮。

④ 接受许可协议。当出现“使用的声明和许可”界面后，选中“我接受许可条款”

复选框，同意许可协议。

⑤ 选择安装方式。在如图 1-16 所示的界面，选择自定义方式。

⑥ 选择安装分区和格式化方式。在如图 1-17 所示的界面，给 Windows 10 划出磁盘空间，推荐 40 GB 以上（安装程序里面使用 MB 作为单位）。按 C 键建立一个分区，输入要给它划分大小的数字，按 Enter 键，返回到上一步菜单，然后用上、下方向键选择安装系统所用的 C 分区，再按 Enter 键。

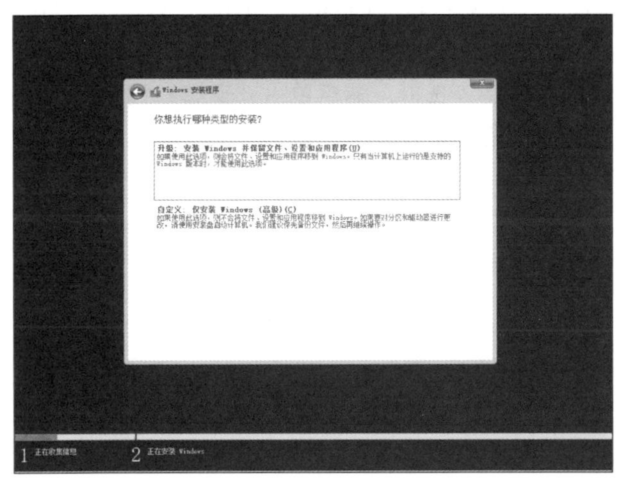

图 1-16　选择自定义方式

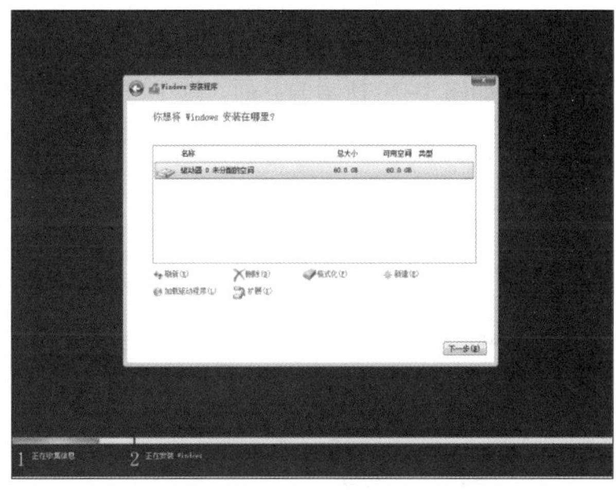

图 1-17　磁盘分区

⑦ 开始安装系统。

⑧ 选择“针对个人方式进行设置”，单击“下一步”按钮。

⑨ 设置登录用户，可以使用微软的账户来登录 Windows 系统，如果没有微软账户，可以创建新的账户，单击“下一步”按钮。

⑩ 为新创建的用户设置密码，单击“下一步”按钮。

⑪ 创建一个 PIN，独立于微软账户的密码。

⑫ 设置 PIN 密码，为了加强密码的安全性，选中“包括字母和符号”复选框，如图 1-18 所示。

⑬ 隐私设置，如图 1-19 所示，可以根据需要关闭相应的功能。单击“接受”按钮。

⑭ 安装完成。最后即可进入 Windows 10 的桌面。

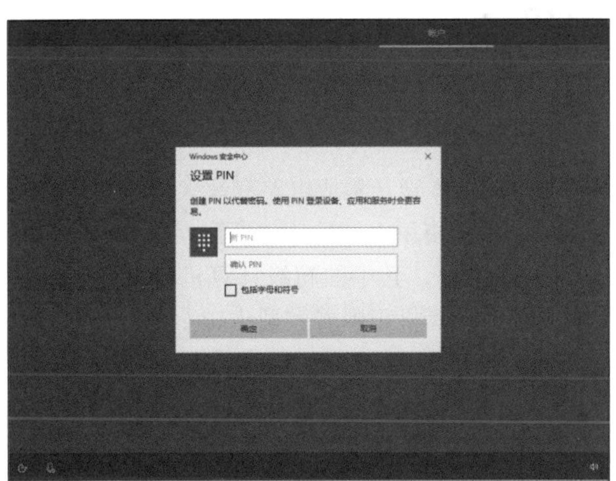

图 1-18　设置 PIN 密码

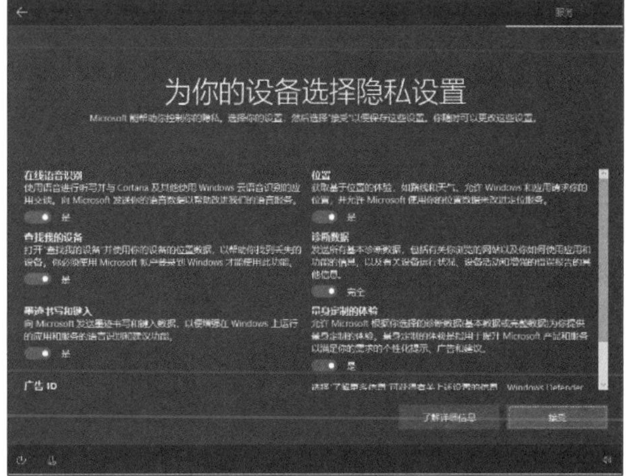

图 1-19　隐私设置

2. 安装应用软件

安装 Office 2016 办公软件，其实现方法如下。

【操作步骤】

① 将 Office 2016 的安装盘放入光驱中。如果光驱设置为自动运行，则 Office 2016 安装程序会自动运行，否则应打开安装介质，单击安装程序“Setup.exe”，安装程序正常启动。

② 在如图 1-20 所示的界面，选中“我接受此协议的条款”复选框，然后单击“继续”按钮。

③ 选择安装类型。在如图 1-21 所示的界面，单击“立即安装”按钮。

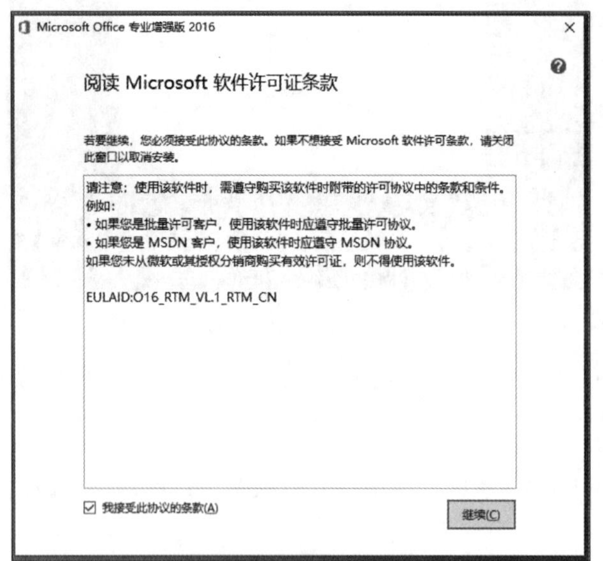

图 1-20 软件许可证条款

图 1-21 选择安装类型

④ 安装程序开始自动安装 Office 2016。

⑤ 完成安装。直接单击“关闭”按钮，至此，完成了 Office 2016 的安装。

1.3 相关知识

1.3.1 计算机的发展

中国速度：超级计算机

计算机自 1946 年诞生以来，经历了电子管、晶体管、集成电路和超大规模集成电路 4 个发展阶段。第一台计算机 ENIAC 占地 170 m^2，使用 1.8 万个电子管，重 30 t，每秒运算加法 5 000 次。现代计算机，有的只有书本大小，其中的超级计算机每秒运算峰值能达到亿亿次，计算机的性能发生了巨大的变化。计算机正朝着微型化、巨型化、网络化、智能化方向发展。

1.3.2 计算机系统组成

计算机是能根据给定程序自动地实现运算和处理信息，并具有数据输入、输出及记忆功能的电子系统设备。计算机系统的基本组成包括硬件系统和软件系统两大部分。硬件是指组成计算机的各种物理设备，软件是计算机运行所需要的程序、数据以及相关的文件资料的总称。

1.3.3 计算机硬件系统

计算机的硬件系统由五大功能部件组成，即运算器、控制器、存储器、输入设备和输出设备。硬件系统的核心是中央处理器（Central Processing Unit，CPU），它主要由控制器、运算器等组成。存储器是计算机用来存储信息的部件，分为内存储器和外存储器。计算机的外存储器主要有硬盘、软盘、光盘和 U 盘。输入设备是给计算机输入信息的设备。常见的输入设备有键盘、鼠标、扫描仪、手写笔、触摸屏、摄像头等。输出设备是输出计算机处理结果的设备。常见的输出设备有显示器、打印机（包括喷墨打印机、激光打印机、3D 打印机、多功能一体机）等。

1.3.4 计算机软件系统

计算机软件系统包括系统软件和应用软件两大类。系统软件是指控制和协调计算机及其外部设备、支持应用软件的开发和运行的软件，主要包括操作系统软件（如 Windows、UNIX、Linux 等）、各种语言处理程序（如 C 语言、Java 语言及其编译、解释程序等）、数据库管理系统（如 Access、SQL Server、MySQL、Oracle 等）、各种服务性程序（如诊断程序、杀毒程序等）。应用软件是人们为了解决各种实际工作的需要而开发的软件，如办公软件 WPS Office、图像处理软件 Photoshop、财务管理软件、ERP、零件加工生产程序和自动控制程序等。

中国软件：金山 WPS

1.3.5 计算机工作原理

计算机的基本工作原理是由数学家冯·诺依曼提出的，即存储程序原理。其基本思想是根据如图 1-22 所示的计算机硬件系统，首先将编好的程序和数据通过输入设备送入存储器；计算机从存储器中取出程序指令送到控制器去识别，分析该指令要求做什么事；然后控制器根据指令的含义发出相应的命令（如加法、减法），将存储单元中存放的操作数据取出送往运算器进行运算，再把运算结果送回存储器指定的单元中；当运算任务完成后，就可以根据指令将结果通过输出设备输出，完成后再取下一条指令，循序执行。

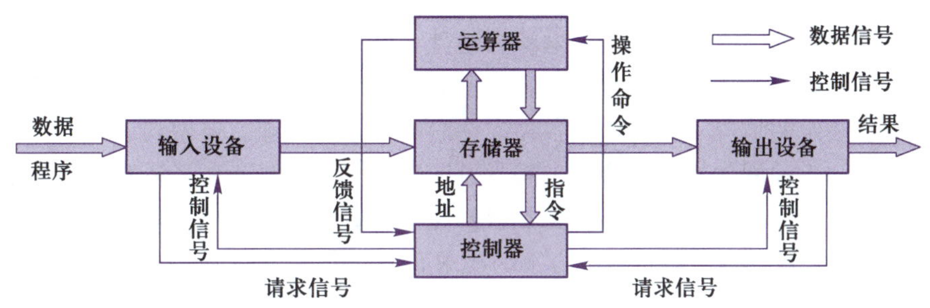

图 1-22 计算机硬件系统组成

1.3.6 智能手机常见的操作系统

1. iOS 系统

iOS 是以 Darwin（一个开放源代码操作系统）为基础，采用封闭源代码（闭源）的形式推出，属于类 UNIX 的商业操作系统。

2. Android 系统

Android 是一种基于 Linux 的自由及开放源代码的操作系统，主要使用于移动设备，如智能手机和平板电脑。

3. 华为鸿蒙系统（HarmonyOS）

中国系统：华为鸿蒙系统

华为鸿蒙系统是一款面向全场景智慧生活方式的分布式操作系统。在传统的单设备系统能力的基础上，HarmonyOS 提出了基于同一套系统能力、适配多种终端形态的分布式理念，能够支持手机、平板电脑、PC、智慧屏、智能穿戴、智能音箱、车机、耳机、AR/VR 眼镜等多种终端设备。

对消费者而言，HarmonyOS 能够将生活场景中的各类终端进行能力整合，实现不同终端设备之间的极速连接、能力互助、资源共享，匹配合适的设备、提供流畅的全场景体验。

1.3.7 操作系统

操作系统是计算机系统软件资源和硬件资源的管理者，是最基本、最重要的系统软件。操作系统的主要功能是五大管理：处理器管理、存储管理、文件管理、设备管理和作业管理，网络操作系统还提供网络资源管理和网络服务功能。目前计算机上常见的操作系统有 Windows、Linux、UNIX、HarmonyOS 等。

1.4 项目小结

本项目通过品牌计算机和组装计算机的选购，介绍了计算机的品牌型号、配置参数，计算机的组成、结构与连接方式，学习了计算机各部件的主要功能、性能及选购技巧，通过对移动终端的选购，介绍了移动通信终端的类型、功能及特点。

通过本项目的学习和训练，使学习者具备计算机硬件系统选购的能力，操作系统和常用应用软件的安装调试和使用能力，分析问题和解决问题的能力。引导学习者树立科学的世界观，激发学习者的求知热情、探索精神，把计算机当做未来工作的必备工具。为今后工作中选购和使用计算机，发挥计算机的作用打下基础。

1.5 IT 工作室

1. 进行市场调查与模拟购机。实地调查，了解各种电脑配件的品牌和最新价格，主要调查 CPU、主板、内存、显卡、显示器、硬盘、光驱、机箱、电源、键盘、鼠标、音箱、打印机、扫描仪等配件。在做好调查的基础上写配置清单，提供一份合理的电脑配置清单。所谓合理，就是要把计算机硬件配件进行合理搭配，在购机总价一定的情况下，要做到各种配件的价格分配合理。要做到这一点，就必须要在掌握各种配件的最新价格和各种配件的性能特点，需要通过仔细的市场调查和多请教市场专业人士。

根据当前的计算机硬件市场行情，做出家用经济型（预算不超过 4 000 元）和全能游戏型（预算不超过 6 000 元）的两个配置方案。对每一个方案的要求有电脑配件清单，包括品牌型号、主要性能参数、单价、总价，说明这样选择的理由。

2. 安装操作系统和应用软件，从光盘安装 Windows 10 到 C 盘，并安装 Office 2016 办公软件。

项目 2

探视信息技术

2.1 项 目 分 析

项目描述

蓝图信息技术有限公司为了提高工作效率和节约成本，打算将原有的传统办公环境逐步升级为智能办公系统。为了提高公司产品的销售业绩，市场营销中心积极利用大数据、人工智能、数字媒体、虚拟现实技术进行产品营销推广。

项目要求

1. 新一代信息技术

了解新一代信息技术的基本概念、产生原因、发展历程、技术特点和产业应用领域。

2. 大数据

理解大数据的基础知识、系统架构、分析算法、应用及发展趋势等。

3. 人工智能

了解人工智能的基础知识、核心技术、技术应用等。

4. 区块链

理解区块链的基础知识、应用领域、核心技术等。

5. 数字媒体

了解数字媒体的基础知识、数字文本、数字图像、数字声音、数字视频、HTML 5 应用制作和发布等。

6. 虚拟现实

了解虚拟现实技术的基础知识、应用开发流程和工具、简单虚拟现实应用程序开发等。

2.2 项 目 实 现

信息技术在智能化、系统化、微型化、云端化的基础上不断融合创新，促进了物联网、云计算、大数据、区块链、人工智能、虚拟现实等新一代信息技术的诞生。

2.2.1　新一代信息技术

1. 新一代信息技术的基本概念

中国超导：
祖冲之号

新一代信息技术是以人工智能、量子信息、移动通信、物联网、区块链等为代表的新兴技术，它既是信息技术的纵向升级，也是信息技术之间及其与相关产业的横向融合。

当前我国新一代信息技术产业规模效益稳步增长，创新能力持续增强，融合发展新业态不断涌现。新一代信息技术已成为引领科技融合创新、支撑产业升级演进、加速制造业服务业模式变革的关键要素，未来将在构建产业发展新动能、驱动数字经济高质量发展的过程中发挥核心作用，如图 2–1 所示。

人工智能
- 类脑智能 · 深度学习
- 大模型 · 感知交互
- AI+融合应用(智能交通、智能机器人、智能金融等)

工业互联网
- 工业互联网平台 · 数字孪生
- 工业软件 · 标识解析
- 边缘计算 · 应用程序

5G及北斗
- 天线系统 · 核心芯片
- 射频器件 · 基站
- 5G+ · 北斗+

大数据及区块链
- 数据中心 · 大数据服务
- 数据分析 · 区块链服务
- 数据资产 · 区块链芯片

电子信息
- 集成电路 · 光电子
- 超高清 · 智能终端
- 新型显示 · 传感器

软件与信息技术服务
- 数字化方案 · 物联网服务
- 网络安全服务 · 软件开发
- 信息化平台 · 互联网+

云计算
- 云计算服务 · 云解决方案
- 云平台 · 云基础设施
- 云计算应用(政务云等)

元宇宙
- VR/AR · 图像建模
- 数字虚拟人 · 全息显示
- 元宇宙应用(游戏、社交等)

图 2–1　新一代信息技术产业

微课 2–1
新一代信息技术

2. 新一代信息技术的典型应用

新一代信息技术的典型应用如图 2–2 所示。

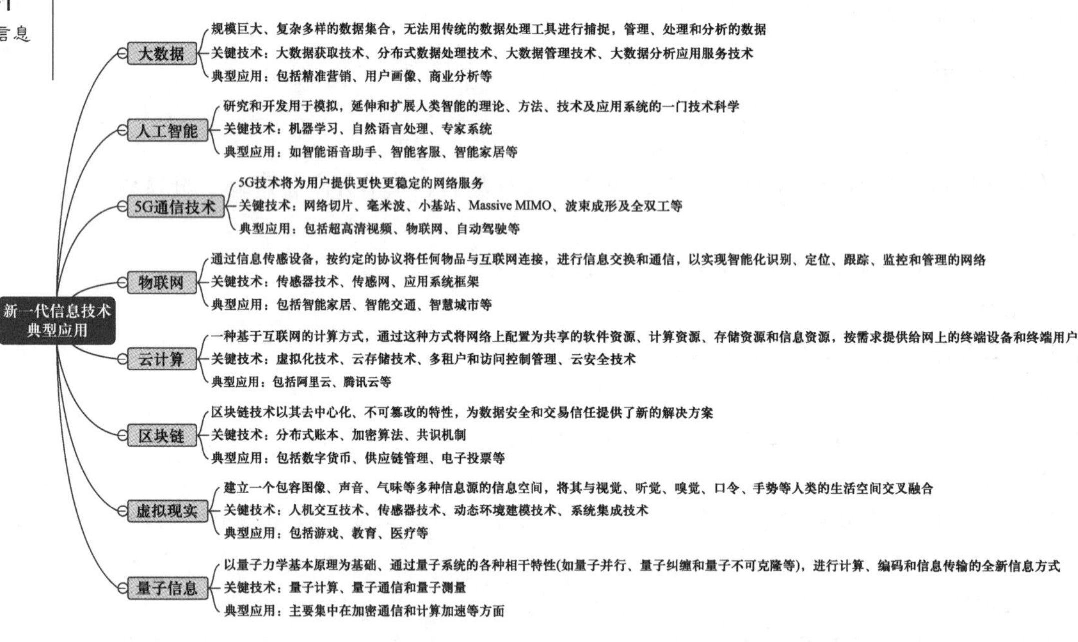

图 2–2　新一代信息技术的典型应用

中国技术：
量子保密通信技术

3. 新一代信息技术的技术融合

新一代信息技术的发展将对经济和社会产生深远的影响，将为各个行业带来新的发展机遇和挑战，推动产业升级和创新发展。同时，新一代信息技术也将改变人们的生活和工作方式，提高生产效率和生活质量。新一代信息技术与制造业等产业的融合发展方式主要体现在以下几个方面：

智能制造：利用新一代信息技术，如物联网、大数据、人工智能等，对制造过程进行数字化、智能化改造，提高生产效率、降低能耗、提升产品质量。智能制造包括智能装备、智能工厂、智能物流等多个方面。

工业互联网：是互联网技术与工业的深度融合，通过连接各种设备、传感器和系统，实现数据的实时采集、分析和优化，从而提升生产效率和降低运营成本，其应用场景十分广泛，包括设备远程监控、故障诊断、预测性维护等。

数字化供应链：利用新一代信息技术，实现供应链的数字化、可视化和智能化。通过实时跟踪货物的状态和位置，优化物流和运输过程，降低库存和运输成本。数字化供应链还可以提高供应链的可靠性和响应速度。

个性化定制服务：企业可以通过数据分析和人工智能技术，快速响应市场需求变化，实现快速定制和柔性生产，满足消费者对产品的个性化需求。

信息化服务：制造业企业利用新一代信息技术，提供产品全生命周期的信息化服务。例如，通过嵌入式系统实现设备的远程监控和维护，通过大数据分析提供产品优化和改进建议等。

总之，新一代信息技术与制造业等产业的融合发展，有助于推动产业转型升级，提升企业的核心竞争力。未来，随着技术的不断创新和应用深化，这种融合将更加紧密和深入。

2.2.2　大数据

大数据（Big Data），是指无法在一定时间范围内使用常规软件工具进行捕捉、管理和处理的数据集合，是需要新处理模式才能具有更强的决策力、洞察发现力和流程优化能力的海量、高增长率和多样化的信息资产。

如果把大数据比作一种产业，那么这种产业实现盈利的关键在于提高对数据的“加工能力”，通过“加工”实现数据的“增值”。目前大数据技术受到越来越多机构的重视，其中的典型应用是个性化推荐以及大数据精准营销。

1. 大数据的处理流程

微课 2-2
大数据

大数据的处理流程主要包括数据采集、数据预处理、数据存储与管理、数据处理与分析、数据可视化与应用等环节，其中数据质量贯穿于整个大数据的处理流程，每一个数据处理环节都会对大数据质量产生影响。通常一个好的大数据产品要有大量的数据规模、快速的数据处理、精确的数据分析与预测、优秀的可视化图表以及简练易懂的结果解释。

（1）数据采集

数据采集是指从传感器和智能设备、企业在线系统、企业离线系统、社交网络和互联网平台等获取数据的过程。在数据采集过程中，数据源会影响大数据质量的真实性、完整性、一致性、准确性和安全性。针对数据源的不同，大数据采集方法可以分为数据库采集、网络数据采集、系统日志采集和感知设备数据采集。

（2）数据预处理

数据采集过程中通常有一个或多个数据源，这些数据源包括同构或异构的数据库、文件系统、服务接口等，易受到噪声数据、数据值缺失、数据冲突等影响，因此首先需要对收集到的大数据集合进行预处理，以保证大数据分析与预测结果的准确性与价值性。

大数据的预处理环节主要包括数据清洗、数据集成、数据转换与数据归约等，可以提高大数据的总体质量，是大数据过程质量的体现。

数据清洗技术包括对数据的不一致检测、噪声数据的识别、数据过滤与修正等，有利于提高大数据的一致性、准确性、真实性和可用性等方面的质量。

数据集成则是将多个数据源的数据进行集成，从而形成集中、统一的数据库、数据立方体等，该过程有利于提高大数据的完整性、一致性、安全性和可用性等方面的质量。

数据转换是指对所抽取出来不一致的数据进行处理的过程，包括基于规则或元数据的转换、基于模型与学习的转换等技术，该过程有利于提高大数据的一致性和可用性。

数据归约是在不损害分析结果准确性的前提下最大限度地精简数据量，以得到较小数据集的操作，包括维归约、数据归约、数据压缩、数据抽样等技术，该过程有利于提高大数据的价值密度，即提高大数据存储的价值性。

总之，数据预处理环节有利于提高大数据的一致性、准确性、真实性、可用性、完整性、安全性和价值性等方面的质量，而大数据预处理中的相关技术是影响大数据过程质量的关键因素。

（3）数据存储与管理

收集好的数据需要根据成本、格式、查询、业务逻辑等需求，存放在合适的存储环境中，以方便进一步的分析。

利用分布式文件系统、数据仓库、关系数据库、NoSQL 数据库、云数据库等，实现对结构化、半结构化和非结构化海量数据的存储和管理。大数据存储框架包括 MPP（Massive Parallel Processing）架构、Hadoop 分布式架构等。对于非结构、半结构化数据处理、复杂的 ETL（Extract-Transform-Load）流程、复杂的数据挖掘和计算模型，Hadoop 平台更擅长，如图 2-3 所示。

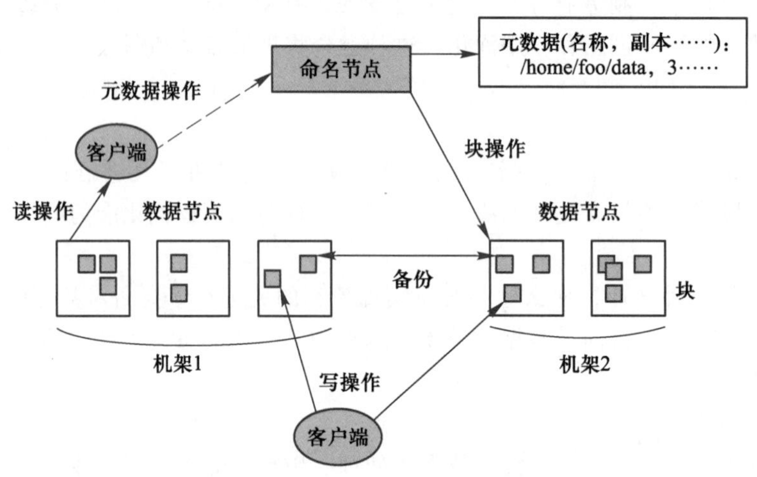

图 2-3 Hadoop 分布式文件系统架构

Hadoop 是一个由 Apache 基金会所开发的分布式系统基础架构。用户可以在不了解分布式底层细节的情况下，开发分布式程序，充分利用集群的能力进行高速运算和存储。Hadoop 实现了一个分布式文件系统（Distributed File System），其中的一个组件是 HDFS（Hadoop Distributed File System），HDFS 具有高容错性的特点，并且设计用来部署在低成本的硬件上并提供高吞吐量来访问应用程序的数据，适合具有超大数据集的应用程序。基于 Hadoop 的技术扩展和封装，围绕 Hadoop 衍生出相关的大数据技术，可应对传统关系型数据库较难处理的数据和场景，如针对非结构化数据的存储和计算等。而伴随着相关技术的不断进步，其应用场景也将逐步扩大，目前最为典型的应用场景就是通过扩展和封装 Hadoop 来实现对互联网大数据存储、分析的支撑。

（4）数据处理与分析

大数据的分布式处理技术与存储形式、业务数据类型等相关，针对大数据处理的主要计算模型有 MapReduce 分布式计算框架、分布式内存计算系统、分布式流计算系统等。MapReduce 是一个批处理的分布式计算框架，可对海量数据进行并行分析与处理，适合对各种结构化、非结构化数据进行处理。分布式内存计算系统可有效减少数据读写和移动的开销，提升大数据的处理性能，如 Spark。Spark 启用内存分布数据集，除了能够提供交互式查询外，还可以优化迭代工作负载。工作任务中间输出结果可以保存在内存中，从而不再需要读写 HDFS，因此 Spark 能更好地适用于数据挖掘与机器学习等需要迭代的 MapReduce 的算法，如图 2-4 所示。分布式流计算系统则是对数据流进行实时处理，以保证大数据的时效性和价值性。总之，无论哪种大数据分布式处理与计算系统，都有利于提高大数据的价值性、可用性、时效性和准确性。

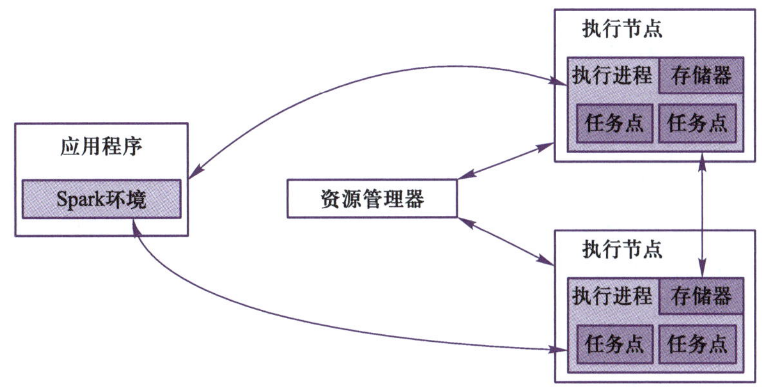

图 2-4　Spark 框架

大数据分析技术主要包括已有数据的分布式统计分析技术、未知数据的分布式挖掘和深度学习技术。分布式统计分析可由数据处理技术完成，分布式挖掘和深度学习技术则在大数据分析阶段完成，包括聚类与分类、关联分析、深度学习等，可挖掘大数据集合中的数据关联性，形成对事物的描述模式或属性规则，可通过构建机器学习模型和海量训练数据提升数据分析与预测的准确性。

（5）数据可视化与应用环节

数据可视化是指将大数据分析与预测结果以计算机图形或图像的直观方式显示给用户的过程，并可与用户进行交互式处理。数据可视化技术有利于发现大量业务数据中隐含的规律性信息，以支持管理决策。数据可视化环节可大大提高大数据分析结果的直观性，便于用户理解与使用。

可视化工具 ECharts，是一个使用 JavaScript 实现的开源可视化库，可以流畅地运行在 PC 和移动设备上，兼容当前绝大部分浏览器，底层依赖矢量图形库 ZRender，提供直观、互动、可高度个性化定制的数据可视化图表，如提供了常规的折线图、柱状图、散点图、饼图、K 线图等，还提供了用于统计的盒形图，用于地理数据可视化的地图、热力图、线图，用于关系数据可视化的关系图、Treemap、旭日图，多维数据可视化的平行坐标，还有用于 BI 的漏斗图、仪表盘，并且支持图与图之间的混搭。

2. 搭建大数据网络营销平台

在互联网时代，要想网络营销具有成效，就要善于利用大数据。作为大数据最先落地也最先体现出价值的应用领域，网络营销的数据化之路已有成熟的经验及操作模式。

蓝图信息技术有限公司想要利用大数据技术，通过算法分析和处理，主动发现用户当前或潜在需求，并主动推送公司产品信息给用户的浏览页面，让客户能够快速、准确地了解公司产品，最终实现对商品的购买。

【操作步骤】

① 获取全网用户数据。首先需要明确的是，仅有企业数据，即使规模再大，也只是孤岛数据。在收集、打通企业内部的用户数据时，还要与互联网数据统合，才能准确掌握用户在站内站外的全方位的行为，使数据在营销中体现应有的价值。在数据采集阶段，建议在搜集自身各方面数据形成 DMP 数据管理平台（Data Management Platform，DMP）后，还要与第三方公用 DMP 数据对接，获取更多的目标人群数据，形成基于全网的数据管理系统。

② 让数据看得懂。采集来的原始数据难以懂读，因此还需要进行集中化、结构化、标准化处理，让“天书”变成看得懂的信息。

③ 分析用户特征及偏好。将第一方标签与第三方标签相结合，按不同的评估维度和模型算法，通过聚类方式将具有相同特征的用户划分成不同属性的用户族群，对用户的静态信息（性别、年龄、职业、

学历、关联人群、生活习性等）、动态信息（资讯偏好、娱乐偏好、健康状况、商品偏好等）、实时信息（地理位置、相关事件、相关服务、相关消费、相关动作）分别描述，形成网站用户分群画像系统。

④ 制定渠道和创意策略。根据对目标群体的特征测量和分析结果，在营销计划实施前，对营销投放策略进行评估和优化。例如，选择更适合的用户群体，匹配适当的媒体，制定性价比及效率更高的渠道组合，根据用户特征制定内容策略，从而提高目标用户人群的转化率。

⑤ 提升营销效率。在投放过程中，仍需不断回收、分析数据，并利用统计系统对不同渠道的类型、时段、地域、位置等价值进行分析，对用户转化率的贡献程度进行评估，在营销过程中进行实时策略调整。

⑥ 营销效果评估、管理。利用数据进行可视化的品牌宣传、事件传播和产品，制作数据图形化工具，自动生成特定的市场宣传报告，对特定宣传目的报告进行管理。

⑦ 创建精准投放系统。对于有意领先精准营销的企业来说，则可更进一步，整合内部数据资源，补充第三方站外数据资源，进而建立广告精准投放系统，对营销全程进行精细管理。

3. 大数据的应用

近几年，随着移动互联网、云计算、物联网等的不断发展，使得大数据在智能交通、医疗、教育、金融等行业的应用和发展不断深入，并引起广泛关注。

（1）大数据与智能交通

智能交通系统中的固定检测器（微波雷达、电子眼）、移动探测器（装载定位装置的出租车、公共汽车等）、各种智能终端负责采集交通信息、管控信息、营运信息、定位信息和 RFID 识别信息数据，警用地理信息系统负责对数据进行快速处理分析，以构建多个信息系统，如交通视频监控、公路车辆智能记录监控系统、交通信息采集系统等。智能交通系统旨在实时监测和协调区域内的各类交通流，确保路网交通负荷处于最佳状态，及时发现和处理各类突发事件，疏导交通。

（2）大数据与医疗

医疗大数据是大数据增长速度最快的领域之一。大数据在健康领域的终极运用是预测医学，该项技术可以深入解析一个人的健康状况与遗传信息，使医生更好地预测特定疾病在特定个体上发生的可能性，并预测患者对于特定治疗方式的反应。

北京大学计算机中心联合相关医院和公司建立了“北京大学医院健康大数据研究中心”，该中心以人体健康、疾病预防诊疗信息为基础数据，利用大数据相关技术，能够及时对个体及群体进行健康评估、疾病诊断防治。如图 2-5 所示是某医院数据实时展示大屏。

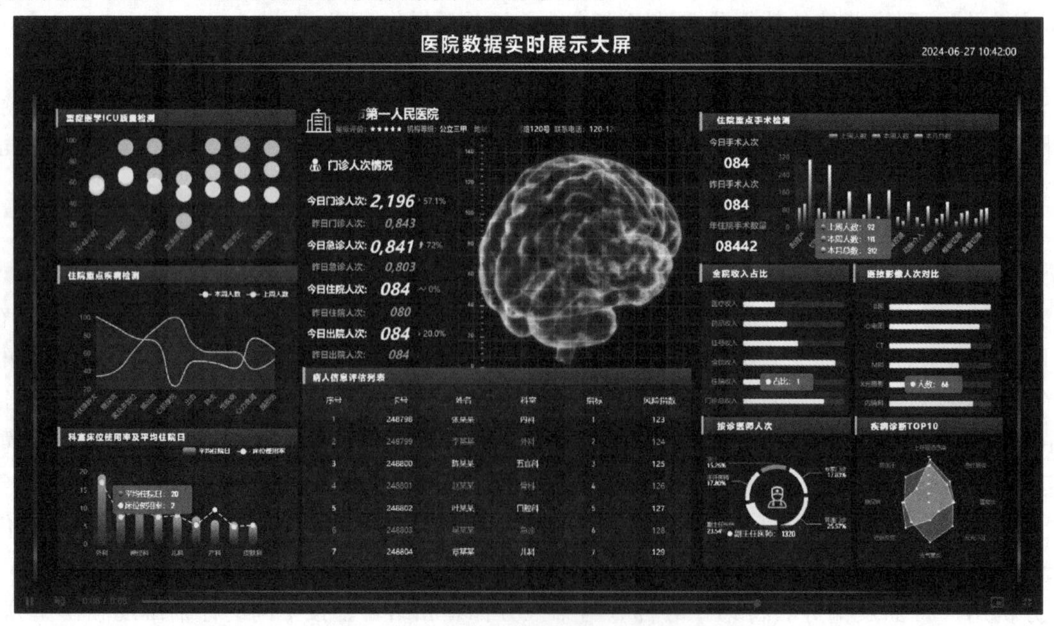

图 2-5 某医院数据实时展示大屏

（3）大数据与教育

大数据与教育的结合促进了教育的创新，提出了一些新的方案和思路。我国正在研究如何运用大数据相关技术来整合各类国家在线教育平台所产生的数据，以期准确广泛地研究学生的学习轨迹，深入地了解学生在学习活动中的接受效果，再根据不同的学习目标为不同的学生选择不同的学习材料，提高学生个体的学习效果。

（4）大数据与金融

金融行业一直较为重视大数据技术的发展。相比常规商业分析手段，大数据可以使业务决策具有前瞻性，让企业战略的制定过程更加理性化，实现生产资源优化分配，依据市场变化迅速调整业务策略，提高用户体验以及资金周转率，降低库存积压的风险，从而获取更高的利润。银行的大数据应用场景集中在数据库营销、用户经营、数据风控、产品设计和决策支持等。目前，大数据在银行的商业应用还是以其自身的交易数据和客户数据为主，外部数据为辅，以描述性数据分析为主，预测性数据建模为辅，以经营客户为主，经营产品为辅。

2.2.3　人工智能

人工智能从 20 世纪 70 年代以来被称为世界三大尖端技术（空间技术、能源技术、人工智能）之一，也被认为是 21 世纪三大尖端技术（基因工程、纳米科学、人工智能）之一，近 30 年来它获得了迅速的发展，在机器翻译、智能控制、专家系统、机器人学、语言和图像理解等众多学科领域都获得了广泛应用，并取得丰富的成果，人工智能已逐步成为一个独立的分支，无论在理论和实践上都已经自成一个体系。

1. 利用 AI 制作个人简历视频脚本

人工智能大模型是指拥有超大规模参数（通常在 10 亿个以上）、超强计算资源的机器学习模型，能够处理海量数据，完成各种复杂任务，如自然语言处理、图像识别等。随着计算机硬件性能不断提升，深度学习算法快速优化，大模型的发展日新月异。一系列基于大模型的人工智能应用相继问世，如讯飞星火认知大模型、百度文心一言、商汤商量、智谱 AI、腾讯混元、度加影视剪辑、豆包、天工 AI 等。

微课 2-3

人工智能

蓝蓝利用讯飞星火认知大模型，制作一个求职视频脚本。

【操作步骤】

① 注册并登录“讯飞星火认知大模型”平台，选择“短视频脚本助手”，如图 2-6 所示。

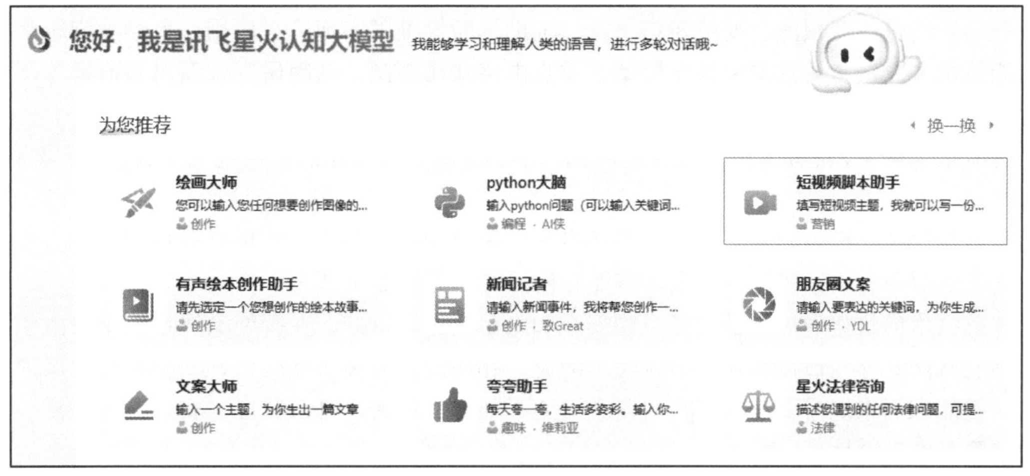

图 2-6　讯飞星火认知大模型

② 输入短视频脚本主题，单击“发送”按钮，则会出现短视频脚本内容，如图 2-7 所示。可以继续通过对话，不断修改脚本，以达到最优效果。

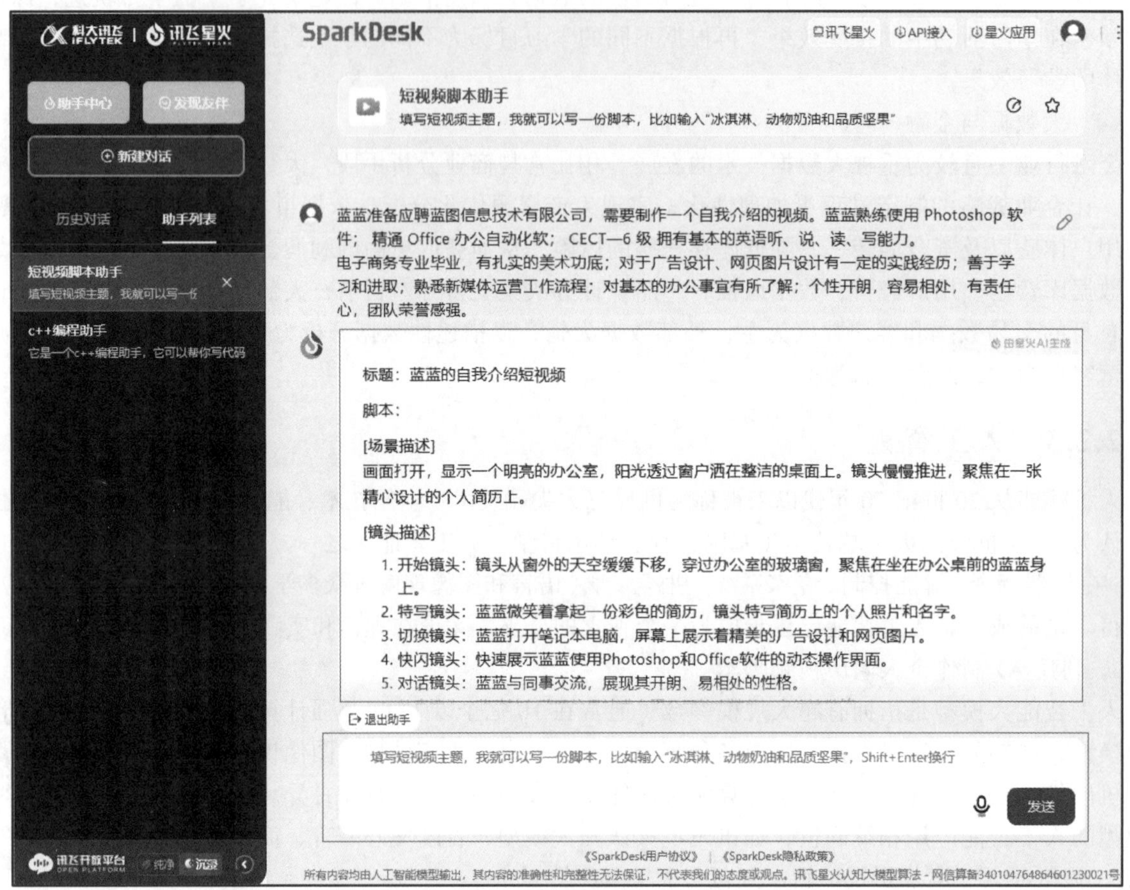

图 2-7 短视频脚本助手

2. 人工智能的典型应用

人工智能的应用已经非常广泛，包括常见的手机App、各种智能穿戴设备，再到医疗、教育、金融、交通出行、农业种植、制造业等。人工智能持续为提升用户体验做出贡献，如智能客服、智能推荐、精准营销等场景深入落地到各行业；人工智能也在精准科学防疫，加强公共卫生安全体系建设中承担重要任务，在病毒演变预测、疫苗药物研发、辅助诊断等维度实现广泛应用。科学家们越来越多地利用人工智能技术和方法，从数据中建立模型，重点围绕新药创制、基因研究、新材料研发等领域加速对前沿科学问题的探究。

人工智能也走进了人们的生活，实现智能化生活的愿景。智能家居以住宅为平台，基于物联网技术，由硬件（智能家电、智能硬件、安防控制设备、家具等）、软件系统、云计算平台构成的家居生态圈，实现人远程控制设备、设备间互联互通、设备自我学习等功能，并通过收集、分析用户行为数据为用户提供个性化生活服务，使家居生活安全、节能、便捷等，如图 2-8 所示。

人工智能技术的快速发展也带来了一些安全和隐私问题。例如，在智能家居系统中，由于家中的设备都连接到互联网，存在被黑客攻击的风险。因此，在智能家居技术架构中，安全与隐私保护必须得到充分重视。智能家居系统需要采取严密的安全措施，如数据加密、身份认证、安全漏洞修复等，以确保家庭数据和隐私的安全性。

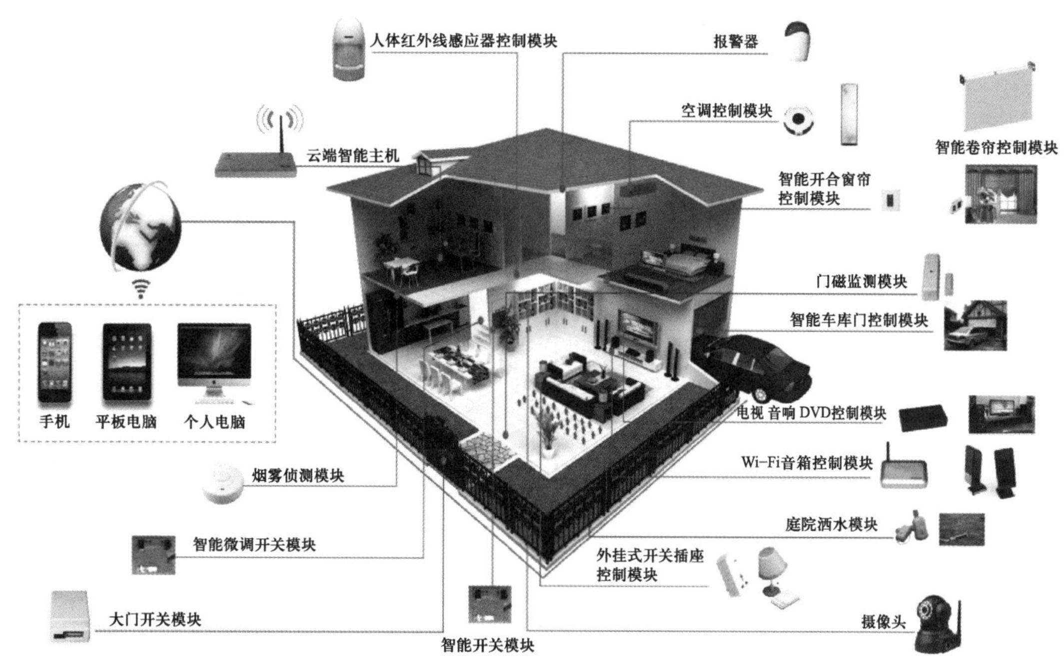

图 2-8　智能家居系统

3. 人工智能的发展趋势

相关权威报告指出，人工智能的应用正在从单点技术向多种技术能力融合方向发展，从事后分析向事前预判和主动执行方向发展，从计算智能和感知智能向认知智能和决策智能方向发展，创新应用场景逐步增多。未来五年，随着人机交互、机器学习、计算机视觉、语音识别技术的成熟，人工智能将在企业市场中加快应用与落地，智能算力将成为未来创新的核心推动力。各种人工智能的应用场景如图 2-9 所示。

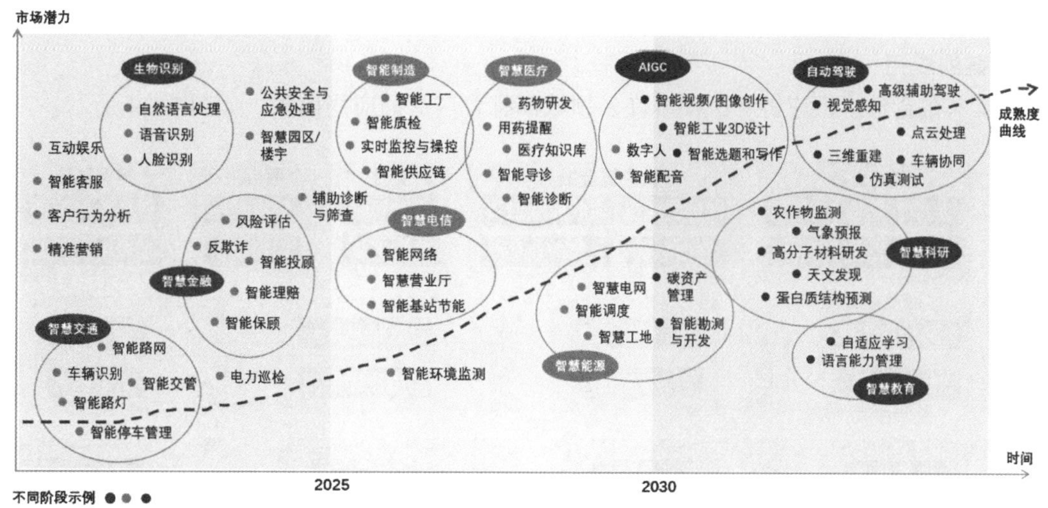

图 2-9　各种人工智能的应用场景

2.2.4　区块链

区块链是一种分布式的共享账本和数据库，是分布式数据存储、点对点传输、共识机制、加密算法等计算机技术的新型应用模型。它通过维护一个不断增长的、不可篡改的数据记录来确保数据的安全性和可信度。区块链技术基础包括加密技术、去中心化网络、共识机制等，具有去中心化、不可篡改、全程留痕、可以追溯、集体维护、公开透明等特点，已被逐步应用于金融、供应链、公共服务、数字版权等领域。

微课 2-4
区块链

1. 区块链的分类

区块链可以分为公有链、联盟链和私有链 3 种类型，如图 2-10 所示。

公有链是完全开放的系统，任何人都可以参与区块链的共识过程，并且可以自由地加入和退出。

联盟链是由某个群体内部指定多个预选的节点为记账人，每个块的生成由所有的预选节点共同决定（预选节点参与共识过程），其他接入节点可以参与交易，但不过问记账过程。其他任何人可以通过该区块链开放的 API 进行限定查询。联盟链网络由成员机构共同维护，网络接入一般通过成员机构的网关节点接入。

私有链是由一个组织控制的区块链，其写入权限仅限于该组织内部。私有链的目的是对读取权限或者对外开放权限进行限制，目前这种应用场景比较有限。

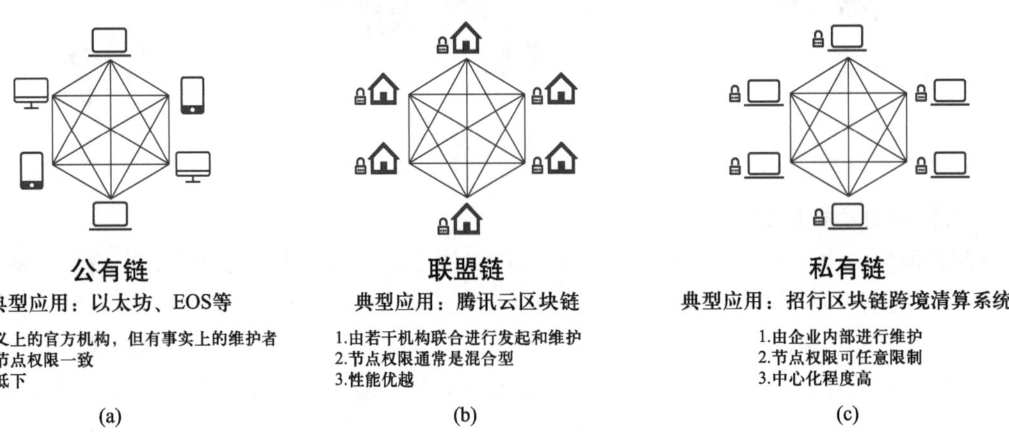

图 2-10 区块链的技术分类

2. 区块链的应用

区块链技术在金融、供应链、医疗等许多领域都有着广泛的应用前景，如图 2-11 所示。

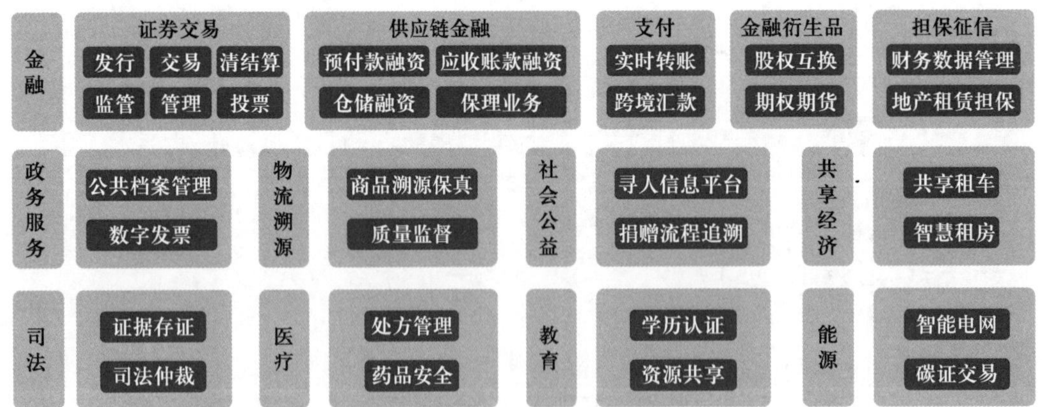

图 2-11 区块链的应用领域

区块链技术被广泛用于储存重要信息，如交易记录、身份验证等。所有存储在区块链上的交易信息都不可篡改，而且所有交易都是公开透明的，大大提高了交易的安全性。

例如，产品溯源利用区块链的不可篡改性，可以记录产品的全生命周期信息，用户通过扫描产品二维码即可快速查询到产品的源头等信息，了解产品从生产到销售的每一个环节，实现真正意义上的透明化。如图 2-12 所示的区块链溯源服务平台，依托物联网 + 区块链芯片，实时采集和上传商品生产、质检、仓储出入库、运输、销售等各环节数据，并将全流程信息在区块链上进行加密存储，实现全程跟踪、异常报警、精准溯源，并保证数据不可篡改，真实可信，满足精细化成本管控与进阶化消费需求。

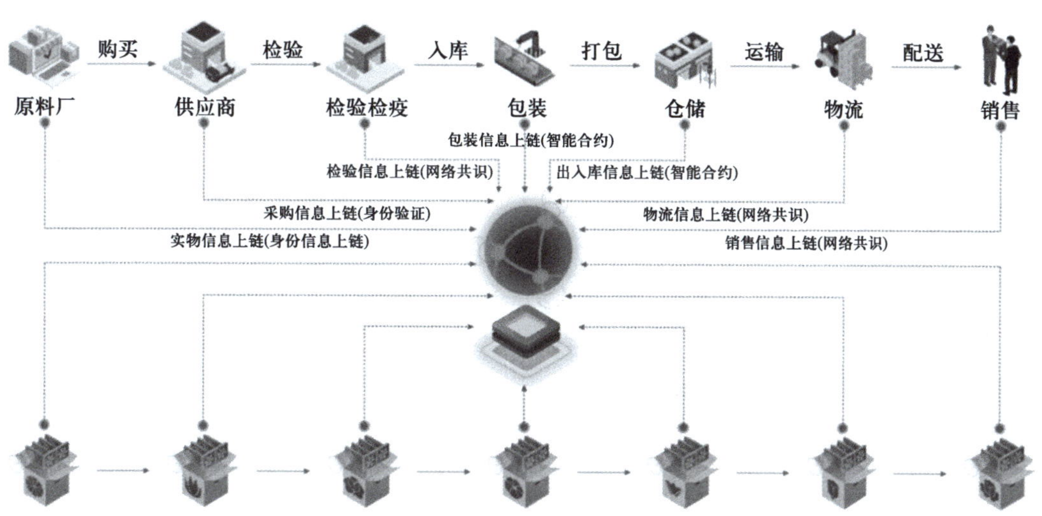

图 2-12 区块链溯源服务平台

3. 区块链的价值和前景

区块链技术是一个革命性的数字技术，以其分布式和去中心化的特性，被视为是重塑信任的未来。通过算法加密与自动执行的智能合约机制，区块链技术能够确保信息的真实性、不可篡改和透明性。在区块链的帮助下，信任被编码在技术之中，而不再依赖于中介机构。这无疑为改变现有的社区许多方面提供了无限可能，从金融交易到法律合约，从商业贸易到个人隐私保护。

2.2.5 数字媒体

随着计算机技术的发展和互联网的普及，数字媒体以其丰富的形式如文字、图像、音频、视频等，成为信息传播的主要载体。数字媒体技术的进步，不仅为信息的采集、处理、管理和传播提供了坚实的技术基础，而且极大地激发了内容创新的无限可能，促进了各行业的发展和变革。此外，这一趋势也催生了虚拟现实（Virtual Reality，VR）、增强现实（Augmented Reality，AR）、元宇宙等前沿技术领域的迅猛发展，为用户带来更加多样、生动和高度互动的数字化体验，极大地拓展了人类感知世界和理解信息的方式。

微课 2-5
认识数字媒体与数字媒体技术

1. 数字图像处理技术

数字图像处理技术是指运用计算机，对图像进行去除噪声、增强、复原、分割、提取特征等处理的方法和技术，该技术被广泛应用于视觉设计、医学成像、安全监控、娱乐、工业检测、科学研究等领域。

为宣传和弘扬中华优秀传统文化，宣传部需要制作“千里江山图”宣传海报，旨在突出中华优秀传统文化的独特魅力和艺术价值，以激发公众的好奇心和兴趣，促进文化传承与交流。下面使用Adobe Photoshop 制作海报，展示数字图像处理技术在设计领域的应用，具体操作步骤如下：

拓展阅读
数字图像基础知识

【操作步骤】

（1）打开 Photoshop 并创建新文档

打开软件，新建图像并设置图像宽高尺寸及分辨率，其实现方法如图 2-13 所示。

① 打开 Photoshop 软件，在菜单栏中选择“文件”→“新建”命令。

② 在弹出窗口的右侧参数设置中，设置竖版海报尺寸为 1080 × 1920 像素，分辨率为 300 像素 / 英寸。

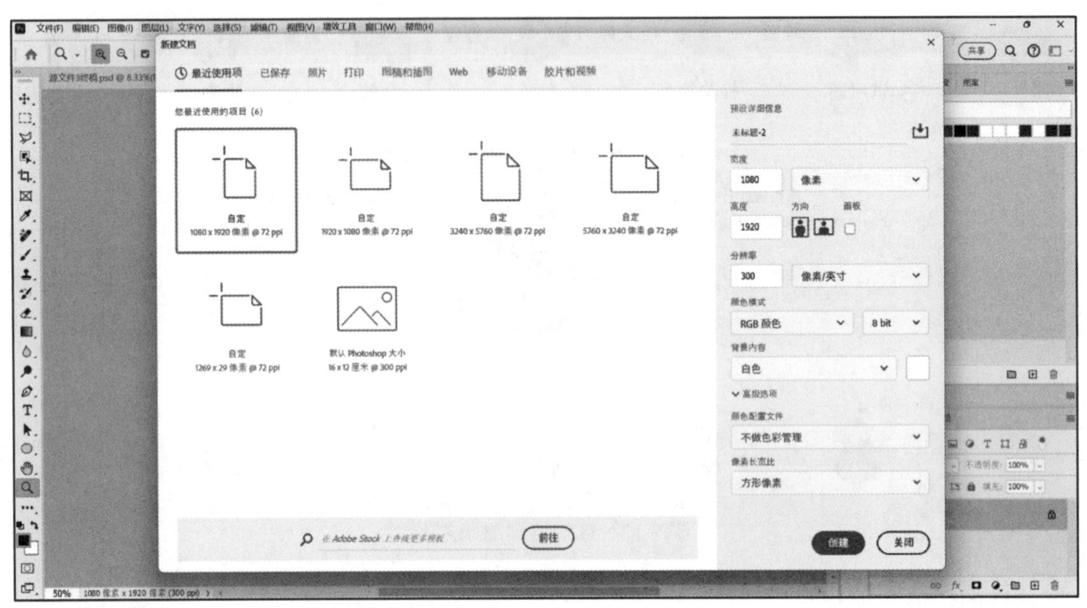

图 2-13　新建图像并设置图像参数

在制作时，注意选择“文件”→“存储”命令或者按 Ctrl+S 快捷键，边制作边保存图像源文件。

（2）海报背景图片处理

将收集到的“千里江山图”的图片素材导入软件并编辑处理，具体步骤如图 2-14 所示。

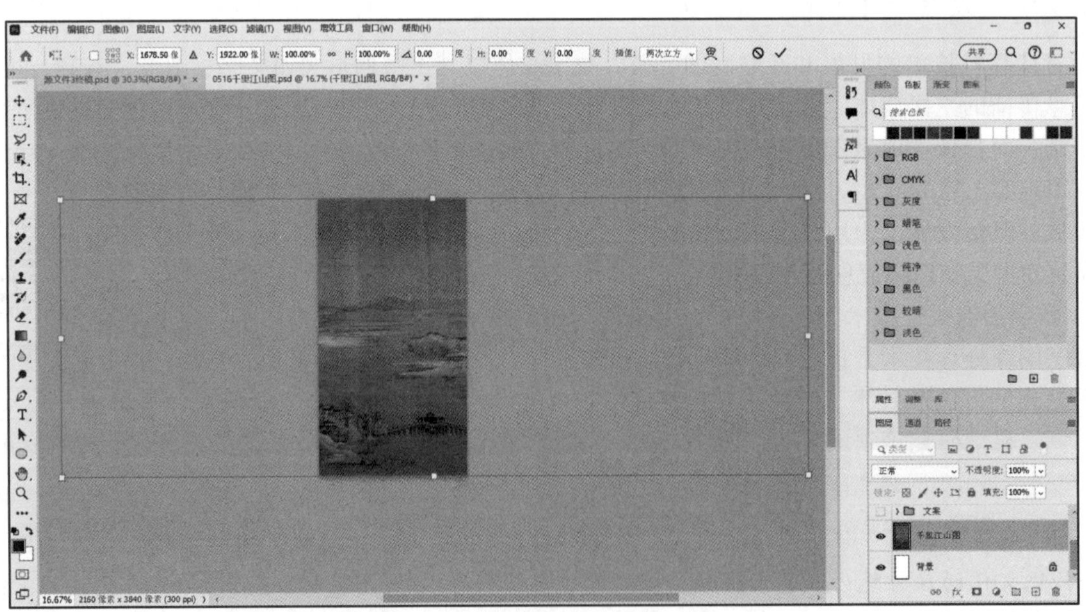

图 2-14　导入图片素材并编辑处理

① 将“千里江山图”素材图片直接拖放或者通过“文件”→“导入”命令来导入 Photoshop 中。

② 拖入图片后，选定图片图层进行缩放：按下自由变换快捷键Ctrl+T，然后将鼠标光标定位在自由变换框的白色角点，按下快捷键Shift+Alt并同时按住鼠标左键等比例缩放图片，使其布满整个画布，缩放完成后按Enter键确认。

③ 单击“移动工具”按钮后，按住鼠标左键拖动图片，调整好图片位置。

（3）文字排版与设计

根据海报主题和内容，将千里江山图的基本信息，如名称、介绍文案等添加到海报中进行文字排版和设计，选择合适的字体和颜色等，突出主题。将素材和文字进行合理排列。

① 单击“文字工具”，使用“文字工具”输入标题、副标题文字，并依次设置文字的方向、字体、字号和颜色。

② 选定文字图层后，使用“移动工具”，按住鼠标左键拖动操作将文字移动到合适位置，确保文字清晰可读且突出主题，如图 2-15 所示。

图 2-15　文字工具的使用

③ 在菜单栏中选择“窗口”→“字符”命令，弹出“字符”面板，在其中可以进行文字行距、字间距、斜体等更多文字设置，如图 2-16 所示。

④ 使用“文字工具”按同样的操作方法输入其他的文案，并根据参考样式进行位置和排版调整，如图 2-17 所示。

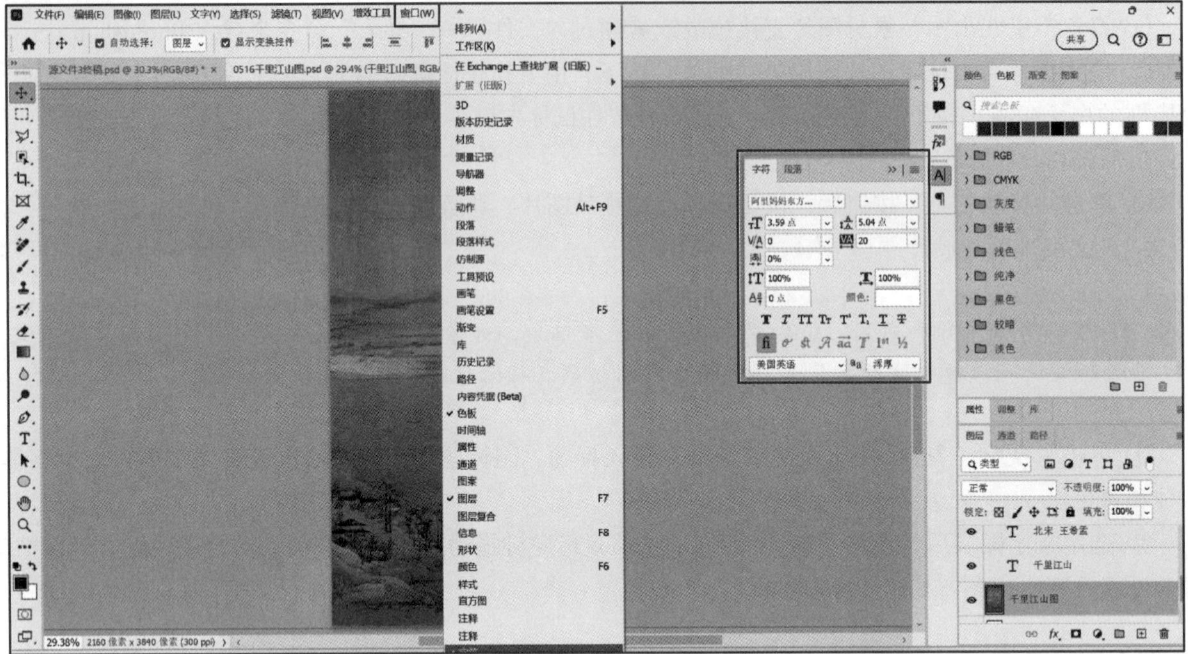

图 2-16 字符设置

图 2-17 其他文字内容排版

（4）添加适当的形状元素和细节处理

① 使用“矩形工具”绘制矩形框及圆角矩形框形状，设置形状、填充颜色、描边颜色及厚度等。

② 将绘制的矩形框以及圆角矩形框形状移动到合适位置，目的是辅助排版对齐和点缀画面。利用自动的对齐参考线调整竖版文案的位置，注意文字及形状的对齐细节处理，确保海报整体美观和协调，如图 2-18 所示。

图 2-18　绘制形状

③ 将 HTML5（H5）网页的二维码图片拖放至 Photoshop 软件，等比缩放图片并移动到右下角合适位置，在二维码图片旁添加扫码体验的引导文字。最后将做好的海报与样图对比，调整优化版面中文字的排版和对齐方式，如图 2-19 所示。

图 2-19　添加二维码

（5）保存和输出海报

完成海报设计后，选择合适的格式和文件名保存海报图片到本地文件夹。

在菜单栏中选择“文件”→“导出”→“导出为”命令，在打开的对话框中设置导出图片的格式和品质、图像大小，最后单击“导出”按钮，选择图片存储的位置保存海报，如图 2-20 所示。

图 2-20 图片参数设置

2. 数字声音处理技术

拓展阅读
数字声音处理技术

数字声音处理技术是指通过计算机对声音信号进行处理和分析的技术，该技术被广泛应用于音频录制、编辑、增强、传输和识别等方面，为用户带来清晰、丰富且高质量的听觉体验。

下面使用喜马拉雅 App 为例，进行有声广播音频作品制作。制作前需要完成的前期准备是下载并安装喜马拉雅 App，完成账号注册与登录。

【操作步骤】

（1）主题选择和准备工作

分析目标受众的兴趣和需求，选择一个热门的信息技术主题作为内容创作的基础。

在选定主题后，进行深入调研，准备相关内容和案例，确保内容的专业性和可信度。

（2）录制音频

使用移动设备，通过喜马拉雅 App 录制音频，其实现方法如图 2-21 所示。

① 打开喜马拉雅 App，确保已登录账号。依次点击首页中的“我的”模块，点击“录音 / 直播”按钮，进入喜马拉雅录音界面。

② 把需要录制的文稿素材添加到工具里，可以导入文字、图片或者 PPT，或者以 App 系统话题灵感为主题，可方便录制时的阅读。

③ 以系统话题灵感“AIGC（人工智能生成内容）技术”主题为例进行录制，点击“录制”按钮，开始录制音频内容。确保录制环境安静，注意语速适中和表达清晰。录制前应先读熟文案，避免录音时出错。

④ 录制完成后，可以点击“重录”按钮或者点击“下一步”按钮。

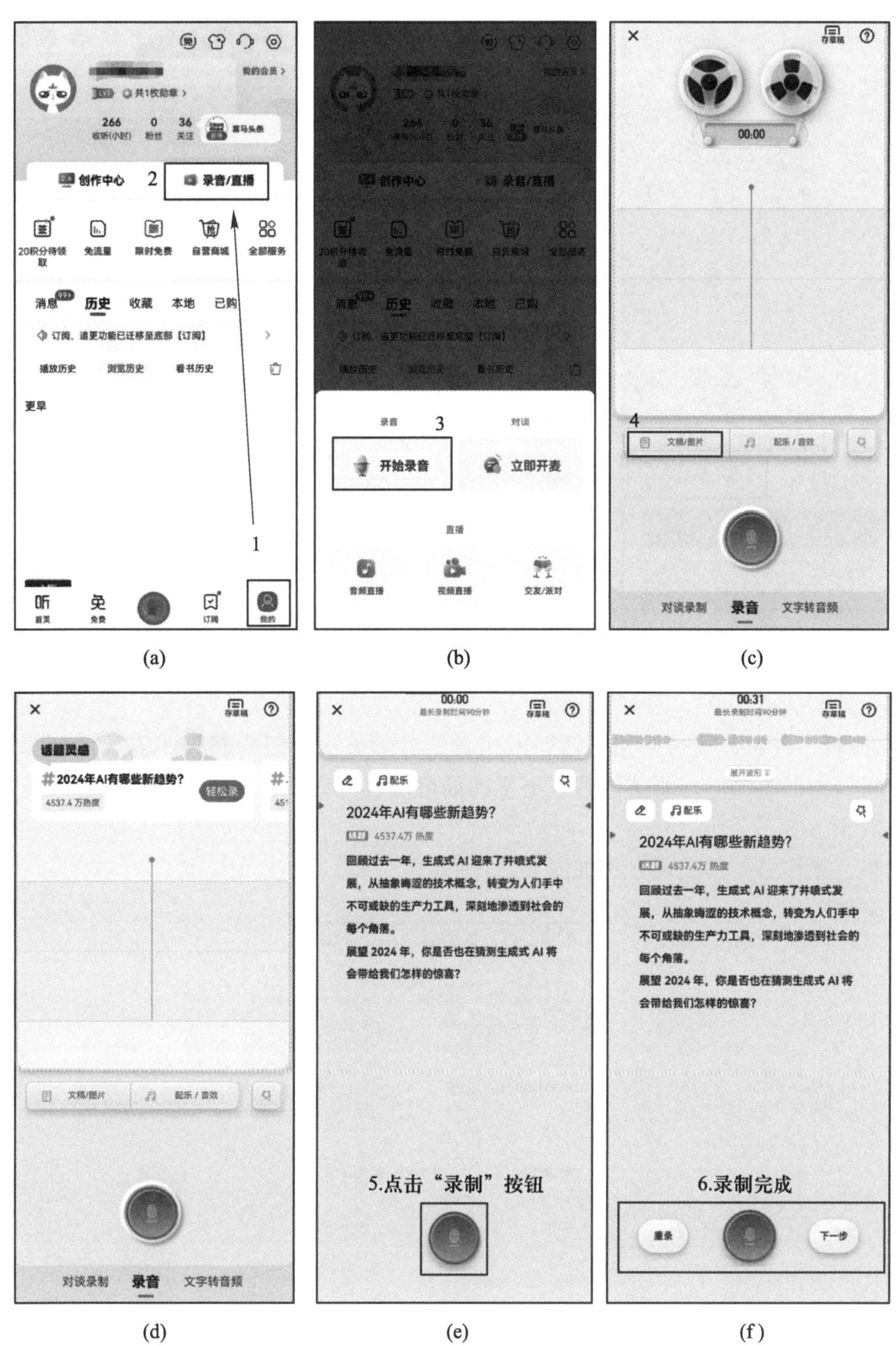

图 2-21　喜马拉雅 App 音频录制操作过程

（3）后期制作

使用 App 完成音频作品的后期制作，包括对音频进行美化、降噪、修剪、剪辑和混音等，其实现方法如图 2-22 所示。

① 点击“下一步”按钮后，进入音频编辑，可点击“一键成片”或者“剪辑美化”按钮。

② 点击“剪辑美化”按钮进行手动处理，可以添加合适的背景音乐，使用音效、美化声音、降噪等功能美化音频。

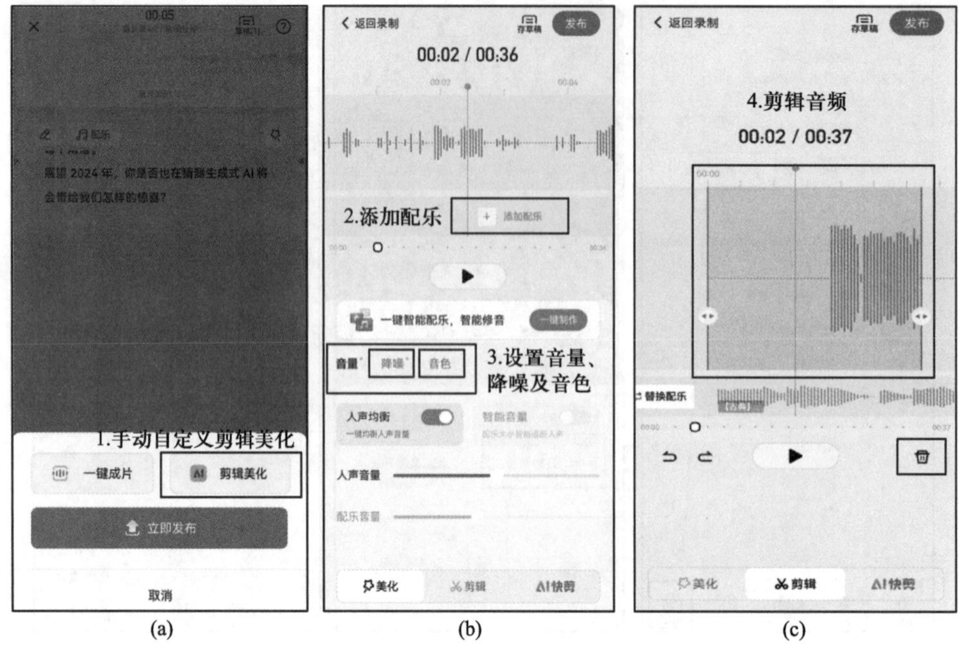

图 2-22 喜马拉雅 App 音频后期制作操作过程

③ 点击“剪辑”按钮，可边听边修改，双击选定音频波形片段剪辑掉不需要的部分，调整音频的开始和结束时间，根据需要进行调整修剪，更多功能可以自行尝试，应确保音频质量和流畅度。

（4）作品发布

导出并发布音频作品，其实现方法如图 2-23 所示。

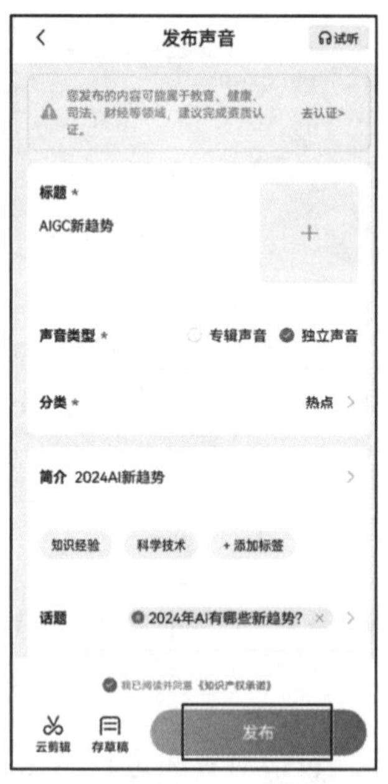

图 2-23 喜马拉雅 App 音频发布设置

① 完成音频的美化与剪辑后，点击右上角的“发布”按钮。

② 进入发布设置页面，为音频添加封面图片和标题、简介、标签等描述信息，以提高曝光率和用户体验。

③ 点击“发布”按钮，等待音频上传完成。

3. 数字视频处理技术

数字视频处理技术是一种将视频、图片、文本等多媒体内容进行综合数字化处理的技术方法，并使用计算机算法进行深入的分析和处理。该项技术在视频的采集、编辑、剪辑、增强、传输和展示等环节发挥着关键作用。数字视频处理技术不仅增强了视频内容的呈现方式和表现力，而且通过高效的传输和优化的显示，给观众带来更加生动、丰富、高质量的视觉体验。

拓展阅读
数字视频处理技术

下面以使用剪影 App 为例，进行城市印象短视频的制作。制作前需要完成的前期准备是下载并安装剪映 App，完成账号注册与登录。

【操作步骤】

（1）创意策划和准备工作

查找相关资料和图片，了解城市的文化历史和特色风景，为拍摄做好准备。确定具有代表性的城市景点或特色作为视频拍摄的主题，如城市地标、当地特色文化等，确定策划方案等形式分镜头脚本。

（2）拍摄视频

利用手机进行视频拍摄，捕捉城市美景和特色建筑、人文风情，注意角度、画面构图和摄像机运动的选择。

（3）剪映 App 后期制作

在拍摄完成后，利用剪映 App 进行 AI 一键成片或者手动视频编辑，通过剪辑、添加音频、动画、特效字幕等，提升视频的观赏性和吸引力。

下面介绍 AI 一键成片和手动创建视频这两种常用的视频制作方法。

方法1：AI一键成片，如图2-24所示。

(a)

(b)

(c)

(d) (e)

图 2-24 剪映 App“一键成片”操作过程

① 创建新项目：在移动设备上打开“剪映”App，点击首页的“一键成片”按钮。

② 导入素材：选择3段及以上的视频素材或照片素材，点击“下一步”按钮导入，导入完成后将自动生成视频。

③ 选择模板：选择喜欢的视频模板，软件即可按照模板自动合成视频。

④ 导出视频：自动合成完成后，点击右上角的“导出”按钮，选择合适的分辨率和输出格式，开始导出视频。等待导出完成，即可保存视频到相册或分享至社交媒体平台。

方法2：手动创建视频，如图2-25所示。

① 创建新项目：在移动设备上打开“剪映”App，点击首页的“开始创作”按钮。

② 导入要剪辑的视频：点击“+开始创作”按钮，然后选择多个已拍摄好的城市印象视频添加到项目中，视频素材会按照选定顺序排列。

③ 给视频添加音乐：可以选择是否关掉视频的原声音，然后插入音乐或者自己想要播放的音频。添加音乐的操作为：选择合适的背景音乐，点击“音乐”按钮，在音乐库中选择喜欢的音乐并导入到项目中。调整音乐长度和位置，使其与视频内容相匹配。对音频进行分割、删减、调节音量等操作。

④ 剪辑视频：点击“剪辑”按钮，在剪辑中选定视频片段，可以对视频进行分割、变速、抖音玩法特效、删除等处理，或拖动视频片段来调整顺序。调整视频的开始和结束位置，确保只保留需要的部分。

⑤ 添加过渡效果：在剪辑页面中选择“动画”，在视频片段之间添加过渡效果，选择合适的入场、出场或者组合动画效果，使视频之间的切换更加平滑自然。

⑥ 添加文字：剪映App内置了丰富的文本样式和动画，操作简单，输入文字后选择合适的文字样式和动画效果，将其添加到视频中合适位置，使整个视频更加完整丰富。

⑦ 预览和调整：在编辑过程中，可不断地预览视频效果，及时调整各项参数和元素，以确保视频的流畅和美观。

⑧ 导出视频：完成编辑后，点击右上角的“导出”按钮，视频格式一般选择1080P高清质量、每秒25帧，开始导出视频。等待导出完成后，即可保存到手机或直接发布到社交平台。

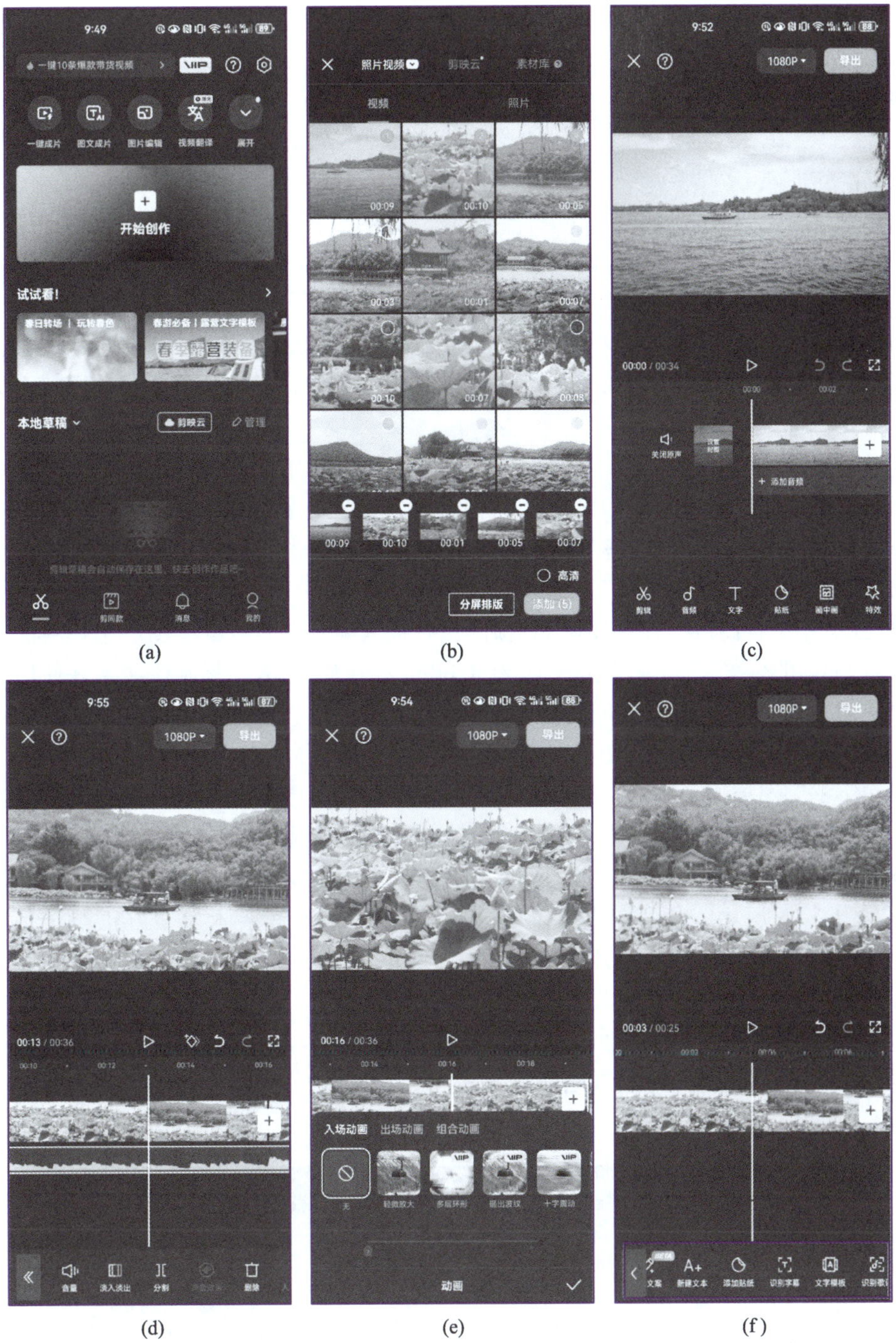

(a)　(b)　(c)

(d)　(e)　(f)

图 2-25　剪映 App“手动创建视频”操作过程

4. HTML 5 应用的制作和发布

微课 2-6
HTML 5项目制作

HTML 5（HyperText Markup Language 5，H5）技术结合了 HTML 4.01 的相关标准并革新，符合现代网络发展要求，将 Web 带入一个成熟的应用平台，在该平台上，视频、音频、图像、动画以及与设备的交互都进行了规范。

蓝蓝作为一名大学毕业生，为适应现代信息技术发展的需要，在求职过程中，需要制作一个方便在移动端查看的求职简历。

（1）HTML 5 求职简历的制作

为了更好地处理当今互联网应用，HTML 5 添加了很多新元素及功能，如智能化表单、图形的绘制、多媒体内容、地理定位、更好的页面结构和处理形式，包括网页应用程序缓存、存储等。

用 Mugeda 平台制作 H5 求职简历的封面页和个人介绍面。

【操作步骤】

① 进入 H5 平台。注册并登录 Mugeda 平台，在“我的工作台”页面中，单击“新建作品”按钮，在打开的对话框中选择“H5（专业编辑器）”，进入编辑页面。第一次使用 Mugeda 编辑器，会有操作教程，可以跟随教程快速了解界面，如不需要跳过即可。

② 新建 H5 作品。Mugeda 平台提供了“从空白新建”和“从模板新建”两种方式。当需要制作个性化的 H5 作品时，需要选择“从空白新建”。根据大多数人使用移动端的习惯，选择舞台大小为“竖屏 320×626 像素”。

③ 添加制作素材。在左侧“媒体”工具箱中单击素材库图标，在弹出的“素材库”对话框中，选择“私有”栏目，添加文件夹，命名为“求职简历”。单击右侧“+”号按钮，打开“上传图片”对话框，将背景素材图片拖动到列表中，显示绿色虚线边框线则松开鼠标，单击“确定”按钮，完成上传图片。

④ 制作封面页。依次添加“背景”“菱形文字框”“个人简历”“上边框线”“下边框线”“上边框线文字”“下边框线文字”各图层，在各图层 80 帧的位置插入帧。在“背景”图层选择封面背景图片添加到舞台并进行微调，用“文字”工具调整字体为 Arial，大小为 18 px，复制该文字并使用“对齐”工具的左对齐，再使用“变形”工具，对所选所有文字进行上下拉伸，使文字均匀分布，最后给背景图及各文字选择“浮入”预置动画，并从第 2 个文字开始依次各延迟 0.5 秒。

在“菱形文字框”图层用“矩形”绘制工具绘制正方形，用“节点”工具调整图形为菱形，在菱形图形的“属性”面板选择“滤镜”调整“阴影”为 4 px。复制菱形图形进行原位粘贴，对粘贴的菱形图形调整填充色透明度为 0%，边框色为绿色，透明度为 100%，宽为 3 px，对菱形图形选择“缓入”预置动画。

在“个人简历”图层中，使用“文字”工具添加文字，调整字体为“方正黑体简体”，大小为 30 px，填充色为深绿色且透明度为 100%，边框色为深绿色且宽为 2 px，将该图层起始帧移动到第 11 帧，在第 80 帧插入进度动画，实现打字效果。

在“上边框线”图层用直线工具绘制直线，填充色和边框色设置与文字一致，将该图层起始帧移动到 10 帧，在第 80 帧插入进度动画，实现绘制线条效果。其他边框线及边框线文字图层操作与前述类似，如图 2-26 所示。

图 2-26 封面页

⑤ 制作个人介绍页。依次添加“背景”“头像”“个人介绍”“羽毛 1”“左文字线”“左文字”“羽毛 2”“教育背景”“教育背景内容”“线框 1”“横线”“羽毛 3”“实践经验”“实践经验内容”“线框 2”各图层，在各图层第 80 帧的位置插入帧。

在“背景”图层添加“小边框”图片，复制并原位粘贴后，使用“变形”工具进行反转，移动到合适位置，选择“缓入”预置动画。在“头像”图层添加“蓝蓝”图片，调整位置大小，起始帧调整到第 10 帧，选择“放大进入”预置动画。

在“羽毛 1”图层添加“羽毛”图片，调整位置大小，起始帧调整到第 5 帧，选择“翻转进入”预置动画。在“个人介绍”图层添加“个人介绍”文字，选择字体为“方正黑体简体”，大小为 30 px，填充色深绿色，透明度为 100%，边框色为绿色且宽为 3 px，透明度为 80%，起始帧调整到第 5 帧，选择“浮入”预置动画。

在“左文字线”图层用“直线”工具绘制直线，调整属性为：填充色绿色，边框色绿色且宽3 px，边框类型为点线，复制粘贴其他3条点线，使用“左对齐”和“变形”工具拉伸的方式，调整好位置，起始帧调整到第10帧，插入进度动画。在“左文字线”图层用“文字”工具依次添加相关文字内容，设置与前述类似，起始帧调整到第10帧，选择“浮入”预置动画。

“羽毛 2”图层添加羽毛图片，起始帧在第 15 帧并调整图片位置到舞台外，插入关键帧动画，调整结束帧到第 30 帧，在结束帧调整羽毛的位置和大小。

“教育背景”图层添加文字，位置不做变化。“教育背景内容”“线框”图层依次添加文字和点划线内容，在第 35 帧插入关键帧并采用进度动画。其余图层操作与前述类似，如图 2-27 所示。

设置翻页效果。选择右侧的“翻页”面板，设置 H5 作品的翻页效果。

图 2-27　个人介绍页

（2）HTML 5 求职简历的发布

在 Mugeda 平台发布制作完成的 H5 求职简历。

【操作步骤】

① 保存 H5 作品。单击工具栏中的“保存”按钮，打开“保存”对话框。输入作品名称，单击“保

存”按钮，提示保存成功，即可完成 H5 作品的保存。

② 发布 H5 作品。目前 Mugeda 免费用户只有 5 次作品发布次数，当单击“发布”按钮后，跳转到发布动画页面。免费用户的作品需经审核才能发布，审核时间为 30 分钟，重新发布需重新审核。已发布作品后，作品列表中当前作品右上角会出现“已发布”角标，这时 Mugeda 平台用户均可看到发布的作品。

HTML 5的应用场景非常广泛，如新闻报道、营销推广、求职招聘、游戏测试、节日热点等；其交互方式也多种多样，如长图拖动、逻辑判断、陀螺仪、转发接力、全景VR、多点触控等。

微课 2-7
AIGC 技术与数字媒体

5. AIGC 技术在数字媒体中的应用与未来发展

（1）AIGC 技术

人工智能生成内容（Artificial Intelligence Generated Content，AIGC）是一种应用机器学习和深度学习算法自动生成文字、图像、音频和视频等内容的前沿技术。AIGC 技术的核心在于模拟人类的创造性思维和语言理解能力，通过大规模数据训练和持续的模型优化，实现内容的自动生成。

日益增长的数字内容需求也加速了AIGC技术的落地应用。例如，自动生成新闻报道、文章、社交媒体帖子等文本内容；生成图像、插画、艺术作品等图像内容，以及生成音乐、声音效果等音频内容。此外，AIGC技术还能够生成宣传片、动画视频等视频内容。通过AIGC技术，可以降低成本，提高内容制作的效率和质量，此外，它还促进了内容形式和风格的创新。

（2）AIGC 技术的未来发展趋势

随着人工智能技术的快速发展，AIGC 技术在数字媒体领域的应用前景日益广阔。未来的 AIGC 技术将渗透到数字媒体的各个层面，可实现自动化内容生成、个性化服务以及与虚拟现实和融媒体等技术的交叉融合。

2.2.6 虚拟现实

随着科技的进步，虚拟现实技术（VR）正在逐步重塑人们的生活和工作方式。它突破了传统技术的限制，为用户创造了身临其境的沉浸交互。通过虚拟现实技术，用户可以体验跨越时间和空间的探索，从古代文明到浩瀚宇宙，从沉浸式的艺术展览到教育模拟，从专业训练到医疗诊断，VR 技术不断地拓展人们的感知边界和体验深度，为人们打开了一个全新的世界。

微课 2-8
虚拟现实技术

1. 虚拟现实技术

（1）虚拟现实技术的概念及特点

虚拟现实技术（Virtual Reality，VR），又称灵境技术，是一种可创建和体验虚拟世界的计算机仿真系统。它通过计算机和相关设备模拟生成视觉、触觉、嗅觉等多种感官体验的三维虚拟世界，为用户带来强烈的沉浸感和身临其境的现实感。虚拟现实技术具有以下四大特点（3I1M）：

沉浸感（Immersive）：用户在虚拟环境中能够产生身临其境的感觉，仿佛真正地在虚拟世界中，用户在虚拟环境中专心投入，感受到沉浸感和深度参与感。

交互性（Interactive）：用户可以通过各种交互方式，与虚拟环境中的对象进行自然而直观的互动，改变虚拟环境的状态。

构想性（Imaginative）：VR 技术能够创造现实世界中不存在的情境和场景，使用户能够在虚拟环境中进行创造性的想象和体验，激发用户的创造性思维。

多感知型（Multisensory）：通过融合视觉、听觉、触觉和嗅觉等多种感官体验，提供全方位的感官模拟。

（2）VR、AR、MR

VR（Virtual Reality，虚拟现实技术）通过计算机模拟生成各种完全虚拟的环境，用户通过 VR 头戴式显示等设备，完全沉浸在由计算机生成的视觉世界中，仿佛处于真实存在的环境中并与之互动。VR 广泛应用于娱乐、模拟训练和教育等领域。

AR（Augmented Reality，增强现实技术）是将虚拟信息叠加到现实世界中，通过识别现实环境中的物体或场景，将虚拟的数字内容与之结合，呈现在用户视野中。增强现实技术扩展了现实世界的感知范围，使用户可以在真实环境中与虚拟内容进行交互，常用于导航、教育、零售和工业维修等场景。

MR（Mixed Reality，混合现实技术）融合了 VR 和 AR 的特点，通过虚拟物体与现实世界的实时交互，创造出一个无缝融合虚拟与现实的新体验。MR 技术允许虚拟对象与现实环境进行物理交互，实现更加逼真和深入的体验，适用于高端设计、复杂手术模拟和工业制造等领域。

VR、AR、MR 的特征对比如图 2-28 所示。

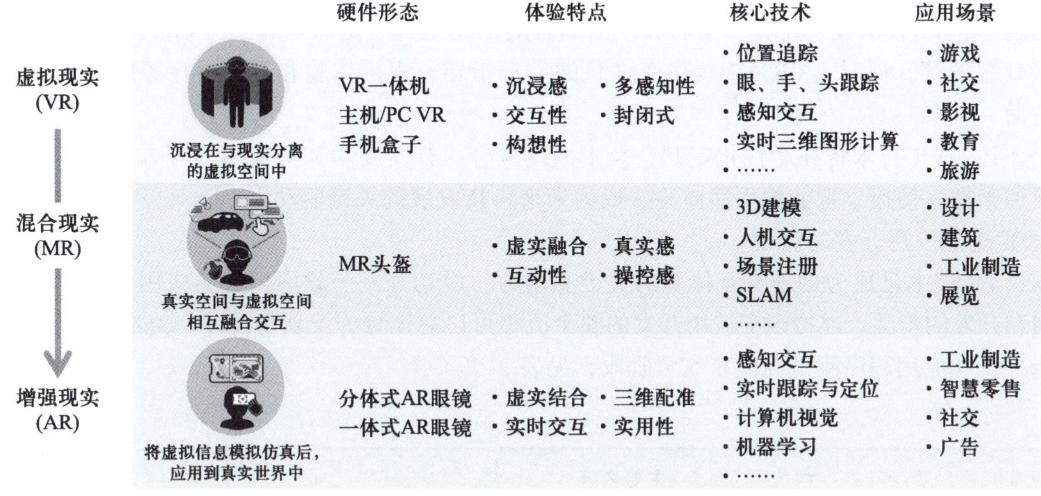

图 2-28　VR、AR、MR 的特征对比

（3）虚拟现实技术的应用

虚拟现实技术作为一种先进的交互技术，已经在各个领域得到广泛应用。从游戏娱乐到医疗保健，从教育培训到建筑设计，虚拟现实技术为人们带来了全新的体验和增强现实的可能性，如图 2-29 所示。

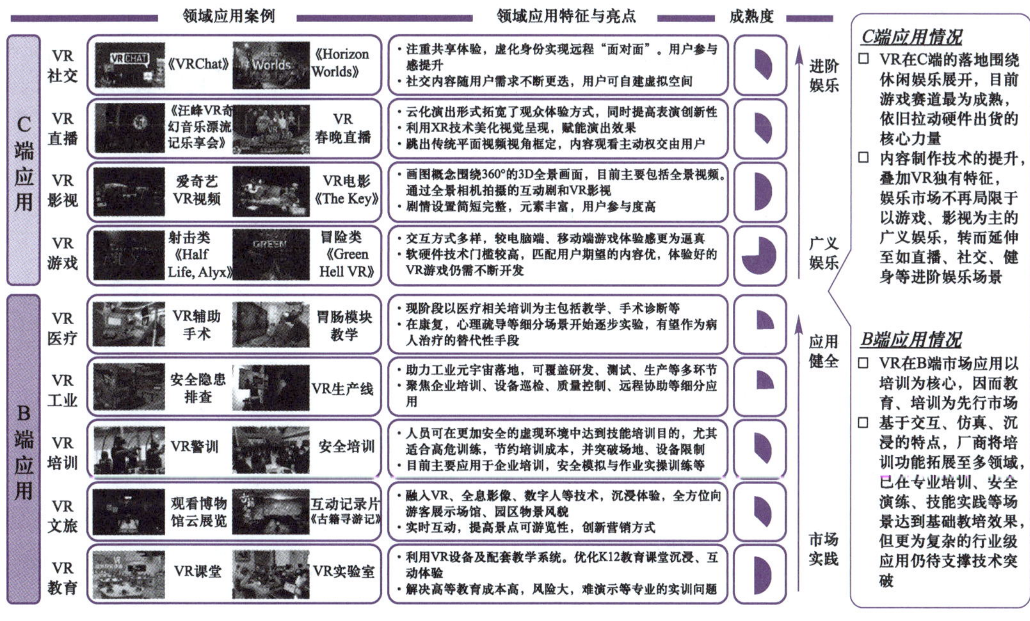

图 2-29　VR 应用

（4）虚拟现实技术的未来趋势与应用前景

随着VR硬件技术的显著进步和成本的降低，未来VR技术的普及度将逐步增长，进而引发各领域的技术创新和应用变革。以下是VR技术未来发展的一些关键趋势：

个性化定制：VR技术将通过智能算法和生物特征识别等技术，依据用户的个人偏好和生理感知等特征，定制化开发虚拟应用，从而提供更加个性化、贴近用户需求的体验。

深度融合：VR技术将与增强现实（AR）、人工智能（AI）等其他新兴技术深度融合，如嵌入智能体，创造更加智能化、全方位、沉浸式的体验，并在各领域使用。

社交互动：VR技术作为下一代计算平台，将成为新一代虚拟社交平台。随着头显设备的优化，结合可穿戴设备推动社交方式的革新。用户可以在虚拟空间中与全球各地的朋友、家人进行更加真实、深入的互动，参与如虚拟演唱会、虚拟旅游等各种虚拟社交活动。

智能辅助：VR技术成为工作、学习和生活的智能辅助工具。更深入地支持VR远程工作协作、教育训练、医疗服务等。同时，VR还能提供个性化的健身指导、娱乐体验和心理治疗等服务，丰富和改善人们的生活。

综上所述，VR 技术将在个性化定制、技术深度融合、社交互动和智能辅助等方面持续创新，为人们带来更加丰富、便捷、智能的生活体验，成为未来科技发展的关键驱动力。

2. 虚拟现实应用开发的流程

目前，VR 技术已成为创新交互体验的关键驱动力。成功开发一款虚拟现实应用，需要经过一系列精心规划和开发的步骤。虚拟现实应用开发的整个流程可以总体分为策划与设计、美术资源设计与制作、交互功能开发和应用程序测试与发布 5 个阶段，见表 2-1。

表 2-1 虚拟现实应用开发的流程

开发阶段	主要内容	常用工具
策划与设计	需求分析：分析目标用户群体、项目使用场景，明确应用的核心功能、视觉风格和用户体验目标	Office 软件、思维导图工具、原型设计工具
	技术选型：根据项目需求，选择最合适的VR开发引擎、工具和头显设备	
	流程规划：设计用户交互流程、场景切换逻辑和功能实现路径	
美术资源设计与制作	三维模型设计并制作各种场景、角色、道具等三维模型	Maya、Blender、3ds Max、C4D、Photoshop、Substance Painter、人工智能绘画平台（Stable Diffusion、即梦 AI 等）
	纹理贴图：制作三维模型所需的材质纹理贴图	
	动画制作：制作角色和物体的动画效果，增加应用的交互性和视觉效果	
	用户界面设计与制作：设计界面的元素（按钮、面板、图表等）、布局、样式、配色、动效等。根据需求设计出直观、美观、易用的界面	Photoshop、Figma、After Effects
交互功能开发	编程开发：使用VR开发平台或游戏引擎进行脚本编写，实现交互功能，如手势识别、运动跟踪和语音控制等功能	Unity 3D、Unreal Engine
	用户界面交互实现：编写脚本主要实现用户界面交互功能	
	用户体验优化：优化交互流程和视觉，使用户在虚拟环境中的体验流畅和舒适	
应用程序测试与发布	测试与调试：在测试工具和头显设备上全面测试和调试应用，确保稳定性、兼容性和性能等	测试工具（Unity Test Tools、Appium）、VR 设备
	发布与分发：将应用发布到各大主流VR平台，如Oculus Store、SteamVR、Viveport、Pico应用商店等，供用户下载和使用	
	更新与维护：定期更新应用内容和修复漏洞（bug），持续改进用户体验和功能性	

3. 虚拟现实应用程序的开发

虚拟现实应用程序的开发依赖于先进的游戏引擎，如 Unity 3D 和 Unreal Engine 等。Unity 3D 是一款功能强大的跨平台游戏引擎，它支持 PC、移动设备、游戏机、VR/AR/MR 设备端应用发布，不仅适用于 2D 和 3D 游戏的开发，还能用于 VR 应用开发、工业仿真及建筑可视化等。

拓展阅读
青花瓷项目开发

微课 2-9
虚拟现实应用开发

利用 Unity 3D，创建一个简单的青花瓷应用程序，在场景中展示青花瓷，利用 Unity 3D 的 UI 系统制作 UI 界面，添加相应的交互功能，使用户将能够通过应用，身临其境地欣赏青花瓷，并了解相关的历史和文化信息，实现效果如图 2-30 所示，可扫描二维码查看实现方法。

图 2-30　运行测试

2.3 相关知识

2.3.1 大数据的相关技术

1. SOA 模型

面向服务的架构（Service-Oriented Architectare，SOA）是一个组件模型，它将应用程序的不同功能单元（称为服务）进行拆分，并通过这些服务之间定义良好的接口和协议联系起来。接口是采用中立的方式进行定义的，它应该独立于实现服务的硬件平台、操作系统和编程语言。这使得构件在各种各样的系统中的服务可以通过一种统一和通用的方式进行交互。

SOA的3个数据中心模型分别是数据即服务（Data as a Service，DaaS）模型、物理层次结构模型和架构组件模型。DaaS模型描述了数据是如何提供给SOA组件的；物理层次结构模型描述了数据是如何存储的，以及存储的层次图是如何传送到SOA数据存储器上的；架构组件模型描述了数据、数据管理服务和SOA组件之间的关系。

2. Hadoop

Hadoop 旨在通过一个高度可扩展的分布式批量处理系统，对大型数据集进行扫描，以产生其结果。Hadoop 项目包括 Hadoop Distributed File System（HDFS）、Hadoop MapReduce 编程模型、Hadoop Common 3 部分。

Hadoop 平台对于操作非常大型的数据集而言是一款功能强大的工具。为了抽象 Hadoop 编程模型的一些复杂性，已经出现了多个在 Hadoop 之上运行的应用开发语言，如 Pig、Hive 和 Jaql 等。而除了 Jave 外，还能够以其他语言编写 map 和 reduce 函数，并使用称为 Hadoop Streaming（简写为 Streaming）的 API 调用它们。

3. Streams

在 IBM InfoSphere Streams（简称 Streams）中，数据将会流过有能力操控数据流（每秒钟可能包含数百万个事件）的运算符，然后对这些数据执行动态分析。这项分析可触发大量事件，使企业利用即时的智能实时采取行动，最终改善业务成果。

当数据流过这些分析组件后，Streams 将提供运算符将数据存储至各个位置，或者如果经过动态分析某些数据被视为毫无价值，则会丢弃这些数据。人们可能会认为 Streams 与复杂事件处理（Complex Event Processing，CEP）系统非常相似，不过 Streams 的设计可扩展性更高，并且支持的数据流量也比其他系统更多。此外，Streams 还具备更高的企业级特性，包括高可用性、丰富的应用程序开发工具包和高级调度。

2.3.2 人工智能的相关技术

用来研究人工智能的主要物质基础以及能够实现人工智能技术平台的机器就是计算机，人工智能的发展历史是与计算机科学技术的发展史联系在一起的。除了计算机科学以外，人工智能还涉及信息论、控制论、自动化、仿生学、生物学、心理学、数理逻辑、语言学、医学和哲学等多门学科。人工智能学科研究的主要内容包括知识表示、自动推理和搜索方法、机器学习和知识获取、知识处理系统、自然语言理解、计算机视觉、智能机器人、自动程序设计等方面，见表 2-2。

表 2-2 人工智能的相关技术

技　术	简要描述	应用程序示例
统计机器学习	自动化训练过程并将模型拟合到数据	利用大数据进行高度精细的市场分析
神经网络	使用人工“神经元”加权输入并将它们与输出关联	识别信用欺诈、天气预报
深度学习	具有多层变量或特征的神经网络	图像和语言识别，从文本中提取含义
自然语言处理	分析和“理解”人类的语音和文本	语音识别、聊天机器人、智能座席
基于规则的专家系统	一组源自人类专家的逻辑规则	保险承保、信贷审批
物理机器人	自动完成一个物理动作	工厂和仓库任务
机器人流程自动化	自动执行结构化的数字任务并与系统对接	更换信用卡、验证在线凭证

2.3.3 区块链的相关技术

1. 分布式账本

分布式账本是一种在网络成员之间共享、复制和同步的数据库，没有中心管理员或集中数据存储，在没有第三方中介的情况下，交易双方直接进行转账和交易。在一个网络里的参与者可以获得一个唯一、真实账本的副本。账本里的任何改动都会在所有的副本中被反映出来，反应时间会在几分钟甚至是几秒内。分布式账本技术降低了因调解不同账本所产生的时间和开支成本，提高了交易的效率和安全性，如图 2-31 所示。

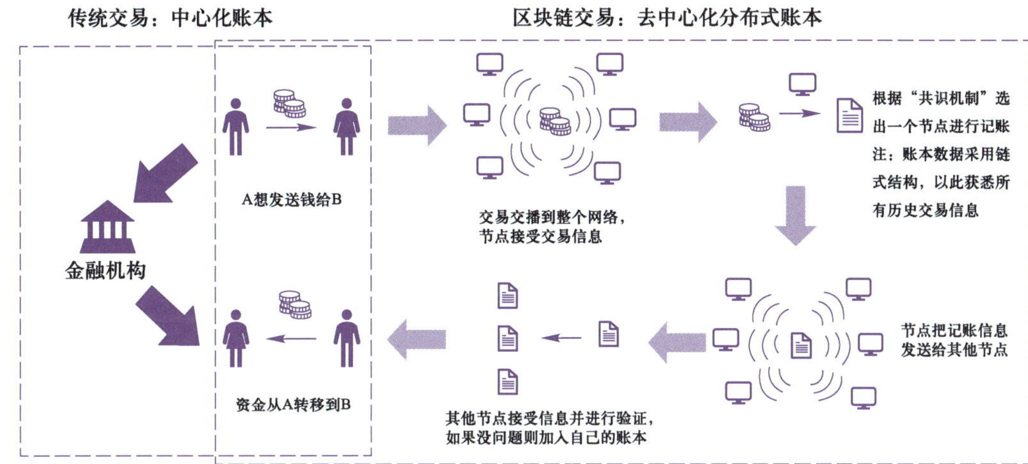

图 2-31 分布式账本

2. 非对称加密算法

非对称加密技术的基本原理是生成一对密钥，一个称为公钥，是可以公开被所有人知道的；另外一个称为私钥，只有密钥的主人持有，其他任何人都不能得到。公钥加密的密文只有私钥才能解密，私钥加密的密文只有公钥才能解密。例如，A 要给 B 发送私密数据，B 先公开公钥，A 用 B 的公钥加密自己的数据，然后发送给 B，B 用自己的私钥进行解密。非对称加密技术广泛应用于通信加密、数字证书、数字签名、身份认证等。

3. 智能合约

智能合约的工作原理与传统合约相似，但是它们是以代码形式编写并存储在区块链上的。当预定的条件得到满足时，智能合约就会自动执行，可能会包括转移数字资产、记录数据或执行其他类型的交易。部署的过程实际上是将合约的代码发送到区块链网络中，这样每个参与者都可以验证和执行该合约。一旦智能合约被激活，它就会自动执行合约中指定的操作。执行结果会被记录在区块链上，这样所有的网络参与者都可以验证结果的正确性。智能合约特别适合处理需要信任和安全性的事务。

4. 共识机制

共识机制是区块链系统在不同节点间建立信任、达成共识、实现去中心化的核心技术，是结合经济学、博弈论等多学科设计出来的一套保证区块链中各节点都能维护区块链系统的方法，是保持区块链安全稳定运行的核心。共识机制基于竞争式或投票式数学原理，以共识协议实现安全的记账规则，决定了参与节点对交易数据达成一致的方式，保证了合规数据最终被全部诚实节点确认，实现了分布式账本数据记录的一致性和活性。可以说共识机制是区块链技术的核心。

2.4 项 目 小 结

本项目介绍了新一代信息技术、大数据、人工智能、区块链、数字媒体、虚拟现实等技术的概念、发展趋势、关键技术、应用领域。

通过本项目的学习和训练，使学习者了解大数据、人工智能、区块链、数字媒体、虚拟现实的基本概念、应用场景和价值；帮助学习者了解大数据从获取、存储、分析到应用及安全的全流程，熟悉大数据技术的整体轮廓；通过引进人工智能应用项目，帮助学习者熟悉人工智能技术应用的流程和步骤；通过数字文本、数字图像、数字声音、数字视频、HTML 5等应用项目，熟悉数字媒体产品的制作和发布全过程；通过一个简单虚拟现实应用程序的开发，熟悉虚拟现实应用开发的整个流程，掌握虚拟现实引擎开发工具的使用方法。通过介绍我国在新一代信息技术领域取得的系列重大成果，培养学习者的锐意进取、攻坚克难的精神，引导学习者自信自强、守正创新、踔厉奋发、勇毅前行。

2.5 IT 工作室

IT 工作室
探视信息技术

组成 3 ~ 5 人为一组的团队研究小组，从下面选题中任意挑选一个选题，利用微信搜一搜、百度搜索引擎等检索相关的文档、音频、视频资料，进行分析，将收集的资料汇总成文档，并写出演示文稿，进行实战演讲、演说或者利用手机录制演讲小视频并分享到班级 QQ 群。

1. 人工智能

（1）人工智能的概念；（2）典型应用；（3）发展趋势；（4）人工智能在社会应用中的面临的伦理、道德和法律问题。

2. 大数据

（1）大数据的核心特征；（2）大数据系统架构；（3）典型应用；（4）大数据应用中面临的常见安全问题和风险；（5）大数据安全防护的方法。

3. 数字媒体

（1）数字媒体的概念；（2）当前研究热点和实际应用；（3）数字媒体技术的发展趋势。

4. 虚拟现实

（1）虚拟现实的概念；（2）发展历程；（3）当前研究热点和实际应用；（4）未来发展趋势。

5. 量子信息

（1）量子信息的概念；（2）发展历程；（3）当前研究热点和实际应用；（4）未来发展趋势。

6. 区块链

（1）区块链的概念；（2）发展历程；（3）当前研究热点和实际应用；（4）未来发展趋势。

项目 3

理解互联网络

3.1 项 目 分 析

项目描述

蓝图信息技术有限公司是一家推崇信息化管理的公司，各部门将全部进行数字化、网络化、智能化管理，实现互联互通。

项目要求

1. 现代通信技术

学习现代通信技术基础、5G 技术以及其他现代通信技术等。

2. 物联网

蓝图信息技术有限公司想要实现数字化办公，提高工作效率、节约成本。公司打算将原有的传统办公环境逐步升级为以物联网化的智能办公系统。

3. 云计算

认识云计算，在公有云上建立企业网站，注册域名及实名认证，备案网站。

3.2 项 目 实 现

3.2.1 现代通信技术

1. 认识现代通信技术

从古代烽火狼烟到现代微信、电话、导航、计算机等都是通信的载体，通信对人的生活产生了深远的影响。通信技术是实现人与人之间、人与物之间、物与物之间信息传递的一种技术。

现代通信技术与传统的通信技术有很大的不同。它不再以邮政、电报、电话技术为支柱，而是以微电子技术、计算机技术、光纤通信技术和通信卫星技术为支柱。其中微电子技术是现代通信的基础，计算机技术是现代通信的核心，光纤通信和卫星通信是现代通信的主要手段。近年来，地下的光纤通信加天上的卫星通信，形成了以计算机为中心的三维通信网络。

2. 移动通信技术

（1）认识移动通信技术

中国通信：5G 技术

移动通信是沟通移动用户与固定点用户之间或移动用户之间的通信方式，通信双方有一方或两方处于运动中的通信，包括陆、海、空移动通信。

现代移动通信技术主要可以分为低频、中频、高频、甚高频和特高频几个频段，在这几个频段之中，技术人员可以利用移动台技术、基站技术、移动交换技术，对移动通信网络内的终端设备进行连接，满足人们的移动通信需求。

移动通信技术经过第一代、第二代、第三代、第四代技术的发展，目前，已经迈入了第五代发展时代（5G 移动通信技术），这也是目前改变世界的几种主要技术之一。

（2）认识 5G 技术

5G，即第五代移动电话通信标准，是 4G 之后的延伸。国际电信联盟（ITU）的相关技术规范为 5G 确定了八大关键能力指标，即用户体验速率达到 100 Mbit/s、时延达到 1 ms、连接数密度可支持每平方千米 100 万台设备的连接、流量密度每平方米达到 10 Mbit/s 等，如图 3-1 所示。

微课 3-1 现代通信技术

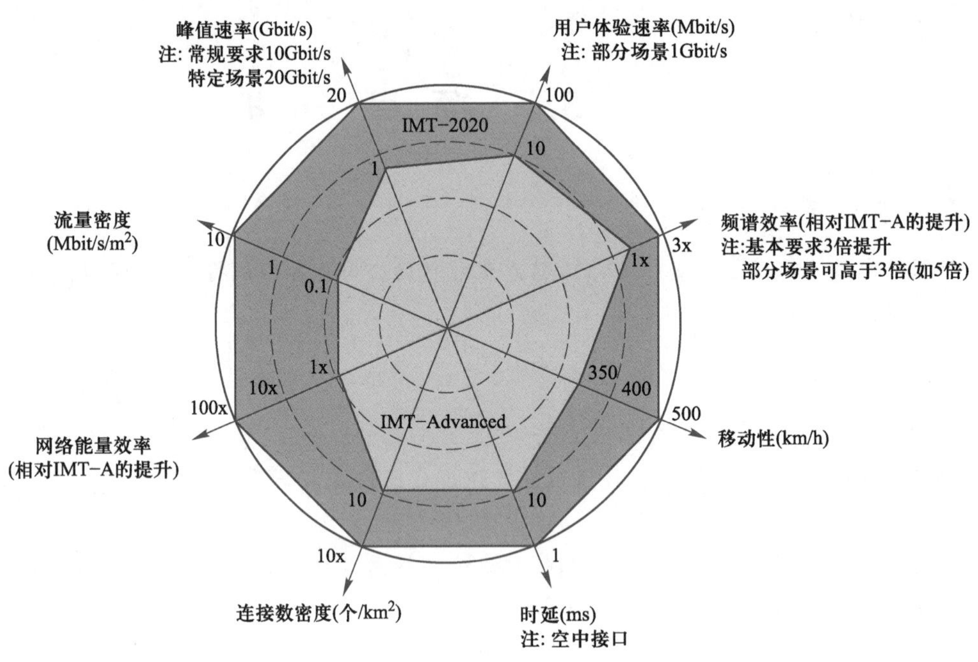

图 3-1 ITU 定义的 5G 八大关键能力

根据 IMT-2020（5G）推进组，5G 由标志性能力指标和一组关键技术来定义。其中，标志性能力指标指“Gbit/s 用户体验速率”，一组关键技术包括大规模天线阵列、超密集组网、新型多址、全频谱接入和新型网络构架。

（3）从 1G 跨越到 5G

现代通信技术的演进史也是社会发展的演变史，每一次通信技术的变革都会给人们的生活带来便利，对社会的影响也是巨大的。

1G（第一代移动通信系统）时代移动网进入了模拟时代，实现了基本的语音需求；2G时代进入了数字时代，手机可以实现简单上网，如QQ聊天、发送文字和图片；3G时代进入了移动多媒体时代，手机不仅仅可以进行语音通话、发送简单的文字和图片，还可以观看视频，同时也催生了智能手机的出现。4G时代进入了高速上网时代，手机可以观看高清视频，改变了人们的生活方式。5G时代进入了万物互联时代，实现了人与人、人与物、物与物之间的通信，催生出更多的产业链，如无人驾驶、VR/AR、AI、远程医疗、车联网、云端机器人、智慧城市、无人工厂等，实现了5G改变社会的愿景，如图3-2所示。

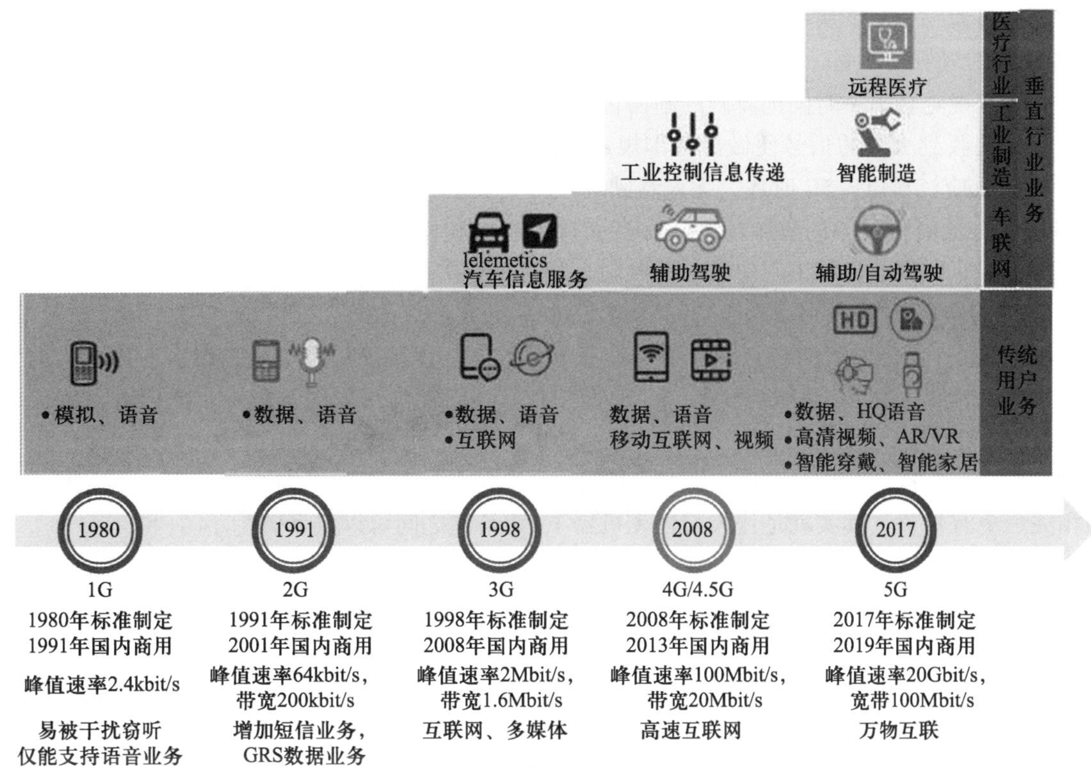

图 3-2　1G 至 5G 的移动通信发展史

在移动电话通信标准上，我国实现了“2G 跟随、3G 突破、4G 并跑，到 5G 领先”的跨越式发展。未来的 6G 从服务于人、人与物拓展到支撑智能体的高效互联，驱动万物互联到万物智联的跃迁，支持实现“万物智联、数字孪生”的社会发展美好愿景。

（4）5G 应用场景

从信息交互对象不同的角度出发，目前 5G 应用分为三大类场景，如图 3-3 所示。

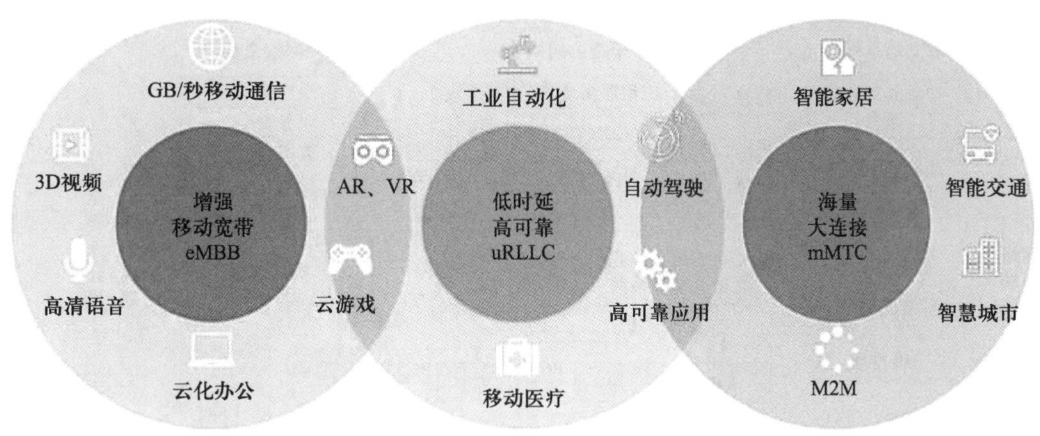

图 3-3　5G 应用场景

① 增强移动宽带（Enhanced Mobile Broadband，eMMB）

eMMB 是指在现有的移动宽带业务场景的基础上，对于用户体验等性能的进一步提升。eMMB 的应用场景包括超高清视频、虚拟现实、增强现实等，主要面向的是个人。增强移动带宽就是 5G 大带宽的特点。

② 低时延高可靠（Ultra-Reliable Low-Latency Communications，uRLLC）

低时延也是 5G 的主要特点。时延是指一个报文或分组从一个网络的一端传送到另一个端所需要的时间。可以理解为一个命令从一个地方传到另一个地方所花费的时间。

5G 的网络时延只有 1 ms，是 4G 网络时延的十分之一。以驾驶车辆为例，通过眼睛观察路面情况，一旦发现危险，视觉会第一时间把看到的画面传递给大脑，经过大脑的中枢系统处理做出反应并发布动作指令，身体接收到大脑的信号便做出动作规避风险，该过程至少要 10 ~ 20 ms。而无人驾驶只需要 1 ms 就会做出反应，所以，5G 时代，无人驾驶会变得更安全。

uRLLC 就是低时延业务的应用场景，旨在支持对时延和稳定性高度敏感的业务，可通过网络切片技术来保障，如车联网、智慧工厂中的远程控制、智慧医疗中的远程手术等对时延非常敏感的应用。

③ 海量大连接（massive Machine Type A of Communication，mMTC）

大连接也是 5G 网络独有的特点，在当下信息爆炸的时代，智能设备也越来越多，每个人的生活都被各种信息交错成了一张庞大的信息网，5G 的低功耗广连接能力可以把每平方千米内百万级的海量设备接入网络，真正做到万物互联。

万物互联（Internet of Everything，IoE）是指将人、流程、数据和事物结合一起，使得网络连接变得更加相关、更有价值，其实就是让人与物（机器）、物与物之间可以对话。

mMTC 的应用场景包括智慧城市、智能家居等。这类应用对接密度要求较高，同时呈现行业多样化和差异化。所以 mMTC 主要面对的是连接数量大且对时延相对不敏感的需要布置大量联网传感器的设备。

（5）5G 应用实例

如图 3-4 所示，苏州 5G 车联网城市级验证与应用项目是国家首批 5G 新基建车联网项目，是依托 5G 车路协同下的“人 – 车 – 路 – 网 – 云”一体化系统。该系统共打造 63.4 公里（双向）道路和 50 个智慧路口，建设覆盖 5G 网络、C-V2X 网络、高精度定位网络，路侧设备安装 400 余套，依托 5G、大数据、路侧基础设施融合感知技术实现基本的路侧数据数字化采集、边缘感知融合、多元消息传输及转发等。

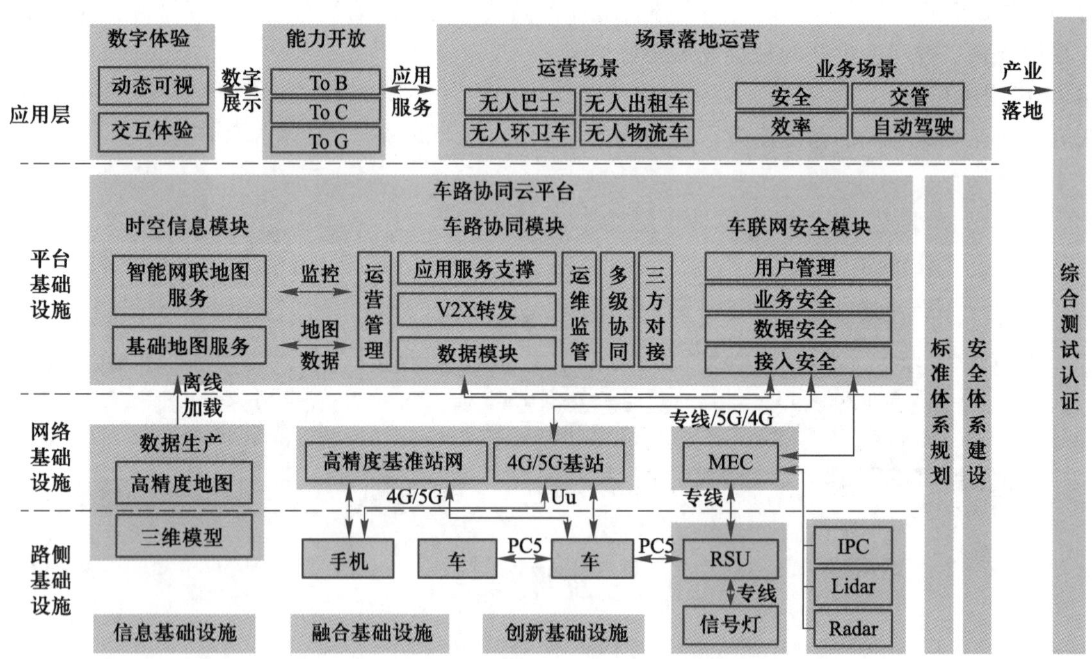

图 3-4 项目技术方案总体架构

这些智慧路口是 5G 与 AI、大数据、先进计算、区块链等技术的融合。通过地基增强网络，修正卫星空间传输误差，使定位精度从十米级提升至厘米级，通过 5G 网络实时下发定位信息，构建全天候、全天时、全地理的精准时空体系，如图 3-5 所示。

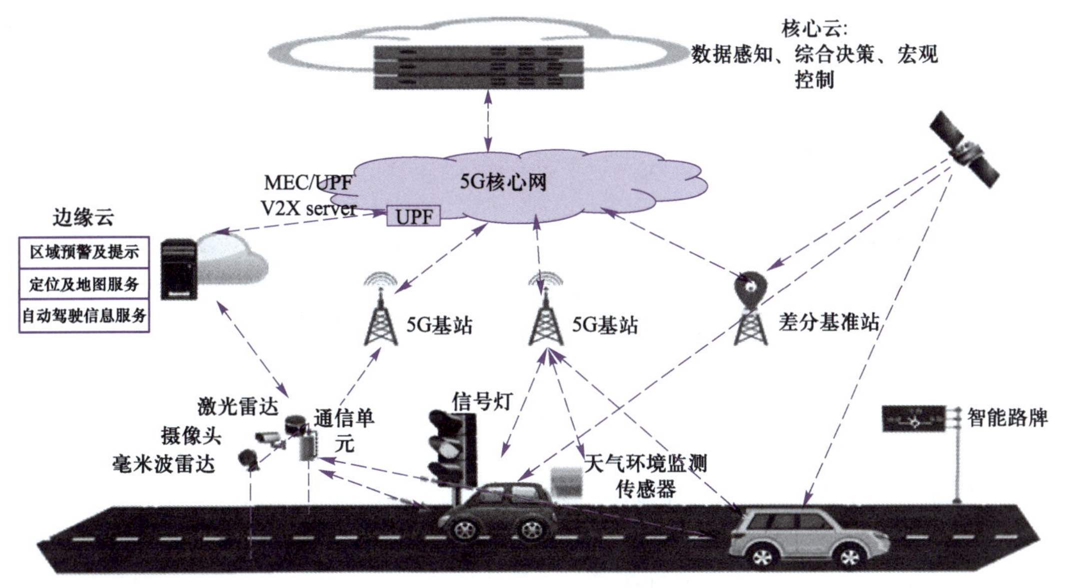

图 3-5 网络架构图

5G 网络（高带宽、低时延、高可靠）助力 V2X 融通自由的人、聪明的车与智慧的路，实现交通全要素之间的动态信息实时同步，赋能多个场景下的辅助驾驶和自动驾驶应用。

3. 认识其他通信技术

（1）蓝牙

蓝牙技术是一种无线通信技术，支持设备在短距离进行通信，可以在移动电话、无线耳机、笔记本电脑等相关外部设备之间进行无线信息交换。它采用分散式网络结构及快跳频和短分组技术，支持点对点、点对多点通信，工作在全球通用的 3.4 GHz ISM 频段，数据传输速率为 1 Mbit/s，采用时分双工传输方案实现全双工传输。

蓝牙技术是一个开放性、短距离无线通信的标准，可以用来在较短距离内取代目前多种电缆连接方案，实现方便快捷、灵活安全、低成本、低功耗的语音和数据通信，适用于多种场合，如手机、计算机、家用电器等设备的无线连接，以及无线耳机、手环、智能手表等智能穿戴设备的数据传输。

（2）无线局域网 Wi-Fi

Wi-Fi 是一种将有线网络信号转换为无线信号的技术，通过无线路由器发射无线电波，实现设备间的联网。Wi-Fi 具有传输速度快、使用方便和传输距离远的优势。它广泛应用于家庭、办公室和公共场所，如机场、酒店和商场等。Wi-Fi 不仅可以方便地连接智能手机、平板电脑和笔记本电脑，还可以连接大量的智能设备。

（3）紫蜂（ZigBee）

ZigBee 是一种近距离、低复杂度、低功耗、低成本的双向无线通信技术，主要应用于距离近、功耗低且传输速率不高的各种设备之间的数据传输。

ZigBee 技术特别适用于数据吞吐量小，网络建设投资少、网络安全要求较高、不便频繁更换电池或充电的场合，应用目标主要是工业控制（如自动控制设备、无线传感器网络）、医护（如监视和传感）、家庭智能控制（如照明、水电气计量及报警）、消费类电子设备的遥控装置、PC 外设的无线连接等领域。

（4）射频识别 RFID

射频识别（Radio Frequency Identification，RFID）是一种非接触式的自动识别技术，它利用射频信号及其空间耦合的传输特性，实现对静止或移动物品的自动识别，主要包括感应式电子芯片或近接卡、感应卡、非接触卡、电子标签、电子条码等。

一个简单的 RFID 系统由读写器（Reader）、应答器（Transponder）或电子标签（Taq）组成，其原理是由读写器发射一特定频率的无线电波能量给应答器，用以驱动应答器电路，读取应答器内部的 ID 码。应答器的形式有卡、纽扣、标签等多种类型，电子标签具有免接触、不怕脏污，芯片密码唯一且无法复制，具有安全性高、寿命长等特点。所以，RFID 标签可以贴在或安装在不同物品上由安装在不同地理位置的读写器读取存储于标签中的数据，实现对物品的自动识别。

RFID 的应用非常广泛，目前典型应用有动物芯片、汽车芯片防盗器、门禁管制、停车场管制、生产线自动化、物料管理、校园一卡通等。

（5）卫星通信

卫星通信是指利用人造地球卫星作为中继站，转发或反射空间电磁波来实现信息传输的通信技术。它是现代通信技术、航空航天技术、计算机技术结合的重要成果。与 4G/5G 通信相比，卫星通信具备通信范围大、通信质量高、可靠性高、开通电路迅速、信号配置灵活、多址联接、机动性高等优点，以及具有频带宽、容量大、适于多种业务、覆盖能力强、性能稳定、不受地理条件限制、成本与通信距离无关等特点。

卫星通信技术在国防、电信、广播、航天等各个领域都有广泛应用，并在紧急救援、自然灾害监测、农业资源管理、远程医疗等方面发挥着重要作用。随着技术的不断发展，卫星通信系统的覆盖范围和通信能力正在不断提升，为人们的日常生活和工作带来了更多便利和可能性。

（6）光纤通信

光纤通信技术是利用光纤作为传输介质，将光信号进行传输的一种通信技术，其主要特点是传输速度快、传输距离远、抗干扰性强，因此被广泛应用于高速、长距离、可靠和安全的数据传输领域。

自光纤通信技术诞生以来，在广播电视、电力通信、干线传输、企业 / 园区和家庭网等各领域得到了大规模的部署应用。如今，随着云计算、元宇宙、VR/AR 高清沉浸体验业务、人工智能、智慧工厂和数字孪生、智慧医疗、物联网、大数据、F5G/5G 等新业务新技术的不断涌现，光纤通信已经成为数字经济、数字新基建的重要承载力量，具有更为重要的时代意义。当前，光纤通信正在进入新时代，向着高可靠、智能化的全光网发展，光联万物时代将很快到来。

4. 现代通信技术与其他信息技术的融合发展

现代通信技术是大数据、云计算、人工智能、物联网、虚拟现实等信息技术发展的基础，以 5G 为代表的现代通信技术是中国新型基础设施建设的重要领域。5G 低时延、广连接、大带宽的三大超强能力不仅对我们的生活习惯、社会模式带来很大影响，而且还推动了大数据、物联网、云计算、AR/VR 等新技术的发展，未来将广泛应用于网络通信、智慧城市、工业、农业、交通等各个领域，对传统产业进行赋能、升级，促动产业革新，如图 3-6 所示。

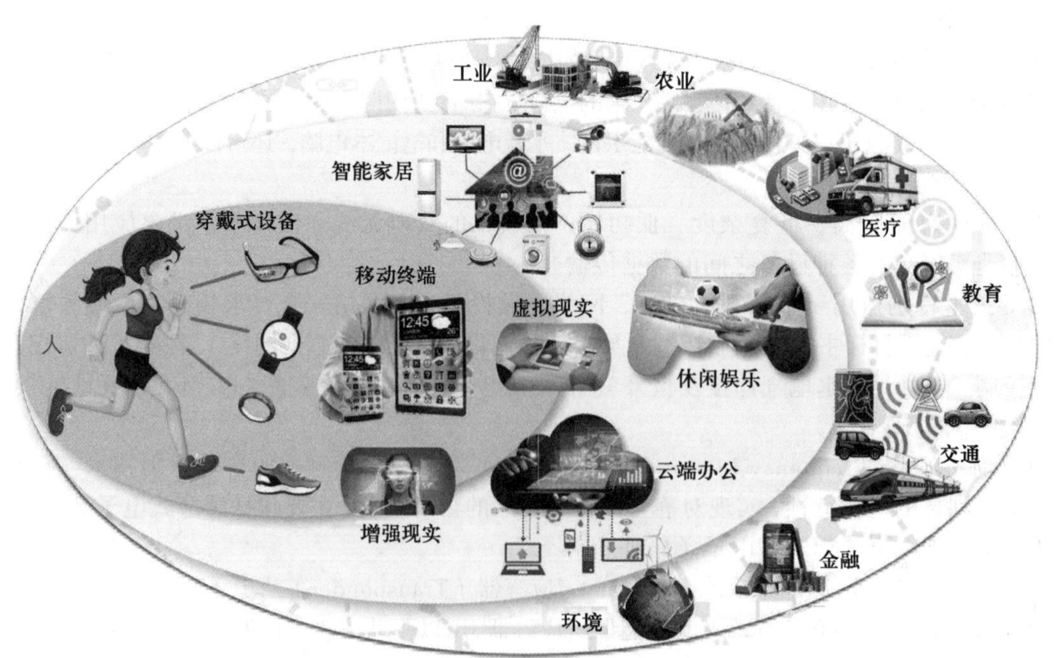

图 3-6 现代通信技术与其他信息技术的融合发展

3.2.2 物联网

1. 走进物联网

（1）认识物联网

物联网（Internet of Things，IoT）是通过射频识别（RFID）、红外感应器、全球定位系统、激光扫描器等信息传感设备，按约定的协议，将任何物品与互联网相连接，进行信息交换和通信，以实现对物品的智能化识别、定位、跟踪、监控和管理的一种网络。物联网技术的核心和基础是互联网技术及传感技术，是在互联网基础上的延伸和扩展的网络。物联网将传感器技术、NFC、ZigBee、蓝牙、Wi-Fi、IC集成电路、Web界面和服务器后台连接等各种应用技术结合在一起。

如图3-7所示，物联网可以构成很多智能应用，遍及智能交通、环境保护、政府工作、公共安全、平安家居、智能消防、工业监测、环境监测、路灯照明管控、景观照明管控、楼宇照明管控、广场照明管控、老人护理、个人健康、花卉栽培、水系监测、食品溯源等多个领域。因特网是把人与人、人与物连接起来，而物联网将人与人、人与物、物与物连接起来。

微课3-2
物联网

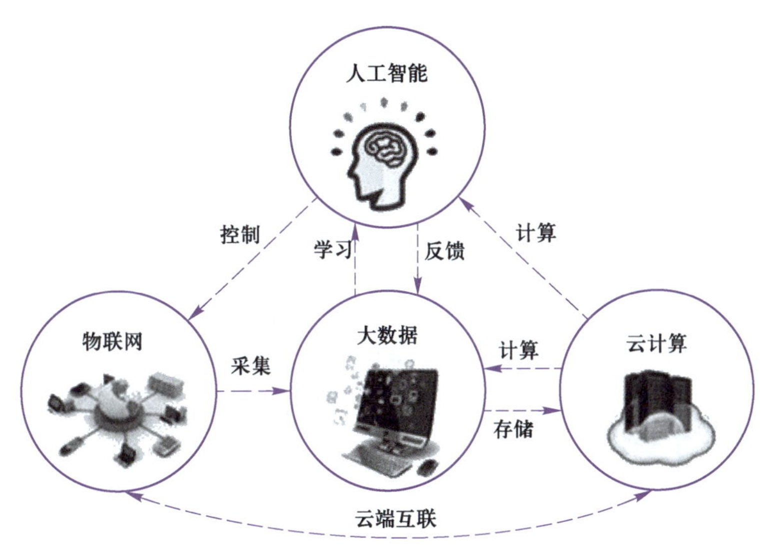

图3-7 万物互联

（2）物联网的基本特征

整体感知：利用无线射频识别、二维码、定位器、智能传感器等感知设备随时随地感知获取物体的各类信息。

可靠传输：通过对互联网、无线网络的融合，将物体的信息实时、准确地传送，实现信息交流和分享，并进行各种有效的处理。

智能处理：使用各种智能计算技术，对感知和传送到的数据、信息进行分析处理，实现监测与控制的智能化。

（3）物联网体系结构

网络体系结构主要用于研究网络的组成部件及这些部件之间的关系，物联网的体系结构与传统网络的体系结构类似，也可以采用分层网络体系结构进行描述。目前业界能够接受的物联网典型体系结构分为三层，自下而上分别是传感层、网络层和应用层，也体现了物联网的3个基本特征，即整体感知、可靠传输和智能处理，如图3-8所示。

传感层位于最底层，是物联网的核心，实现对物理世界的智能感知识别、信息采集处理和自动控制并通过通信模块将物理实体连接到网络层和应用层，所需要的关键技术包括检测技术、中低速无线或有线短距离传输技术等，如传感器技术、RFID技术、二维码技术、ZigBee技术、蓝牙技术等。

图 3-8 物联网体系结构图

网络层实现信息的传递、路由和控制，包括延伸网、接入网和核心网，网络层可依托公众电信网和互联网，也可以依托行业专用通信网络。网络层相当于人的大脑和神经中枢，主要负责传递和处理感知层获取的信息。网络层的关键技术包括 Internet、移动通信网、无线传感器网。

应用层提供丰富的应用，将物联网技术与行业信息化需求相结合，实现广泛智能化的应用解决方案，关键在于行业融合、信息资源的开发利用、低成本高质量的解决方案、信息安全的保障及有效商业模式的开发。应用层的关键技术包括 M2M、云计算、人工智能、数据挖掘、中间件。

2. 搭建智能办公系统

物联网技术对现代生活的各个方面都产生了深远的影响，物联网设备不仅能够使人们可以与设备之间进行交互，而且还能够与物联网智能办公生态系统中的其他设备进行交互。智能办公室能够利用物联网更快、更有效地工作，企业要想实现数字化办公，首先应构建智能办公室。

蓝图信息技术有限公司想要实现数字化办公，提高工作效率、节约成本。公司打算将原有的传统办公环境逐步升级为以物联网化的智能办公系统。

【操作步骤】

① 建立智能考勤系统。实现多人并行无感知考勤，走进公司大门，无须停留、打卡、刷脸等任何操作，即可完成考勤签到。

② 建立智能会议系统。实现智能的会议预约、管理和提醒，还能远程共享屏幕、手机扫码投屏、会议板书及记录一键轻松共享，大幅提升会议效率。

③ 建立智能设备控制系统。不用复杂的操作，只需要在手机上轻轻一点就可以实现智能设备控制模式，如随时随地自动开启电脑、投影、打印机等办公设备，让办公效率直线上升。

④ 建立节能系统。实现每天上班前，自动开启全楼饮水机、复印机、空调等，每天下班后，自动关闭全楼饮水机、复印机、空调等。

⑤ 建立智能安防系统。通过智能门禁、入侵报警、摄像监控，远程监控和联网报警等技术构筑多

层防护网，确保公司财产安全。

3. 物联网的应用

如图 3-9 所示，物联网的应用领域涉及方方面面，在工业、医疗、能源、交通、安防等基础设施领域的应用，有效地推动了智能化发展，使得有限的资源得到更加合理的使用分配，从而提高了行业效率、效益。

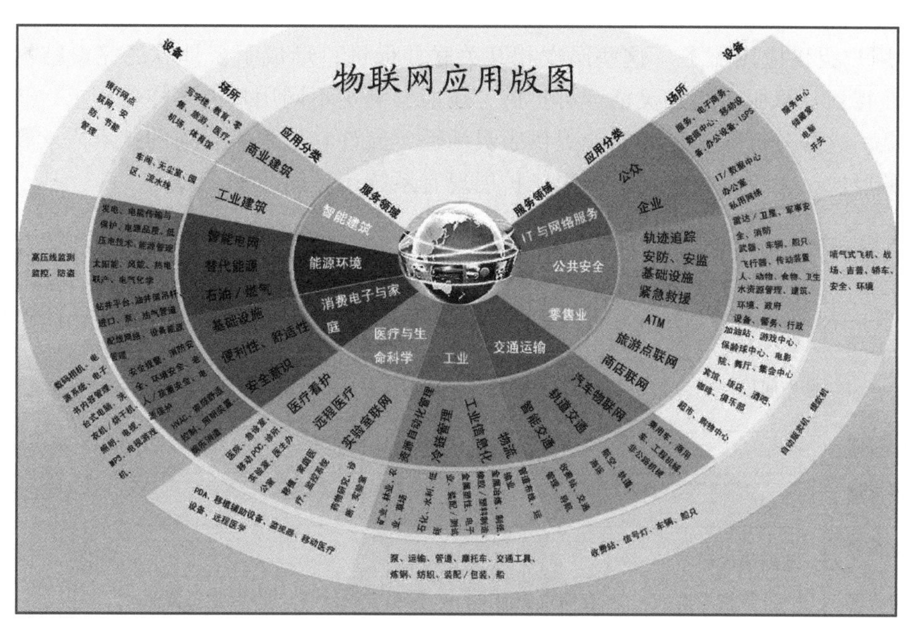

图 3-9 物联网行业的应用

3.2.3 云计算

云计算的概念源于网络拓扑图中用云形状符号来代表 Internet，象征着网络之上的抽象化和虚拟化资源。从宽泛的视角来看，云计算不仅是一种技术，更是一种服务模式。在这种模式下，大量的计算资源被集结成一个共享的资源池——“云”。通过高度自动化的管理软件，这些资源可以迅速且灵活地分配给需要的用户，极大地提高了资源的利用效率和用户的工作便捷性。

1. 云计算技术架构

云计算技术架构通过模块化和分层服务提供方式，实现资源高效管理和业务敏捷扩展，支撑着广泛的应用和服务。该体系主要包括 3 个核心服务层次，即基础设施即服务（IaaS）、平台即服务（PaaS）和软件即服务（SaaS），三者互为依托，共同构建起完整的云计算服务体系。

（1）基础设施即服务（Infrastructure as a Service，IaaS）

作为云计算架构的基础层，IaaS 提供了包括虚拟机、存储空间和网络资源在内的基础计算能力。用户在这一层上拥有高度的灵活性，可以根据需要选择和配置操作系统、运行环境和应用。全球知名的服务商如阿里云等均提供了多样化的 IaaS 产品和服务。IaaS 适用于需要高度控制底层资源的场景，如大规模数据处理和复杂应用部署。

微课 3-3
云计算

（2）平台即服务（Platform as a Service，PaaS）

PaaS 构建于 IaaS 之上，为开发者提供了一个富集成环境，包括开发工具、数据库和中间件等，以支持应用的快速开发、测试和部署。PaaS 抽象了底层的基础设施细节，使开发者能够更加专注于创新和开发，如腾讯云云开发平台。PaaS 特别适合快速软件开发和迭代，为开发团队提供了强大的后端支持，加快了产品上市的速度。

（3）软件即服务（Software as a Service，SaaS）

SaaS代表了云计算架构的最高层，向最终用户提供即开即用的应用服务。这些服务覆盖了从办公自动化到业务管理的广泛应用，使用户能够在任何设备上通过互联网访问功能强大的软件工具，无须关注应用的维护和更新。SaaS适用于追求快速部署和易于使用的企业和个人用户，如使用在线办公软件和客户关系管理系统。

如图3-10所示，在这3个层次中，IaaS提供了底层资源支持，PaaS为应用开发提供了平台，而SaaS则直接向用户提供应用服务。这些层次相互关联并促进，形成了云计算的完整结构体系。这一体系的设计不仅使得云计算服务更加灵活、可扩展，还能够满足不同用户的多样化需求，从而推动信息技术的创新和发展。这种分层架构还为企业提供了灵活性，允许它们根据当前的技术需求和商业目标选择最适合的云服务层次，无论是构建新的应用、扩展现有系统还是简化IT运营。

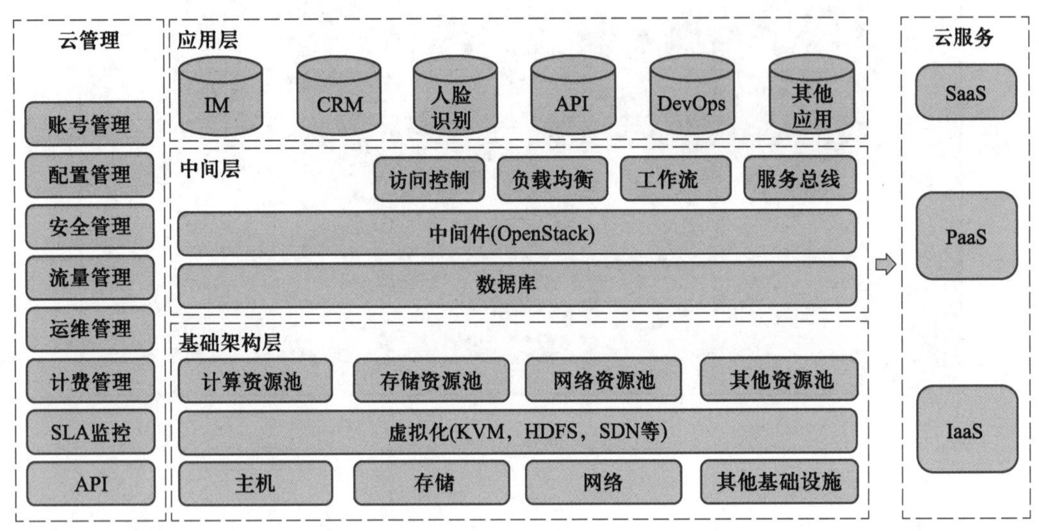

图3-10 云计算技术架构

2. 云计算部署模式

如图3-11所示，云计算根据不同的业务需求和安全考虑，可以通过公有云、私有云和混合云3种主要的部署模式来实施。

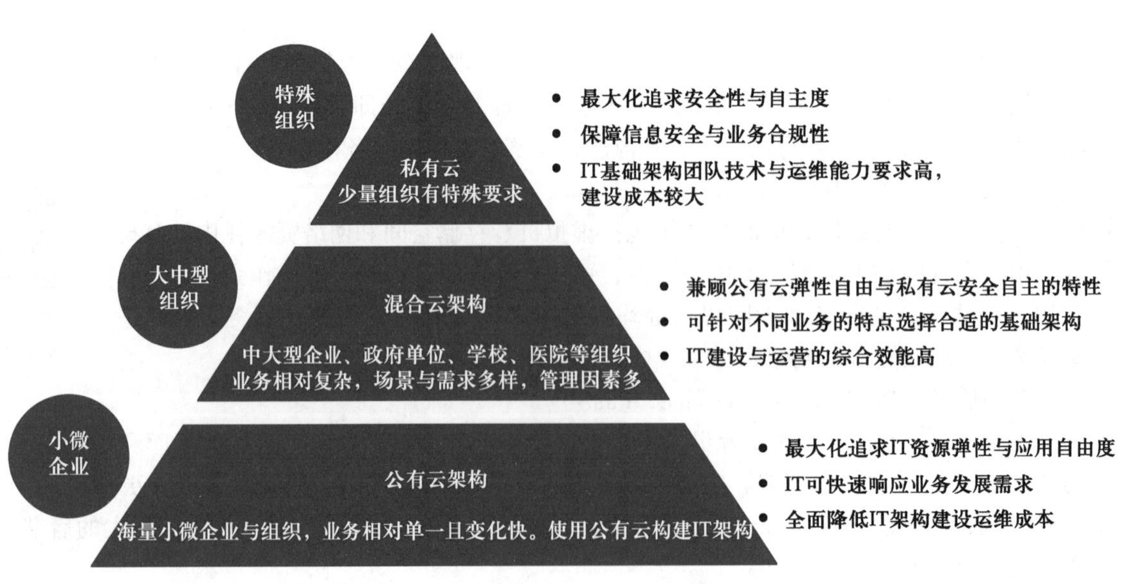

图3-11 公有云、私有云、混合云

（1）公有云

公有云由第三方云服务提供商运营，向公众提供高度可扩展的资源。用户可以通过互联网按需访问计算资源和服务，这种模式因其成本效益、高度弹性以及快速部署的特点而广受欢迎。公有云适合各种规模的企业和多样化的应用场景，从简单的网站托管到复杂的大数据分析项目。国内领先的公有云服务商包括阿里云、腾讯云和华为云等，它们提供了包括计算、存储、网络、数据库在内的综合性云服务。

（2）私有云

私有云为单一组织或企业定制，提供了一个专用的计算环境，以增强数据安全性和业务控制。私有云特别适合对数据隐私、安全和合规性有严格要求的行业，如金融服务、政府机构和医疗保健。私有云可以在组织内部或由第三方提供商在外部数据中心托管，为用户提供了高度的定制化服务和专用资源。

（3）混合云

混合云结合了公有云的灵活性与私有云的安全性，提供了一个跨越两者的集成环境。企业可以将敏感的业务工作负载保留在私有云中以确保安全，同时利用公有云的弹性资源来处理突发的业务需求或非核心应用。混合云提供极大的灵活性和可扩展性，允许企业根据业务需求和市场变化灵活调整云资源。

3. 在公有云上建立企业网站

蓝图信息技术公司准备建立企业网站，需要做最基础的一步：注册域名和实名认证，这样才能让客户访问公司的网站。

（1）注册域名和实名认证

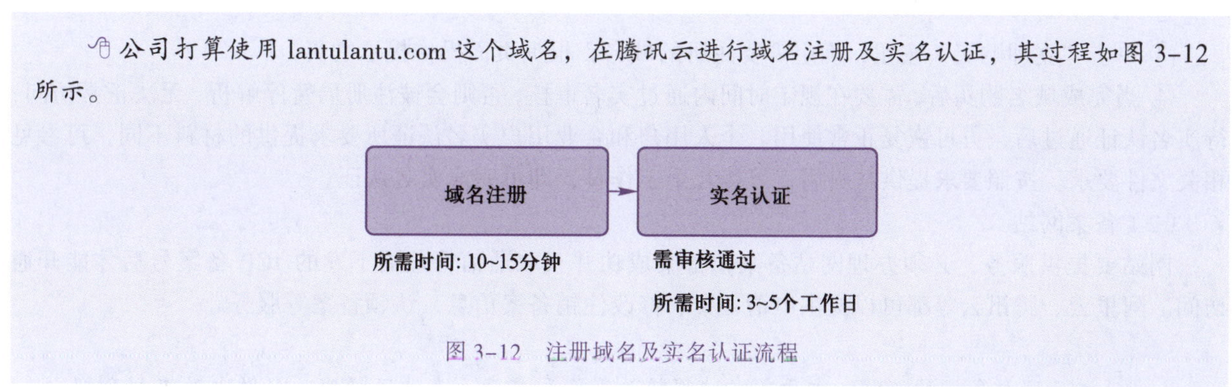
公司打算使用 lantulantu.com 这个域名，在腾讯云进行域名注册及实名认证，其过程如图 3-12 所示。

图 3-12　注册域名及实名认证流程

【操作步骤】

① 访问腾讯云域名注册页面，如图 3-13 所示，在查询框中输入“lantulantu.com”，单击右侧的“查询”按钮。

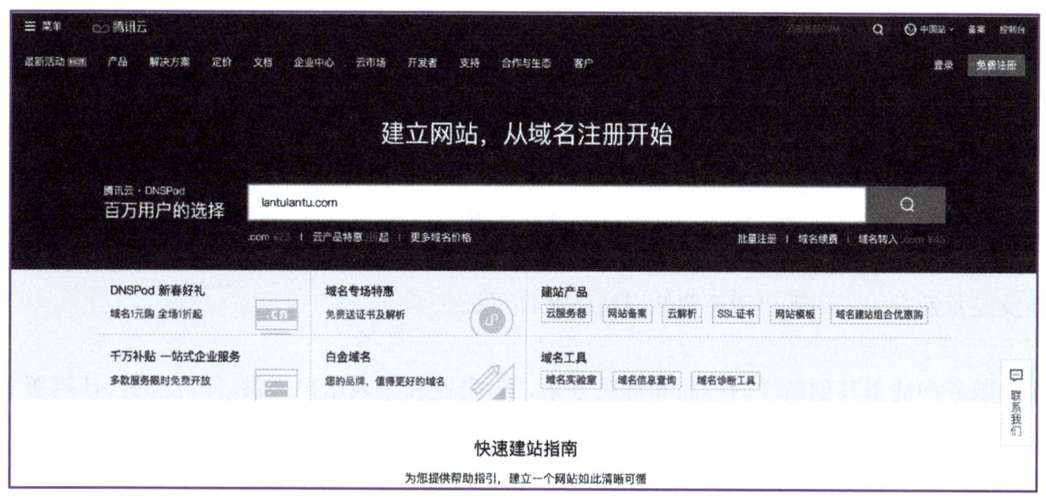

图 3-13　腾讯云注册域名页面

② 如果查询结果为已注册，则说明域名已被他人注册，需要更换一个域名或后缀进行注册；如果查询结果为未注册，则说明域名未被注册，可以将域名添加至购物车进行注册。如图3-14所示，可以看到蓝蓝要注册域名lantulantu.com未被注册。

图 3-14　查询域名

③ 单击“立即购买”按钮，确定需要注册的域名，根据页面操作提示购买。

④ 当完成域名购买后，需要在规定时间内通过实名审核，否则会被注册局暂停解析，无法正常访问，待实名认证通过后，方可恢复正常使用。个人用户和企业用户实名认证所要求提供的材料不同，可参见相关文件要求。按照要求提供材料后，等待几个工作日，即可完成实名认证。

（2）备案网站

网站要提供服务，必须办理网站备案，备案成功并获取通信管理局下发的 ICP 备案号后才能开通访问。阿里云、腾讯云等都可以提供申请备案、修改注销备案信息、认领备案等服务。

腾讯云网站备案的流程：由于备案过程较为严谨和复杂，在此不详述，只做大致流程介绍。

【操作步骤】

① 备案前提条件：准备已实名认证的一级域名、云服务器或备案授权码，按地方通信管理局要求准备备案材料。

② 登录腾讯云账号，根据页面提示，填写信息，视频核验并上传备案材料，提交至腾讯云初审。

③ 初审完成后，腾讯云会将备案材料提交至当地通信管理局。

④ 工信部系统会自动下发短信验证码，收到后需在 24 小时内，访问所在省管局网站进行验证，提交至通信管理局审核。

⑤ 通信管理局将在 20 个工作日内对备案资料进行审核。

⑥ 网站备案申请通过通信管理局审核并获得备案号后，需在网站开通后 30 日内进行公安备案。如果网站涉及经营性行为，还需申请经营性网站备案许可证。

4. 主流云服务商及其产品解决方案

主流云服务商凭借其创新性的产品和解决方案，为企业和个人用户提供了广泛的云计算服务，覆盖了计算、存储、网络、数据库、安全等多个方面，极大地推动了云计算技术的普及和应用。

（1）主流云服务商的业务概况

在全球云计算市场上，众多云服务商通过提供创新的云产品和解决方案，促进了云计算技术的发展与应用。

① 国际云服务商。

Amazon Web Services（AWS）：是全球范围内的云服务提供商之一，提供包括计算、存储、数据库、人工智能、物联网等在内的全面云服务。AWS的服务具有高可靠性、高可扩展性，服务对象包括各种规模的企业和机构。

Microsoft Azure：提供包括虚拟机、应用服务、数据库、人工智能服务等多种云计算服务。Azure支持多种编程语言和框架，能够轻松集成现有的企业环境。

② 国内云服务商。

阿里云：提供全面的云服务，包括计算、数据库、大数据分析、人工智能等，服务于各种规模的企业，特别是在电商、金融和物流行业有广泛的应用。

华为云：提供全栈全场景的云服务和行业解决方案，涵盖计算、存储、网络、大数据、人工智能等领域，依托强大的技术实力，为用户提供稳定可靠的云服务。

腾讯云：提供包括计算、数据存储、内容分发网络和大数据处理等全面的云服务，依托腾讯强大的社交和媒体服务，为媒体、电商等行业提供专业的云解决方案。

（2）主流云产品及解决方案

① 云主机。云主机提供虚拟化的计算资源，允许用户在云环境中部署和运行各种操作系统和应用程序。这些虚拟机可以根据需要动态调整资源配置，提供高度的灵活性和可扩展性。

② 云网络。云网络产品提供高度可靠和可扩展的网络结构，支持虚拟私有云（Virtual Private Cloud，VPC）、内容分发网络（Content Delivery Network，CDN）、负载均衡和网络安全等服务。

③ 云存储。云存储服务为用户提供可靠、可扩展的数据存储空间，支持数据的备份、恢复和共享，满足企业数据存储的高效管理需求。

④ 云数据库。云数据库服务提供可扩展的数据库解决方案，支持关系型数据库和NoSQL数据库，简化了数据库的部署、管理和扩展过程。

⑤ 云安全。云安全服务包括身份认证、数据加密、访问控制和安全审计等，确保云资源的安全性和用户数据的保密性。

⑥ 云开发。云开发平台提供开发工具、应用服务和运维管理，支持快速开发、部署和运行应用程序。

5. 云计算的应用

云应用代表了云计算技术在具体实践中的应用，可视为云计算范畴内更具体的实现。与云计算的广泛概念相比，云应用更加聚焦于为终端用户或企业提供定制化的解决方案，直接针对特定需求或问题进行设计和部署。

① 云存储服务：云存储是一项使数据在云端存储、备份和恢复变得简单可靠的服务。通过先进的分布式技术，它确保数据在多个地点安全复制，保证了数据的持久性和高可用性。云存储服务提供了从个人照片备份到企业级数据存储的广泛解决方案。例如，阿里云的OSS、腾讯云的COS、百度网盘、天翼云盘等，都提供了各种灵活的存储选项，支持从简单的文件存储到大规模数据处理的需求。

② 云办公平台：云办公解决方案利用云计算提供了一套远程办公、文档共享和团队协作的工具，极大地提升了工作效率。例如，WPS 365、Microsoft 365等服务包含了处理文档、表格、演示等多种办公软件，并支持团队成员间的实时协作和通信，使得无论团队成员身处何地都能高效工作。

③ 云端备份与灾难恢复：在数据保护方面，云计算提供了灵活且可靠的云端备份和灾难恢复解决方案。这些服务通过在云环境中创建数据的备份副木，确保在木地数据遭受损坏或丢失时，可以快速恢复业务运营。这对于维护企业的业务连续性和数据安全至关重要。

④ 云物联网（IoT）：云物联网解决方案通过在云平台上处理和分析来自传感器和设备的大量数据，实现了设备管理和智能决策。这一技术在智能家居、工业监控和城市管理等领域发挥着关键作用。利用

云物联网平台，企业可以轻松构建智能应用，如远程监控系统、智能照明控制以及能效管理系统等。

⑤ 云教育平台：云技术已经为教育领域带来了革命性的变化。通过构建云教育平台，教育机构能够提供更加丰富、互动的在线学习资源和服务。学习者可以通过云平台访问课程视频、实时直播讲座以及各种互动学习工具，实现灵活的学习方式。同时，教师也能利用云平台进行课程管理、学习者互动和成绩评估等工作，提高教学效率。

云计算的应用正迅速渗透到人们生活和工作的方方面面，从基础设施到平台，再到各种软件服务，它不仅重塑了信息技术的运作模式，也为各行各业带来了前所未有的便捷和效率。随着技术的不断进步和创新，可以预见，云计算将继续拓展其边界，推动更多的数字化转型和智能化升级，为未来的发展开辟更广阔的可能性。

微课 3-4
互联网

3.3 相关知识

3.3.1 局域网

局域网是在一个局部的地理范围内（如学校、工厂和机关），一般是方圆几千米以内，将各种计算机、外部设备和数据库等互相联接起来组成的计算机通信网。

1. 网络协议

网络协议是网络上所有设备（网络服务器、计算机、交换机、路由器、防火墙等）之间通信规则的集合，它规定了通信信息必须采用的格式和这些格式的意义。最常用的网络协议是 TCP/IP 协议（传输控制协议 / 互联网络协议），访问 Internet 就必须使用 TCP/IP 协议。

2. IP 地址

在 Internet 上给每台计算机一个唯一的号码标识，即 IP 地址。现 IP 地址有 IPv4 和 IPv6 两种版本。其中 IPv4 地址由 32 位二进制数字构成，分为 4 组，每组 8 位，转换为十进制数字表示，每组数字范围在 0 ~ 255 之间，组与组之间用“.”隔开，如 203.13.34.56。IPv6 地址由 128 位二进制数字构成，分为 8 组，每组 16 位，转化为十六进制数表示，组与组之间用“:”隔开，如 FE80:0000:0000:0000:AAAA:0000:00C2:0002 。

3. 网关

网关在采用不同体系结构或协议的网络之间进行互通时，用于提供协议转换、路由选择、数据交换等网络兼容功能的设施。

4. 域名

网络连接中的每一台机器都必须有一个唯一的 IP 地址作为标识，为方便用户记忆，将计算机 IP 地址使用一串用点分隔的字符串组成计算机名，如 www.baidu.com，用于在数据传输时识别，此字符串即域名。域名由两个或两个以上的词构成，中间由点号分隔开。最右边的那个词称为顶级域名。顶级域名只有 2 ~ 3 个字符，为国家名或机构类别名。域名字符串只能使用字母、数字和“–”构成。

5. 域名解服务器

网络访问时必须将域名映射为对应的 IP 地址，此映射过程称为域名解析。域名解析需要由专门的域名解析服务器（Domain Name System，DNS）来完成。

3.3.2 5G 新技术

1. 软件定义网络（Software Defined Network，SDN）

一种新兴的网络架构，它将网络的控制平面（Control Plane）和数据平面（Data Plane）进行分离，将网络的控制逻辑集中在中心控制器上，网络设备（如交换机、路由器等）仅负责数据转发，以便更灵

活、更高效地管理网络流量和服务质量。

2. 切片

中国工匠：
华为开创者

切片是一种将 5G 网络划分为多个虚拟网络的技术，每个切片可以定制为不同的网络结构，以满足不同的应用需求。5G 核心网的模块化、软件化，就是为了“切片”，为了满足不同场景的需求。在低时延的场景中（如自动驾驶），核心网的部分功能，就要更靠近用户，放在基站那边，这就是“下沉”，不仅可以保证“低时延”，更能够节约成本。

3. 移动边缘计算（Mobile Edge Computing，MEC）

中国设备：
华为网络

将计算和数据存储功能移动到网络边缘，让用户享有不间断的高质量网络体验，具备超低时延、超高宽带、实时性强等特性。例如，中兴通讯的 5G MEC 解决方案，把用户端口功能（User Port Function，UPF）下沉到无线侧，和 CU、移动边缘应用（ME App，如 VR 视频渲染 App）一起部署在运营商 MEC 平台中，就近提供前端服务。

4. 独立组网（Standalone，SA）和非独立组网（Non-Standalone，NSA）

SA是指5G的gNB直接连接5G核心网5GC；NSA是指5G的gNB连接到4G的核心网EPC，NSA下，gNB需要锚点（4G基站，NG-eNB）才能与EPC交互控制信息，NSA降低了网络建设和运营成本，加快了5G商用速度，但数据传输速率和用户体验不能完全达到5G标准。

3.3.3　物联网相关技术

1. 射频识别技术

射频识别技术（RFID）是一种简单的无线系统，由一个询问器（或读写器）和很多应答器（或标签）组成。RFID 技术让物品能够“开口说话”。物联网中 RFID 标签上保存着规范而具有互通性的信息，通过无线数据通信网络把它们自动采集到中央信息系统中实现物品的识别。

2. 传感器技术

传感器在物联网中主要负责接收物品“讲话”的内容。传感器技术是从自然信源获取信息并对获取的信息进行处理、变换、识别的一门多学科交叉的现代科学与工程技术，涉及传感器、信息处理和识别的规划设计、开发、制造、测试、应用及评价改进活动等内容。

3. 无线网络技术

物联网中物品要与人无障碍地交流，必然离不开高速、可进行大批量数据传输的无线网络。无线网络既包括允许用户建立远距离无线连接的全球语音和数据网络，也包括近距离的蓝牙技术、红外技术和 ZigBee 技术。

4. 人工智能技术

人工智能是研究是计算机来模拟人的某些思维过程和智能行为（如学习、推理、思考和规划等）的技术。在物联网中，人工智能技术主要将物品“讲话”的内容进行分析，从而实现计算机自动处理。

3.3.4　云计算关键技术

1. 虚拟化技术：云计算的基石

将物理计算资源（如服务器、存储设备、网络等）虚拟化成逻辑资源，以提高资源的利用率和可靠性。虚拟化技术打破了传统硬件资源的物理限制，使得多个操作系统和应用可以在同一台物理服务器上独立运行，互不干扰。

2. 分布式系统技术：实现云计算的可扩展性与容错性

分布式系统技术是云计算的另一个核心技术。它将大规模的计算、存储和网络资源分散到不同的节点上，以实现可扩展性和容错性。这意味着当某个节点出现故障时，系统可以自动将任务转移到其他节点上继续执行，保证服务的持续性和稳定性。同时，随着业务需求的增长，云计算平台可以轻松地扩展资源，满足不断变化的业务需求。

3. 自动化和管理技术：提高云计算的运维效率

云计算需要高度自动化和智能化的管理技术，以实现资源的自动分配、配置、监控和优化。自动化管理技术可以大大降低人工干预的需求，提高运维效率。同时，智能管理技术可以根据业务需求自动调整资源分配，确保系统具有最佳性能和最低成本。

4. 网络技术：保障云计算的高速传输与安全性

云计算需要高速、可靠、安全的网络技术来支持大规模数据的传输和交换。网络技术不仅要保证数据的快速传输，还要确保数据在传输过程中的安全性和完整性。此外，网络技术还需要支持多种协议和接口，以便与各种设备和系统无缝连接。

5. 安全技术：保护云计算的数据与隐私

安全技术是云计算中不可或缺的一部分。云计算平台存储着大量敏感数据，如个人信息、企业机密等。因此，安全技术至关重要，包括身份认证、数据加密、访问控制等。这些技术可以确保只有授权的用户才能访问和操作数据，从而保护用户的数据和隐私不受侵犯。

云计算还涉及其他许多关键技术，如大数据技术、编程模型、绿色节能技术等。这些技术共同构成了云计算的庞大技术体系，为各种应用场景提供了强大的支持。

微课 3-5
企业网

3.3.5 企业网

企业网是指为企业的经营活动提供服务的专用网或虚拟专用网。企业网是由工作组计算演变出来的，而后者与台式机到网络的集成有关。企业网从范围上讲，既可以是局域的，也可以是广域的。

3.4 项目小结

拓展阅读
企业网

本项目介绍了现代通信技术、5G 技术、物联网、云计算等的概念、发展趋势、应用领域、关键技术和部署方式，以及与其他信息技术的融合发展。

通过本项目的学习和训练，使学习者加深对现代通信技术、5G技术、物联网、云计算的直观认识，了解这些技术在未来对给人们日常生活、学习和工作带来的改变；能根据不同通信技术的技术特点选择合适的通信技术；能初步配置一个完整的物联网应用系统，初步掌握综合应用物联网各层技术的技能；通过云端部署应用程序，熟悉操作过程中涉及的云主机、云网络、云存储、云数据库、云安全、云开发等知识和技能。通过新一代信息技术与不同行业领域技术融合发展，鼓励学习者在不同专业领域、不同学科上进行融合创新，培养学习者的可持续性发展能力。

3.5 IT 工作室

组成 3 ~ 5 人为一组的团队研究小组，从下列选题中任意挑选一个选题，利用微信搜一搜、百度搜索引擎等检索相关的文档、音频、视频资料，进行分析，将收集的资料汇总成文档，并制作演示文稿，进行实战演讲或者利用手机录制演讲小视频并分享到班级 QQ 群。

IT 工作室
理解互联网络

1. 物联网

（1）什么是物联网？

（2）物联网的发展。

（3）物联网的应用。

（4）物联网的明天。

2. 人工智能

（1）人工智能的概念。

（2）人工智能的发展历程。

（3）当前研究热点和实际应用。

（4）未来发展趋势。

3. 5G 技术

（1）什么是 5G？

（2）5G 的目标和特点。

（3）5G 的主要优势。

（4）5G 的最新发展。

（5）现代通信技术的发展趋势。

4. 蓝牙技术

（1）蓝牙的起源和发展。

（2）蓝牙技术特征和面临的挑战。

（3）蓝牙技术的应用。

（4）蓝牙与其他技术的比较。

项目 4

提升数字素养

提升数字素养

4.1 项 目 分 析

项目描述

在当前信息社会和信息时代的大背景下，人类社会的各个领域都进入了信息化与数字化的转型阶段，对学习、工作、生活等方方面面都提出更多的挑战，数字素养已经成为每个个体的必备素养。蓝蓝听完信息技术讲座后，对很多知名的信息技术企业的发展历程产生了浓厚的兴趣，开始深思自己的职业理念，意识到在网络社会中的职业行为自律非常重要，为更好地应对未来数字化社会迭代做好准备。

项目要求

1. 认识数字素养

通过了解数字素养的基本概念和信息素养的概念、核心要素等内容，理解数字素养在提升个人终身学习能力，提高国家新质生产力方面起到的作用。初步具备数字素养的基本能力。

2. 提升信息技术应用能力

通过学习利用 QQ、微信等工具进行资源共享和即时交流，进一步提升信息技术的应用能力，强化信息意识。

3. 信息伦理与职业行为自律

通过“守法我先行”相关案例，了解相关法律法规、信息伦理与职业行为自律的具体要求，从而明晰不同行业内职业发展的共性策略、途径和方法。

4.2 项 目 实 现

微课 4-1
提升数字素养

4.2.1 数字素养与信息素养

1. 认识数字素养

数字素养是指人们在数字环境中获取、理解、应用信息的能力，是数字获取、制作、使用、评价、交互、分享、创新、安全保障、伦理道德等一系列素质与能力的集合，包含了数字意识、计算思维、数字化学习与创新、数字社会责任等具体内容。

数字素养和信息素养是信息时代个体有效参与社会活动的基础，它们相互依赖并互补。信息素养作为基础，强调识别、定位、评估、组织和传达信息的能力，而数字素养则是这一基础在数字环境下的扩展，侧重于使用数字工具和平台处理信息。两者结合不仅提升了个体的技术操作能力，也增强了批判性思维和信息评估技能，使个体能更好地适应技术发展，有效应对信息爆炸，进行终身学习，并在尊重伦理和法律的前提下，实现信息的有效获取、分析和创造。

2. 理解信息素养

信息素养（Information　Literacy）这一概念是随着 20 世纪 70 年代的信息技术发展产生的，并于 20 世纪 80 年代到 90 年代持续丰富，直至 21 世纪才逐步趋于完善，它的内涵与外延随着社会的发展不断地丰富与扩展。

中国责任： 信息安全与素养

信息素养是人们在应用信息技术的过程中需要具备的一种基本能力，包括信息文化素养、信息意识和信息应用技能等层面的内容。信息素养还是一种了解、搜集、评估和利用信息的综合能力，既需要熟练的技术应用能力，也需要通过完善的调查方法，鉴别和推理得以体现。可以说，信息素养是信息能力的集中展现，信息技术的应用能力是展现信息素养的重要指标。

我国教育部2021年3月发布的《高等学校数字校园建设规范（试行）》对信息素养做出的定义为：“信息素养是个体恰当利用信息技术来获取、整合、管理和评价信息，理解、建构和创造新知识，发现、分析和解决问题的意识、能力、思维及修养。信息素养培育是高等学校培养高素质、创新型人才的重要内容。”

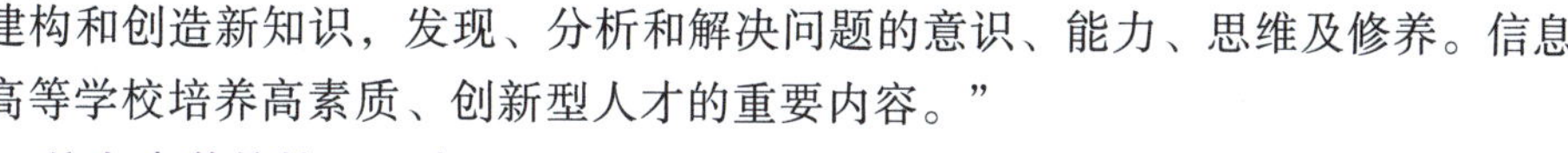

拓展阅读 信息应用能力测试表

3. 信息素养的核心要素

信息素养主要由信息意识、信息知识、信息应用能力、信息伦理与安全等要素组成，这些要素共同构成一个不可分割的统一整体，其中信息意识是先导，信息知识是基础，信息应用能力是核心，信息伦理与安全是保证。

微课 4-2 利用 QQ 实现信息共享

4.2.2　利用 QQ 实现信息共享

腾讯 QQ 支持在线聊天、视频电话、文件传输、共享文件、网络硬盘、QQ 空间、QQ 邮箱等多种功能，并可与移动通信终端等多种通信方式相连，是目前使用最广泛的聊天软件之一。为了与同学交流并相互传送、存储文件，以便尽快完成毕业设计，应学会使用 QQ 的在线聊天、传送文件等功能，提升自己的信息应用能力。

1. 利用手机 QQ 在线语音、视频交流

利用手机 QQ 进行在线语音、视频等即时通信工具进行交流。

【操作步骤】

① 登录手机 QQ，打开“毕业设计小组”QQ 群。

② 单击右下角的“+”按钮，单击“语音通话”按钮，弹出“邀请成员”页面，选择相应的成员，单击“发起通话”按钮，即可邀请团队成员进入会议模式，一起远程沟通毕业设计的相关内容。

2. 利用手机 QQ 召开网络会议

利用手机 QQ 发起毕业设计团队内的网络会议，实现方法如图 4-1 所示。

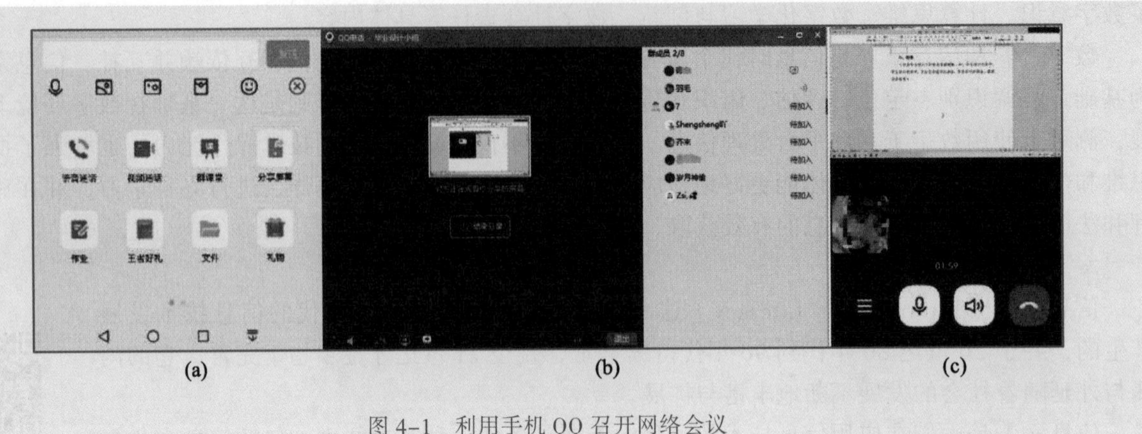

图 4-1 利用手机 QQ 召开网络会议

【操作步骤】

① 登录手机 QQ，单击右下角“+”按钮。

② 单击“分享屏幕”按钮，进入在线会议模式。

③ 连接成功后，可以单击“分享屏幕”按钮，选择“全部共享”还是“部分区域共享”即可共享内容。

3. 利用 QQ 群发送文件

在“毕业设计小组”QQ 群内共享文件。

【操作步骤】

① 登录手机 QQ，打开“毕业设计小组”QQ 群。

② 把文件拖曳至对话框，即可直接通过 QQ 传送文件给团队成员。

③ 单击如图 4-2 所示的“腾讯文档”按钮，可与 QQ 群内成员一起共享编辑同一个文档。

④ 当对方发送文件时，单击接收文件窗口的“接收”按钮即可接收文件，接收的文件将在对话框中显示，也可单击“打开文件”按钮直接打开文件查看。

图 4-2 利用手机 QQ 群发送文件

4. 将 QQ 文件发送到微信

将手机 QQ 群中的文件“项目二 任务书撰写及流程分析”转发给微信好友。

【操作步骤】

① 打开手机 QQ 中的“文件管理”窗口，进入后单击“内部储存”按钮。

② 单击右上角的“搜索”按钮，搜索并找到“QQfile_recv”文件夹，进入该文件夹后，单击右上角的“⋮”图标，在弹出的菜单中选择相关命令将所有的文件按时间排序，即可看到 QQ 刚保存下来的文件，如图 4-3 所示。

③ 单击打开“项目二 任务书撰写及流程分析”PowerPoint 演示文稿，即可用默认的手机 WPS Office 打开 PowerPoint 演示文稿，单击“分享”按钮，可将文件分享给微信好友，如图 4-4 所示。

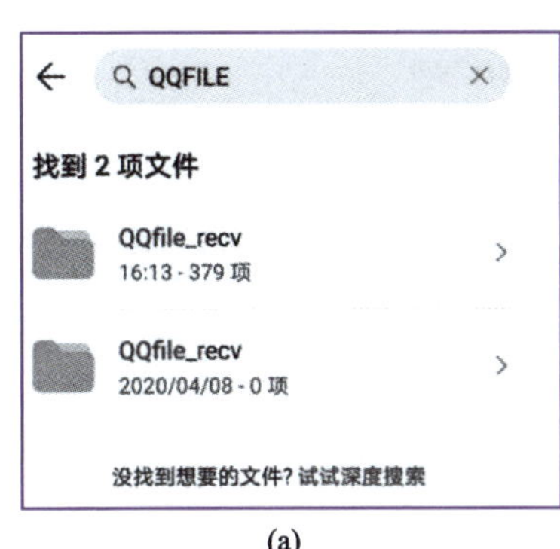

(a)

(b)

图 4-3　内部存储文件

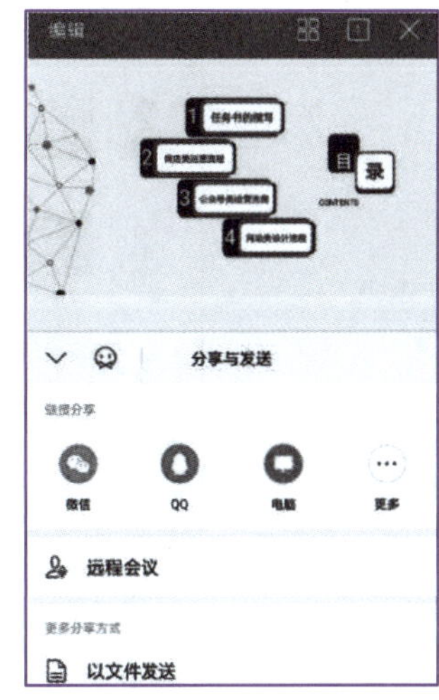

图 4-4　分享到微信

> 📖 小技巧
>
> 从 QQ 中快速分享到微信的小技巧：
>
> ① 在“毕业设计小组”QQ 群中打开“项目二 任务书撰写及流程分析”PowerPoint 演示文稿。
>
> ② 单击右上角的“…”按钮，在弹出的菜单中选择“用其他应用打开”命令。
>
> ③ 即可用手机里安装的 WPS Office 打开 PowerPoint 演示文稿，单击“分享”按钮，可将文件分享到微信好友，建议在手机端安装 WPS Office 应用程序。

4.2.3 利用微信实现即时信息交流

微课 4-3 利用微信实现即时信息交流

微信是腾讯公司推出的一款为智能终端提供即时通信服务的免费应用程序，支持跨通信运营商、跨操作系统平台通过网络快速发送免费（需消耗少量网络流量）语音短信、视频、图片和文字，同时，也可以使用通过共享流媒体内容的资料和基于位置的社交插件“摇一摇”“漂流瓶”“朋友圈”“语音记事本”等服务插件。

1. 使用微信传送文件

利用手机微信给微信好友传送文件，或者利用“文件传输助手”给手机或电脑输送文件。

【操作步骤】

① 打开微信，进入微信群聊天模式。

② 单击右下角的“⊕”按钮，出现如图 4-5 所示的页面。

③ 单击“文件”按钮，选择要传输的文件，单击“发送”按钮，即可上传到微信群内。

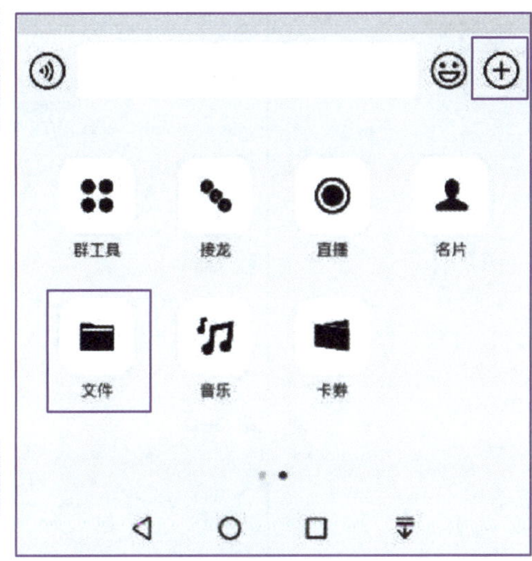

图 4-5　使用微信传送文件

2. 查看微信群文件

查找微信群中发布过的文件、图片和视频信息。

【操作步骤】

① 进入微信群，单击右上角的“…”按钮，进入如图 4-6 所示的页面。

② 单击“查找聊天记录”按钮，进入“搜索指定内容”页面。

(a)

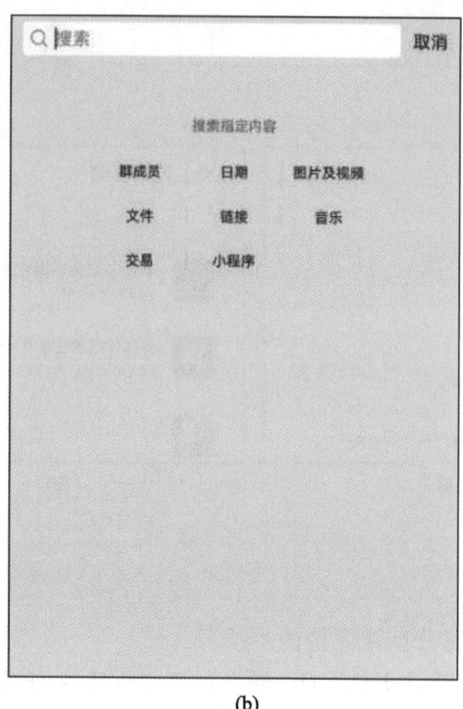

(b)

图 4-6 查看微信群文件

③ 可以单击“图片”按钮，查看微信群内上传的图片信息；单击“文件”按钮，即可查找群内上传的文件信息。如果知道文件名，则可以直接搜索文件名来查找。

3. 查看收藏文件

查看手机微信内收藏的文件信息。

【操作步骤】

① 进入手机微信主界面，单击右下角的“我”按钮，进入如图 4-7 所示的页面。

(a) (b)

图 4-7 网页版微信登录成功页面

② 单击“收藏”按钮，进入“我的收藏”页面。

③ 单击“文件”按钮，可以查找已收藏的文件信息，单击“图片与视频”按钮，可以查找已收藏的图片与视频信息，单击“链接”按钮，可以查看已收藏的文章信息等。

4. 将微信文件发送到 QQ

将微信群内的 PDF 文件转发给毕业设计小组 QQ 群。

【操作步骤】

① 找到并选中需要发送的文件，在弹出的界面中单击“用其他应用打开”按钮。

② 在打开文件后，单击右上角的“…”按钮，在下方的弹出菜单中选择“发送”命令。

③ 接着弹出一个快捷菜单，如图 4-8 所示，选择带有 QQ 图标的“发送给好友”命令，即可选择 QQ 好友或者 QQ 群了。

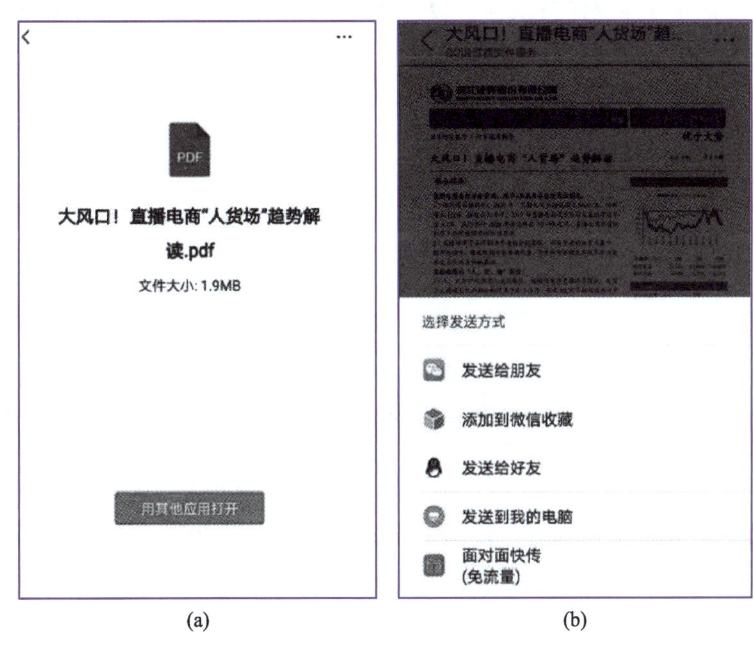

图 4-8　发送给 QQ 好友

4.2.4　信息伦理与职业行为自律

1. 信息伦理

信息伦理是指涉及信息开发、传播、管理和利用等方面的伦理要求、准则和规约等，以及在此基础上形成的新型伦理关系。信息伦理又称为信息道德，是调整人与人之间以及个人与社会之间信息关系的行为规范的总和。

中国样本：工程师职业道德规范

信息伦理是信息技术发展的产物，是社会自发管理的一种手段，通过内发的约束力在潜移默化中规范人们的信息活动行为。从狭义上看，信息伦理是指个体在获得、传播、使用和创造信息的过程中应遵循的道德准则，即各参与主体的信息相关活动及行为应在不违反道德规范、不侵犯他人的合法权益、不危害社会公共安全等前提下进行。从广义上看，信息伦理是指各参与主体在信息相关活动及行为中的道德情操，并且能够合理、合情、合法地利用信息来产生价值，或者使用信息来解决个体和组织的特点问题。

微课 4-4 信息伦理与职业行为自律

2. 职业行为自律

职业行为自律是一个行业的自我规范、自我协调的行为机制，同时是维护市场秩序、保持公平竞争、促进行业健康发展、维护行业利益的重要措施。

职业行为自律是个人或团体完善自身的有效方法，是提升自身修养的必备环节，也是提高自身觉悟、净化思想、强化素质、改善观念的有效途径，见表 4-1。

表 4-1　职业行为自律的培养途径

序号	培养途径
1	确立正确的人生观是职业行为自律的前提
2	培养自己良好的行为习惯，开始养成职业行为自律
3	发挥榜样的激励作用，向先进模范人物学习，不断激励自己

拓展阅读
守法我先行

应该充分发挥责任意识、自我管理、坚持不懈和抵御诱惑这 4 种个人特质，从坚守健康的生活情趣、培养良好的职业态度、秉承正确的职业操守、维护核心的商业利益、规避产生个人不良记录，大力弘扬新时代的创新精神，提高自己的职业道德水平等方面，培养自己的职业行为自律思想，逐步建立个人的职业行为自律标准。

4.3 相关知识

4.3.1 信息素养

高等职业院校的学生应具备的信息素养主要包含4个方面的核心要素：信息意识、计算思维、数字化创新与发展、信息社会责任。信息意识是指对信息的敏感度和对信息价值的判断力；计算思维是指在问题求解、系统设计的过程中，运用计算机科学领域的思想与实践方法所产生的一系列思维活动；数字化创新与发展是指综合利用相关数字化资源与工具，完成学习任务并具备创造性地解决问题的能力；信息社会责任是指在信息社会中，在文化修养、道德规范和行为自律等方面应尽的责任。

拓展阅读
信息技术发展阶段

4.3.2 信息技术发展史

信息技术的发展与应用是人类文明发展历史中的核心主线之一，从不同阶段来看，可以划分为语言的使用、文字的创造和活字印刷术的应用、电传输技术、计算机和互联网技术以及新一代信息技术集群 5 个阶段。

4.3.3 职业行为自律

在当前我国社会主义法治社会的大环境下，为保证职业行为自律，需要做到“六个不”：

① 不利用计算机网络窃取国家机密，盗取他人密码，传播、复制非法内容等。

② 不利用计算机对他人进行人身攻击、诽谤和诬陷。

③ 不破坏他人的计算机系统。

④ 不制造和传播计算机病毒。

⑤ 不窃取他人的软件资源。

⑥ 不使用和传播盗版软件。

4.4 项目小结

本项目通过介绍数字素养概念、信息素养内涵、信息技术发展史，展示信息技术的发展和品牌培育脉络，利用 QQ、微信等工具进行及时交流和资源共享，树立学习者正确的职业理念，培养良好的信息技术意识和应用能力。

通过相关案例介绍，从坚守健康的生活情趣、培养良好的职业态度、秉承端正的职业操守、维护核心的商业利益、规避产生个人不良记录等方面展开，使学习者了解相关法律法规、信息伦理与职业行为自律的要求，从而明晰不同行业内职业发展的共性策略、途径和方法。为建设“数字中国”“网络强国”奠定坚实的基础。

4.5 IT 工作室

1. 利用互联网搜索引擎、微博等社交平台、微信等即时通信软件及抖音、快手等短视频平台查阅数字素养信息素养、信息技术的发展历程、信息安全与自主可控等学习资料，在小组中讨论学习心得，配合图片、视频等形式撰写学习笔记，小组成员共同展示学习成果，帮助树立正确的信息素养意识。

IT 工作室
提升数字素养

2. 当前，以互联网、大数据、人工智能为代表的新一代信息技术蓬勃发展，深刻改变着人们的生存和交往方式，但同时可能会带来伦理风险，请搜集信息伦理与职业行为自律等方面的案例，例如，智能推荐带来的隐私保护方面的问题，自动驾驶与现行交通法律法规体系的协调等案例，并且每个小组上台展示所选案例以及对案例的解读。

项目5

守护信息安全

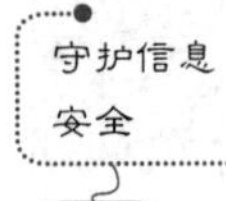

5.1 项目分析

项目描述

网络强国： 在迈向网络强国的道路上阔步前进

为了提高蓝图信息技术有限公司的信息安全，市场营销中心经理要求蓝蓝组织公司员工参加信息安全方面的培训，提高信息安全意识，熟悉常用的信息安全防御技术并选择合适的技术进行操作系统的安全配置与防御。

项目要求

1. 识别信息安全威胁

识别常见的网络安全威胁，如诈骗短信、钓鱼网站、AI合成视频欺骗等，了解计算机病毒、木马、拒绝服务攻击、网络非法入侵等信息安全常见的威胁以及对应的安全防御措施。

2. 信息安全保障策略

了解常用网络安全设备功能及部署方式下，掌握信息安全保障技术及保障策略。

3. 采用安全防御技术进行信息保护

① 在系统安全中心配置防火墙：在Windows系统的安全中心开启防火墙功能，通过“允许应用通过Windows Defender防火墙进行通信”来设置应用的通过状态。

② 在系统安全中心配置病毒防护：在Windows系统的安全中心开启病毒防护功能，并进行系统扫描及病毒查杀。

4. 使用第三方工具解决常见信息的安全问题

通过360官网下载并安装360安全卫士，使用360安全卫士进行系统及应用的安全管理。

5.2 项目实现

5.2.1 信息安全意识

公司需要收集员工遇到的信息安全问题，并汇总给信息中心，在员工培训会议上统一为大家展示。

1. 识别信息安全威胁

随着计算机技术的飞速发展，信息网络已经成为社会发展的重要保证，涉及国家的文教、军事等诸多领域。其中存储、传输和处理的信息有许多是重要的商业经济信息、银行资金数据、科研数据等重要信息，这些信息中有部分是敏感信息，甚至是国家机密，难免会吸引人为攻击。在日常生活中，也会遇到信息诈骗、个人敏感信息泄露等信息方面的威胁。

案例5.1：蓝图信息技术有限公司人力资源部小方近日收到银行扣款1 000元的短信，随后“客服”打电话称他误买了商品，为了配合退款他就把收到的验证码告诉了对方，1 000元真的被转走了。

案例5.2：蓝图信息技术有限公司销售部小刘在公司上班，她的父亲正在接听小刘的视频电话。小刘发现有份重要文件落在家里了，与家人联系才阻止了父亲的被骗。最后经过公安部门核实发现，与小刘父亲通话的人是使用AI技术生成的虚拟人像。其常见诈骗方式如图5-1所示。

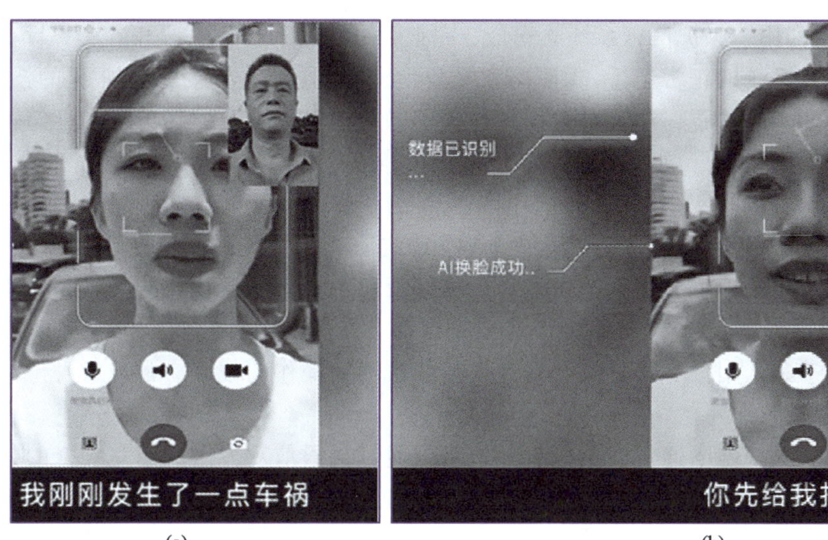

(a) (b)

图5-1 AI视频诈骗电话

除了以上诈骗方式侵犯信息安全外，还有以下几类常见的信息安全威胁及应对手段。

① 病毒和恶意软件：通过下载不安全的文件、点击恶意链接或访问感染的网站而进入电脑系统。为了防范这些威胁，用户应该安装可靠的杀毒软件，并及时更新病毒库。此外，应避免下载来自不可信来源的文件，定期备份重要数据。

② 钓鱼网站：指通过伪装成合法机构或个人来获取用户敏感信息的一种欺诈行为。为了防范网络钓鱼，用户不能轻易相信来自陌生人或不明来源的电子邮件、短信或社交媒体信息。此外，还应确保使用安全的网站和加密的连接，不在不安全的公共网络上输入敏感信息。

③ 弱密码和密码破解：使用弱密码是电脑安全的一个常见问题。为了防范密码破解，用户应该选择强密码，包括字母、数字和特殊字符的组合，并定期更改密码。

④ 社会工程：指攻击者通过欺骗、操纵或胁迫用户来获取敏感信息的一种手段。为了防范社会工程，用户应该时刻保持警惕，不轻易透露个人信息给陌生人，不随意点击来自不明来源的链接或下载附件。

微课5-1
信息安全问题的根源

⑤ 拒绝服务攻击：任何对服务的干涉，使得其可用性降低或者失去可用性均称为拒绝服务。例如，计算机系统崩溃、其带宽耗尽或其硬盘被填满，导致其不能提供正常的服务，就构成拒绝服务。目前应对拒绝服务攻击的对策主要可以分为检测、增强容忍性和追踪3个方面。

2. 防范信息安全威胁

为了防范数据泄露，每个人应该谨慎处理个人信息，并定期备份重要数据，同时在日常生活中要做到：

① 尽量不要把真实的个人信息、家庭信息、银行账号上传到网络上。

② 任何产生经济上借贷关系的必须要通过反复核实，不要轻信陌生人的任何转账要求。

③ 遇到网络欺诈与网络暴力威胁时，第一时间应做报警处理。

④ 要建立良好的信息安全意识，要有戒备之心和防范意识。

信息安全意识是维护国家安全、保障企业和个人利益的重要基石。每个人都应当加强信息安全意识教育，提高全民信息安全防护能力，共同维护网络空间的安全和稳定。

5.2.2 信息安全技术

信息安全技术是指一系列用于保护信息系统的安全、完整和可用性的技术手段和方法，旨在防范和应对各种安全威胁，确保信息系统的正常运行，保障国家安全、企业利益和个人隐私，其常见的技术如下。

① 加密技术：是信息安全的基石，通过对数据进行加密和解密，确保数据在传输和存储过程中的安全性。常见的加密技术有对称加密、非对称加密和哈希算法等。

② 防火墙技术：用于隔离不同网络、保护内部网络安全的一种技术。防火墙可以检测和过滤进出网络的数据包，阻止恶意攻击和非法访问，确保网络安全、稳定。

③ 恶意代码防护技术：用于检测、清除和防范计算机病毒、木马等恶意代码的技术。这类技术包括病毒防护软件、入侵检测系统等。

④ 身份认证技术：用于确认用户身份、防止未经授权的访问和操作的技术。常见的身份认证技术有密码认证、数字证书、生物识别等。

⑤ 安全协议技术：用于保护网络通信安全的一种技术，通过在通信双方之间建立安全的数据传输通道，确保数据在传输过程中的安全性。常见的安全协议有SSL/TLS、IPSec等。

⑥ 安全管理技术：用于监控、控制和保护信息系统安全的技术，包括安全事件管理、配置管理、漏洞管理、访问控制等。

⑦ 数据备份与恢复技术：用于在数据丢失或损坏时恢复数据的一种技术。通过定期备份数据和制定有效的恢复策略，确保数据的完整性和可用性。

⑧ 云计算与大数据安全：随着云计算和大数据技术的广泛应用，云计算与大数据安全已成为信息安全领域的一个重要方向，主要涉及云平台安全、数据安全、隐私保护等方面。

总之，信息安全技术是保障信息系统安全的关键，涉及多个方面。为了确保信息系统的安全，需要不断研究和开发新的信息安全技术，以提高信息安全防护能力，防范各种安全威胁。

5.2.3 常用网络安全设备

1. 防火墙

防火墙（Firewall）是一个由软件和硬件设备组合而成，在内部网和外部网之间、专用网与公共网之间构造的保护屏障，可以通过监测、限制、更改跨越防火墙的数据流，尽可能地对外部屏蔽网络内部的信息、结构和运行状况，以此来实现网络的安全保护。防火墙一般部署于单位或企业内部网络的出口位置。其主要功能如下：

① 网络安全的屏障。防火墙（作为阻塞点、控制点）能极大地提高内部网络的安全性，通过过滤不安全的服务而降低风险。只有允许通过的应用协议才能通过防火墙，使网络环境变得更安全。例如，防火墙可以禁止不安全的协议进出受保护网络，这样外部的攻击者就不可能利用这些脆弱的协议来攻击内部网络。防火墙同时可以保护网络免受基于路由的攻击，如 IP 选项中的源路由攻击和 ICMP 重定向

中的重定向路径。防火墙可以拒绝所有以上类型攻击的报文并通知防火墙管理员。

② 强化网络安全策略。通过以防火墙为中心的安全方案配置，能将所有安全软件（如口令、加密、身份认证、审计等）配置在防火墙上。

③ 监控审计。进出网络的数据都必须经过防火墙，防火墙通过日志对其进行记录，能提供网络使用的详细统计信息。当发生可疑事件时，防火墙能根据机制进行报警和通知，提供网络是否受到威胁的信息。

④ 防止内部信息的外泄。通过利用防火墙对内部网络的划分，可实现内部网重点网段的隔离，从而限制了局部重点或敏感网络安全问题对全局网络造成的影响。

2. 入侵检测系统

入侵检测系统（Intrusion Detection System，IDS）是一种对网络传输进行即时监视，在发现可疑传输时发出警报或者采取主动反应措施的网络安全设备。它与其他网络安全设备的不同之处在于，IDS是一种积极主动的安全防护技术。入侵检测通过从网络系统中的若干关键节点收集并分析信息，监控网络中是否有违反安全策略的行为或者是否存在入侵行为。作为防火墙后的第二道防线，适用于以旁路接入方式部署在具有重要业务系统或内部网络安全性、保密性较高的网络出口处。其主要功能如下：

① 实时监测：实时地监视、分析网络中所有的数据报文，发现并实时处理所捕获的数据报文。

② 安全审计：对系统记录的网络事件进行统计分析，发现异常现象，显示系统的安全状态，找出所需要的证据。

③ 主动响应：主动切断连接或与防火墙联动，调用其他程序处理。

3. 入侵防御系统

入侵防御系统（Intrusion Prevention System，IPS）是一套能够监视网络或网络设备的网络资料传输行为的计算机网络安全设备，能够及时地中断、调整或隔离一些不正常或是具有伤害性的网络资料传输行为。一般串联部署在具有重要业务系统或内部网络安全性、保密性较高的网络出口处。其功能如下：

① 入侵防护：实时、主动拦截黑客攻击、蠕虫、网络病毒、后门木马、DDos等恶意流量，保护企业信息系统和网络架构免受侵害，防止操作系统和应用程序损坏或宕机。

② Web安全：基于互联网Web站点的挂马检测结果，结合URL信誉评价技术，保护用户在访问被植入木马等恶意代码的网站时不受侵害，及时、有效地第一时间拦截Web威胁。

③ 流量控制：阻断非授权用户的流量，管理合法网络资源的利用，有效保证关键应用全天候畅通无阻，通过保护关键应用带宽来不断提升企业IT产出率和收益率。

④ 上网监管：全面监测和管理IM即时通信、P2P下载、网络游戏、在线视频，以及在线炒股等网络行为，协助企业辨识和限制非授权网络流量，更好地执行企业的安全策略。

4. 杀毒软件

杀毒软件（Anti Virus，AV）也称为反病毒软件或防毒软件，是用于消除电脑病毒、特洛伊木马和恶意软件的一类软件，用来保护计算机和用户的安全，防止病毒和其他恶意软件对计算机的侵害。杀毒软件通常集成监控识别、病毒扫描及清除和自动升级等功能，部分杀毒软件还带有数据恢复等功能，是计算机防御系统的重要组成部分。病毒检测设备一般部署在企业网的入口。其主要功能如下：

① 实时监控：通过在内存里划分一部分空间，将电脑中的内存数据与反病毒软件自身所带的病毒库（包含病毒定义）的特征码相比较，以判断是否为病毒。

② 扫描磁盘：将磁盘上所有的文件（或者用户自定义的扫描范围内的文件）进行检查。

③ 清除病毒：当发现恶意软件时，采取相应的清除措施。

④ 拦截功能：拦截和删除垃圾邮件、防止网络钓鱼和诈骗等。

反病毒功能可以凭借庞大且不断更新的病毒特征库有效地保护网络安全，可以将病毒抵御于网络之外，防止病毒文件侵害系统数据，为企业网络提供了一个坚固的保护层。

微课 5-2
信息安全应用

5.2.4 信息安全应用

1. 采用安全防御技术进行信息保护

使用系统安全中心配置防火墙——禁用远程桌面及关闭文件和打印共享。

【操作步骤】

① 通过计算机“开始”菜单或者任务栏中的图标打开 Windows 安全中心。

② 在主界面左侧选中“防火墙和网络保护”，防火墙配置文件分为域网络、专用网络和公用网络，即方便对于用户在不同网络下对防火墙规则进行快速选择。

③ 选择允许应用通过防火墙，在对话框中取消选中“路由和远程访问”复选框，即禁止路由和远程访问。

④ 取消选中“文件和打印机共享”复选框，关闭文件和打印机共享，如图 5-2 所示。

图 5-2 禁止文件和打印机共享

使用系统安全中心配置病毒防护——进行快速扫描、开启病毒防护功能。

微课 5-3
采用安全防御技术进行信息保护

【操作步骤】

① 在Windows安全中心中单击“病毒和威胁防护”图标，在“当前威胁”页面中，查看当前在设备上发现的任何威胁；最近一次在设备上运行扫描的时间，以及花费的时间和扫描的文件数等信息；查看之前已隔离的威胁，以及已允许在设备上运行的任何威胁。

② 快速扫描。单击“快速扫描”按钮，可立即检查设备是否有任何最新威胁，及时发现可能执行的可疑文件或病毒威胁，如图 5-3 所示。

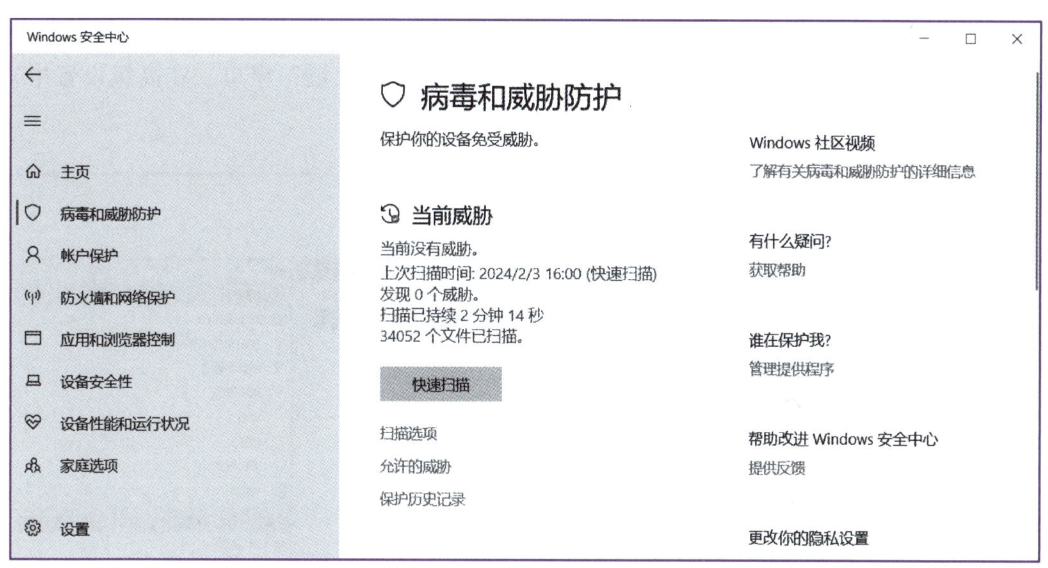

图 5-3　“病毒和威胁防护”配置界面

③ 在“病毒和威胁防护设置”窗口中开启实时保护、云提供的保护、自动提交样本等病毒防护功能，如图 5-4 所示。

图 5-4　开启病毒防护

2. 使用第三方工具解决常见信息的安全问题

使用第三方工具 360 安全卫士进行系统安全管理。

【操作步骤】

① 通过 360 官网下载并安装 360 安全卫士，安装完成后双击“打开卫士”按钮即可运行该软件。

② 在防火墙高级设置的入站规则中开启 360 安全卫士服务。在“防火墙和网络保护”窗口中，单击“高级设置”超链接，打开“高级安全 Windows Defender 防火墙”窗口，在高级设置中，检查防火墙的出入站规则，如图 5-5 所示。

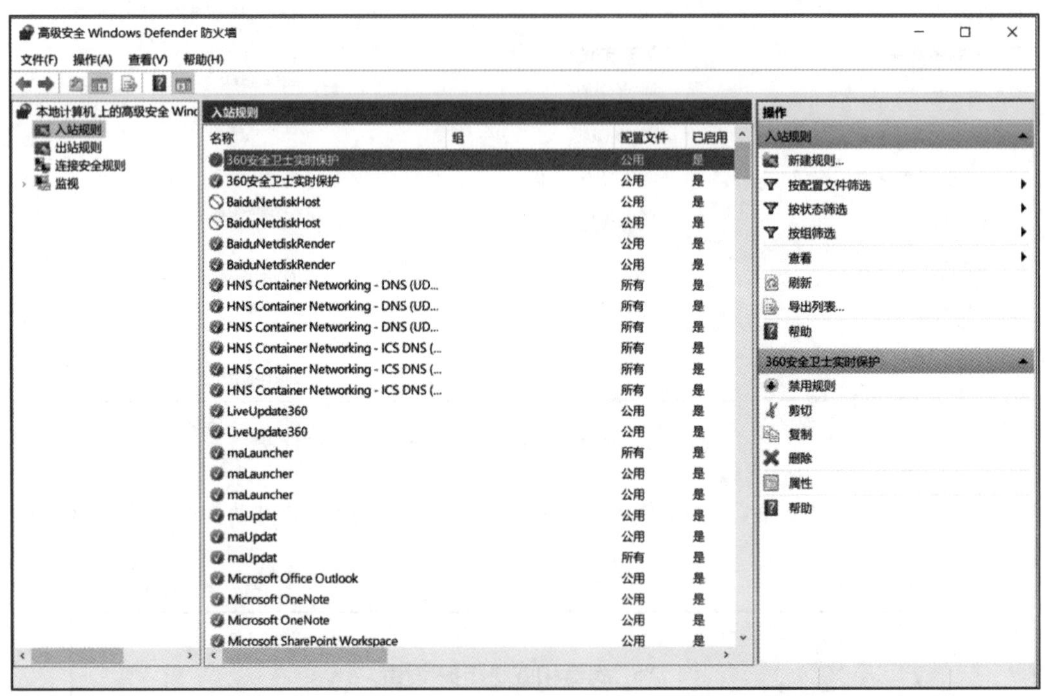

图 5-5 在防火墙高级配置中配置 360 安全卫士

③ 进入 360 安全卫士主界面，如图 5-6 所示，在“木马查杀”选项卡中，单击“快速查杀”按钮，进行木马查杀。

图 5-6 360 安全卫士进行木马查杀

④ 通过 360 安全卫士进行漏洞修复、系统故障修复。

5.3 相关知识

5.3.1 信息安全

信息安全是指信息产生、制作、传播、收集、处理、选取等在信息使用过程中的信息资源安全，包括保护信息网络的硬件、软件及其系统中的数据，使其不受偶然或恶意原因的破坏、更改或泄露，确保系统连续、可靠、正常地运行，同时保障信息服务的持续性。

信息安全五要素是构建网络信息安全的基础，它们各自对网络的安全性起着关键的作用。信息系统安全的五要素如下：

保密性：确保信息不泄露给未授权的实体或进程。

完整性：保证数据在存储或传输过程中不被未授权修改、破坏或丢失。

可用性：确保合法用户能以合法手段访问数据。

可控性：控制授权范围内的信息流向及行为方式。

不可否认性：信息的发送和接收不可抵赖。

信息安全涉及多个方面，包括国家信息安全、社会信息安全、企业信息安全和个人信息安全。在技术层面，信息安全涵盖了计算机科学、网络技术、通信技术、密码技术、信息安全技术、应用数学、数论、信息论等多种学科。为了保障信息安全，需要采取一系列措施，如信息源认证、访问控制、加密技术、防病毒、防火墙、安全审计等。同时，还需要建立相应的法律法规和制度，确保信息安全管理合法合规。

5.3.2 信息系统安全保护等级

信息系统安全等级保护是国家网络安全工作的基本制度、基本国策，是维护国家关键信息基础设施安全的重要手段。我国在信息系统安全保护等级划分方面已经建立了一套完善的制度，包括《信息安全等级保护管理办法（试行）》和《计算机信息系统安全保护等级划分准则》等文件。

信息系统安全等级保护制度工作经过持续的实践及改进，不断丰富制度内涵、拓展保护范围、完善监管措施，逐步健全网络安全等级保护制度政策、标准和支撑体系，对我国的网络信息安全建设具有重要的指导作用。

中国方案： 构建网络空间命运共同体

根据《信息安全等级保护管理办法》，信息系统的安全保护等级划分为五个级别：

第一级，信息系统受到破坏后，会对公民、法人和其他组织的合法权益造成损害，但不损害国家安全、社会秩序和公共利益。

第二级，信息系统受到破坏后，会对公民、法人和其他组织的合法权益产生严重损害，或者对社会秩序和公共利益造成损害，但不损害国家安全。

第三级，信息系统受到破坏后，会对社会秩序和公共利益造成严重损害，或者对国家安全造成损害。

第四级，信息系统受到破坏后，会对社会秩序和公共利益造成特别严重损害，或者对国家安全造成严重损害。

第五级，信息系统受到破坏后，会对国家安全造成特别严重损害。

针对不同等级的信息系统，需要采取相应的安全保护措施。第一级信息系统运营、使用单位应当依据国家有关管理规范和技术标准进行保护。第二级信息系统运营、使用单位应当依据国家有关管理规范和技术标准进行保护，国家信息安全监管部门对该级信息系统信息安全等级保护工作进行指导。第三级信息系统运营、使用单位应当依据国家有关管理规范和技术标准进行保护，国家信息安全监管部门对该级信息系统信息安全等级保护工作进行监督、检查。第四级信息系统运营、使用单位应当依据国家有关管理规范、技术标准和业务专门需求进行保护，国家信息安全监管部门对该级信息系统信息安全等级保护工作进行强制监督、检查。第五级信息系统运营、使用单位应当依据国家管理规范、技术标准和业务特殊安全需求进行保护，国家指定专门部门对该级信息系统信息安全等级保护工作进行专门监督、检查。

总之，不同等级的信息系统需要采取不同的安全保护措施。在实际应用中，各级信息系统应根据自身特点和需求，按照相关法规和标准要求采取适当的安全保护措施。

5.3.3 信息安全法律法规

1. 信息安全面临的威胁

信息安全面临的威胁主要有黑客恶意攻击、网络自身及其管理欠缺、因软件设计的漏洞或“后门”而产生的安全问题、非法网站设置的陷阱和用户不良行为引起的安全问题。

2. 信息技术法律法规

在信息领域，信息道德是制定和实施信息法律与信息政策的源泉和基础，但仅仅依靠信息道德并不能完全解决问题，还需要强有力的法律做支撑。

5.4 项目小结

本项目通过进行员工信息安全培训，介绍了常见的信息安全威胁及应对方法、针对网络信息安全的防御技术与手段，利用 Windows 系统安全中心进行防火墙、病毒防护的配置，使用第三方软件进行信息安全的保障。

通过本项目的学习和训练，使学习者学会在日趋复杂的网络环境下识别网络信息安全的威胁并能使用针对性的防御方法，同时掌握 Windows 操作系统中安全中心的防火墙及病毒防护的基础配置，能通过第三方防护软件进行信息安全的防护，使学习者在学习信息化技术的同时，提升信息安全意识，保障个人、组织及国家的信息安全。

5.5 IT 工作室

每年 9 月的第三周为国家网络安全宣传周，公司信息中心经理为了响应国家号召，集中提升员工信息安全保障的能力，公司会在全民国家安全教育日和国家网络安全宣传周期间举行有奖信息安全执行活动。请信息中心刘工对参与活动的员工进行以下几个方面信息安全的检测，通过比较评选出信息安全小能手。

① 系统软件、应用软件版本是否更新到相应版本。

② 系统及应用的密码复杂度检测。

③ 防火墙及防病毒软件的使用情况。

④ 第三方防护软件的使用。

⑤ 信息安全法律法规的掌握情况等。

模块二

个人求职

国家发展改革委、中央网信办联合印发的《关于推进“上云用数赋智”行动 培育新经济发展实施方案》中鼓励在具备条件的行业领域和企业范围内，探索大数据、人工智能、云计算、数字孪生、5G、物联网和区块链等新一代数字技术应用和集成创新，为企业数字化转型提供技术支撑。产业智变，云启未来。开放的云服务生态，驱动各行各业数字化转型升级，直播带岗、空中宣讲、云求职将成为高校学子找工作的常态。

作为一名准职场工作者，科学规范管理工作文件和文件夹，娴熟地制作自荐文书、精美的个人简历，利用 PowerPoint 软件全方位地展示个人特长，这些都是应具备的知识、技能和素养。

学习目标

知识目标

（1）熟练掌握磁盘规划、文件和文件夹科学分类命名、合理安全保存的信息管理和 5S 管理方法。

（2）了解 Word 软件的工作界面，能区分各种视图模式，学会字体、字号、字符间距等字符格式设置，以及行间距、段前段后距离、首行缩进等段落格式的设置；

（3）掌握 Word 软件中图片、艺术字、文本框、自选图形等素材的插入和编辑方法，学会表格的制作和编辑美化。

（4）了解 PowerPoint 软件的工作界面，掌握演示文稿的编辑功能。

能力目标

（1）具备文件和文件夹规范化命名、负责任、安全使用信息技术的信息管理意识，以及选择合适的信息技术进行有效的信息存储和管理的信息管理能力。

（2）能灵活对文件和文件夹进行管理，具备工作文档资料管理能力。

（3）能运用文档结构与编辑排版知识，阅读分析文档资料的规范性。

（4）能利用 PowerPoint 软件创建、编辑制作含有多媒体信息的演示文稿，以及设置幻灯片放映效果。

素养目标

（1）培养学习者勇于尝试、敢于探索、精益求精的精神。

（2）培养学习者分析、总结、提炼的能力，培养其审美能力，提升其知识迁移能力。

（3）培养学习者以宏观的视野来规划项目，设计与布局每个环节，以及培养其信息展示的能力。

（4）不断提高学习者的战略思维、系统思维、创新思维能力，为前瞻性思考、全局性谋划、整体性推进计算机管理提供科学思想方法。

项目 6

管理文件资料

6.1 项目分析

项目描述

蓝蓝面临毕业，想把大学期间学习的成果、作品等整理出来，为制作求职材料做准备，可是蓝蓝发现电脑里存储了大量的工作、学习资料，且由于不同的应用程序产生的文件有自己的命名规则，文件名称与文件内容之间不一定有直接对应关系，为了管理和查找方便，蓝蓝决定分门别类创建文件夹，并对原有的文件进行分类整理和归档，实现文件资料的规范化管理。

项目要求

1. 文件和文件夹的规划管理

利用NTFS分区，合理规划磁盘的每个空间；对文件和文件夹统一编目，绘制结构图，分类管理。规范命名文件，可使接收方明确文件的主题，方便日后快速检索到所需要的文件，同时利用区分版本随时溯源到以前的版本。

2. 使用文件和文件夹

（1）创建文件和文件夹

对于大量的文件资料应该进行分类管理，需要按一定规则创建文件和文件夹目录结构，如按文件获取时间创建文件和文件夹、按文件内容创建文件和文件夹，按文件类型创建文件和文件夹等。

（2）选择、复制、移动文件和文件夹

要实现文件和文件夹的快速分类，需要掌握 Windows 系统提供的多种选择、复制、移动文件或文件夹的方法。

（3）重命名文件和文件夹

在把文件合理归类以后，还需要按照一定的命名规则对文件和文件夹进行重命名，以方便查找。

（4）删除文件和文件夹

此外，还需对多余的文件和文件夹进行删除操作。

（5）文件和文件夹的显示方式

为了方便浏览文件和文件夹名称或者为了视觉方面的要求，根据个人习惯还需要设置文件和文件夹的显示方式。

3. 设置文件和文件夹

为了方便查找、防止误删文件和文件夹，还需要更改文件的只读属性，对重要的文件或文件夹进行隐藏、加密处理，为合理使用系统空间，还需进行压缩文件和文件夹的处理。

6.2 项目实现

6.2.1 文件和文件夹的规划管理

微课 6-1
文件和文件夹的规划管理

实用型是针对办公、娱乐、游戏用途而言的，可以安装 Windows 10 操作系统，其具有很强的稳定性，可用于办公和学习。NTFS 分区格式具有很强的稳定性和安全性，特别适合于办公和学习。

1. 磁盘的规划管理

合理地规划磁盘的每个空间，有利于节省寻找文件的时间，能让电脑使用起来更快捷。表 6-1 列出了对磁盘的规划管理建议。

表 6-1 磁盘的规划管理建议

磁盘	分区大小	盘符规划标准	存放文件内容
C 盘	建议 30 GB ~ 50 GB，NTFS 格式	操作系统盘	主要安装的是 Windows 10 和常用应用程序。C 盘一定要保持一定的闲置空间，同时也可以避免开机初始化和磁盘整理的时间过长
D 盘	建议 50 GB ~ 100 GB，NTFS 格式	应用软件盘	用来安装一些比较重要的办公和应用软件，如 QQ、微信、财务软件、下载资料、转移文件（我的文档、收藏夹）、虚拟内存、临时资料等
E 盘	建议 120 GB ~ 100 GB，NTFS 格式	工作或私人文件盘	存放重要的工作文件资料（学习资料、工作资料等）或私人文件资料（MP3、照片、日记等）
F 盘	建议 100 GB ~ 150 GB，NTFS 格式	备份文件盘	系统镜像及重要文件备份。如 Windows 的注册表备份、Ghost 备份和计算机各硬件如显示卡、声卡、Modem、打印机等驱动程序，以及各类软件的安装程序备份

所有的磁盘空间、各种数据都应该分类存放、井井有条。当然，也可以把数据更细地分类、分区存放，如音乐 MP3 和 MP4 的文件也可分区存放。当然，总的分区数建议不要超过 6 个，否则管理起来会比较麻烦，容易混乱。

在了解磁盘的规划管理方法后，蓝蓝决定将“本地磁盘（E：)”作为个人重要文件资料的存放处，准备将大学期间学习的成果、作品等都整理到此盘符下。

2. 文件和文件夹的分类管理

在日常的学习和工作中，会积累很多的文件和文件夹，若没有事先的规划管理和事后的定期整理，时间长了难免会趋于杂乱。可以用不同关键词信息进行归类，用不同的名称归类不同的资料、文档、图片等。例如，在数字前加字母 ABC 帮助形成两级的排序；同时，字母 ABC 又可区分 3 个大的种类，如图 6-1 所示。在这个文件夹体系中，可以任意拓展其中一个分类，而不会影响其他分类。总之，文件和文件夹的设立原则如下：

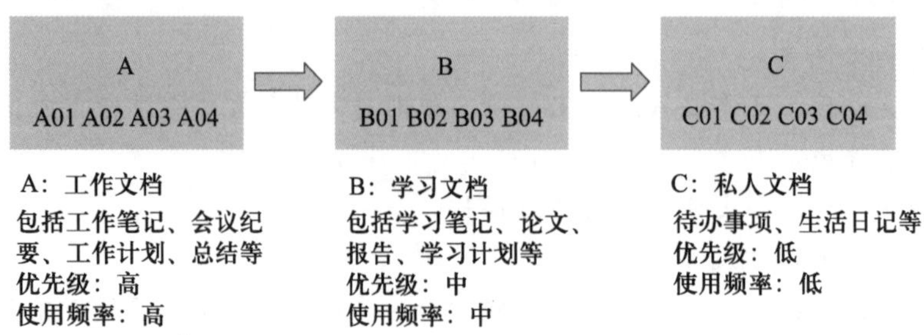

图 6-1 “文件和文件夹”分类方法

① 每级目录尽量控制在 7 个文件夹左右，尤其是根目录不宜太多。

② 任何文件都能够找到归属。

③ 每个文件夹下都预留一个临时文件夹，防止当新接收到的文件因为不知道如何归类而导致根目录无限扩张。

④ 序号能够让排序查找更为轻松。在浏览文件夹的时候，能够快速出现文件夹或文件优先级的顺序。

在了解文件和文件夹的分类方法后，蓝蓝决定在 E：盘下，将文档分为团学会工作文档、大学学习文档和私人文档三大类，并根据分类方法将文件和文件夹进行初步的统一编目，绘制结构图，为文件的分类归档管理做好准备，如图 6-2 所示。

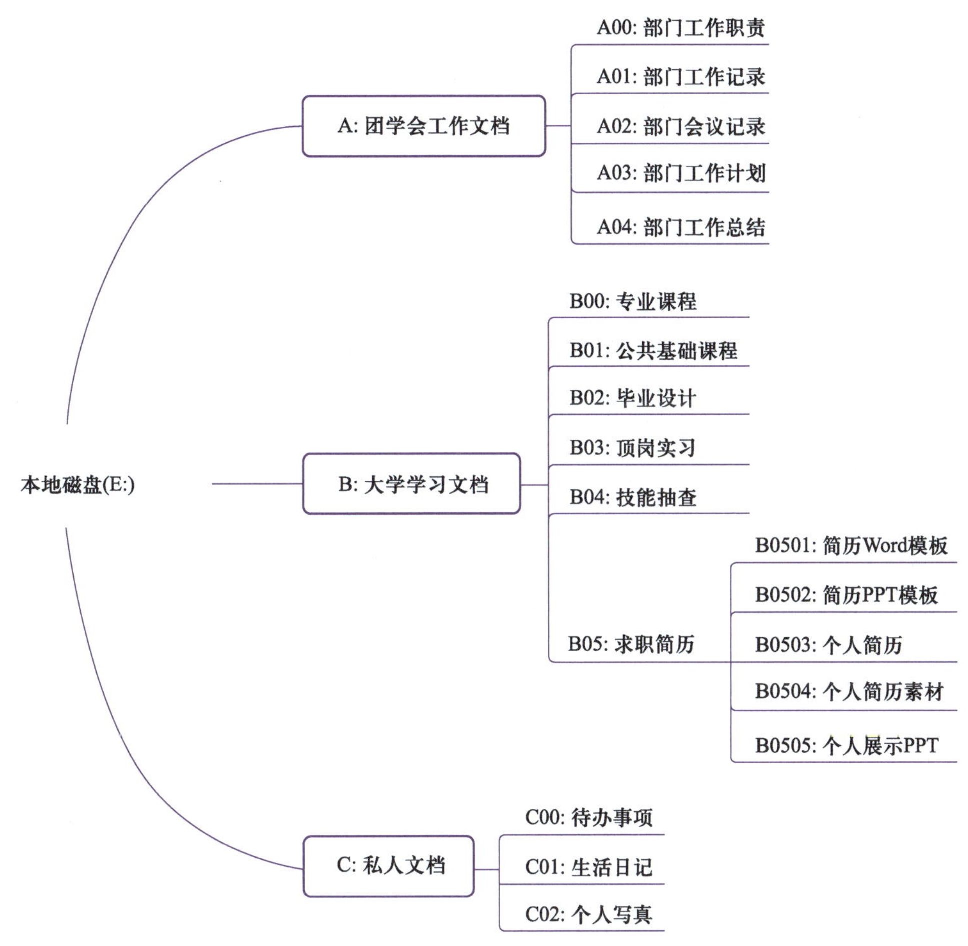

图 6-2　绘制文件和文件夹分类结构图

6.2.2　使用文件和文件夹

在明确了文件和文件夹结构后，蓝蓝需要进行文件和文件夹的创建、选择、复制、移动、重命名以及删除等具体操作，来实现文件的分类归档管理。

1. 创建文件和文件夹

根据绘制好的文件和文件夹分类结构图，蓝蓝首先需要在“E：\”下创建规划好的各级文件夹。

微课 6-2
使用文件和文件夹

在“E:\”下创建名为“B 大学学习文档”的一级文件夹及其子文件夹。按文件和文件夹分类结构图，创建各级文件夹。

【操作步骤】

① 打开“E:\”盘。

② 在“主页”选项卡中单击“新建文件夹”按钮，输入新文件夹的名称“B 大学学习文档”，然后按 Enter 键。

③ 按照上述方法，根据绘制好的文件和文件夹分类结构图，在“E: 盘”下，依次创建“A 团学会工作文档”和“C 私人文档”一级文件夹，以及各一级文件夹下的子文件夹，即可完成初步的文件和文件夹分类规划。

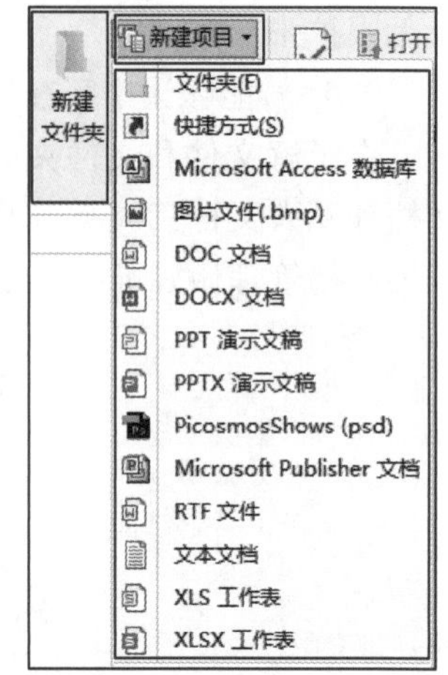

图 6-3 新建文件夹

2. 选择文件和文件夹

Windows 系统提供了多种快捷选择文件或文件夹的方法（图 6-3）。蓝蓝需要将“E:\C 私人文档\C00 待办事项”文件夹中的“封面背景.jpg”等个人简历素材文件选择后，放到对应的文件夹中去。

选择“E:\C 私人文档\C00 待办事项”下的“封面背景.jpg”等个人简历素材文件。

【操作步骤】

① 选择“封面背景.jpg”单个文件。进入“E:\C 私人文档\C00 待办事项”文件夹后，使用鼠标直接单击“封面背景.jpg”文件图标即可将其选择。被选择的文件或文件夹的周围将呈蓝色透明状显示。

② 选择“封面背景.jpg”至“羽毛.png”之间的相邻多个文件。首先单击“封面背景.jpg”文件，然后按住 Shift 键不放，单击“羽毛.png”文件，松开鼠标，首尾间的文件即可全选中。或者在“封面背景.jpg”文件前面空白处按住鼠标左键不放，拖动鼠标框至“羽毛.png”文件后，再释放鼠标。

③ 选择“封面背景.jpg”和“小边框.png”两个不相邻文件。先按住 Ctrl 键不放，再依次单击“封面背景.jpg”和“小边框.png”两个文件，则将被逐一选中。

④ 全部文件或文件夹的选定。如果要选择“C00 待办事项”文件夹中的所有文件和文件夹，在“主页”选项卡中单击“全部选择”按钮（或者按 Ctrl+A 组合键）。

⑤ 反向选择除“封面背景.jpg”文件以外的资料。反向选择是指将原来的选择对象取消，而原来未被选择的对象都被选择的操作。方法是：选中“封面背景.jpg”文件，单击“反向选择”按钮，如图6-4所示。

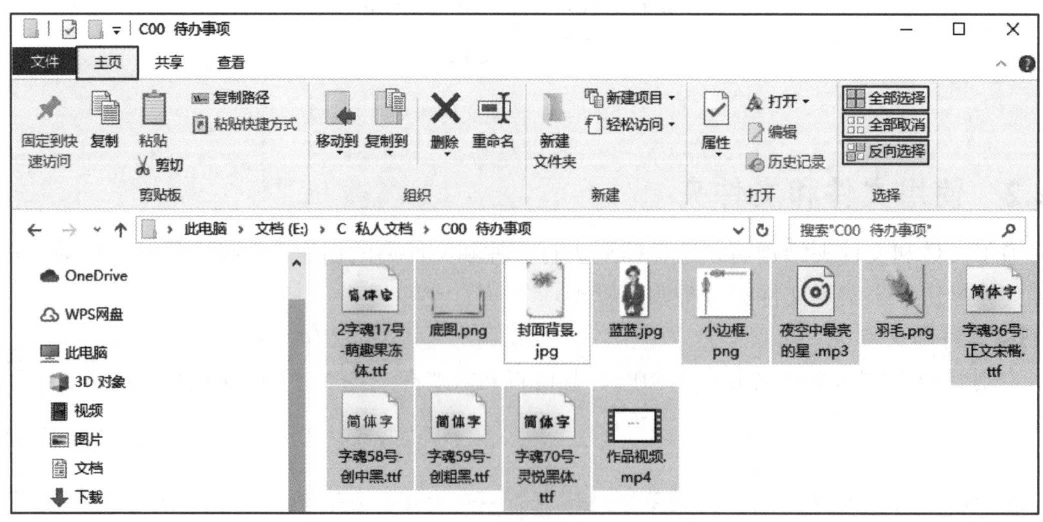

图 6-4 反向选择文件或文件夹

⑥ 取消对“封面背景 .jpg”文件的选择。在已选择多个文件的情况下，先按住 Ctrl 键不放，再单击“封面背景 .jpg”文件即可取消选择。若要对选取的对象全部取消选择，只要在空白处单击即可。

⑦ 选择文件夹的方法与选择文件相同。

3. 移动文件和文件夹

在选择好文件后，蓝蓝需要将选择的文件移动到相应的文件夹中。移动文件或文件夹是将其移动到目标位置，原位置的文件或文件夹不再存在。

将“E:\C 私人文档\C00 待办事项”下的“封面背景 .jpg”“底图 .png”“小边框 .png”等个人简历素材文件，移动到“B0504 个人简历素材”子文件夹中。

【操作步骤】

① 用选项卡中命令按钮移动文件。选中“封面背景 .jpg”文件，在“主页”选项卡中单击“移动到”按钮，在打开的“移动项目”对话框中，选择“B0504 个人简历素材”子文件夹，完成文件的移动，如图 6-5 所示。

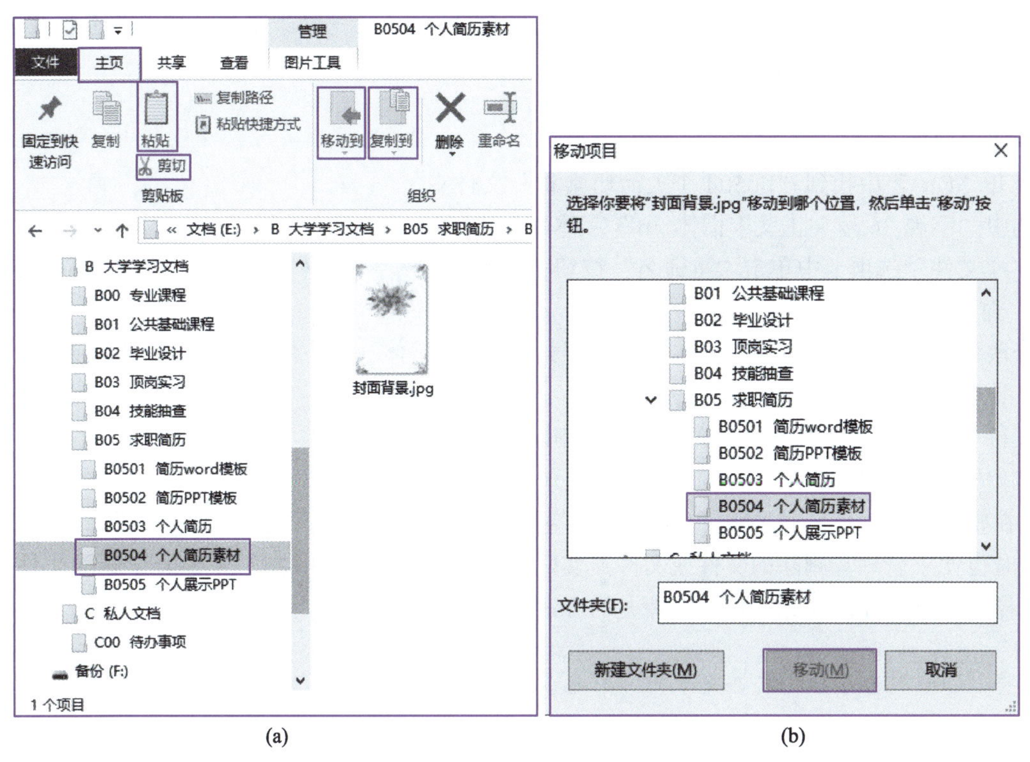

(a)　　　　(b)

图 6-5　用菜单命令移动文件

② 移动文件夹的方法与移动文件相同。

小技巧

① 如果目标文件与原文件位置不属于同一个磁盘，可以直接用鼠标拖放完成文件的复制。

② 如果目标文件与原文件位置属于同一个磁盘，可以用鼠标拖放即为移动文件。

4. 复制文件和文件夹

复制文件或文件夹就是将该文件或文件夹复制一份放到其他位置。执行该操作后，原位置和目标位置均有该文件或文件夹。

将“E:\C 私人文档\C00 待办事项”子文件夹下的“作品视频.mp4”“羽毛.png”等素材文件，复制备份到“B0504 个人简历素材”文件夹中。

【操作步骤】

① 按住 Ctrl 键并拖动鼠标复制文件。选中“羽毛.png”文件，按住 Ctrl 键，用鼠标拖动文件到“B0504 个人简历素材”子文件夹中，完成文件的复制。注意：拖动文件时，文件下方会出现复制到将复制到的文件夹名称的提示信息。

② 复制文件夹的方法与复制文件相同。

此外，当有些文件或文件夹需要复制到桌面等位置时，可以在选中的文件或文件夹上右击，在弹出的快捷菜单中选择“发送到”命令，可以发送到传真收件人、文档、压缩文件夹、邮件收件人、桌面快捷方式等位置。

5. 重命名文件和文件夹

蓝蓝为了能更方便地查找到文件资料，需要修改文件或文件夹的名称，可以采用“重命名”的方式进行。

将“B0504 个人简历素材”文件夹下的字体素材文件，统一以“序号+字魂*号-字体类型”的格式命名。

【操作步骤】

① 打开“E:\”中找到“B0504 个人简历素材”文件夹。

② 选中“字魂 36 号-正文宋楷体.ttf”字体素材文件。

③ 在“文件”选项卡中单击“重命名”按钮；或者右击该字体素材文件，在弹出的快捷菜单中选择“重命名”命令。

④ 修改该字体素材文件名称为“1 字魂 36 号-正文宋楷体.ttf”，然后按 Enter 键确认。

⑤ 其他字体素材文件重命名的方法类似。

⑥ 文件夹的重命名操作方法与文件重命名相同。

6. 删除文件和文件夹

蓝蓝在整理完文件后，需要将“C00 待办事项”文件夹中已经处理完成的文件进行删除，释放磁盘空间，同时也便于管理。删除的文件或文件夹实际上是被移动到“回收站”中，若误删除文件，还可以通过还原操作将其还原。删除文件或文件夹的方法有 3 种。

将“C00 待办事项”文件夹中的“羽毛.png”等文件删除。

【操作步骤】

① 选定“羽毛.png”文件后按 Delete 键，弹出“删除文件”对话框，单击“是”按钮，即可将文件放入回收站。

② 删除文件夹的方法与删除文件相同。

小技巧

① 不要随意移动或删除系统盘中的系统文件或文件夹，否则可能会破坏系统，造成系统损坏。

② 按 Delete 键删除的文件或文件夹为逻辑删除，实际上是将它们放到了“回收站”中，并没有从磁盘上彻底删除。若需要彻底删除或恢复，可以在回收站找到并选中被删除的文件，执行还原、剪切、删除等操作。

③ 按 Shift+Delete 组合键删除的文件或文件夹为物理删除，该文件或文件夹将直接从磁盘上清除，不在“回收站”中，不可恢复。

7. 文件和文件夹的显示方式

Windows 10 文件夹下的文件列表，总是默认以缩略图显示，蓝蓝为了方便查看文件或文件夹，需要通过更改文件和文件夹的视图模式，选择最适合自己的显示方式。

将“B0504 个人简历素材”文件夹下的文件显示为详细信息。

【操作步骤】

① 打开“资源管理器”，找到“B0504 个人简历素材”文件夹。

② 选择“查看”选项卡，可以看到有“超大图标”“大图标”“中图标”“小图标”“列表”“详细信息”“平铺”“内容”选项按钮，这里单击“详细信息”按钮，即可查看文件名称、大小、修改日期等信息，如图 6-6 所示。

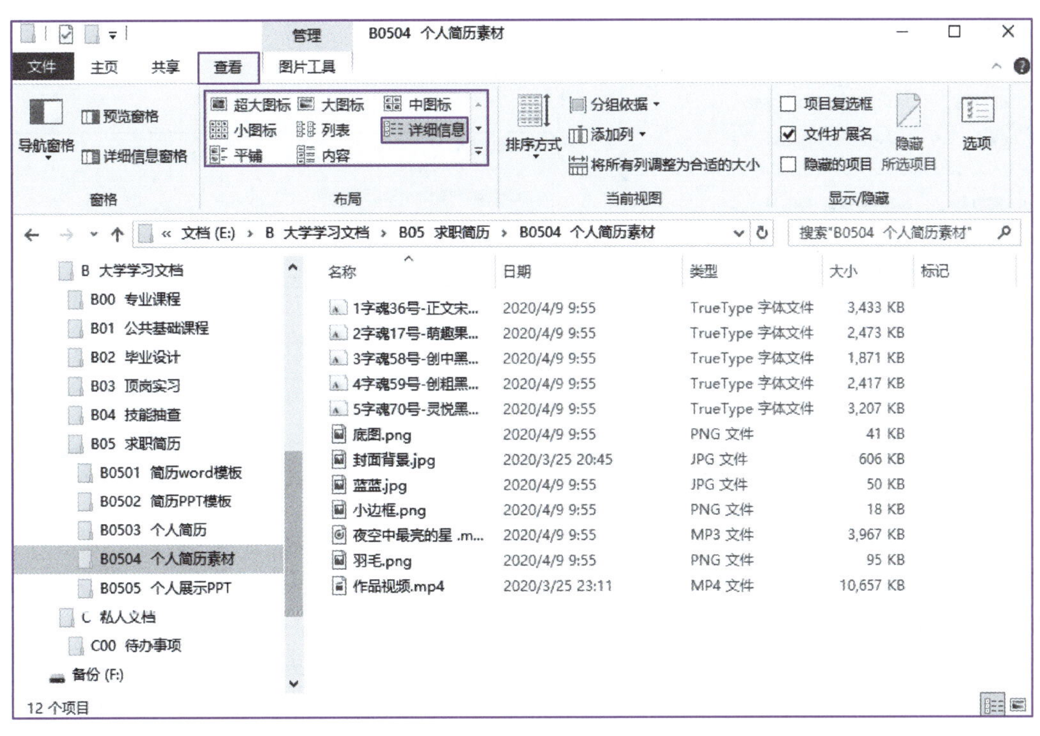

图 6-6　文件和文件夹的显示方式设置

6.2.3　设置文件和文件夹

在对文件进行分类归档整理后，蓝蓝发现还存在重点文档与非重点文档混合在一起不容易分辨，有些文档太大需要压缩处理等问题。还需要对文件和文件夹的属性进行设置，对重要文档进行隐藏、加密等优化处理。

微课 6-3
设置文件和文件夹

1. 设置只读属性

蓝蓝通过设置文件或文件夹的只读属性，避免重要的文件或文件夹被他人更改或被自己不小心误改。

将“B0504 个人简历素材”文件夹设置为只读属性，且选择“将更改应用于此文件夹、子文件夹和文件”选项。

【操作步骤】

① 选择“B0504 个人简历素材”文件夹，右击鼠标，在弹出的快捷菜单中选择“属性”命令，打开文件夹“属性”设置对话框。

② 在对话框中选择“常规”选项卡，在选中“只读”属性复选框。

③ 单击“确定”按钮后，会弹出“确认属性更改”对话框，有“仅将更改应用于此文件夹”和“将更改应用于此文件夹、子文件夹和文件”两项选择，这里选中后者，如图 6-7 所示。

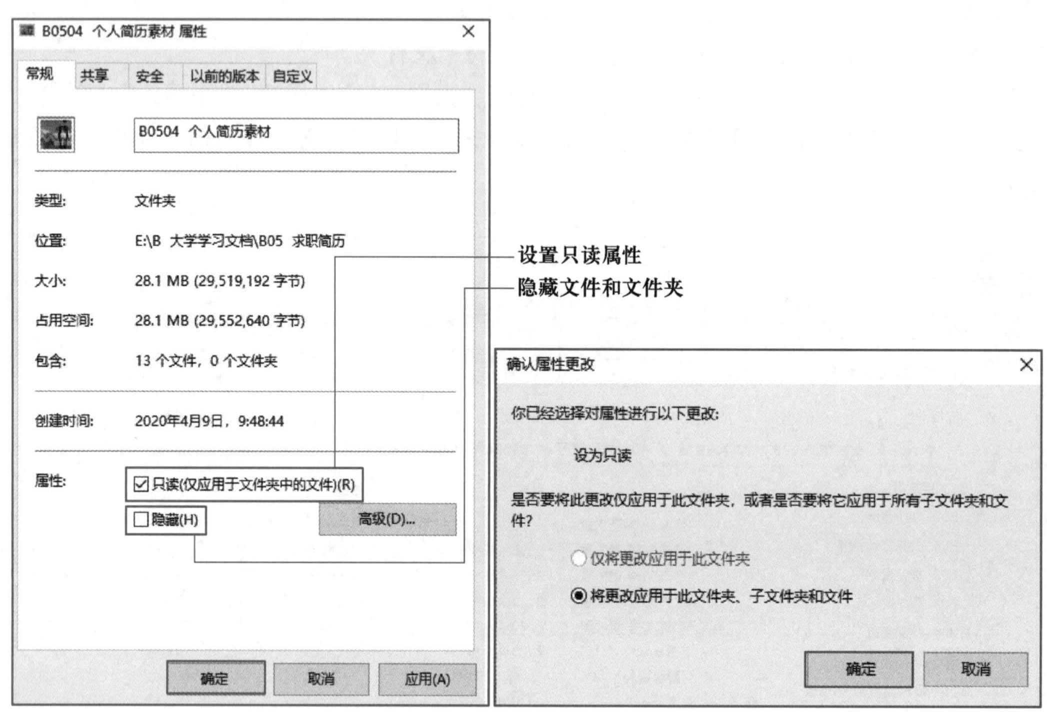

图 6-7 更改文件夹只读属性

2. 隐藏文件和文件夹

蓝蓝通过设置文件或文件夹的隐藏属性，避免重要的文件被他人看到。

设置“B0504 个人简历素材”文件夹的隐藏属性，且选中“将更改应用于此文件夹、子文件夹和文件”复选框。

【操作步骤】

① 直接在“B0504 个人简历素材”子文件夹上右击选择，在弹出的快捷菜单中“属性”命令，在打开的“属性”对话框“常规”选项卡中，选中“隐藏”复选框。

② 单击“确定”按钮后，弹出“确认属性更改”对话框，有“仅将更改应用于此文件夹”和“将更改应用于此文件夹、子文件夹和文件”两个单选按钮，这里选中后者。设置后的文件夹将变为浅色。

③ 此外，如需要不显示隐藏文件，可在“文件夹选项”对话框的“查看”选项卡的“隐藏文件和文件夹”选项中，选中“不显示隐藏的文件、文件夹或驱动器”单选按钮，单击“确定”按钮，如图 6-8 所示，则“B0504 个人简历素材”

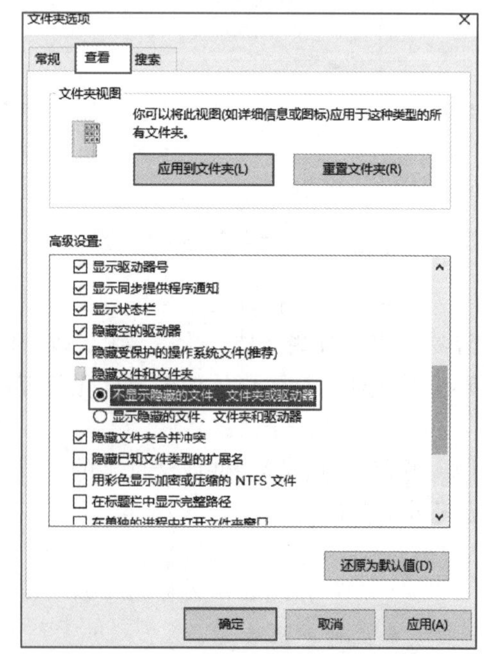

图 6-8 设置不显示隐藏文件夹

将完全不显示。

3. 加密文件和文件夹

蓝蓝通过对重要文件进行加密，设置一个只有自己知道的密码，以防内容外泄。

将“B0505 个人展示 PPT”文件夹下的“作品视频 .mp4”文件进行加密处理，并设置加密密码为“123”。

【操作步骤】

① 直接在“作品视频 .mp4”文件上右击，在弹出的快捷菜单中选择“属性”命令，打开“属性”设置对话框，单击“高级”按钮。

② 在打开的“高级属性”对话框中选中“加密内容以便保护数据”复选框，并单击“确定”按钮。

③ 在弹出的加密警告对话框窗口中选中“只加密文件”选项，然后单击“确定”按钮。

④ 返回“属性”对话框后，系统会弹出“备份文件加密证书和密钥”对话框，单击“现在备份（推荐）”按钮。

⑤ 根据提示单击“下一步”按钮，选择“个人信息交换 -PKCS#12（.PFX）”选项，为加密的文件设置密码和确认密码为“123”，然后单击“下一步”按钮。

⑥ 指定要导出的文件名为“B050501 作品视频密钥”，导出证书文件后，加密完成。

⑦ 返回资源管理器，可以查看被加密的文件会显示一把“小锁”标记，如图 6-9 所示。

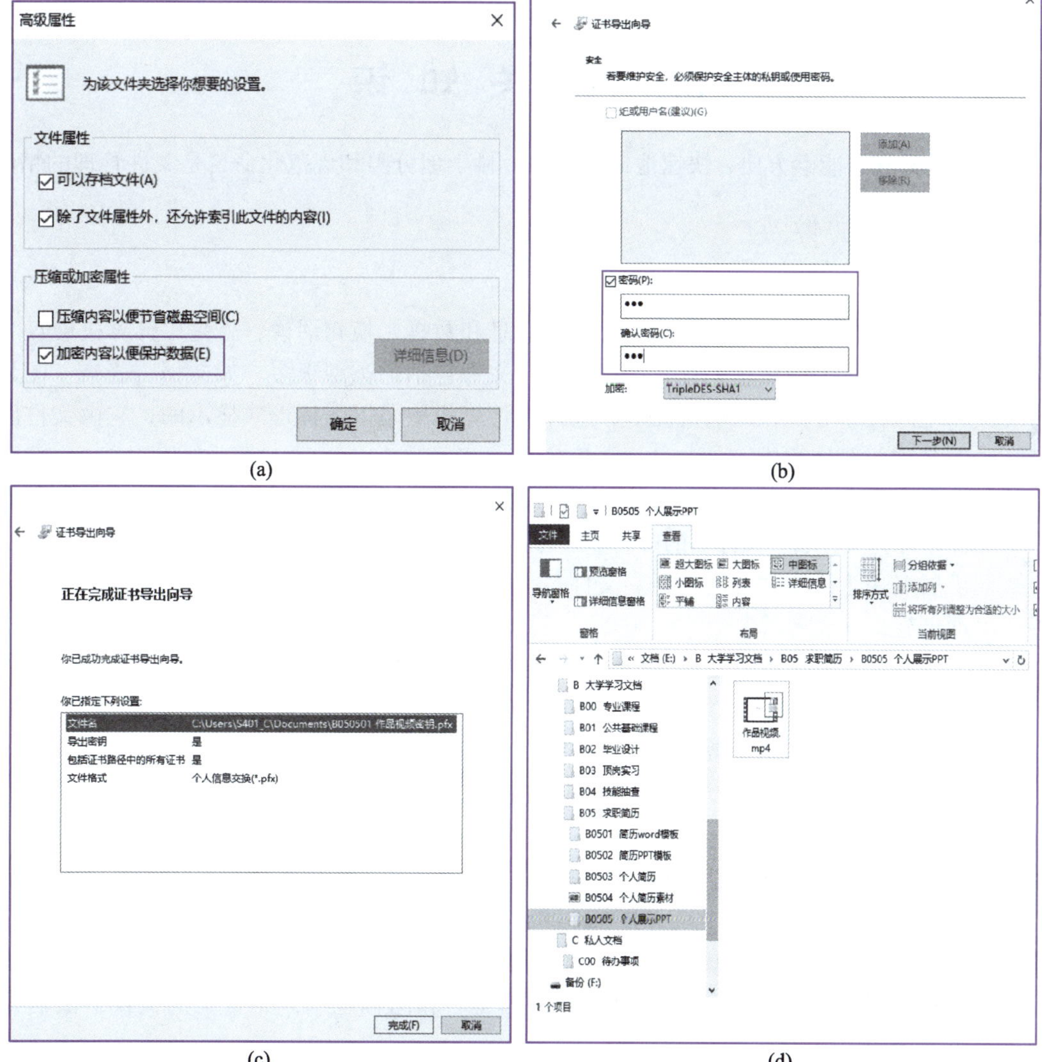

图 6-9　加密文件和文件夹

⑧ 文件夹的加密方法与文件加密相同。

4. 压缩文件和文件夹

蓝蓝发现“B0505 个人展示 PPT”文件夹内容过大，决定通过压缩文件和文件夹以节省磁盘空间。Windows 10 系统自带压缩和解压功能，不过只针对 ZIP 格式的压缩文件有效果。

将“B0505 个人展示 PPT”文件夹进行压缩处理。

【操作步骤】

① 在资源管理器中，选择“B0505 个人展示 PPT”文件夹。

② 直接在“B0505 个人展示 PPT”文件夹上单击右键，在弹出的快捷菜单中，选择“发送到→压缩（zipped）文件夹”命令，即可把选中的文件或文件夹压缩成同名的 ZIP 格式的压缩文件。

小技巧

① 对于常见的 RAR 等压缩格式，则需要安装第三方压缩软件，如 WinRAR、360 压缩、好压等软件，用户自行下载并安装一个可以支持 Windows 10 系统的软件即可。

② 在文件或文件夹上，解压时在 ZIP 格式的压缩文件上单击右键，在弹出的快捷菜单中选择“全部提取”命令，会弹出“提取压缩（zipped）文件夹”，在“文件将被提取到这个文件夹”设置解压后的文件或文件夹的保存位置，选中“完成时显示提取的文件”复选框，单击“下一步”按钮，即可开始解压。

6.3 相关知识

文件管理的真谛在于能够方便、快速地提取文件。科学地分类和规范化命名是文件管理的精髓所在。

6.3.1 文件和文件夹

1. 文件的概念

拓展阅读
文件的规范化命名

文件是指保存在计算机中的各种信息和数据，换句话说，就是以计算机硬盘为载体存储在计算机上的信息集合。计算机中的文件包括的类型很多，如文档、表格、图片、音乐和应用程序等。在默认情况下，文件在计算机中是以图标形式显示的，它由文件图标和文件名称两部分组成。

为了区分各种不同的文件，便于系统对它们进行管理和操作，每一个文件都有一个名称，称为文件名。文件名的命名形式为“主文件名 . 扩展名”。主文件名用于标识文件的名称，扩展名用于说明文件的类型。文件名一般由用户定义，而扩展名由创建文件的应用程序自动创建。

拓展阅读
电脑的常用快捷操作

给文件命名时，要注意以下文件名的命名规则：

① 文件名长度不能超过 255 个字符。但由于其中包含驱动器和完整路径信息，因此用户实际使用的字符数小于 255 个。

② 文件名可以包含英文字母、数字、汉字（汉字占两个字符长度）和一些符号，但不能包含 /、\、：、*、？ 、<、>、| 等特殊符号。

③ 文件名不能使用复杂的名称。建议文件名应该与文件内容主题对应，便于记忆和识别。

微课 6-4
使用回收站

计算机中有众多内容和用途各不相同的文件，计算机对它们的操作也各不相同，不同类型的文件在资源管理器中显示的扩展名和图标也不同，常见的文件扩展名及其含义见表 6-2。

表 6-2　常见的文件扩展名及其含义

扩展名	文件类型说明	扩展名	文件类型说明
.doc/.docx	Word 文件	.exe	可执行文件
.xls/.xlsx	Excel 文件	.com	命令文件
.ppt/.pptx	PowerPoint 文件	.sys	系统文件
.txt/.xml	纯文本文件	.dll	动态链接库
.bmp	位图文件	.ini	配置文件
.jpg/.gif/.png	普通图形图像文件	.hfl	帮助文件
.avi/.mov/.mp4	视频媒体文件	.dbf	数据库文件
.wav/.mp3/.wma	音频媒体文件	.dat	数据文件

2. 文件夹

文件夹用于协助人们管理计算机文件，每一个文件夹对应一块磁盘空间，它提供了指向对应空间的地址，没有扩展名。也就是说，文件夹是用于保存和管理计算机中的文件，其本身没有任何内容，却可放置多个文件和子文件夹，让用户能够快速地找到需要的文件。文件夹一般由文件夹图标和文件夹名称两部分组成。

6.3.2　文件的科学分类

文件的科学分类就是要把需要的文件定位、定量以便用最快的速度取得所需。需要达到盘符固定化、结构科学化和存放目视化 3 个方面的要求。

1. 硬盘分区与盘符

硬盘分区是指将硬盘划分为几个独立的区域，这样可以更加方便地存储和管理数据，格式化可使分区划分成可以用来存储数据的单位，一般是在安装系统时会对硬盘进行分区。盘符是 Windows 系统对于磁盘存储设备的标识符，一般使用 26 个英文字符加上一个冒号“:”来标识，如“本地磁盘（C:）”,“C”就是该盘的盘符。

2. 文件路径

在对文件进行操作时，除了要知道文件名外，还需要指出文件所在的盘符和文件夹，即文件在计算机中的位置，称为文件路径。文件路径包括相对路径和绝对路径两种。其中，相对路径是以“.”（表示当前文件夹）、“..”（表示上级文件夹）或文件夹名称（表示当前文件夹中的子文件名）开头；绝对路径是指文件或目录在硬盘上存放的真正位置。

6.4　项目小结

本项目介绍了磁盘的规划管理、文件和文件夹的规划管理、使用文件和文件夹、设置文件和文件夹的方法。

通过本项目的学习和训练，熟练掌握磁盘规划、文件和文件夹科学分类命名、合理安全保存的信息管理和 5S 管理（整理、整顿、清扫、清洁、素养）方法，使学习者具备文件和文件夹规范化命名、负责任、安全、健康使用信息技术的信息管理意识，以及选择合适的信息技术进行有效的信息存储和管理的信息管理能力。

6.5　IT 工作室

根据本任务所学内容，对个人电脑或移动 U 盘中存储的文件或文件夹，按照一定的信息规划原则，进行科学分类和规范化命名，对文件进行 5S 管理。要求：

① 构建清晰的文件架构，清晰区别文件类别，对文件或文件夹进行分类整理，养成定期分类整理磁盘文件和文件夹的习惯。

② 对磁盘中保留的文件和文件夹，根据功能或用途的不同，规划到相应的文件夹中，并进行规范 化命名，实现 15 秒内可快速查找文件和文件夹。

③ 及时删除不需要的文件和文件夹，保证磁盘有充足的使用空间。

④ 对规划好的文件和文件夹，根据重要程度，通过更改外观、更改只读、隐藏属性、为文件加密、压缩文件和文件夹等，实现规范化管理，树立安全、健康使用信息技术的意识。

⑤ 制定文件和文件夹管理制度，使文件管理规范统一，养成定期归档、每日整理的好习惯，形成规范化的信息存储、管理行为和能力。

项目7

制作自荐文书

7.1 项目分析

项目描述

蓝蓝是一名大学毕业生，为了找到一份理想的工作，需要在各大招聘网站、招聘会上投放自己的个人简历并附上一封自荐信。

项目要求

1. 设置字体段落格式

将正文文字设置为宋体、小四，行间距为1.5倍行距，首行缩进2字符、两端对齐。将标题文字设置为微软雅黑、小初、加粗、居中对齐，字符间距加宽4磅。

2. 设置页面背景

将页面背景颜色设置为红、绿、蓝，配色分别为247、251、239。在“自荐信.docx”文档页面插入图片，设置透明色、水平翻转和垂直翻转效果。

3. 审阅文档

在“自荐信.docx”文档启动审阅修订模式，启动审阅修订模式后，Word将记录显示出所有用户对该文件的修改。对正文部分错误处“我熟练掌握了Photosop……”进行修改，并接受全部修订。

4. 保存文档

将文件另存为“蓝蓝自荐信.docx”。

5. 页面设置

设置纸张大小为A4纸张，页边距：上、下、左、右均为“2.5厘米”，纸张方向为“纵向”，装订线设为“0厘米”，页眉距边界为“1.5厘米”，页脚距边界为“1.75厘米”，指定行和字符网格，每行“43”，跨度为“10.5磅”，每页“44行”，跨度为“15.6磅”。

6. 打印预览

预览“蓝蓝自荐信.docx”文档打印效果，并将“蓝蓝自荐信.docx”文档打印5份，如图7-1所示。

中国规范：
行政办公规范

自荐信

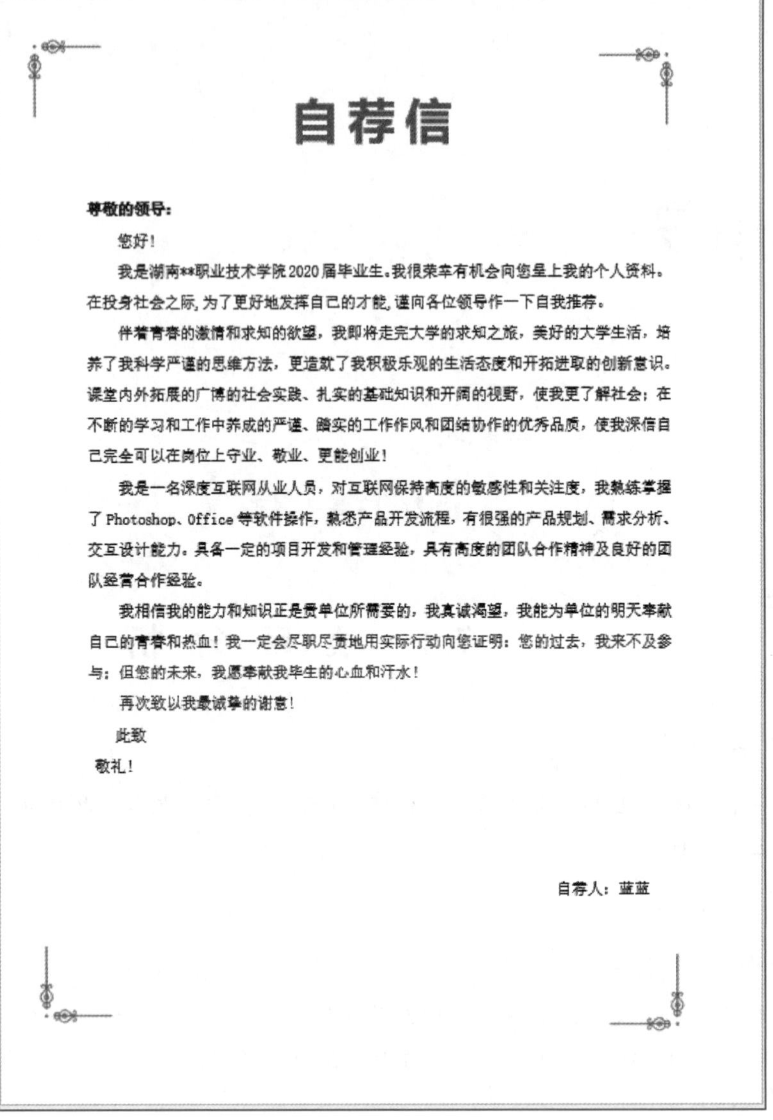

自荐信

尊敬的领导：

您好！

我是湖南**职业技术学院2020届毕业生。我很荣幸有机会向您呈上我的个人资料。在投身社会之际，为了更好地发挥自己的才能，谨向各位领导作一下自我推荐。

伴着青春的激情和求知的欲望，我即将走完大学的求知之旅，美好的大学生活，培养了我科学严谨的思维方法，更造就了我积极乐观的生活态度和开拓进取的创新意识。课堂内外拓展的广博的社会实践、扎实的基础知识和开阔的视野，使我更了解社会；在不断的学习和工作中养成的严谨、踏实的工作作风和团结协作的优秀品质，使我深信自己完全可以在岗位上守业、敬业、更能创业！

我是一名深度互联网从业人员，对互联网保持高度的敏感性和关注度，我熟练掌握了 Photoshop、Office 等软件操作，熟悉产品开发流程，有很强的产品规划、需求分析、交互设计能力。具备一定的项目开发和管理经验，具有高度的团队合作精神及良好的团队经营合作经验。

我相信我的能力和知识正是贵单位所需要的，我真诚渴望，我能为单位的明天奉献自己的青春和热血！我一定会尽职尽责地用实际行动向您证明：您的过去，我来不及参与；但您的未来，我愿奉献我毕生的心血和汗水！

再次致以我最诚挚的谢意！

此致

敬礼！

自荐人：蓝蓝

图 7-1　自荐信样文

7.2 项目实现

7.2.1 设置字体段落格式

蓝蓝首先新建一个 Word 文档，将自荐信的文本内容全部录入此文档中，然后将其文档保存并命名为“自荐信 .docx”。如果要对已经输入的文字进行格式设置，必须先选定其文本内容。

微课 7-1
设置字体段落格式

1. 正文字体段落格式设置

将正文文字设置为：宋体、小四，行间距为 1.5 倍行距，首行缩进 2 字符、两端对齐，如图 7-2 和图 7-3 所示。

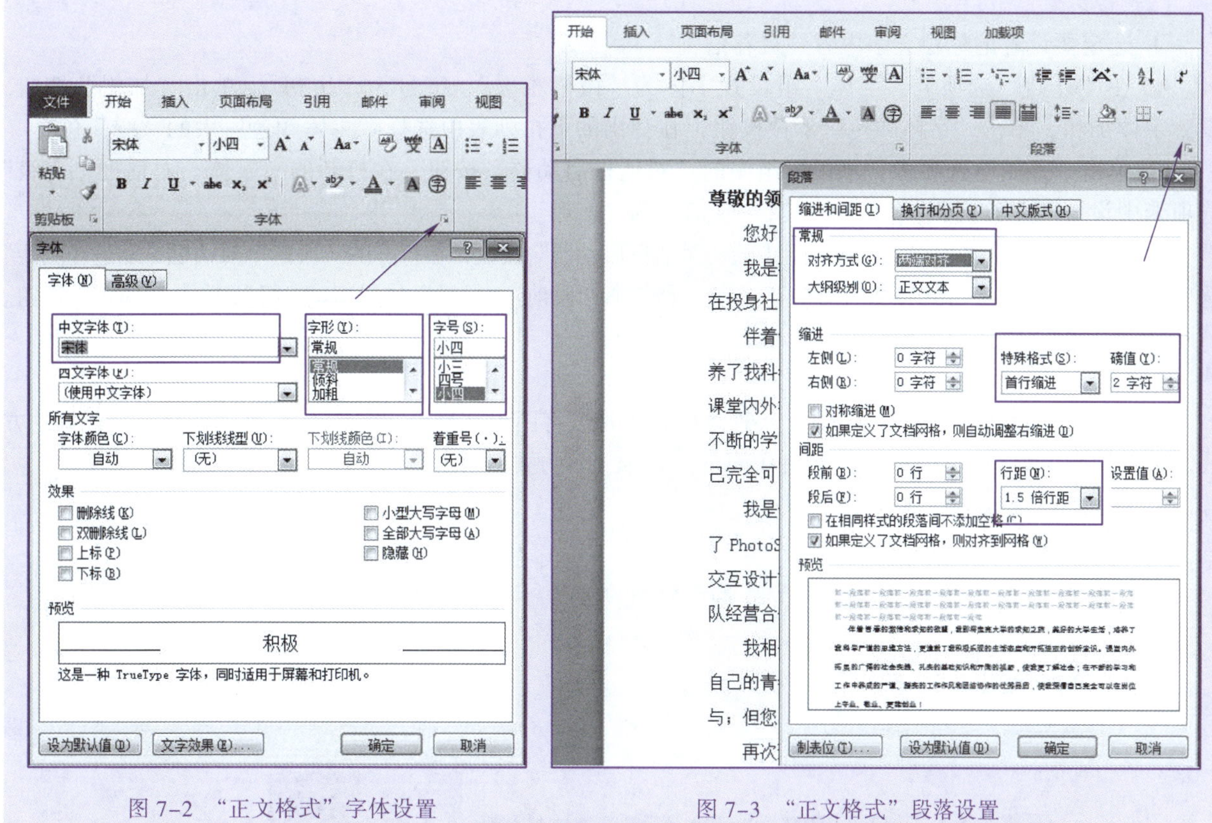

图 7-2 “正文格式”字体设置　　图 7-3 “正文格式”段落设置

【操作步骤】

① 双击桌面上的“自荐信 .docx”文档。

② 选定自荐信的全部正文内容，单击“开始”选项卡“字体”组右下角的“对话框启动器”按钮，在打开的“字体”对话框“字体”选项卡中，设置“中文字体”为“宋体”，“字形”为“常规”，“字号”为“小四”，单击“确定”按钮。

③ 单击“开始”选项卡“段落”组右下角的“对话框启动器”按钮，在打开的“段落”对话框“缩进和间距”选项卡中，设置“对齐方式”为“两端对齐”，“特殊格式”为“首行缩进”，“磅值”为“2 字符”，“行距”为“1.5 倍行距”，单击“确定”按钮。

④ 按 Ctrl+S 组合键保存刚才所有的操作。注意：一定要养成随时保存的好习惯。

2. 标题字体段落格式设置

将标题文字设置为：微软雅黑、小初、加粗、绿色、居中对齐，如图 7-4 所示，字符间距加宽 4 磅。

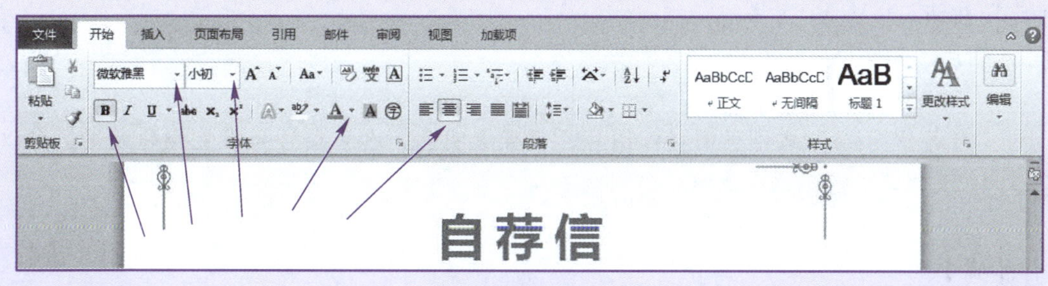

图 7-4 “标题格式”设置

【操作步骤】

① 选定要设置的标题文字内容“自荐信”。

② 在“开始”选项卡“字体”组设置字体为“微软雅黑”，字号为“小初”，单击“加粗”按钮，设置字体加粗，单击“字体颜色”下拉按钮，在弹出的下拉列表中选择“主体颜色”中的“绿”色。

③ 单击“开始”选项卡“字体”组中的“对话框启动器”按钮，在打开的“字体”对话框“高级”选项卡中设置“字符间距”为“加宽”，“磅值”为“4 磅”。

④ 单击“开始”选项卡“段落”组中的“对话框启动器”按钮，在打开的“段落”对话框“缩进和间距”选项卡中，设置“对齐方式”为“居中”对齐，无缩进，“段前”“段后”均设置“1 行”，单击“确定”按钮。

7.2.2 设置页面背景

给页面添加背景主要有两种方式：一种是插入图片，将图片“衬于文字下方”；另一种是填充背景的方式，可以用颜色填充、图案填充、纹理填充、图片填充等方式。

1. 添加页面背景颜色

将页面背景颜色设置红、绿、蓝配色分别为 247、251、239，如图 7-5 所示。

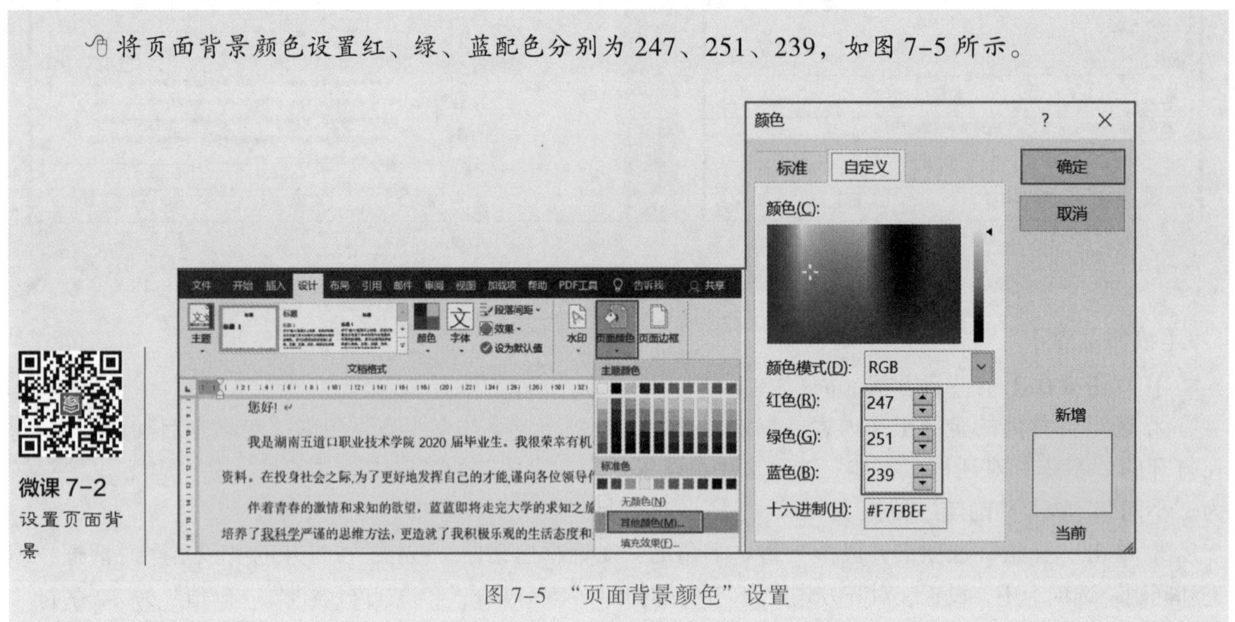

微课 7-2 设置页面背景

图 7-5 “页面背景颜色”设置

【操作步骤】

① 在“布局”选项卡“页面背景”组中单击“页面颜色”下拉按钮。

② 在弹出的下拉列表中选择“其他颜色”命令，在打开的“颜色”对话框中，选择“自定义”选项卡。

③ 在“自定义”选项卡中，分别将“红色”设置为“247”，“绿色”设置为“251”，“蓝色”设置为“239”，单击“确定”按钮。

2. 插入图片

为“自荐信 .docx”文档页面插入图片，设置透明色、水平翻转和垂直翻转效果，可以产生丰富文档的视觉效果，起到画龙点睛的作用。

【操作步骤】

① 单击“插入”选项卡“插图”组中的“图片”按钮。

② 在打开的“插入图片”对话框中，选择所需要插入的素材图片文件，单击“插入”按钮。

③ 在《自荐信》正文页面依次单击“插入”按钮，将相应图片移到相应位置。

④ 选定图片，在“图片工具 – 格式”选项卡“调整”组中，单击“颜色”下拉按钮，在弹出的下拉列表中选择“设置透明色”命令。

⑤ 单击图片上的白色区域，此时，发现图片不用图像处理软件，也可以轻易去掉图片的纯色背景颜色，如图 7–6 所示。

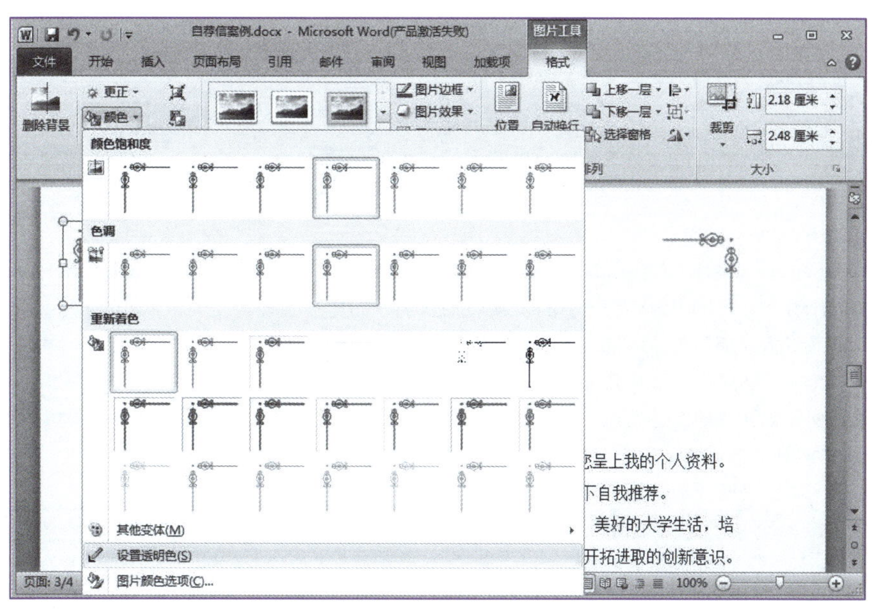

图 7–6　设置透明色

⑥ 选定图片，在“图片工具 – 格式”选项卡“排列”组中，单击“旋转”下拉按钮，在弹出的下拉列表中选择“垂直翻转”或“水平翻转”命令，如图 7–7 所示。

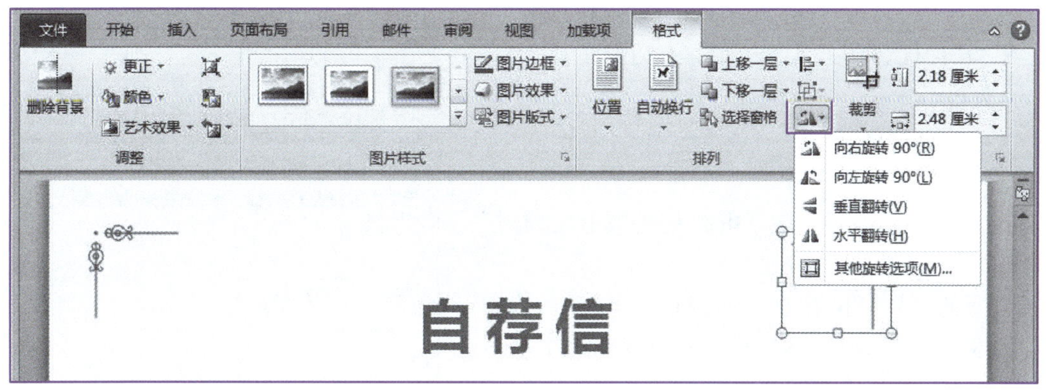

图 7–7　“垂直翻转”或“水平翻转”设置

7.2.3　审阅文档

在文档传阅、定稿之前，往往需要进行修改，可以启动审阅修订模式，Word 将记录并显示所有用户对该文档的修改。

1. 修订文档

在“自荐信 .docx”文档启动审阅修订模式。启动审阅修订模式后，Word 将记录并显示出所有用户对该文件的修改。

微课 7–3
审阅文档

【操作步骤】

① 在“审阅”选项卡“修订”组中，单击“修订”按钮，选中的修订文字将呈深色显示，即可启动修订模式。

②“修订”此时处于选中状态，可以分别对文档中的文字进行“修改”“添加”“删除”操作，效果如图 7-8 所示。

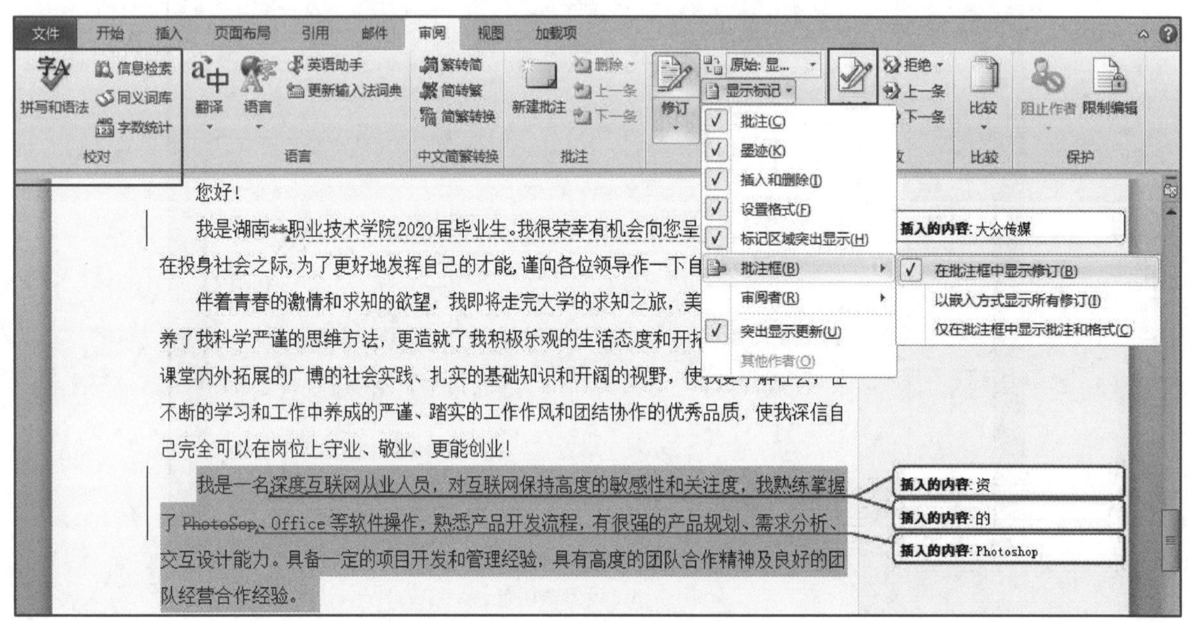

图 7-8 “修订文档”设置

2. 修改拼写和语法错误

> 对“自荐信 .docx”文档正文部分的错误处“我熟练掌握了 PhotoSop……”进行修改。

【操作步骤】

① 选定正文全部内容，在“审阅”选项卡“校对”组中，单击“拼写和语法”按钮。

② 在打开的“拼写和语法”对话框中，错误的内容会以红色字体显示在提示文本框里，对错误内容进行更改后单击“更改”按钮，如图 7-9 所示。

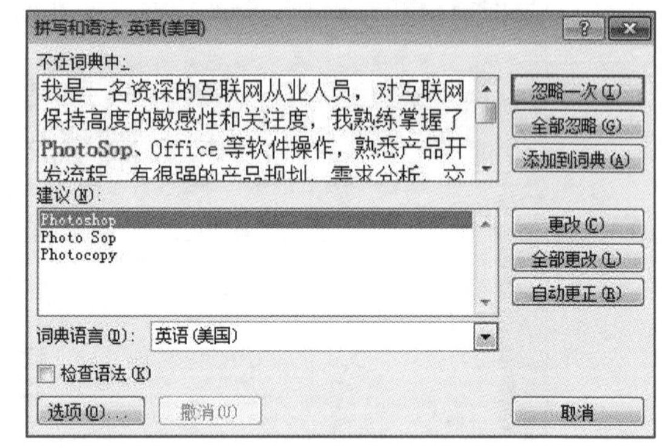

图 7-9 修改拼写和语法错误

3. 接受所有修订

> 将“自荐信 .docx”文档正文修改过的内容全部接受修订。

【操作步骤】

① 单击“审阅”选项卡“更改”组中的“接受”下拉按钮，在弹出的下拉列表中选择“接受并移到下一条”命令，接受修订后，文档中的修订标记显示会消除。

② 如果希望一次接受所有的修订，则在“接受”下拉列表中，选择“接受对文档的所有修订”命令。

③ 当接受了对文档所有修订后，即可消除文档中的修订标记。如果拒绝接受对文档中所做的修订，则可以选择“拒绝修订”命令。

7.2.4　保存文档

创建好文档后应及时保存，否则可能会因为断电或是操作失误，造成文件、数据的丢失。

微课 7-4
保存并打印文档

1. 文件“另存为”设置

将文件另存为“蓝蓝自荐信 .docx”。

【操作步骤】

① 在“文件”选项卡中选择“另存为”命令，打开“另存为”对话框。

② 这“另存为”对话框中，选择保存路径，在“文件名”文本框中输入“蓝蓝自荐信 .docx”文件名，单击“保存”按钮。当前文档即以“蓝蓝自荐信 .docx”为名另存到“D 盘”。

小技巧

Word 文档中“保存”和“另存为”的区别：在执行“保存”操作时，Word 会将正在编辑的最后一次操作结果直接覆盖掉原先的存档，而执行保存。执行“另存为”操作时，可以选择另存为其他的文件格式，可更改包括文件保存路径、文件名、文件类型等信息，不会对文件的原件进行修改；同时，保存好后将生成另一个新的文件。

2. 页面设置

设置纸张大小为 A4 纸张，页边距上、下、左、右均为“2.5 厘米”，纸张方向为“纵向”，装订线为“0 厘米”，页眉距边界为“1.5 厘米”，页脚距边界为“1.75 厘米”，指定行和字符网格，每行“43”，跨度为“10.5 磅”，每页“44 行”，跨度为“15.6 磅”，如图 7-10 所示。

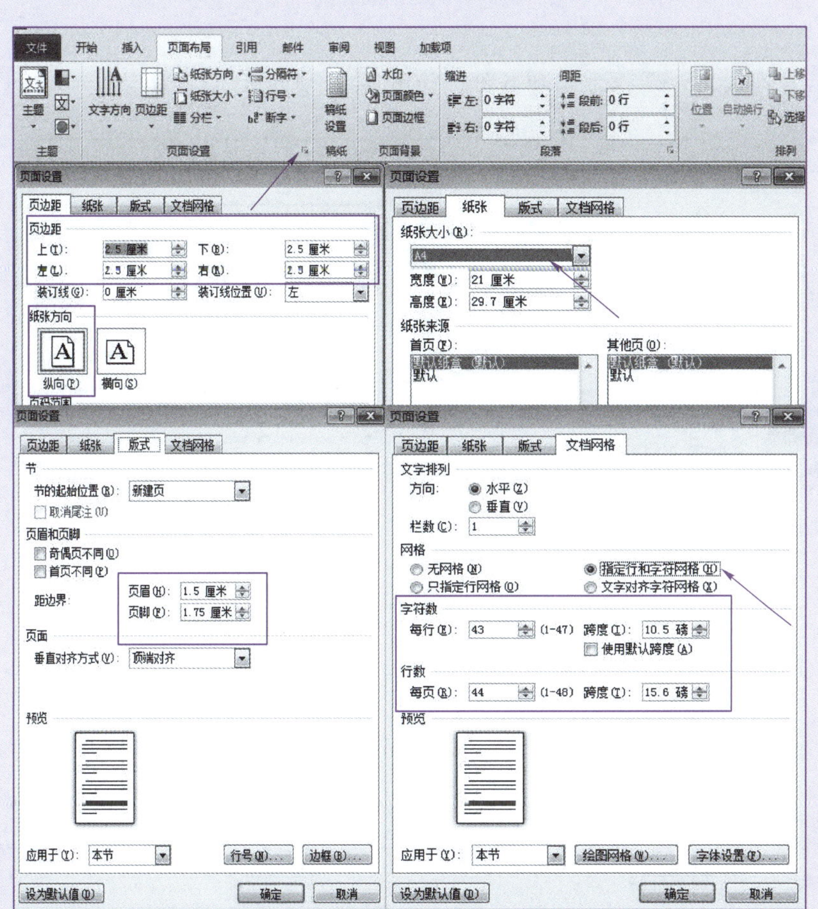

图 7-10　文档“页面设置”

【操作步骤】

① 单击“页面布局”选项卡“页面设置”组中的“对话框启动器”按钮，打开“页面设置”对话框，选择“页边距”选项卡。

② 设置“页边距”上、下、左、右均为“2.5 厘米”，“纸张方向”为“纵向”。

③ 选择“纸张”选项卡，设置“纸张大小”为“A4”。

④ 选择“版式”选项卡，设置“页眉和页脚”，在“页眉”数值框中将值设为“1.5 厘米”，在“页脚”数值框中将值设为“1.75 厘米”。

⑤ 选择“文档网格”选项卡，选中“指定行和字符网格”单选按钮，将“每行”数值框设置为“43”，“跨度”数值框设置为“10.5 磅”；将“每页”数值框设置为“44”，“跨度”数值框设置为“15.6 磅”，单击“确定”按钮。

3. 打印预览

预览“蓝蓝自荐信 .docx”文档打印效果。

【操作步骤】

① 选择“文件”选项卡中的“打印”命令，进入文档打印和打印预览界面。在打印预览窗口，如果存在文本内容错误或对文本格式排版不满意，可以单击其他选项卡，返回至正常文本编辑状态，继续编辑修改文本。

② 拖动打印文档预览界面右下角的缩放工具 53% 可预览整个文档的整体排版格式。

4. 打印文档

将“蓝蓝自荐信 .docx”文档打印 5 份，如图 7-11 所示。

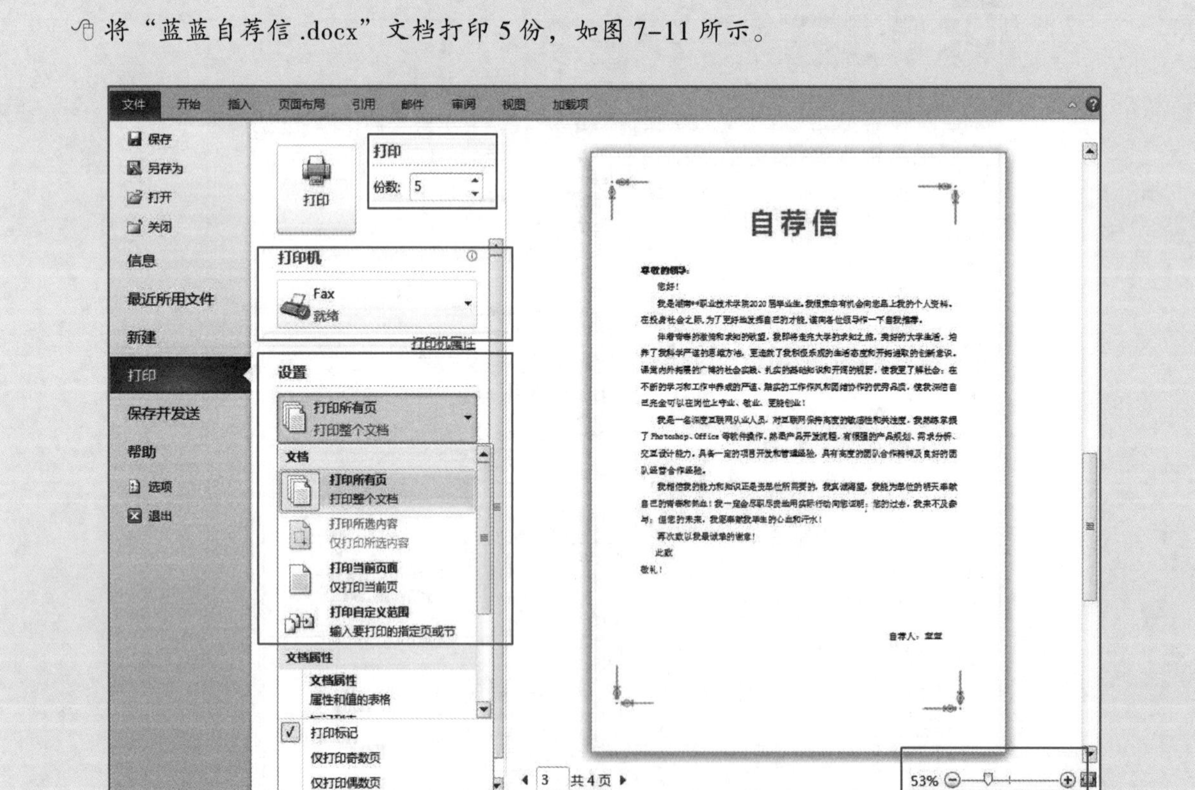

图 7-11 文档“打印预览和打印”设置

【操作步骤】

① 选择“文件”选项卡中的“打印”命令，进入文档打印和打印预览界面。

② 在“打印机”下拉列表中选择要使用的打印机。

③ 在“设置”下拉列表中选择“打印所有页”选项，将打印整个文档；或选择“打印自定义范围”，并在“页数”数值框中输入要打印的指定页面。

④ 检查打印机与计算机是否正确连接好、纸张是否放好，一切准备就绪后在打印“份数”数值框中输入数值“5”，单击“打印”按钮，即可开始打印文档。

小技巧

在 Word 文档中，还可以按组合键 Ctrl+P 来打印文档。“打印所有页”选项，就是打印当前文档的全部页面；“打印当前页面”选项，就是打印光标所在的页面；“打印所选内容”选项，则只打印选中的文档内容，但事先必须选中了一部分内容才能使用该选项；“打印自定义范围”选项，则打印用户指定的页码范围。

7.3 相关知识

7.3.1 Office 工作界面

微软公司开发的 Office 套装由一系列软件共同组成，它们各司其职，满足用户在实际工作中不同场合的需要。例如，Word 可以进行各种文档处理，Excel 用于制作表格以及分析数据，PowerPoint 能够制作多媒体幻灯片。

Office 套装也在不停地更新换代，从 Office 2000 到 Office 2007，传统的菜单和工具栏被功能区所代替，经过短暂的适应之后，用户就可以体验到了新版本操作界面的便捷与人性化。再到如今的 Office 2016、Office 2019 及 Office 365，不管以后的版本如何变化，它的内涵依然不变，其操作只会越来越人性化。如图 7-12 所示为 Office 的工作界面。

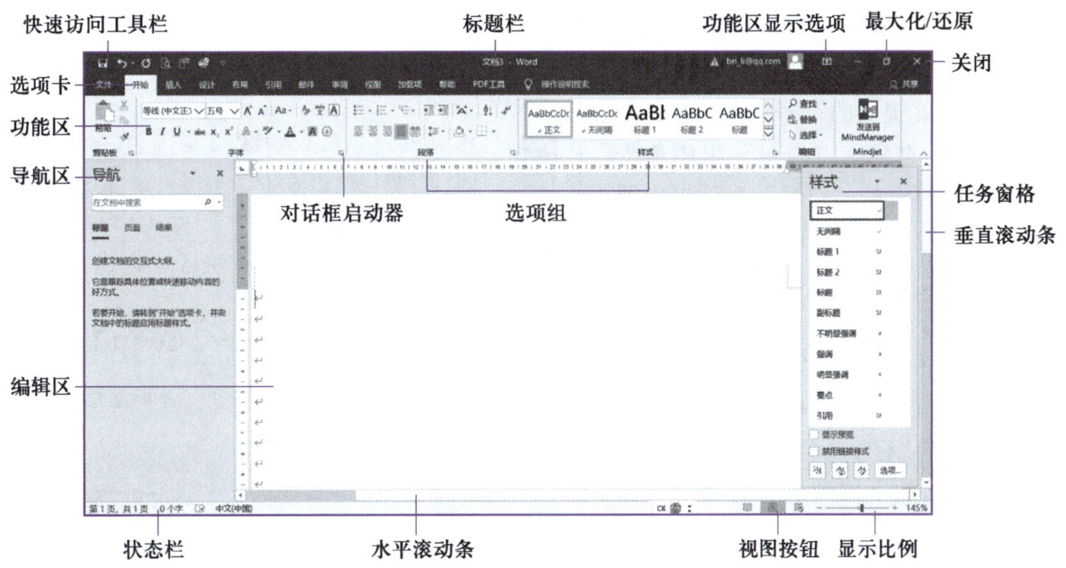

图 7-12 Office 的工作界面

7.3.2 Word 视图模式

Word 提供了多种视图模式供用户选择，这些视图模式包括“页面视图”“阅读版式视图”“Web 版式视图”“大纲视图”和“草稿视图”5 种视图模式。用户可以在“视图”功能区中选择需要的文档视图模式，也可以在 Word 文档窗口的右下方单击相应的视图按钮选择视图。

1. 页面视图

“页面视图”可以显示 Word 文档的打印结果外观，主要包括页眉、页脚、图形对象、分栏设置、页面边距等元素，是最接近打印结果的页面视图，是 Word 默认的视图模式。

2. 阅读版式视图

“阅读版式视图”以图书的分栏样式显示 Word 文档，使用户感觉在翻阅书籍，其“文件”按钮、功能区等窗口元素被隐藏起来。在阅读版式视图中，用户还可以单击“工具”按钮选择各种阅读工具。

3. Web 版式视图

“Web 版式视图”以网页的形式显示 Word 文档，适用于发送电子邮件和创建网页。

4. 大纲视图

“大纲视图”主要用于 Word 文档的设置和显示标题的层级结构，并可以方便地折叠和展开各种层级的文档。在阅读和编辑内容较多、已经套用多级列表的文档时，通过大纲视图，可以清楚地显示文档的目录，方便用户快速跳转到所需的章节。在编辑文档时，如果插入了分节符、分页符等，可以通过大纲视图快速找出来。但是大纲视图无法显示页边距、页眉和页脚、图片、背景等对象。

5. 草稿视图

“草稿视图”取消了页边距、分栏、页眉和页脚、图片等元素，仅显示标题和正文，页与页之间使用一条虚线表示分页符或分节符，更易于编辑和阅读文档。

7.3.3 文本输入

1. 输入符号

一些常见的中、英文符号所对应的键位如下：“\”（反斜线）对应于中文顿号“、”“^”（乘方符号）对应于省略号“……”，“_”（下画线）对应于破折号“——”，“<>”对应于中文书名号“《》”。

对于无法通过键盘上的按键直接输入的符号，可以从 Word 提供的符号集中选择，方法为：在“插入”选项卡“符号”组中单击“符号”按钮，在打开的“符号”对话框中即可选择需要的符号。如图 7-13 所示为“符号”对话框。

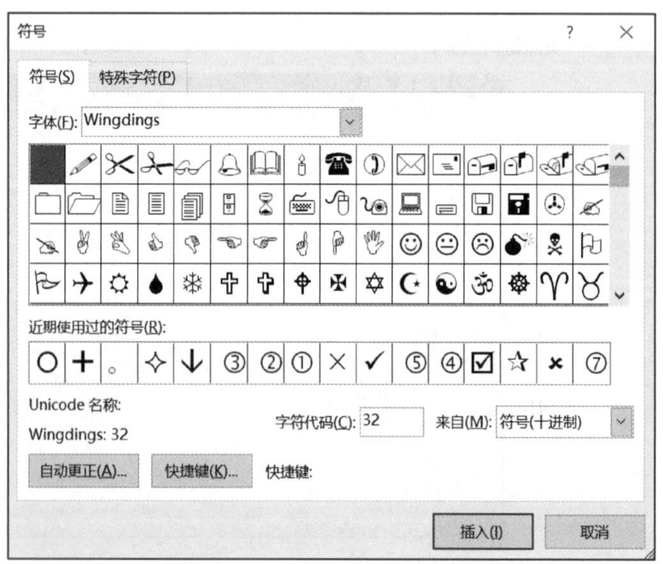

图 7-13 “符号”对话框

2. 输入数学公式

利用 Word 提供的插入公式功能，可以在制作工作报告、论文时使用公式。方法为：在“插入”选项卡“符号”组中单击“公式”下拉按钮，从弹出的下拉列表中选择所需公式。如果没有合适的公式，可选择“插入新公式”命令，自动切换到“公式工具 - 设计”选项卡，即可编辑公式，如图 7-14 所示。

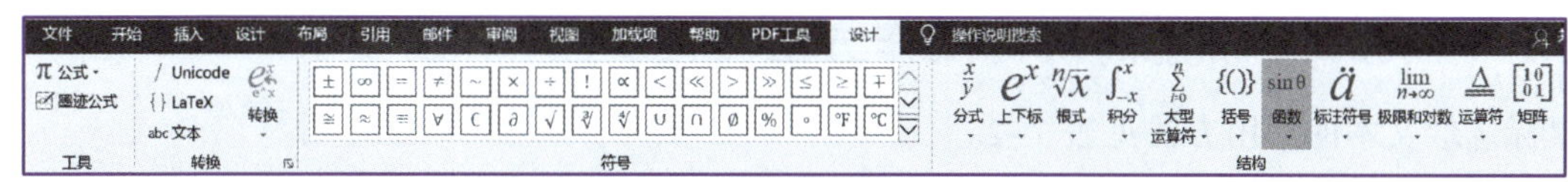

图 7-14 “公式工具 - 设计”选项卡

7.3.4 字符和段落格式化

1. 字符格式化

字符格式化包括对各种字符的大小、字体、颜色、字符间距、字符之间的上下位置及文字效果等进行定义。

2. 段落格式化

段落格式化包括对段落左右边界的定位、段落的对齐方式、缩进方式、行间距、段间距等进行定义。

（1）段落缩进方式

一般有以下几种类型：

首行缩进：表示只有第1行缩进。通常情况下，中文的首行缩进2个汉字。

悬挂缩进：表示除第1行以外的各行都缩进。通常用于创建项目符号和编号。

左缩进和右缩进：表示段落中的所有行都缩进。通常为了表示段落间不同的层次。

（2）行距各选项的作用

单倍行距：行距为该行最大字符或最高图像的高度再加一定额外的附加量，额外间距取决于所用字号。

1.5倍行距：行距为单倍行距的1.5倍。

2倍行距：行距为单倍行距的2倍。

最小值：此选项需与“设置值”相配合使用，并且不能省略度量单位。“设置值”框中的值就是每一行所允许的最小行距。与“单倍行距”不同的是，行距不能小于“设置值”框中的值。若某一行中最大字符或最高图像的高度比“设置值”框中的值还小时，就以“设置值”框中的值作为行距。

固定值：此选项需与“设置值”相配合使用，并且不能省略度量单位。“设置值”框中的值就是每一行所允许的固定行距。Word不会调整固定的行距，若有文字或图像的高度大于此固定值，将会被裁剪。

多倍行距：此选项需与“设置值”相配合使用，并且不能设置度量单位。“设置值”框中的值就是“单倍行距”的倍数。系统默认的多倍行距为“3”。如果在“设置值”框中输入“1.2”，则表示行距设置为单倍行距的1.2倍。

（3）段落的对齐方式

Word提供了5种水平对齐方式，默认为两端对齐，其含义及其组合键见表7-1。

表 7-1 水平对齐方式的含义及其组合键

水平对齐方式	含　义	组合键
文本左对齐	使文本向左对齐，Word不调整行内文字的间距，右边界处的文字可能会产生锯齿	Ctrl+L
两端对齐	使文本按左、右边距对齐，Word会自动调整每一行文字的间距，最后一行靠左边距对齐	Ctrl+J
居中	使段落中的每一行都居中显示	Ctrl+E
文本右对齐	使正文的每行文字沿右边距对齐，包括最后一行	Ctrl+R
分散对齐	正文沿页面的左右边距在一行中均匀分布，最后一行也分散充满整行	Ctrl+Shift+J

7.3.5 Word 中常用的快捷操作方法

用鼠标选取文本的常用方法见表 7-2。

拓展阅读

Word 中常用的快捷操作方法

表 7-2 用鼠标选取文本的常用方法

选取对象	操 作	选取对象	操 作
任意字符	拖动要选取的字符	字或单词	双击该字或单词
一行文本	单击该行左侧的选中区	多行文本	在字符左侧的选中区中拖动
大块区域	单击文本块的起始处，然后按住 Shift 键单击文本块的结束处	句子	按住 Ctrl 键，并单击句子中的任意位置
一个段落	双击段落左侧的选中区或在段落中三击	多个段落	在选中区拖动鼠标
整个文档	3 次单击选中区	矩形文本区域	按住 Alt 键，再用鼠标拖动

7.4 项 目 小 结

本项目通过制作“自荐书”Word 文档，介绍 Word 文档的字符格式设置、段落格式设置、页面背景设置、文档的修订与审阅、文档的保存等操作。

通过本项目的学习和训练，学习者可了解 Word 软件的工作界面，能区分各种视图模式，学会字体、字号、字符间距等字符格式设置，以及行间距、段前段后距离、首行缩进等段落格式的设置；会利用 Word 来编辑排版基本的文档，如请假条、申请书、日常书信等。通过对 Word 各种按钮、各种功能的探索，学习者可将 Word 文档编排得更加精美，同时培养勇于尝试、敢于探索、精益求精的精神。

7.5 IT 工作室

参考样文“物联网与互联网的趣味谈话（样文）.pdf”效果，对“物联网与互联网的趣味谈话（素材）.docx”文档进行如下设置：

1. 对文档进行页面设置：上、下、左边距为 2.3 厘米，右边距为 2 厘米。

2. 利用“替换”功能，将文章中所有的“互联网”文字设置为黑体、小四、加粗，颜色为 RGB（192，0，0）；将所有的“物联网”文字设置为黑体、小四、加粗，颜色为 RGB（0，0，204）。

3. 将正文中的所有段落设置为首行缩进 2 个字符，1.5 倍行距。

4. 对标题进行花样字体设置。

5. 将正文中的第 2 段 ~ 第 5 段设置分栏效果。

6. 插入图片“物联网 .jpg”，并按样文效果设置图文混排。给图片设置超链接，链接到图片“物联网 .jpg”，屏幕提示“物联网与互联网的趣味谈话”。

7. 利用自选图形或者文本框对正文部分段落设置不同的效果。

8. 添加如样文效果所示的表格，并进行表格环绕效果设置。在表格第 1 列的文字前添加项目符号“✧”。

9. 给文中的最后一段添加拼音，设置拼音格式为黑体、9 磅。

10. 给第 2 段中的“物联网”添加脚注，内容为“物联网是一个基于互联网、传统电信网等信息承载体，让所有能够被独立寻址的普通物理对象实现互联互通的网络”。

11. 在文章的末尾添加自选图形“上凸带形”，并添加艺术字“世界因我们而不同！”，保存文档。

项目 8

制作个人简历

8.1 项目分析

项目描述

蓝蓝是一名大学毕业生，为了找到一份理想的工作，现需要制作一份个人简历，从而清楚地表述自己的个人情况。

项目要求

1. 创建表格

在“自荐信.docx”Word文档正文前面，插入2张空白页面。在第2页中，插入5列10行的表格，修改表格的外框线为1.5磅的实线，合并第5列第1行~第4行的表格，分别合并第5行~第10行第2列~第5列，按如图8-1所示输入文字内容。设置表格第1列、第1行~第4行为“水平居中”对齐，设置第5行~第10行第2列“中部左对齐”。在“教育背景”所在行的第2列插入表格，并输入如图8-1所示的文字内容。

2. 添加项目符号和数字编号

给“实践经验”所在行的第2列添加项目符号“✧”。给“个人技能”所在行的第2列添加编号“1. 2. 3.”。

3. 插入图片

给个人简历表格添加蓝蓝的证件照片“蓝蓝.jpg”，并适当裁剪图片，调整图片大小。给首页插入“封面背景.jpg”图片，设置图片的环绕方式为“衬于文字下方”。

4. 插入自选图形

插入一大一小的两个菱形形状，按如图8-1所示调整菱形的大小和位置。给上方稍小的菱形形状设置“无填充”“绿色、3磅”的形状轮廓；给下方稍大的菱形形状设置为“白色”形状轮廓、“白色”形状填充，“偏移：中”的阴影效果。组合上、下两个菱形形状。

图 8-1 样文

个人简历

案例素材

5. 插入艺术字

插入“填充:蓝色，主题色 1;阴影”样式的艺术字“个人简历”，设置字体为“微软雅黑”，字号为“小初”，加粗，字体颜色模式为 RGB（92，145，58）。

6. 插入文本框

插入 2 个文本框，内容均为“-RESUME-”，文本框的“形状填充”“形状轮廓”均为“无”；文本框内文字字号为小三、字体颜色为 RGB（92，145，58）、字符间距加宽 5 磅。在 2 个文本框的上、下位置插入一条实线，线条为 2.25 磅，颜色值为 RGB（92，145，58）。

8.2 项目实现

蓝蓝从网上下载了一些个人简历、求职简历等简历模板、文档等，蓝蓝又利用 Photoshop 软件设计了简历封面，为个人简历的制作做准备。

8.2.1 创建表格

蓝蓝比较了现在比较流行的一页纸的个人简历，觉得利用表格来制作个人简历，内容整洁大方，制作过程也比较轻松。因此，在项目 7 的自荐文书的基础上又进行了美化设计。

1. 插入分页符

在“自荐信 .docx”Word 文档正文前面，插入两张空白页面。

微课 8-1
创建表格

【操作步骤】

① 打开“自荐信 .docx”Word 文档。

② 将光标置于标题“自荐信”的前面。

③ 单击“布局”选项卡“页面设置”组中的“分隔符”下拉按钮，在弹出的下拉列表中选择“分页符”命令，重复选择一次“分页符”命令，使自荐信前面预留 2 张空白页面，如图 8-2 所示。

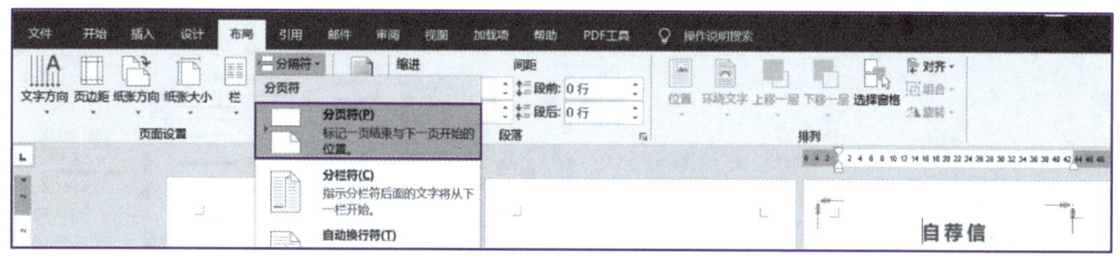

图 8-2　插入分页符

2. 插入表格

在第 2 页中，插入 5 列 10 行的表格，用于制作个人简历表格。

【操作步骤】

① 将光标置于第 2 页，输入文字“个人简历”，调整字体、字号、对齐方式等。调整完成后，按 Enter 键换行。

② 单击“插入”选项卡“表格”组中的“表格”下拉按钮，在弹出的下拉列表中选择“插入表格”命令。

③ 在“插入表格”对话框中，设置列数为“5”，行数为“10”，单击“确定”按钮，如图 8-3 所示。

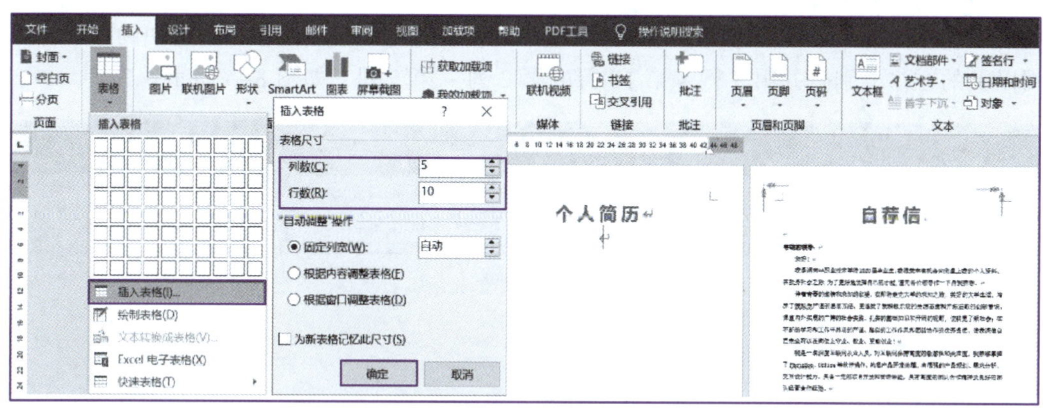

图 8-3　插入表格

3. 修改表格边框线

修改表格的外框线为 1.5 磅的实线，实现外粗内细的边框效果。

【操作步骤】

① 单击表格左上角的表格移动控制点 ⊞ 图标，选中整个表格。

② 在“表格工具 - 设计”选项卡“边框”组中，设置线型为“1.5 磅”，再单击“边框”下拉按钮，在弹出的下拉列表中选择“外侧框线”选项，则可以将表格线设置为外粗内细的效果，如图 8-4 所示。

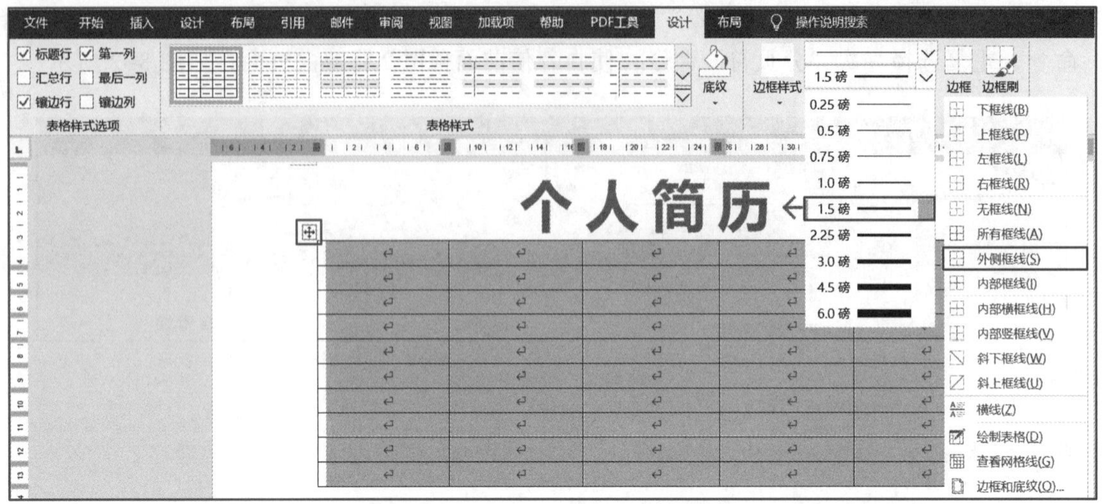

图 8-4 设计表格边框线

③ 如果需要设置其他的边框效果，可以按以上的方法进行设置。

4. 合并单元格

合并第 5 列第 1 行 ~ 第 4 行的表格，分别合并第 5 行 ~ 第 10 行的第 2 列 ~ 第 5 列，按图 8-1 要求输入文字内容。

【操作步骤】

① 选择第 5 列的第 1 行 ~ 第 4 行。

② 单击“表格工具 – 布局”选项卡“合并”组中的“合并单元格”按钮，则选中的区域合并在一起。

③ 用以上的方法分别合并第 5 行 ~ 第 10 行的第 2 列 ~ 第 5 列，如图 8-5 所示。

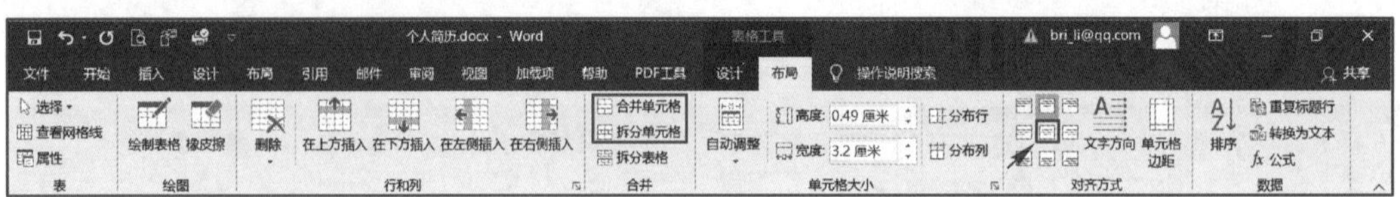

图 8-5 合并单元格

④ 给每个单元格添加如图 8-1 所示的内容。

5. 设置对齐方式

设置表格第 1 列、第 1 行 ~ 第 4 行为“水平居中”对齐，设置第 5 行 ~ 第 10 行的第 2 列为“中部左对齐”。

【操作步骤】

① 将鼠标光标放在第 1 列最上面的表格线上，此时光标变成“↓”形状，单击鼠标左键就选择了整列的表格。单击“表格工具 – 布局”选项卡“对齐方式”组中的“水平居中”按钮。

② 将鼠标光标放在左侧空白区域，此时光标变成“↗”形状，向下拖动鼠标，选中前 4 行表格内容。单击“表格工具 – 布局”选项卡“对齐方式”组中的“水平居中”按钮。

③ 用以上的方法将第 5 行 ~ 第 10 行的第 2 列的表格对齐方式设置为“中部左对齐”。

6. 在表格内插入表格

在“教育背景”所在行的第 2 列插入表格，并输入如图 8-1 所示的文字内容。

【操作步骤】

① 将光标置于“教育背景”所在行的第 2 列。

② 插入一个 4 行 3 列的表格，分别合并第 2 行和第 4 行。

③ 将第 1 行和第 3 行的表格设置为“水平居中”对齐。

④ 将第 2 行和第 4 行的表格设置为“中部左对齐”。

⑤ 输入如图 8-1 所示的文本内容。

⑥ 单击“表格工具 - 设计”选项卡“边框”组中的“边框”下拉按钮，在弹出的下拉列表中选择“无框线”命令，则可以去掉表格线，这样排版的内容整齐美观。

8.2.2　添加项目符号和数字编号

项目符号是指放在文本前以强调效果的点或其他符号；编号是指放在文本前具有一定顺序的字符。在 Word 中，用户可以使用系统提供的项目符号和编号，也可以自定义项目符号和编号。

1. 给实践经验添加项目符号

给“实践经验”所在行的第 2 列添加项目符号“✧”。

【操作步骤】

① 复制“教育背景”所在行第 2 列的表格。

② 替换表格内的文字。

③ 选择相应的文字，单击“开始”选项卡“段落”组中的“项目符号”下拉按钮，在弹出的下拉列表中选择“✧”符号，如图 8-6 所示。如果下拉列表中没有需要的符号，则可以选择“定义新项目符号”命令，在打开的对话框中选择其他符号。

微课 8-2
添加项目符号和数字编号

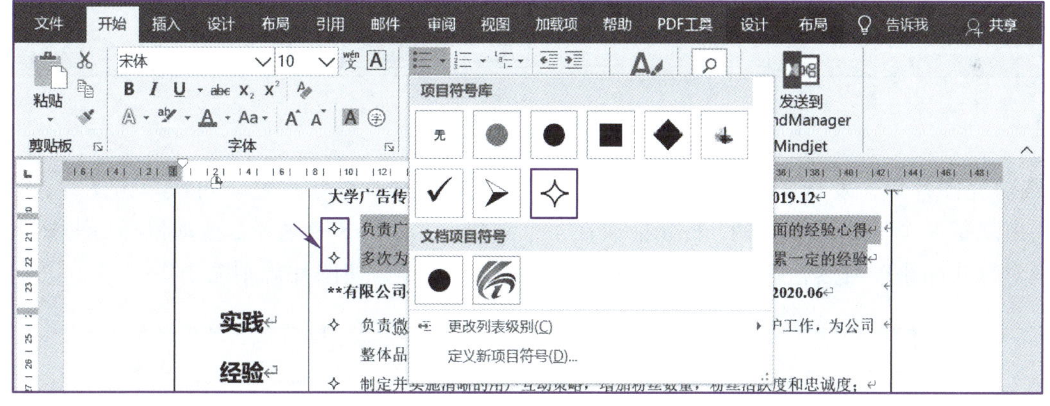

图 8-6　项目符号

2. 给个人技能添加数字编号

给“个人技能”所在行的第 2 列添加数字编号“1. 2. 3.”。

【操作步骤】

① 选择个人技能所在行第 2 列的文字内容。

② 单击“开始”选项卡“段落”组中的“编号”下拉按钮，在弹出的下拉列表中选择“1.”编号。如果下拉列表中没有需要的符号，则可以选择“定义新编号格式”命令，在打开的对话框中选择其他编号格式。

8.2.3 插入图片

一张生动的图片在文档中往往可以起到画龙点睛的作用。通过插入图片，可以丰富文档的视觉效果，为单调的文本添加亮点。

1. 插入证件照片

给个人简历表格添加蓝蓝的证件照片“蓝蓝.jpg”。

【操作步骤】

① 将光标置于第 1 行第 5 列。

② 单击“插入”选项卡“插图”组中的“图片”按钮，如图 8-7 所示，在打开的对话框中，选择素材文件夹下的“蓝蓝.jpg”图片。

微课 8-3
插入图片

图 8-7 插入图片

③ 选择刚插入的图片，单击“图片工具－格式”选项卡“大小”组中的“裁剪”按钮，此时图片上出现裁剪的符号“_”，向上拖动就可以裁剪图片，如图 8-8 所示。

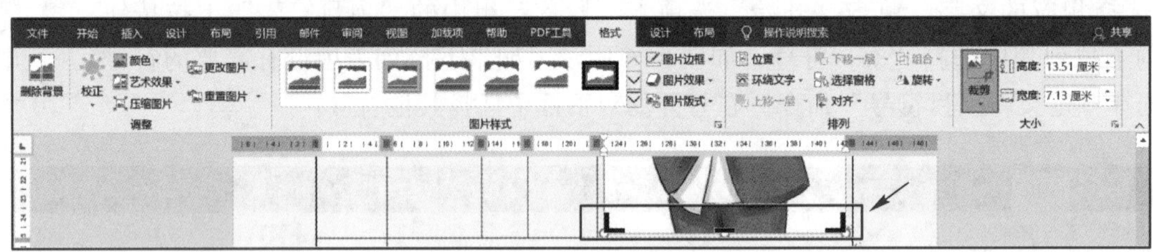

图 8-8 裁剪图片

④ 裁剪完图片后，发现图片太大，挤压了文字，需要将图片缩小一些。再次单击图片，可以发现图片四周出现了 8 个“O 型”句柄，将光标放在 4 个对角上，如图 8-9 所示，拖动鼠标，使图片在宽度、高度上呈对称式缩小。当然，在拖动的时候也可以按住 Shift 键，使图片规则缩小。

图 8-9 调整图片大小

⑤ 选择图片，单击“图片工具 – 格式”选项卡“调整”组中的“删除背景”按钮，进入“图片工具 – 背景消除”选项卡，图片的周围出现一些蓝色的控点，拖动控点可以调整删除背景的范围。利用“标记要保留的区域”按钮以及“标记要删除的区域”按钮，然后拖动鼠标对图片中的一些特殊区域进行标记，进一步修正消除背景的准确性。设置好删除背景的区域后，单击该选项卡“关闭”组中的“保留更改”按钮，如图 8–10 所示。

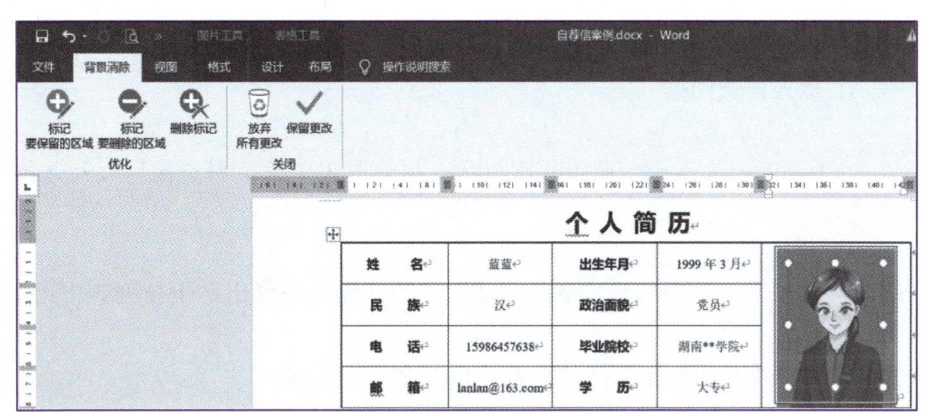

图 8–10　背景消除

小技巧

对于纯色背景，也可以单击“图片工具 – 格式”选项卡“调整”组中的“颜色”下拉按钮，在弹出的下拉列表中选择“设置透明色”命令，去掉此图中的白色背景。

2. 给首页添加背景图片

给首页插入“封面背景 .jpg”图片，设置图片的环绕方式为“衬于文字下方”。

【操作步骤】

① 将光标置于第 1 页。

② 单击“插入”选项卡“插图”组中的“图片”按钮，在打开的对话框中，选择素材文件夹下的“封面背景 .jpg”图片。

③ 选择图片，在“图片工具 – 格式”选项卡“排列”组中单击“环绕文字”下拉按钮，在弹出的下拉列表中选择“衬于文字下方”命令，如图 8–11 所示。

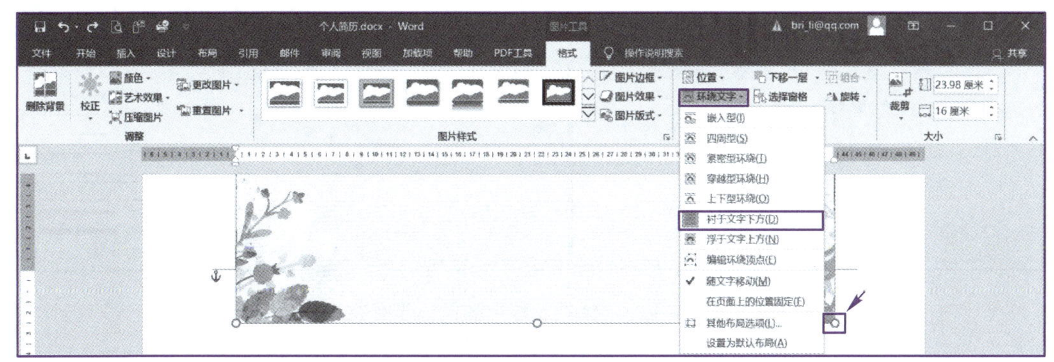

图 8–11　图片环绕方式

④ 拖动图片，将图片对齐整个页面顶端。将光标置于图片右下角的“O 型”句柄上，斜向拉伸图片至右下角，使图片覆盖整个页面，效果如图 8-1 所示。

8.2.4 插入自选图形

微课 8-4
插入自选图形

Word 不仅具有强大的文字处理功能，同时也具有强大的图形处理功能，用户可以通过绘图工具，直接在文档中绘制直线、箭头、矩形和圆形等，还能够绘制许多形状各异、大小不同的自选图形。利用不同的自选图形，可以丰富版面设计。

1. 插入自选图形

插入一大一小的两个菱形形状，按如图 8-1 所示调整菱形的大小和位置。

【操作步骤】

① 单击“插入”选项卡“插图”组中的“形状”下拉按钮，在弹出的下拉列表中选择“基本形状”中的“菱形”形状。

② 按住鼠标的左键，在封面的正中间位置拖动出一个菱形形状。

③ 再次按住鼠标的左键，在刚才的菱形形状上方再拖动出一个稍微小一点的菱形形状，效果如图 8-1 所示。

2. 设置自选图形效果

给上方稍小的菱形形状设置“无填充”“绿色、3 磅”的形状轮廓；给下方稍大的菱形形状设置为“白色”形状轮廓、“白色”形状填充，“偏移：中”的阴影效果。

【操作步骤】

① 选中上面稍小的菱形形状，单击“绘图工具－格式”选项卡“形状样式”组中的“形状填充”下拉按钮，在弹出的下拉列表中选择“无填充”命令，则没有任何填充效果；在“形状轮廓”下拉列表中，选择标准色“绿色”，线条“粗细”选择“3 磅”，如图 8-12 所示。

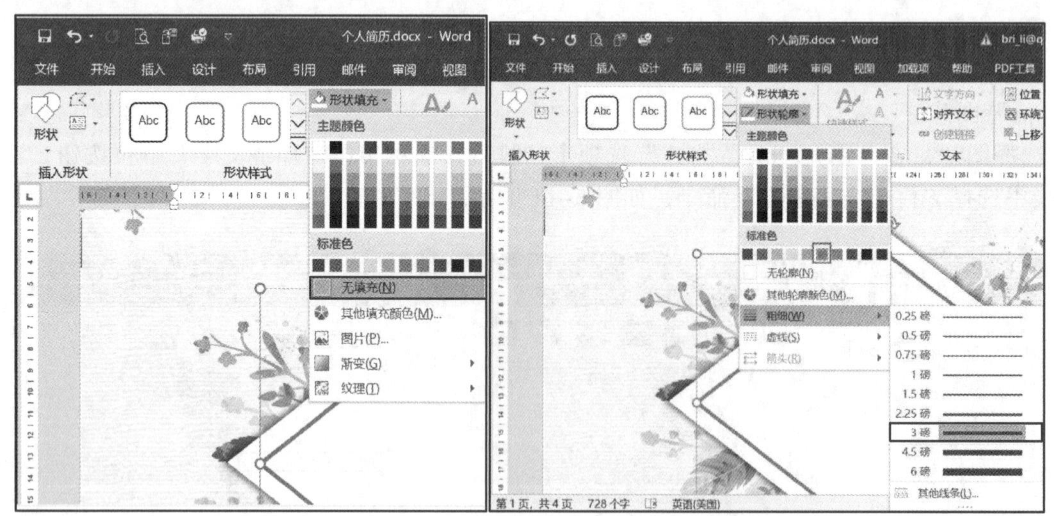

图 8-12 “绘图工具－格式”选项卡

② 选中下面稍大的菱形形状，单击“绘图工具－格式”选项卡“形状样式”组中的“形状填充”下拉按钮，在弹出的下拉列表中选择“主题颜色”中的“白色”；在“形状轮廓”下拉列表中，选择“白

色”；在“形状效果”下拉列表中，选择“阴影”下的“偏移：中”效果，如图 8-13 所示。当然，还可以尝试其他的形状效果。

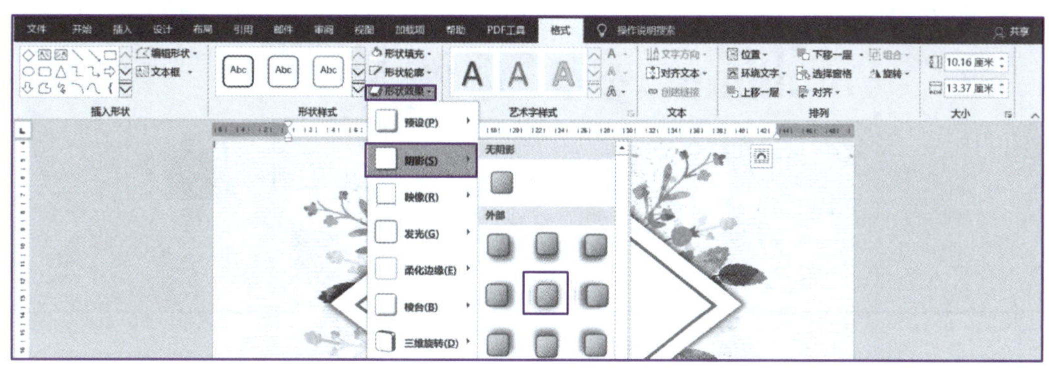

图 8-13　形状效果

3. 组合自选图形

将上、下两个菱形形状组合成一体。

【操作步骤】

① 按住 Shift 键，分别单击上、下两个菱形形状，同时选中两个形状。

② 单击“绘图工具 – 格式”选项卡“排列”组中的“组合”下拉按钮，在弹出的下拉列表中选择“组合”命令；这时两个形状就组合成一个形状了。

8.2.5　插入艺术字

虽然 Word 为用户提供了各种各样的字体，但如果要使文字产生特殊的表现效果，还需要应用“艺术字”。“艺术字”在 Word 中属于具有特殊文字效果的图形对象。

插入“填充：蓝色，主题色 1；阴影”样式的艺术字“个人简历”，设置字体为“微软雅黑”，字号为“小初”，加粗，字体颜色模式为 RGB（92，145，58）。

微课 8-5
插入艺术字

【操作步骤】

① 单击“插入”选项卡“文本”组中的“艺术字”下拉按钮，在弹出的下拉列表中选择“填充：蓝色，主题色 1；阴影”艺术字样式，如图 8-14 所示。

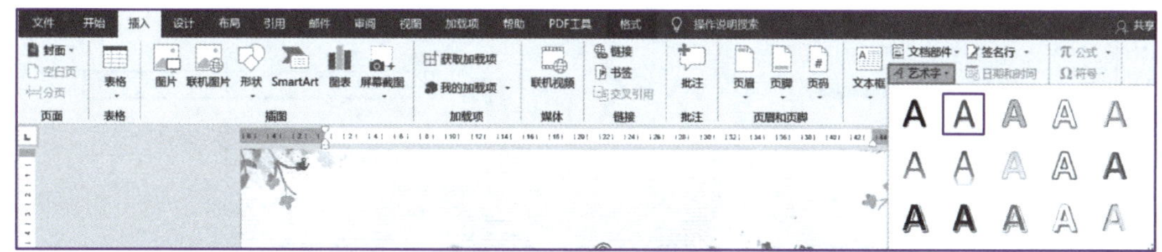

图 8-14　插入艺术字

② 此时，出现艺术字“请在此放置您的文字”，修改文字为“个人简历”。

③ 修改字体为“微软雅黑”，字号为“小初”，加粗，字体颜色模式为 RGB（92，145，58），适当调整文字的位置，如图 8-15 所示。

图 8-15 字体颜色设置

8.2.6 插入文本框

文本框是 Word 提供的用于文档修饰和版面编辑的工具。文本框的应用形式非常灵活，把文字装载在其中，既可以随意移动，又可以美化文字的呈现效果。

微课 8-6
插入文本框

插入两个文本框，内容均为“-RESUME-”，文本框的“形状填充”“形状轮廓”均为“无”；文本框内文字字号为小三，字体颜色为 RGB（92，145，58），字符间距加宽 5 磅。

【操作步骤】

① 单击“插入”选项卡“文本”组中的“文本框”下拉按钮，在弹出的下拉列表中选择“绘制横排文本框”命令。

② 此时，光标变成“+”形状，拖动鼠标绘制一个文本框，输入文字“-RESUME-”。

③ 设置文本框的“形状填充”为“无填充”，“形状轮廓”为“无轮廓”。

④ 选择“文本框”，单击“开始”选项卡“字体”组右下角的“对话框启动器”按钮，在打开的“字体”对话框“字体”选项卡中，设置字号为“小三”，字体颜色为 RGB（92，145，58）；切换到“高级”选项卡，设置字符间距为“加宽”，磅值为“5 磅”，如图 8-16 所示。单击“确定”按钮。拖动文本框调整文本框的位置与菱形的边框对齐。

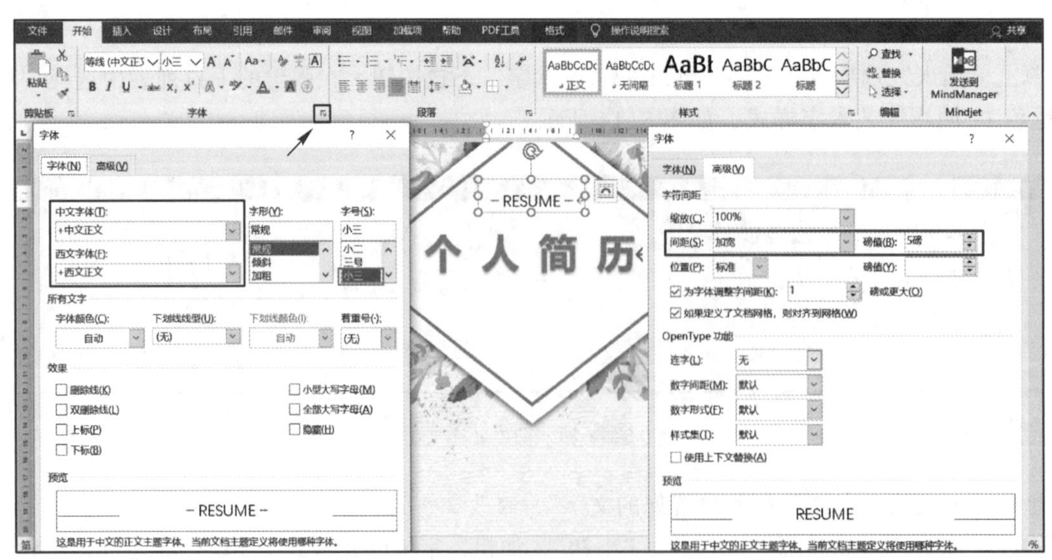

图 8-16 字体格式设置

⑤ 利用 Ctrl+C 以及 Ctrl+V 组合键复制刚才所制作的文本框到个人简历文字的下方。或者选择“-RESUME-”文本框，按住 Ctrl 键，同时拖动鼠标，到个人简历文字下方的时候释放鼠标，就可以复制刚才的文本框了。

⑥ 按住 Shift 键，选择刚才制作的两个文本框，单击“绘图工具 - 格式”选项卡“排列”组中的“对齐”下拉按钮，在弹出的下拉列表中选择“水平居中”命令，使两个文本框在水平线上居中对齐，如图 8-17 所示。也可以去尝试操作一下其他的对齐方式。

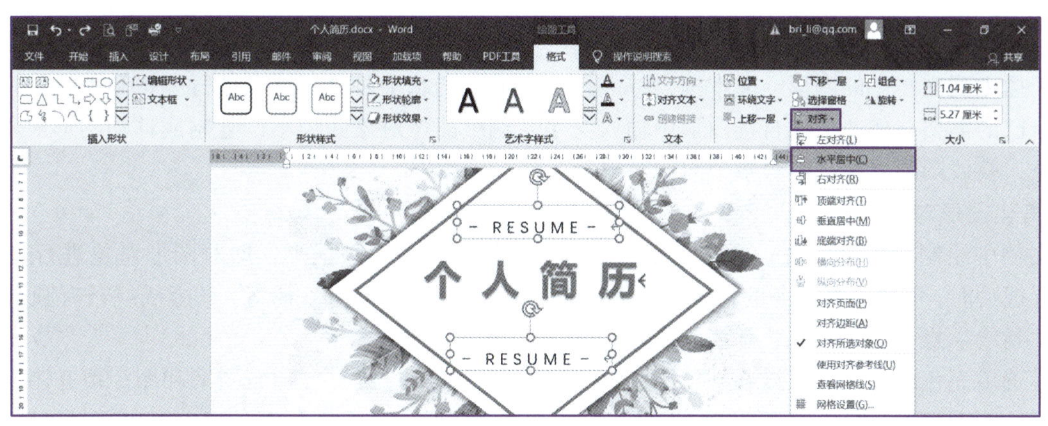

图 8-17 “文本框”对齐设置

⑦ 再使用前面的方法绘制水平的绿色横线，读者可自行尝试。

8.3 相关知识

8.3.1 表格

1. 表格的概念

Word 的表格由水平行和垂直列组成，行和列交义的矩形部分称为单元格，即行和列的交义组成的每一格称为单元格。

2. 表格的形式

编辑表格分为两种：一种是以表格为对象的编辑，如表格的移动、缩放、合并和拆分等；二是以单元格为对象的编辑，如选定单元格区域、单元格的插入 / 删除 / 移动和复制、单元格的合并和拆分、单元格的高度和宽度、单元格对象的对齐方式等。

3. 表格的公式

在 Word 表格中进行计算，公式中最常出现的几个英文单词是 ABOVE（上面）、LEFT（左边）、RIGHT（右边）、BELOW（下面）。

在 Word 表格中进行计算，最常用的函数有 AVERAGE（ ）求一组值的平均值，SUM（ ）求一组数或算式的总和，MAX（ ）求一组数中的最大值，MIN（ ）求一组数中的最小值。

8.3.2 手绘形状和 SmartArt 图形

在 Word 中，可以插入矩形、圆形、线条、流程图符号、文本框等手绘形状，也可以插入 SmartArt 图形和艺术字，并且能对其进行编辑和添加效果。

1. 文本框

文本框可以使选定的文本或图形移动到页面的任意位置，从而进一步增强图文混排的功能。使用文本框还可以对文档的局部内容进行竖排、添加底纹等特殊形式的排版。

在文档中可以插入横排文本框和竖排文本框，也可以根据需要插入内置的文本框样式。

2. SmartArt 图形

SmartArt 图形是信息和观点的视觉表现形式，主要用于演示流程、层次结构、循环和关系。

3. 艺术字

Word 提供了大量的艺术字样式，在编辑 Word 文档时，可以套用与文档风格最接近的艺术字，以获得更佳的视觉效果。

4. 编辑图形对象

对于插入到文档中的图形、文本框、SmartArt 图形和艺术字对象，可以进行编辑和美化处理，使其更符合自己的需要。例如，在自选图形中输入文字，调整图像对象的大小，复制或移动图形对象，对齐图形对象，叠放图形对象，组合多个图像对象等。

5. 美化图形对象

在文档中绘制图形对象后，可以改变图形对象的线型、填充颜色等，即对图形对象进行美化。

设置线型时，可以设置线条的粗细，如 0.25 磅、0.5 磅、0.75 磅、1.5 磅等，其虚线线条有圆点、方点、短画线、画线 - 点、长画线、长画线 - 点、长画线 - 点 - 点等。

在设置填充色时，可以直接选择主题颜色，也可以用颜色过渡、纹理、图案和图片填充图形。

若要给图形设置阴影、发光、三维旋转、映像、柔化边框、棱台等外观效果，可以通过“形状效果”来设置。

8.3.3 图片

1. 图片

Word 提供了包含 Web 元素、背景、标志、地点和符号的剪辑库，用户可以直接将其中的对象插入文档中。如果对图片有更高的要求，则可以选择插入计算机中保存的图片文件。

图片的插入可以丰富版面形式，实现图文混排，使版面生动活泼。

2. 屏幕截图

Word 提供了屏幕截图功能，用户在编写文档时，可以直接截取程序窗口或屏幕中某个区域的图像，这些图像将自动插入当前光标所在的位置，如图 8-18 所示。

图 8-18 屏幕截图

3. 图形对象与文字环绕方式

文字内容在图片周围的排列方式即图片的“环绕方式”，决定了文字内容排列在图片的上下左右所处的位置。图片的环绕方式有嵌入型、四周型、紧密型、上下型、穿越型、衬于文字下方、浮于文字上方。

① 嵌入型环绕：默认的环绕方式为“嵌入型”，该环绕方式不支持旋转或拖动图片。

② 四周型环绕：不管图片是否为矩形图片，文字以矩形方式环绕在图片四周。

③ 紧密型环绕：如果图片是矩形，则文字以矩形方式环绕在图片周围，如果图片是不规则图形，则文字将紧密环绕在图片四周。

④ 上下型环绕：文字环绕在图片上方和下方。

⑤ 衬于文字下方：图片在下、文字在上分为两层，文字将覆盖图片。

⑥ 浮于文字上方：图片在上、文字在下分为两层，图片将覆盖文字。

⑦ 穿越型环绕：文字可以穿越不规则图片的空白区域环绕图片。

如图 8-19 所示为图片环绕方式的效果。

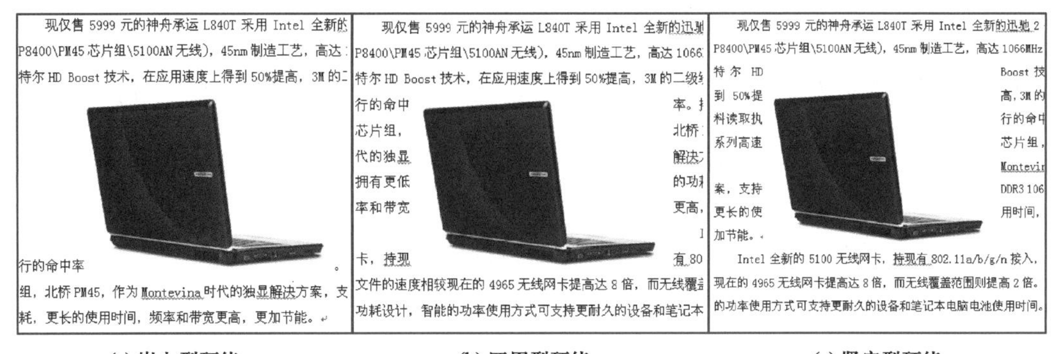

(a) 嵌入型环绕　　(b) 四周型环绕　　(c) 紧密型环绕

(d) 上下型环绕　　(e) 衬于文字下方　　(f) 浮于文字上方

图 8-19　图片环绕方式的效果

8.4　项 目 小 结

本项目通过制作"个人简历"Word 文档，介绍表格的制作与编辑美化、图片的插入与裁剪、艺术字的插入与美化设计、自选图形的线条美化与组合、文本框的插入与对齐设置等的应用。

通过本项目的学习和训练，学习者可掌握图片、艺术字、文本框、自选图形等素材的插入和编辑方法，学会表格的制作和编辑美化，能对实习报告、学习总结、申请书、工作计划、奖学金申请表等类型的 Word 文档进行编辑和排版，使文档美观大方、协调统一。通过"个人简历"的制作，学习者可培养自己的分析、总结、提炼能力和审美能力，并提升知识迁移能力。

8.5　IT 工作室

查看样文"大数据分析（样文）.pdf"效果，对"大数据分析（素材）.docx"文档进行如下设置：

1. 对文档进行页面设置：上、下边距为 2.6 厘米，左、右边距为 2.8 厘米。

2. 将正文所有段落设置为：首行缩进 2 个字符，1.5 倍行距，段前段后间距为 0，楷体，小四号字、黑色。

3. 对文章标题进行字体设置，标题不能首行缩进。

4. 对文章 3 处小标题进行字体设置，标题不能首行缩进。

5. 利用 Word 自带的检查语法功能，修改文章中的两处文字错误。

6. 插入图片"用典 .jpg"，按样文效果设置图文混排，并给图片设置超链接，链接到"人民日报解读《习近平用典》”官方网页。

7. 给文中第 1 段中的“《习近平用典》”添加脚注，内容为“人民日报社特别组织编写《习近平用典》一书，全书由敬民篇、为政篇、立德篇、修身篇、笃行篇、劝学篇、任贤篇、天下篇、廉政篇、信念篇、创新篇、法治篇、辩证篇共 13 个篇章组成”。

8. 利用自选图形或者文本框对正文部分段落设置不同的效果，效果见样文第 2 页和第 5 页。

9. 在样文位置（见样文第 3 页）添加图片“苏轼画像 .jpg”及设置图片样式，在图片上方添加文字“天下之患，最不可为者，名为治平无事，而其实有不测之忧。坐观其变而不为之所，则恐至于不可救。”

10. 参考样文第 3 页效果，在相应文字前添加项目符号“✧”。

11. 添加如样文第 4 页效果所示的表格，并在表格上添加艺术字“信念坚定、为民服务、勤政务实、敢于担当、清正廉洁”。

12. 在样文位置（见样文第 4 页）添加图片“边框 .jpg”，并按照样文效果设置图片和文字格式。

13. 给文中底部添加页码，页码格式为“第　　页”，首页不要页码。

14. 将文档另存为“大数据分析 .docx”。

项目 9

展示个人特长

9.1 项 目 分 析

项目描述

蓝蓝在各大招聘网站、招聘会上投放自己的个人简历，同时也凭借着出色的个人能力，成功应聘到蓝图信息技术有限公司。在新员工入职会上，每个员工需要展示个人特长。

项目要求

1. 创建演示文稿

新建演示文稿“认识蓝蓝 .pptx”，给当前的演示文稿应用“个人简历模板 .potx”模板，并且给当前的演示文稿新建主题幻灯片、自定义版式幻灯片、仅标题幻灯片。重新应用蓝蓝在求职期间制作的“个人简历 .pptx”演示文稿中所有的幻灯片。

2. 编辑幻灯片

复制第 3 张幻灯片，即“基本信息”所在幻灯片，复制 3 张，并按照第 2 张目录页幻灯片的内容进行修改。在幻灯片浏览视图中，将当前第 4 张 ~ 第 6 张幻灯片移动到相应的位置。删除当前演示文稿中“求职意向”幻灯片，如图 9-1 所示。

3. 幻灯片的基本操作

在第 4 张蓝蓝的自我介绍幻灯片中，添加蓝蓝的工作证件照片，并去掉图片的背景色。在第 4 张蓝蓝的自我介绍幻灯片中，插入矩形形状，并输入内容“我的性格特点”；插入 3 个“心形”形状，分别输入“激情”“责任”“爱心”。在第 8 张幻灯片中，插入蓝蓝所有作品的视频文件，并能自动播放。

4. 设计幻灯片母版

在幻灯片母版中，添加一张名为“底图 .png”图片，并设置图片的“上浮”的动画效果。在幻灯片母版中，给“仅标题”幻灯片母版的黑色文字设置“缩放”动画效果，给白色文字设置“擦除”“自左侧”的动画效果。

5. 幻灯片放映设置

设置幻灯片放映方式为“手动”控制播放。给所有的幻灯片设置“剥离”的切换方式，采用“单击鼠标时”进行换片。从第 1 张幻灯片开始放映整个演示文稿，退出播放。从第 3 张幻灯片开始放映演示文稿。

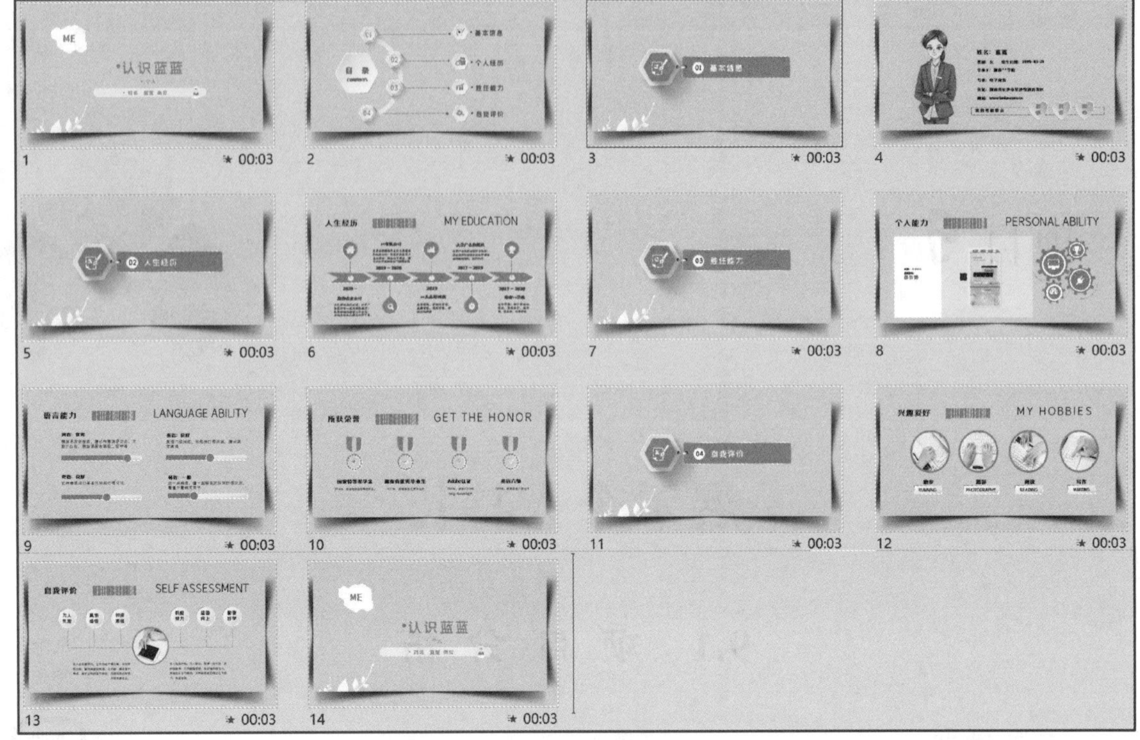

图 9-1 样文

9.2 项目实现

9.2.1 创建演示文稿

蓝蓝从网上下载了一些个人展示、自我介绍、个人简历、岗位竞聘等类型的 PPT 模板、文档等，又找出了上学期间做的演示文稿，以及用于展示的图片、视频等材料。

1. 新建并保存演示文稿

新建演示文稿“认识蓝蓝 .pptx”。

微课 9-1
创建演示文稿

【操作步骤】

① 双击桌面上的 PowerPoint 软件快捷方式图标，打开界面后，单击“空白演示文稿”图标。

② 选择“文件”→“保存”命令，在打开的当前界面中，双击“此电脑”。

③ 在打开的“另存为”对话框中，选择保存的位置，输入文件名“认识蓝蓝”，单击“保存”按钮。

2. 应用模板

给当前的演示文稿应用“个人简历模板 .potx”模板。

【操作步骤】

① 单击“设计”选项卡“主题”组中的“其他”按钮，如图 9-2 所示。

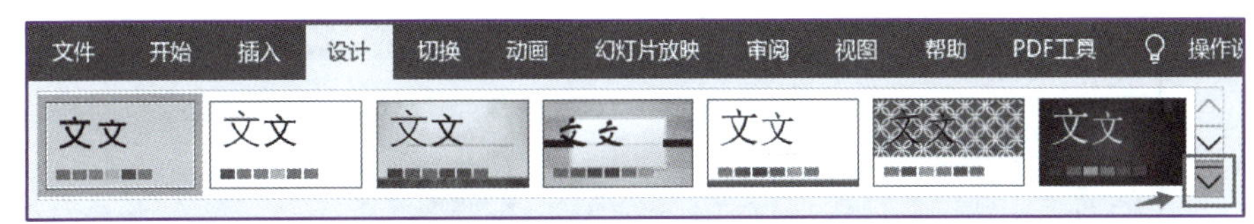

图 9-2　幻灯片模板

② 在弹出的下拉列表中选择“浏览主题”命令，如图 9-3 所示。

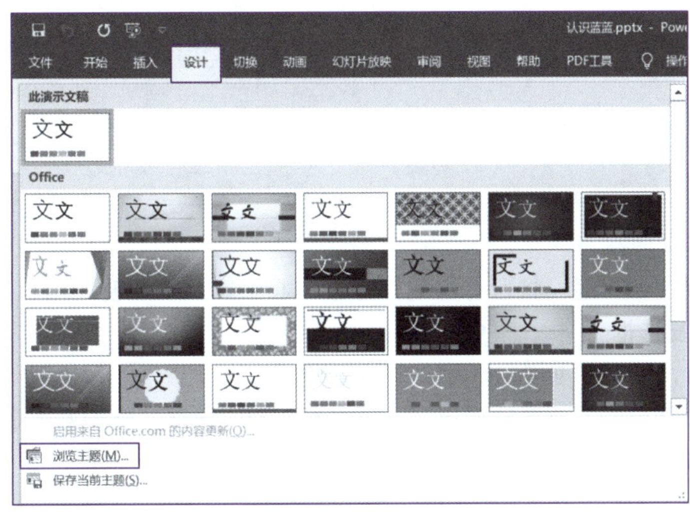

图 9-3　浏览更多的本地 PPT 模板

③ 在打开的“选择主题或主题文档”对话框中，选择素材文件夹中的“个人简历模板 .potx”，单击“打开”按钮。此时，演示文稿就应用了该模板的样式。

3. 新建幻灯片

给当前的演示文稿新建主题幻灯片、自定义版式幻灯片、仅标题幻灯片。

【操作步骤】

① 单击“插入”选项卡“幻灯片”组中的“新建幻灯片”下拉按钮。

② 在弹出的下拉列表中，选择“标题幻灯片”命令，在新建的幻灯片中输入个人的基本情况，效果见图 9-1 第 1 张幻灯片。

③ 在弹出的下拉列表中，选择“自定义版式”命令，在新建的幻灯片中输入目录内容，效果见图 9-1 第 2 张幻灯片。

④ 在弹出的下拉列表中，选择“仅标题”命令，在新建的幻灯片中输入展示内容，效果见图 9-1 第 3 张幻灯片。

4. 重用幻灯片

重新应用蓝蓝在求职期间制作的“个人简历 .pptx”演示文稿中所有的幻灯片。

【操作步骤】

① 单击“开始”选项卡“幻灯片”组中的“新建幻灯片”下拉按钮，在弹出的下拉列表中，选择“重用幻灯片”命令。

② 在弹出的右侧的任务窗格中，单击“浏览”按钮，如图 9-4 所示。

③ 在打开的对话框中，选择素材文件夹中的“个人简历 .pptx”演示文稿。

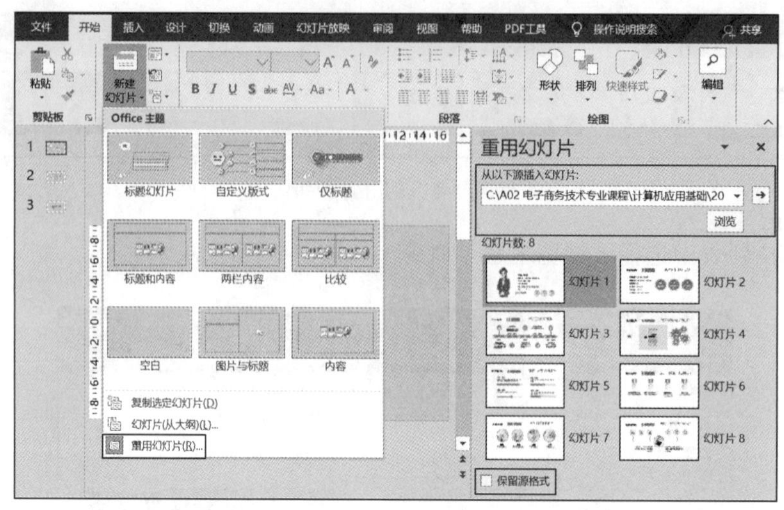

图 9-4　重用幻灯片

④ 依次单击幻灯片 1~8，逐一将所有的幻灯片重用起来。如果需要应用原来幻灯片的格式，则可以选中“保留源格式”复选框。

⑤ 全部重用完成后，关闭“重用幻灯片”应用窗格。

⑥ 按 Ctrl+S 组合键保存刚才所有的操作。一定要养成随时保存文件的好习惯。

9.2.2　编辑幻灯片

在幻灯片的浏览视图下，不仅能浏览演示文稿中所有的幻灯片，还可以方便快捷地完成幻灯片的管理工作。

1. 复制幻灯片

微课 9-2
编辑幻灯片

复制第 3 张幻灯片，即“基本信息”所在幻灯片，复制 3 张，并按照第 2 张目录页幻灯片内容进行修改。

【操作步骤】

① 右击第 3 张幻灯片，在弹出的快捷菜单中，选择“复制幻灯片”命令。

② 这时，在第 3 张幻灯片下面，出现了第 4 张 ~ 第 6 张幻灯片，内容和格式完全相同，如图 9-5 所示。

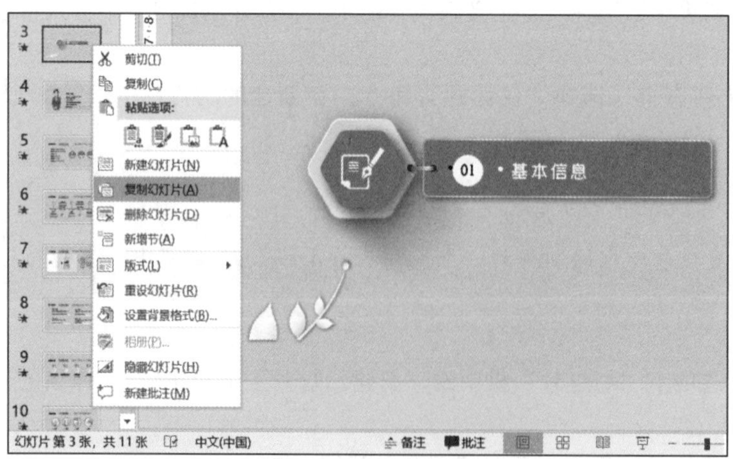

图 9-5　复制幻灯片

③ 将第 4 张 ~ 第 6 张幻灯片的内容按照图 9-1 中目录页内容进行修改。

2. 移动幻灯片

在幻灯片浏览视图中，将当前第 4 张 ~ 第 6 张幻灯片移动到相应的位置，如图 9-1 所示。

【操作步骤】

① 单击“视图”选项卡“演示文稿视图”组中的“幻灯片浏览”按钮，此时所有的幻灯片变成一个个缩略图出现在正文区域，如图 9-6 所示。

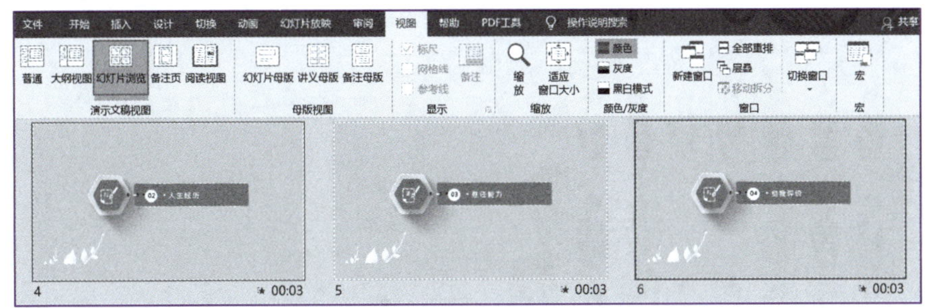

图 9-6 幻灯片浏览视图

② 按住鼠标左键，拖动第 4 张幻灯片到“求职意向”和“人生经历”两张幻灯片中间。

③ 用同样的方法，调整后面的两张幻灯片的位置。

3. 删除幻灯片

删除当前演示文稿中的“求职意向”幻灯片。

【操作步骤】

① 在“幻灯片浏览视频”中，找到“求职意向”所在的幻灯片。

② 右击，在弹出的快捷菜单中，选择“删除幻灯片”命令。

小技巧

如果不能确定幻灯片还要不要继续使用，可以先不用删除幻灯片，可以使用“隐藏幻灯片”命令。需要使用的时候，可以“取消隐藏”；当不需要使用时，隐藏的幻灯片是不会播放出来的。

9.2.3 幻灯片的基本操作

制作演示文稿的目的是通过幻灯片内容的展示，提高人们对展示内容的兴趣，所以在幻灯片中仅有单调的文字是不够的，还需要通过插入一些形状、艺术字、图片和视频等对象来修饰演示文稿，使内容更精彩。

1. 插入图片

在第 4 张蓝蓝的自我介绍幻灯片中，添加蓝蓝的工作证件照片，并去掉图片的背景色。

微课 9-3
幻灯片的基本操作

【操作步骤】

① 切换到普通视图，选择第 4 张幻灯片。

② 单击“插入”选项卡“图像”组中的“图片”按钮。

③ 在打开的“插入图片”对话框中，插入素材文件夹下“蓝蓝 .jpg”图片。

④ 选择图片，在“图片工具 – 格式”选项卡“调整”组中，单击“颜色”下拉按钮，在弹出的下拉列表中选择“设置透明色”命令，如图 9–7 所示。单击图片上的白色区域，此时，发现图片不用 Photoshop 软件也可以轻易去掉图片的纯色背景颜色。

图 9–7 设置透明色

2. 应用格式刷，设置心形形状

在第 4 张蓝蓝的自我介绍幻灯片中，插入 3 个“心形”形状，分别输入“激情”“责任”“爱心”。

【操作步骤】

① 进入第 13 张幻灯片，单击“插入”选项卡“插图”组中的“形状”下拉按钮，在弹出的下拉列表中选择“心形”形状，按住 Shift 键，同时拖动鼠标绘制心形形状。按住 Shift 键，可以绘制规则的图形，如正方形、圆形等。

② 单击“为人乐观”的圆形形状（一定要选择圆形，不能选择文字），单击“开始”选项卡“剪贴板”中的“格式刷”按钮。

③ 紧接着单击“心形”形状，此时发现“心形”形状的效果与圆形的效果相同。

④ 右击“心形”，在弹出的快捷菜单中选择“编辑文字”命令，输入“激情”。

⑤ 分别复制两个“心形”形状，分别输入“责任”“爱心”。

⑥ 按住 Shift 键，选择 3 个“心形”形状，将其剪切到第 4 张幻灯片中。效果如图 9–1 所示。

3. 插入视频

在第 8 张幻灯片中，插入蓝蓝所有作品的视频文件，并能自动播放。

【操作步骤】

① 进入第 8 张幻灯片。

② 单击“插入”选项卡“媒体”组中的“视频”下拉按钮，在弹出的下拉列表中选择“PC 上的视频”命令，如图 9-8 所示。

图 9-8　插入视频

③ 在打开的“插入视频文件”对话框中，插入素材文件夹中的“作品视频 .mp4”视频文件，调整视频的大小和位置。

④ 选择视频文件，在“视频工具 - 播放”选项卡“视频选项”组中，设置“开始”为“自动”，则放映到当前幻灯片时，自动播放视频文件；选中“全屏播放”复选框，则视频文件立即填充整个屏幕大小；选中“播放完毕返回开头”复选框，使视频播放完成后跳转到开始位置，如图 9-9 所示。

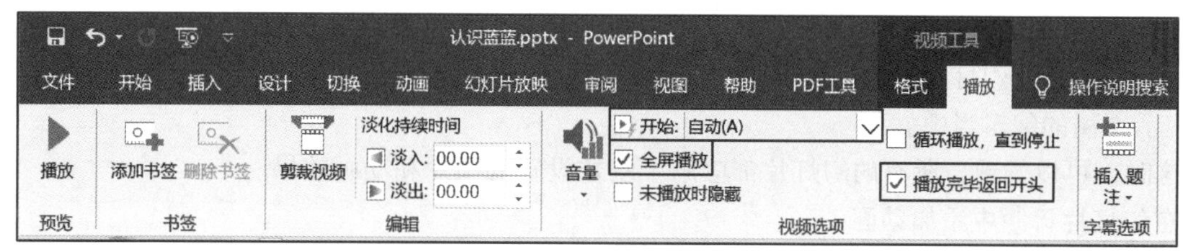

图 9-9　视频播放设置

9.2.4　设计幻灯片母版

应用设计模板是由系统设计的外观，如果想按自己的意愿统一修改整个演示文稿的外观风格，则需要使用母版。使用母版幻灯片不仅可以统一设置幻灯片的背景、文本样式等，还可以使校徽、公司徽标及各类名称等对象应用到基于母版的所有幻灯片中。

1. 在幻灯片母版中插入图片

在幻灯片母版中添加一张名为“底图 .png”的图片，并设置图片的“上浮”动画效果。

微课 9-4
设计幻灯片母版

【操作步骤】

① 单击“视图”选项卡“母版视图”组中的“幻灯片母版”按钮，进入如图 9-10 所示的母版视图。

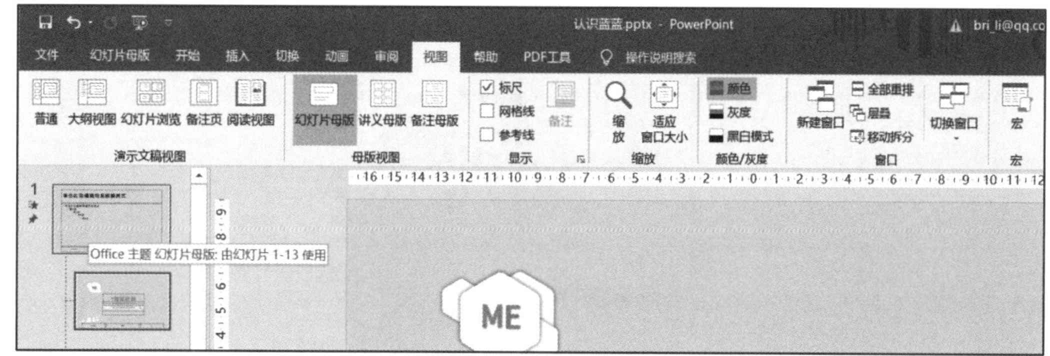

图 9-10　幻灯片母版视图

② 将鼠标光标放在左侧第 1 张缩略图上，显示“Office 主题 幻灯片母版：由幻灯片 1–11 使用”，说明第 1 张幻灯片可以控制所有的幻灯片效果，而其他的幻灯片只能控制当前主题的幻灯片。

③ 选择第 1 张幻灯片，依次单击“插入”选项卡“图像”组中的“图片”按钮，在打开的对话框中选择素材文件夹下的“底图 .png”，调整图片的大小和位置。

④ 选择刚插入的图片，单击“动画”选项卡“动画”组中的“浮入”按钮，设置“效果选项”为“上浮”，“开始”为“上一动画之后”，动画持续时间为 1 秒，如图 9–11 所示。

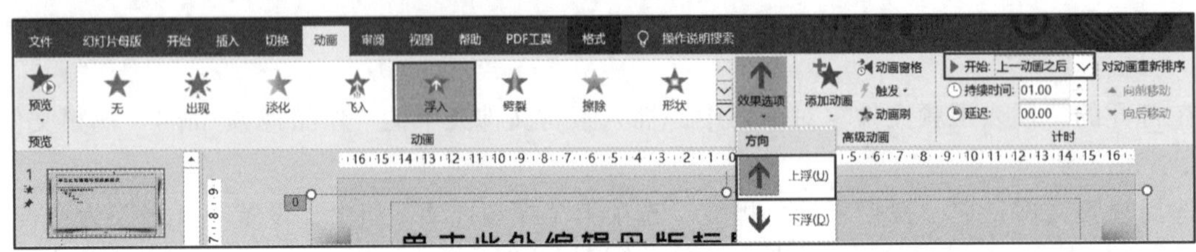

图 9–11　动画设置

⑤ 当然，也可以在“插入”选项卡“文本”组中插入“幻灯片编号”“日期和时间”等。当所有的设置完成后，单击“幻灯片母版”选项卡“关闭”组中的“关闭母版视图”按钮，则退出母版编辑，回到当前演示文稿的编辑当中。

⑥ 这时，可以发现，所有的幻灯片都应用了刚才设置的图片和动画效果。

2. 在幻灯片母版中添加动画

在幻灯片母版中，给“仅标题”幻灯片母版的黑色文字设置“缩放”动画效果，给白色文字设置“擦除”“自左侧”的动画效果。

【操作步骤】

① 进入幻灯片母版视图，切换到“仅标题”幻灯片中。

② 选择黑色文字的文本框，单击“动画”选项卡“高级动画”组中的“添加动画”下拉按钮，在弹出的下拉列表中添加“进入”效果下的“缩放”效果，如图 9–1 所示。

③ 选择白色文字的文本框，如图 9–12 所示，单击“动画”选项卡“高级动画”组中的“添加动画”下拉按钮，在弹出的下拉列表中添加“进入”效果下的“擦除”效果，设置“效果选项”为“自左侧”。

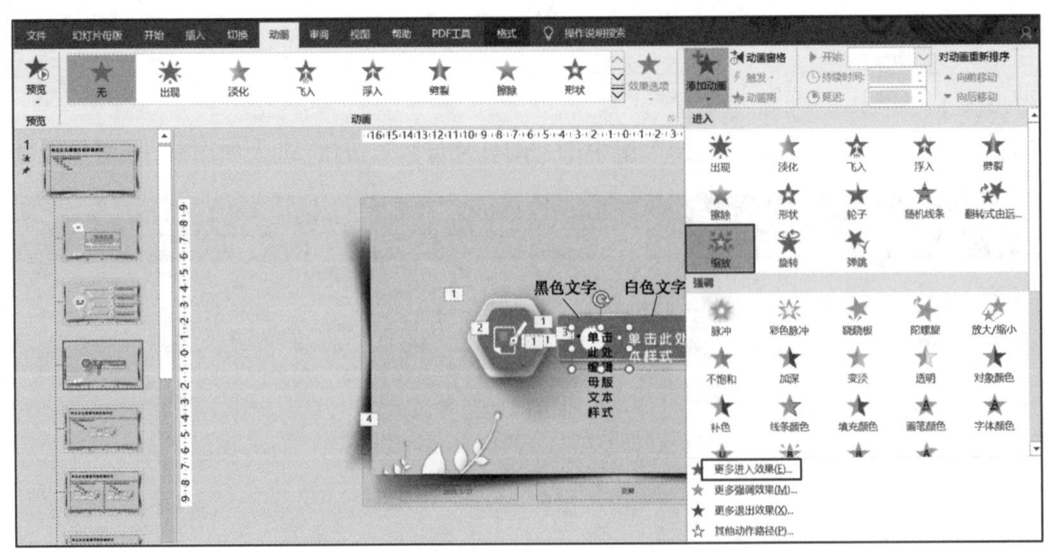

图 9–12　添加动画

④ 设置完成后，单击“幻灯片母版”选项卡“关闭”组中的“关闭母版视图”按钮，退出母版编辑。此时，发现所有应用了“仅标题”版式的幻灯片的黑色、白色文字都采用了相同的动画效果。

9.2.5　幻灯片放映设置

演示文稿制作完成后，最终目的是向观众播放。在 PowerPoint 中，可以设置放映速度、放映方式，使幻灯片在放映时图像画面清晰流畅。

1. 设置幻灯片放映方式

很多从网上下载的幻灯片模板，基本上都设置了放映计划，幻灯片都是按照事先设定的时间来播放。而在现场讲解时，需要人为地控制幻灯片的播放进度，因此需要设置幻灯片放映方式。

微课 9-5
幻灯片放映设置

设置幻灯片放映方式为“手动”控制播放。

【操作步骤】

① 单击“幻灯片放映”选项卡“设置”组中的“设置幻灯片放映”按钮。

② 在打开的“设置放映方式”对话框中，设置“推进幻灯片”方式为“手动”，单击“确定”按钮，确定刚才所有的操作，如图 9-13 所示。

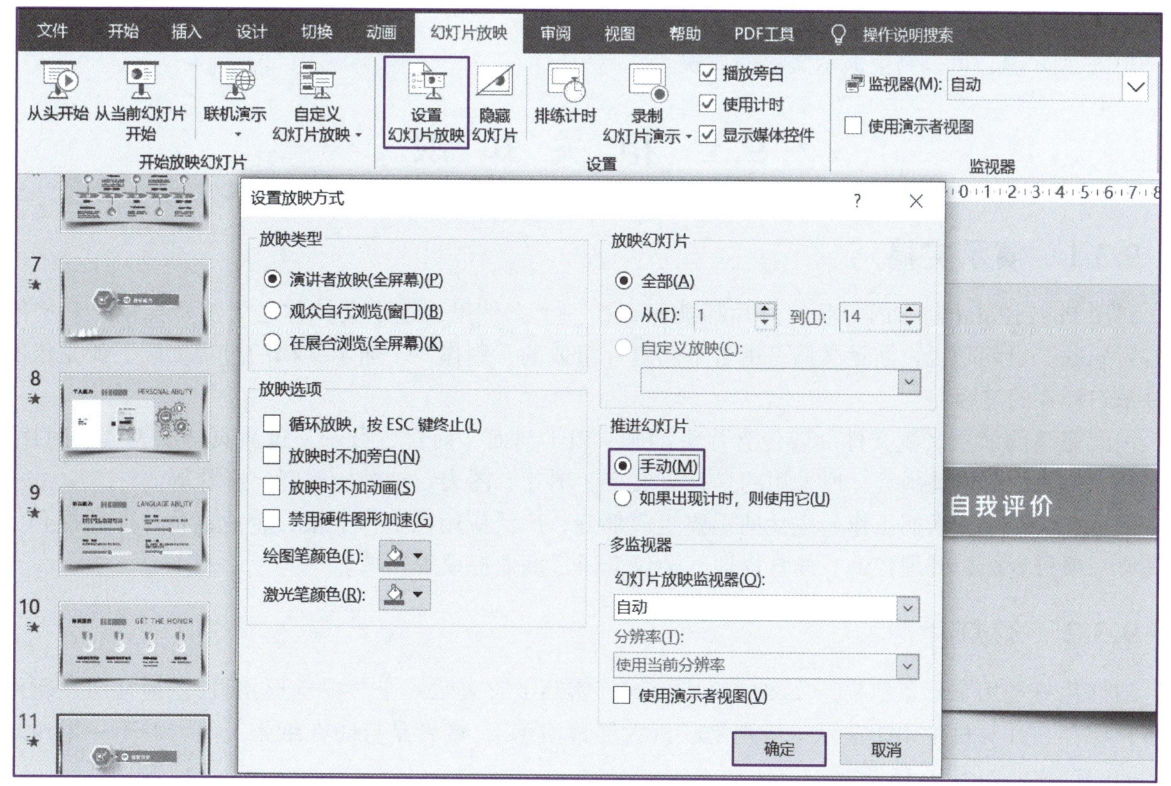

图 9-13　设置幻灯片放映

2. 幻灯片放映

从第 1 张幻灯片开始放映整个演示文稿。

【操作步骤】

① 单击“幻灯片放映”选项卡“开始放映幻灯片”组中的“从头开始”按钮，如图 9-13 所示，那么就从第 1 张幻灯片开始播放整个演示文稿。

② 或者按 F5 键（或 Fn+F5 键），也可以从头开始播放演示文稿。

③ 如果在播放时，需要用鼠标书写文字，或者圈住重点，可以用“指针选项”下面的激光笔、笔、荧光笔来绘制，也可以选择墨迹颜色。

④ 播放时，右击幻灯片，在弹出的快捷菜单中选择“结束放映”命令，可结束放映，如图 9-14 所示。

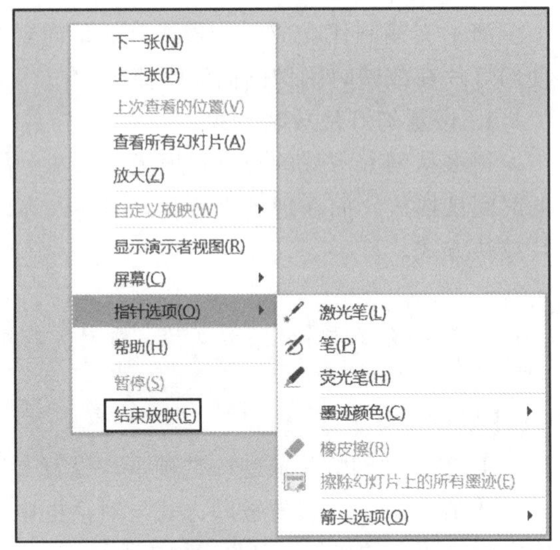

图 9-14 结束放映

从第 3 张幻灯片开始放映演示文稿。

【操作步骤】

① 切换到第 3 张幻灯片，单击“幻灯片放映”选项卡“开始放映幻灯片”组中的“从当前幻灯片开始”按钮，那么就从第 3 张幻灯片开始播放整个演示文稿。

② 或者同时按 Shift+F5 键（或 Fn+Shift+F5 键），也可以从当前幻灯片开始播放演示文稿。

③ 按 Esc 键，可以结束演示文稿的放映。

9.3 相关知识

9.3.1 演示文稿

利用 PowerPoint 制作的每张幻灯片都被保存在一个文件里，这个文件称之为演示文稿，其文件扩展名为 pptx。也就是说，演示文稿是由若干幻灯片组成的，制作一个演示文稿的过程实际上就是依次制作每张幻灯片的过程。

一套完整的演示文稿文件一般包含片头动画、PPT 封面、前言、目录、过渡页、图表页、图片页、文字页、封底、片尾动画等。所采用的素材有文字、图片、图表、动画、声音、影片等。

演示文稿正成为人们工作、生活的重要组成部分，广泛应用在工作汇报、企业宣传、产品推介、婚礼庆典、项目竞标、管理咨询、教育培训、会议会谈、商业提议等领域。

9.3.2 幻灯片

幻灯片只是用来形象地描绘文稿的组成形式，实际上它表示一个“视觉形象页”。通常用户所作的文稿只保存在计算机中用于演示（特别是联机大屏幕演示），或者是打印在纸张上等，并不一定要制成实际的幻灯片，如图 9-15 所示。

整套幻灯片的格式应该一致，包括颜色、字体、背景等，其设置要求如下：

① 字体不小于 18 磅，线条不小于 1.5 磅，以使坐在会议室最后一排的观众也能看清楚。

② 幻灯片中尽量使用笔画粗细一致的字体。

③ 如果采用英文，不要全部采用大写字母，因为大写字母不如小写字母容易辨认。

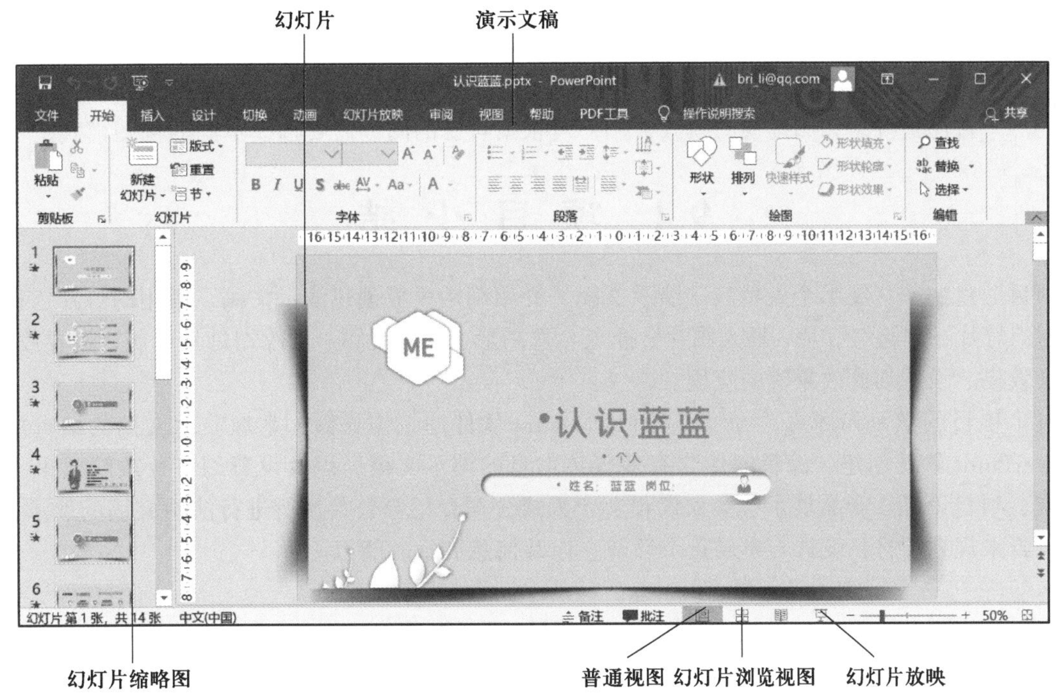

图 9-15　演示文稿和幻灯片

④ 正文字体比标题稍小。不要在幻灯片上塞满文字。如果文字太多，可分成多张幻灯片。

⑤ 文字应当尽量一致，如果整套幻灯片使用太多的字型和样式，会显得花里胡哨、不整洁和不专业，可读性将大大降低。

⑥ 深蓝色和灰色给人以力量和稳定的感觉；红色一般意味着警告或者紧急；绿色代表生命和活力。颜色还会影响幻灯片的清晰度。幻灯片需要在较暗的房间放映，因此需要使用深色背景和浅色字。蓝色、紫色和绿色适合作为背景色，而白色、黄色和红色适合作为前景色。

⑦ 一般每页使用 3~5 个项目符号，不要超过 7 个。项目符号后接短语词组，不要使用句子。短语词组结构要一致，如都采用动宾结构，或者全部是名词。

⑧ 幻灯片的所有标题应当采用相同的字型、大小、格式、位置和颜色。标题字体的大小在该幻灯片中最大。

9.3.3　占位符

占位符指幻灯片上一种带有虚线或阴影线边缘的框，绝大部分幻灯片版式中都有这种框。在这些框内可以放置标题、正文、图片、图表和表格等对象，如图 9-16 所示。

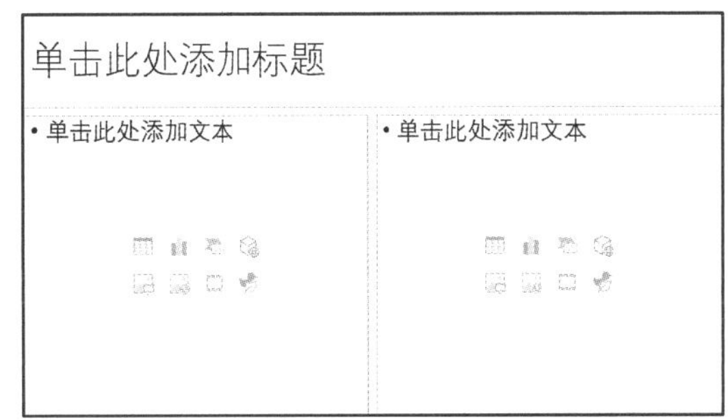

图 9-16　占位符

9.3.4　主题

主题是包含演示文稿样式的文件，为演示文稿提供设计完整、专业的外观，包括项目符号、字体的类型和大小、占位符的大小和位置、背景设计和填充、主题颜色以及幻灯片母版和可选的标题母版等。可以将主题应用于所有的或选定的幻灯片，而且可以在单个的演示文稿中应用多种类型的设计主题，如图 9-3 所示。

拓展阅读
PowerPoint
视图

9.3.5 视图

PowerPoint 2016 提供了 5 种视图模式，分别为普通视图、大纲视图、幻灯片浏览视图、备注页视图和阅读视图模式，用户可根据自己的阅读需要选择不同的视图模式。

9.4 项目小结

本项目通过制作“展示个人特长”演示文稿，介绍利用模板创建演示文稿、重用幻灯片、移动幻灯片、复制幻灯片、删除幻灯片、插入图片、插入自选图形、插入视频、修改幻灯片母版、设置放映方式、设置动画效果、设置切换效果等的应用。

通过本项目的学习和训练，可以了解 PowerPoint 软件的工作界面，掌握演示文稿的编辑功能，能利用 PowerPoint 软件创建、编辑制作含有多媒体信息的演示文稿，以及设置幻灯片放映效果，并能在技术报告、项目论证、产品展示、会议议程、个人或公司介绍等公共场所进行演示文稿的展示；培养以宏观的视野来规划项目，设计与布局每个环节，以及信息展示的能力。

9.5 IT 工作室

利用素材制作学校形象宣传片。要求在自己所在学校中寻找素材，制作一个重点突出、形式活泼、图文并茂、动静结合、画面美观的学校形象宣传演示文稿。将完成的演示文稿以“学校形象宣传片”为文件名保存（本题也可以将学校替换成公司，制作公司形象宣传片）。

设计要求：

1. 设计不少于 10 张幻灯片，要求图文并茂，版面合理。
2. 在母版中放置学校校徽、校名及制作时间，并将上述主要内容设计为菜单，放置在母版中，使用户在每一个画面中都可以进行跳转操作。
3. 使用图片、图表、组织结构图等表现幻灯片。
4. 设计定时自动播放。
5. 各幻灯片播放时设置合适的切换方式。
6. 为突出的内容设计动画（例如为各幻灯片上的标题文字设置动画效果），其中至少 1 张幻灯片要设置动画效果，但不应喧宾夺主。
7. 其中第 1 张幻灯片显示主题和 3 ~ 4 个标题，并能和各标题幻灯片进行链接。
8. 通过第 1 张幻灯片上的文字或图片链接到相应的幻灯片，在相应的幻灯片上设置返回按钮，能返回到第 1 张幻灯片。
9. 第 2 张幻灯片开始介绍各标题的内容，每个标题用 2 ~ 3 张幻灯片介绍学校一个方面的内容，第 1 张为标题幻灯片。
10. 在幻灯片中至少包含 1 段背景音乐、1 段视频资料和 1 段旁白。
11. 在最后 1 张幻灯片中用艺术字的形式表达对学校的看法。

模块三

职场管理

随着云计算、大数据、5G 等技术的发展，办公场景正经历着日新月异的变化，如云存储、云笔记、在线会议、异地协同办公、电子合同、发票、移动审批等的广泛应用，人们已经从传统的 OA 办公，走向更高要求的移动办公，使之成为了继计算机无纸化办公、互联网远程化办公之后的新一代办公模式。云办公又称远程协同办公，是指基于云计算应用模式的办公平台服务，具有应用轻量化、终端多样化、资源共享性、沟通协同性等新型特征，用户可实现随时随地的多终端灵活办公。

在新的办公场景中，办公室文员的主要职责包含：负责文印工作，负责文印传真设备的维护保养；邮件收发、传递等事项；能熟练运用办公软件，完成文字处理及信息编辑，可以进行数据统计及分析；能利用在线办公软件实现多人协同编辑文档。

学习目标

知识目标

（1）学会信息化环境下多人协同办公，掌握多人协同编辑文档的方法和技巧。

（2）掌握表格建立、数据输入、表格美化到表格打印的表格制作流程和操作方法。掌握工作表数据排序筛选、统计分析，提高学习者利用数据透视表和图表灵活地改变源数据表的布局结构。

（3）学会修改幻灯片模板、幻灯片母版。

能力目标

（1）具备使用 Excel 编辑各类表格的能力。

（2）能独立完成如业绩考核表、评奖评优表、销售数据分析表等数据表格的分析工作。

（3）能利用图文混排、邮件合并等功能对信封、信件、请柬、明信片、工资条、个人简历、学生成绩单、各类获奖证书、准考证等模板固定、内容动态的文档进行编辑排版。

（4）能根据需要合理地灵活设计制作动画特效，具备制作美观的界面设计、炫酷的动画效果、震撼的视觉体验的演示文稿的能力。

素养目标

（1）引导学习者主动学习目前最新的信息技术，利用信息技术实现移动办公、多人协作办公，提升其团队协作能力。

（2）引导学习者养成数据信息筛选、数据信息分析的思维，培养其图表信息展示的能力，以及主动学习、主动探索的能力。

（3）培养学习者的演示文稿设计能力和创新思维，以及与时俱进的制作能力。

项目 10

编辑员工档案信息

10.1 项 目 分 析

编辑员工档案信息

项目描述

蓝蓝负责管理全公司的员工人事档案信息，经常需要对员工档案信息进行维护，做一些数据录入、修改、删除、报表、打印等工作。

项目要求

1. 工作簿的基本操作

新建一个工作簿，并以“蓝图信息员工档案信息 .xlsx”为文件名保存至本地计算机中；在工作簿中新建一个工作表；对工作簿设置保护。

2. 工作表的基本操作

将“蓝图信息员工档案信息 .xlsx”中名为“Sheet1”的工作表重命名为“员工档案表”，工作表“Sheet2”重命名为“员工通讯录”；复制“员工通讯录”工作表作为“员工工资表”，将其隐藏并设置保护；设置“员工档案表”工作表标签颜色为红色；将“员工通讯录”工作表移至“员工档案表”工作表之前，作为工作簿的第一个工作表。

3. 输入员工信息

输入员工姓名、入职日期、出生日期、身份证号码、部门、学历、联系电话等信息；使用自动填充输入员工编号，编号统一设置为 4 位，不足 4 位高位用“0”补齐；通过数据验证规范“部门”列和“学历”列的数据；使用公式填充性别；从身份证号码中提取出生日期。

4. 美化员工信息表

调整字段名称所在的第 1 行行高为 30，调整其他行行高为 18，调整部门所在列列宽为 15。将列标题的格式设置为微软雅黑、加粗、12 磅，数据的格式设置为宋体、常规、11 磅。将表格所有内容设置为水平居中和垂直居中。为列标题所在区域添加底纹，底纹样式为颜色 RGB（128，128，128），图案样式为“细 对角线 条纹”。为员工档案表套用表格样式“浅绿，表样式浅色 21”。新建名为“经理”的自定义单元格样式，格式为“微软雅黑，加粗，11 磅，白色，中部居中，填充颜色为 RGB（237，125，49）”，将所有职务为“经理”的单元格应用该样式。为员工档案表应用“丝状”主题，如图 10-1 所示。

图 10-1 员工档案信息表样文

蓝图信息员工档案表

案例素材

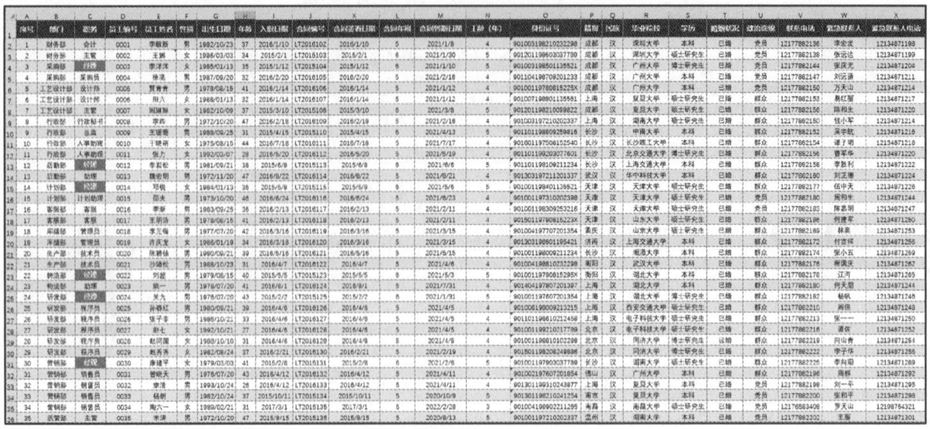

5. 添加批注

为财务主管姓名所在的单元格添加批注，内容为“国家注册会计师”。将财务主管姓名所在单元格的批注内容改为“2010 年取得国家注册会计师资格”。设置在表格打印时，一同打印财务主管姓名所在单元格的批注内容。

6. 打印工作表

设置员工档案表纸张大小为 A4，方向为横向，缩放比例为 90%，上、下页边距各为 1.5 cm，左、右页边距各为 1 cm，打印内容水平居中。设置员工档案表的页眉为“内部资料，注意保密”，左对齐；设置页脚为“蓝图信息行政部 + 页码”，右对齐。设置员工档案表的前 15 列为打印区域。设置员工档案表的字段名称所在行为打印时的标题行。

10.2 项 目 实 现

10.2.1 工作簿的基本操作

本项目需要使用 Excel 2016 软件。Excel 是一个电子表格软件，可以用来制作电子表格，完成复杂的数据运算，进行数据分析和制作图表展示等。

使用 Excel 2016 制作表格，首先创建一个工作簿，然后在工作表中输入数据，最后进行美化和输出。

1. 新建工作簿

微课 10-1
工作簿的基本操作

新建 Excel 文档“蓝图信息员工档案信息 .xlsx”，保存到 E 盘的“员工档案”文件夹下。

【操作步骤】

① 打开 Windows“开始”菜单，选择“所有应用→Microsoft Office→Microsoft Office Excel 2016”菜单项，即可启动 Excel 2016。单击“新建”选项卡中“空白工作簿”按钮，便可创建一个名为“工作簿 1”的新工作簿。

② 选择“文件”→“保存”命令或单击“快速访问工具栏”中的“保存”按钮，在打开的“另存为”窗口中单击“浏览”按钮，便可打开“另存为”对话框，选择保存位置为“E:\ 员工档案”，输入文件名“蓝图信息员工档案信息 .xlsx”。

2. 新建工作表

> 在 Excel 文档“蓝图信息员工档案信息 .xlsx”中新建一个工作表。

【操作步骤】

单击工作表标签区右侧的“新建工作表”按钮 ⊕，便可在当前工作表的右侧创建一个新的工作表，并将其作为当前工作表。

3. 保护工作簿

工作簿设置保护之后将不能对工作表进行操作，如新建、插入、删除、重命名、移动等。

> 将 Excel 文档“蓝图信息员工档案信息 .xlsx”设置为保护。

【操作步骤】

① 单击“审阅”选项卡“保护”组中的“保护工作簿”按钮，如图 10-2 所示。

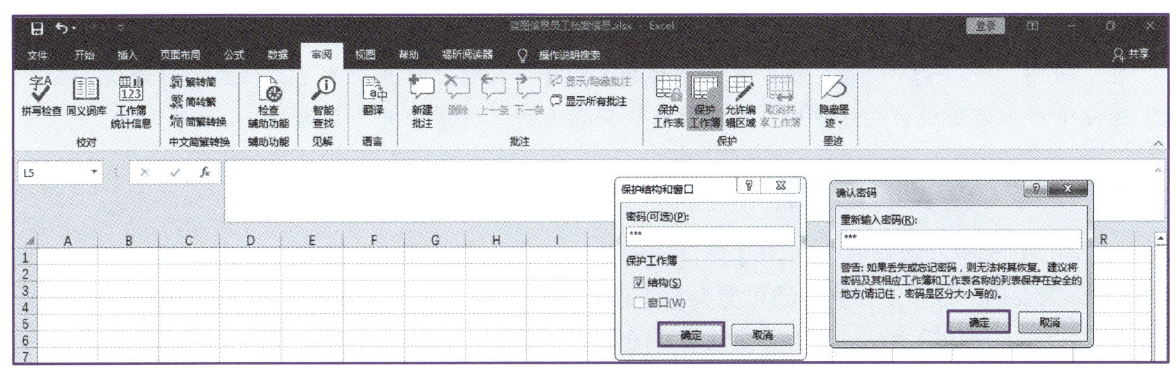

图 10-2　保护工作簿

② 在打开的“保护结构和窗口”对话框中输入密码，然后单击“确定”按钮。

③ 在“确认密码”对话框中再次输入密码，然后单击“确定”按钮。

撤销对工作簿进行保护的方法：再次单击“保护工作簿”按钮，在“撤销工作簿保护”对话框中输入正确的保护密码，即可撤销对工作簿的保护。

4. 共享工作簿

共享工作簿就是可以将当前工作簿设置为多个用户共同享用，从而允许网络上其他用户一起阅读或编辑工作簿。

> 允许多个用户同时编辑工作簿，并且允许多人编辑的工作簿合并成一个工作簿。

【操作步骤】

① 打开需要设置共享的工作簿，在“审阅”选项卡“保护”组中单击“共享工作簿”按钮。

② 打开“共享工作簿”对话框，在“编辑”选项卡中选中“允许多用户同时编辑，同时允许工作簿合并”复选框，如图 10-3 所示。

③ 单击“确定”按钮，弹出提示对话框，单击“确定”按钮即可共享该工作簿。

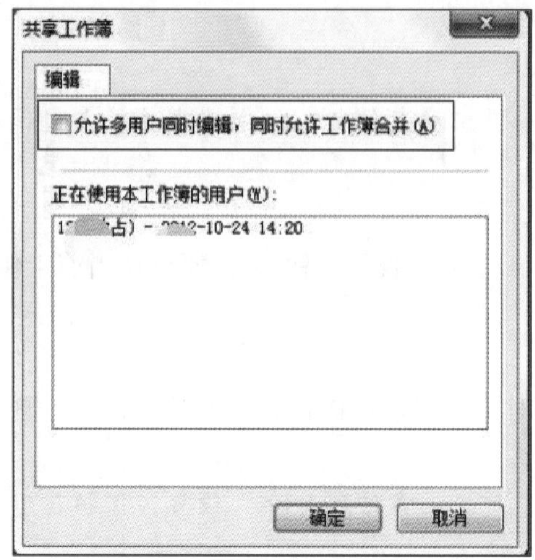

图 10-3 共享工作簿

小技巧

如何停止共享工作簿？

在“审阅”选项卡“保护”组中单击“共享工作簿”按钮，打开“共享工作簿”对话框，在“编辑”选项卡中取消选中“允许多用户同时编辑，同时允许工作簿合并”复选框。

10.2.2 工作表的基本操作

在 Excel 2016 中，新建一个工作簿会自动新建一个工作表，但在档案管理工作中是不够的，蓝蓝会根据实际需要插入许多工作表，还可能会对工作表进行移动、复制、重命名等一系列操作。

在对工作表进行操作之前需要确定工作簿处于未被保护状态，否则无法进行操作。

微课 10-2
工作表的基本操作

1. 插入工作表

在“蓝图信息员工档案信息 .xlsx”Excel 文档中的工作表“Sheet1”与“Sheet2”之间插入新工作表。

【操作步骤】

① 右击“Sheet2”工作表标签，在弹出的快捷菜单中选择“插入”命令。

② 在打开的“插入”对话框中选择“工作表”选项，单击“确定”按钮，即可在“Sheet2”工作表前面插入一个新工作表。

2. 重命名工作表

将 Excel 文档“蓝图信息员工档案信息 .xlsx”中名为“Sheet1”的工作表重命名为“员工档案表”，工作表“Sheet2”重命名为“员工通讯录”。

【操作方法 1】

① 右击“Sheet1”工作表标签，在弹出的快捷菜单中选择“重命名”命令，此时标签处于编辑状态，输入新标签名“员工档案表”。

② 用同样的方法将工作表“Sheet2”重命名为“员工通讯录”。

【操作方法 2】

双击工作表标签，使工作表标签处于编辑状态，便可进行重命名操作。

3. 复制工作表

复制 Excel 文档“蓝图信息员工档案信息 .xlsx”中“员工通讯录”工作表作为“员工工资表”。

【操作步骤】

① 右击“员工通讯录”工作表标签，在弹出的快捷菜单中选择“移动或复制”命令。

② 在打开的“移动或复制工作表”对话框“下列选定工作表之前”列表框中选择“员工通讯录”选项，如图 10-4 所示。

③ 选中“建立副本”复选框，单击“确定”按钮，即可完成复制。若不选中该复选框，则将移动工作表。

④ 将复制后的“员工通讯录（2）”工作表重命名为“员工工资表”。

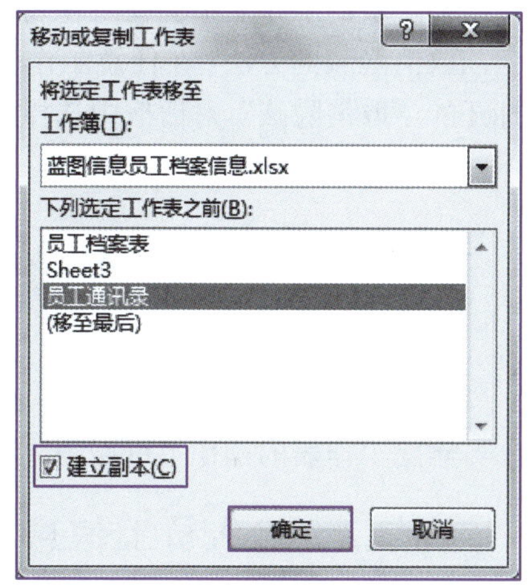

图 10-4 复制工作表

4. 移动工作表

将 Excel 文档“蓝图信息员工档案信息 .xlsx”中的“员工通讯录”工作表移至“员工档案表”工作表之前，作为工作簿的第 1 个工作表。

【操作方法 1】

① 选择“员工通讯录”工作表，打开“移动或复制工作表”对话框。

② 在“下列选定工作表之前”列表中选择“员工档案表”选项，单击“确定”按钮。

【操作方法 2】

将鼠标光标移动至“员工通讯录”工作表标签之上，按住鼠标左键向左拖动，当工作表标签左上角的黑体倒三角移至“员工档案表”工作表标签之前时，即可松开鼠标。

5. 设置工作表标签颜色

将 Excel 文档“蓝图信息员工档案信息 .xlsx”中的“员工档案表”工作表标签颜色设置为红色。

【操作步骤】

右击“员工档案表”工作表标签，在弹出的快捷菜单中选择“工作表标签颜色”命令，在弹出的颜色面板中选择红色。

6. 保护工作表

为 Excel 文档“蓝图信息员工档案信息 .xlsx”中的“员工工资表”工作表设置保护。

【操作步骤】

① 选择“员工工资表”工作表使其成为当前工作表。

② 单击“审阅”选项卡“保护”组中的“保护工作表”按钮。

③ 在打开的“保护工作表”对话框中输入密码。

④ 在“允许此工作表的所有用户进行”列表中设置用户可以进行的操作，然后单击“确定”按钮。

⑤ 在“确认密码”对话框中输入确认密码，单击“确定”按钮，即可完成保护设置。

工作表被设置成保护之后，用户再次修改工作表时，必须先撤销工作表保护，才能编辑工作表。

撤销工作表保护的方法：单击“审阅”选项卡，“保护”组中的“撤销工作表保护”按钮，在打开的对话框中输入正确的保护密码，即可撤销。

7. 隐藏工作表

隐藏 Excel 文档“蓝图信息员工档案信息 .xlsx”中的“员工通讯录”工作表。

【操作步骤】

右击“员工通讯录”工作表标签，在弹出的快捷菜单中选择“隐藏”命令。

被隐藏的工作表不会在工作表标签区显示，再次使用该工作表时，必须先取消隐藏。

取消隐藏的方法：在任意工作表标签上右击，在弹出的快捷菜单中选择“取消隐藏”命令，然后在打开的“取消隐藏”对话框中选择需要取消隐藏的工作表即可。

8. 删除工作表

将 Excel 文档“蓝图信息员工档案信息 .xlsx”中的“Sheet3”工作表删除。

【操作步骤】

右击“Sheet3”工作表标签，在弹出的快捷菜单中选择“删除”命令。

删除工作表的操作不可撤销，删除时需谨慎。

10.2.3 输入员工信息

微课 10-3
输入员工信息

工作表建立之后需要根据档案信息建立起表的结构，如员工编号、姓名、性别、身份证号码、部门、职务、身份证号码、学历等，然后输入每位员工的信息。

Excel 中不同类型数据在输入时的处理方法有所不同，同时也提供了部分快速输入的方式，且档案信息中部分信息间存在关联，在输入信息时需要灵活应对。

1. 选定单元格

单元格是工作表的最小组成单位。输入数据前要激活单元格，选中单元格即可激活单元格，被激活的单元格称之为活动单元格。活动单元格的边框为绿色边框。选定单元格包括选定单个单元格、多个单元格、整行、整列等。

给第 3 行第 4 列相交的单元格命名为“dzcm”，并将鼠标光标定位到 B2 单元格。

【操作步骤】

① 单击第 3 行第 4 列相交的单元格，被选中的单元格周围用绿框围定。

② 在单元格名称栏中输入“dzcm”。

③ 单击“开始”选项卡“编辑”组中的“查找和选择”下拉按钮，在弹出的下拉列表中选择“转到”命令，在打开的“定位”对话框“引用位置”文本框中输入要定位的单元格地址“B2”，单击“确定”按钮即可，如图 10-5 所示。

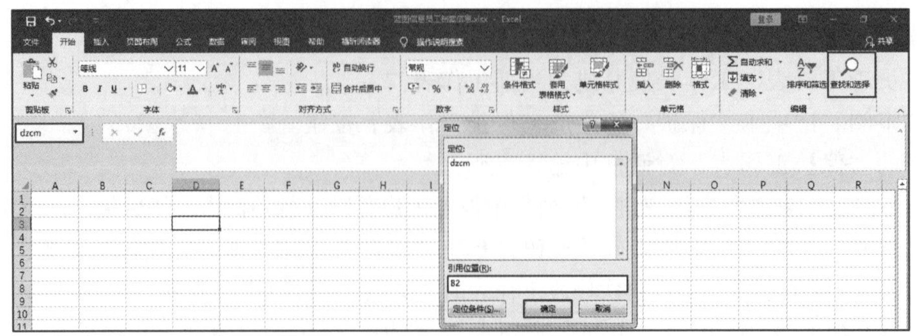

图 10-5 选定单元格

小技巧

按 Enter 键可选择当前活动单元格下方的单元格，或者按方向键（←↑→↓）移动到要选定的单元格。其中，按 Ctrl+→组合键可以快速地移到最后一列，Ctrl+←组合键可以快速地移到第 1 列，Ctrl+↑组合键可以快速地移到第 1 行，Ctrl+↓组合键可以快速地移到最后一行。

2. 输入员工编号

为员工档案工作表填充数据，部分数据可以从随书素材中获取。员工按顺序进行编号，Excel 提供了按序列进行自动填充的功能，可以快速完成输入。

使用自动填充输入员工编号，编号统一设置为 4 位，不足 4 位高位用“0”补齐。

【操作方法 1】

① 在 D2 单元格中输入数字“1”。

② 选择单元格区域“D2:D39”，单击“开始”选项卡“编辑”功能组中的“填充”下拉按钮，在弹出的下拉列表中选择“序列”命令。

③ 在打开的“序列”对话框“序列产生在”中选中“列”单选按钮，“类型”选中“等差序列”单选按钮，在“步长值”文本框中输入数字“1”，单击“确定”按钮即可完成自动填充，如图 10-6 所示。

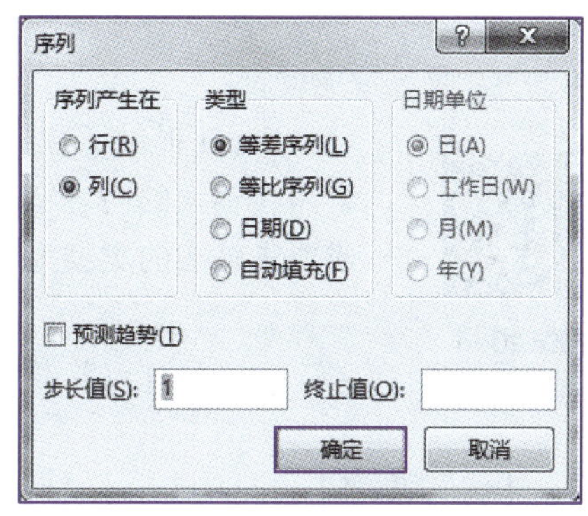

图 10-6 自动填充

④ 在单元格区域“D2:D39”处于被选中的状态下，单击“开始”选项卡“单元格”功能组中的“格式”下拉按钮，在弹出的快捷菜单中选择“设置单元格格式”命令。在打开的“设置单元格格式”对话框“数字”选项卡中，在“分类”列表框选择“自定义”选项，在“类型”文本框中输入“0000”，单击“确定”按钮，即可将所有员工编号设置成 4 位显示，如图 10-7 所示。

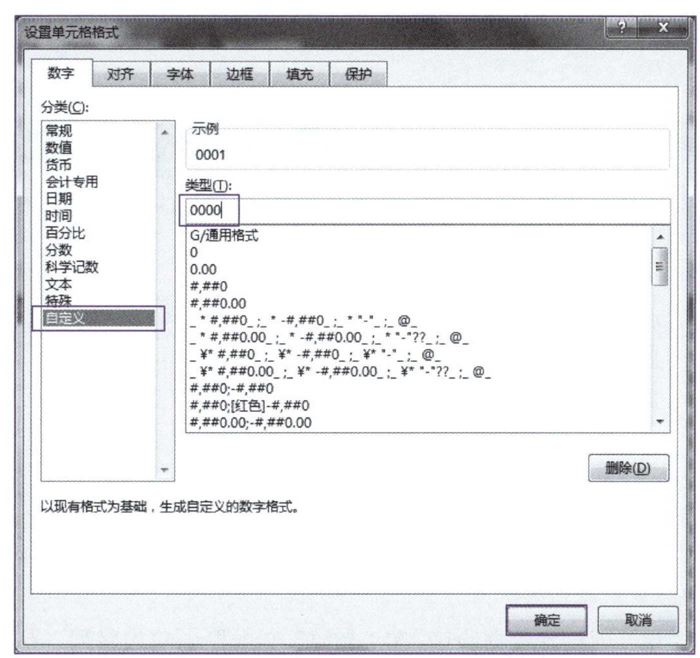

图 10-7 设置自定义类型

【操作方法 2】

① 在 D2 单元格中输入数字“1”。

② 将鼠标光标移至 D2 单元格右下角的填充句柄上（填充句柄为绿色方框），此时光标变为黑色“十”字指针，按住鼠标左键，向下拖动至 D39 单元格，然后松开鼠标。

③ 单击 D39 单元格下方的“自动填充选项”按钮，在弹出的下拉列表中选择“填充序列”选项即可。

④ 设置员工编号为 4 位的操作同方法 1。

小技巧

自动填充有以下可能的情况：

① 初始值为纯数字或纯字符，填充相当于数据复制，即重复填充。

② 初始值为字符和数字混合体，填充时字符不变，数字递增。如初值为 A1，则填充值为 A2、A3、A4…

3. 设置数据验证

微课 10-4
数据验证

Excel 提供了数据验证功能以规范输入，数据验证用于限制数据类型或输入的值，通常用在输入的内容有确定的范围或有特定数据类型限制的场合，如性别、学历、政治面貌或要求输入的类型为小数、整数、日期等。

通过设置数据验证规范“部门”列和“学历”列的数据。

【操作步骤】

① 选中部门所在列单元格区域“B2:B39”，单击“数据”选项卡“数据工具”功能组中的“数据验证”按钮。

② 在打开的“数据验证”对话框“允许”下拉列表中选择“序列”选项，在“来源”文本框中输入允许输入的值，多个值之间使用英文逗号隔开，这里输入“质检部，质管部，生产部，计划部，研发部，工艺设计部，营销部，客服部，财务部，行政部，后勤部，采购部，库储部，物流部”。单击“确定”按钮即可完成设置，此时单元格被激活时右侧会出现一个下拉按钮，可从下拉列表直接选取要输入的值，如图 10-8 所示。

图 10-8 设置数据验证

③ 用以上方法为“学历”列设置数据验证，在“来源”文本框中输入序列“专科，本科，硕士研究生，博士研究生”。

4. 填充性别

Excel 中可以使用公式进行数据的运算，公式是等式，可用于执行计算、返回信息、处理其他单元格内容、测试条件等操作。身份证号码包含了性别的信息，可以根据第 17 位的奇偶性来判断性别：如果是奇数，则为男性；如果是偶数，则为女性。

微课 10-5
用身份证号码识别性别

使用公式填充性别。

【操作步骤】

① 选中“性别”列的 F2 单元格，在 F2 中输入“=IF（ISEVEN（MID（O2,17,1））,"女","男"）”，输入完成按 Enter 键即可。

② 将鼠标光标移至 F2 单元格的填充句柄上，向下拖动至 F39 单元格，即可将公式复制到性别列的其他单元格中。

公式中使用 MID 函数从身份证号码提取第 17 位数字，使用 ISEVEN 函数判断数字是否为偶数，使用 IF 函数根据数字的奇偶性返回具体的性别。

小技巧

IF 函数可以对值和期待值进行逻辑比较，执行真假值判断，根据逻辑计算的真假值，返回不同结果。

IF 函数语法：IF(logical_test,[value_if_ture],[value_if_false])

logical_test：逻辑表达式，判断是否满足某个条件，可以是可能被计算为 TRUE 或 FALSE 的任何数值或表达式。

[value_if_ture]：是 logical_test 为 TRUE 时返回的值；如果忽略，则返回 TRUE。

[value_if_false]：是 logical_test 为 FALSE 时返回的值；如果忽略，则返回 FALSE。

ISEVEN 函数用于检测某个数值是否为偶数。如果函数中的数值为偶数，则返回 TRUE，否则返回 FALSE。

ISEVEN 函数语法：ISEVEN(number)

number：用于检测的数值。如果 number 为小数，则自动截去小数部分取整。

MID 函数用于从字符串中指定起始位置返回指定长度的字符。

MID 函数语法：MID(text,start_num,num_chars)

text：准备从中提取字符串的文本字符串。

start_num：用于指定提取字符的起始位置，即准备提取的第一个字符的位置。

num_chars：用于指定所要提取字符的长度。

5. 提取出生日期

Excel 2016 不仅提供了自动填充功能，还提供了快速填充功能，可以根据规则，实现智能填充，如提取字符、合并字符、调整字符串顺序等。有时可以利用快速填充功能，取代复杂的公式和函数运算。

微课 10-6
用身份证号码提取出生日期

使用快速填充功能从身份证号码中提取出生日期。

【操作步骤】

① 选中出生日期所在列单元格区域“G2:G39”，打开“设置单元格格式”对话框，在“数字”选项卡中选择“日期”分类，“类型”选择“2024-03-14”，单击“确定”按钮关闭对话框。

② 分别在 G2、G3、G4 单元格中按照“yyyy-mm-dd”格式分别输入身份证号码中的出生日期。

③ 选中单元格区域“G2:G4”，将鼠标光标移至填充句柄之上，向下拖动至 G39 单元格。或选中“G2:G39”按 Ctrl+E 组合键即可，此时可省略第④个步骤。

④ 单击“自动填充选项”按钮，在弹出的下拉列表中选择“快速填充”选项。

10.2.4 美化工作表

完成数据输入之后，可以通过调整行高与列宽、设置字体、增加底纹、应用样式、添加艺术字等方式对工作表进行美化。

1. 调整行高和列宽

默认状态下每个单元格的高度与宽度都是一致的，但单元格中的内容或多或少，特别是日期型数据当列宽不够时会用“#”显示，可以通过调整行高和列宽来适应单元格中的内容。

微课 10-7
美化工作表

调整字段名称所在的第 1 行行高为 30，调整其他行行高为 18，调整部门所在列列宽为 15。

【操作方法 1】

① 激活数据区的任意单元格，按 Ctrl+A 组合键全选数据区，单击“开始”选项卡“单元格”功能组中的“格式”下拉按钮，在弹出的下拉列表中选择“行高”命令，在打开的“行高”对话框中输入 18，单击“确定”按钮即可。

② 将鼠标光标移至第 1 行的行标之上，此时光标为向左的黑体箭头，单击鼠标即可选中第 1 行，在“行高”对话框中输入 30。

③ 在部门所在列的列标之上单击，选中部门所在列，单击“开始”选项卡“单元格”功能组中的“格式”下拉按钮，在弹出的下拉列表中选择“列宽”命令，在打开的“列宽”对话框中输入 15，单击“确定”按钮。

【操作方法 2】

① 通过拖动鼠标光标调整第 1 行的行高。将鼠标光标移至第 1 行与第 2 行的分隔线上，此时光标为垂直双向对拉箭头 ✢，按住鼠标左键，向上移动为缩小行高，向下移动为加大行高。这里，按鼠标左键向下移动至 30.00 时松开鼠标，如图 10-9 所示。

② 通过拖动鼠标光标调整部门列（B 列）的列宽。将鼠标光标移至 B 列与 C 列的分隔线上，此时指针为水平双向对拉箭头 ✢，按住鼠标左键，向左移动为缩小列宽，向右移动为加大列宽。这里，按鼠标左键向右移动至 15.00 时松开鼠标，如图 10-10 所示。

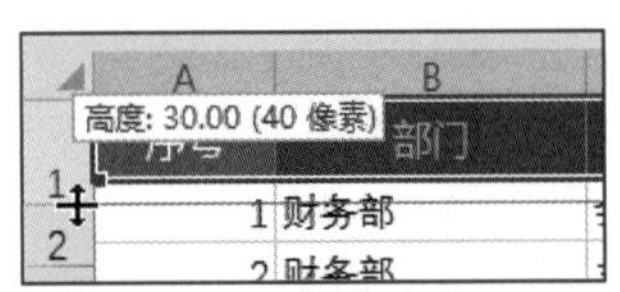

图 10-9 拖动鼠标光标调整行高

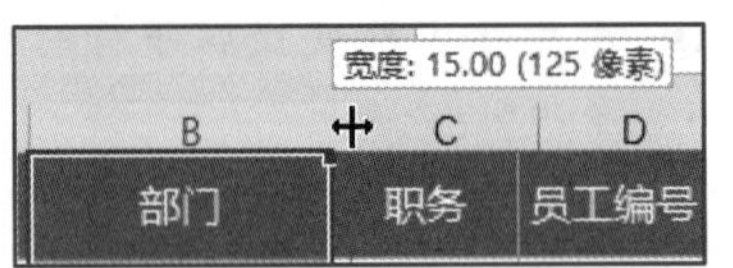

图 10-10 拖动鼠标光标调整列宽

2. 设置字体格式

将列标题的格式设置为微软雅黑、加粗、12 磅，数据的格式设置为宋体、常规、11 磅。

【操作步骤】

① 选中列标题所在区域，打开“设置单元格格式”对话框。

② 选择“字体”选项卡，字体选择“微软雅黑”，字形选择“加粗”，字号选择“12”，单击“确定”

按钮即可，如图 10–11 所示。

③ 选中数据区（除列标题外），用同样的方法，设置字体为“宋体”，字形为“常规”，字号为“11”。

3. 设置对齐方式

将表格所有内容设置为水平居中和垂直居中。

【操作方法 1】

全选表格，在“开始”选项卡“对齐方式”功能组中，单击“垂直居中”和“居中”两个按钮，如图 10–12 所示。

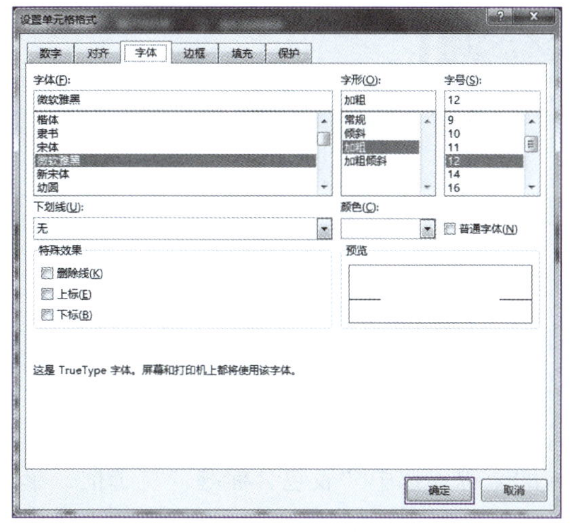

图 10–11　设置字体格式

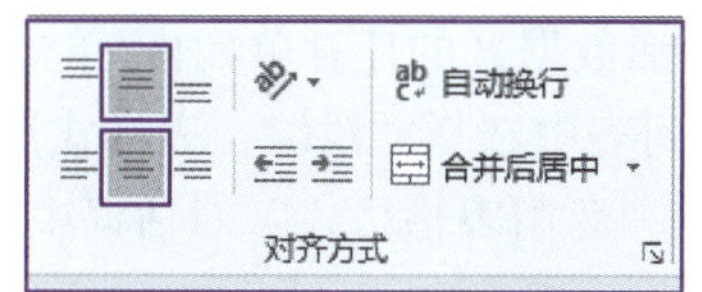

图 10–12　设置垂直居中和水平居中

【操作方法 2】

全选表格，在“设置单元格格式”对话框“对齐”选项卡中，水平对齐选择“居中”，垂直对齐选择“居中”，单击“确定”按钮即可。

4. 添加表格底纹

为列标题所在区域添加底纹，底纹样式为颜色 RGB（128，128，128），图案样式为“细对角线条纹”。

【操作步骤】

① 选中列标题所在区域，打开“设置单元格格式”对话框，选择“填充”选项卡。

② 单击“其他颜色”按钮，在打开的“颜色”对话框“自定义”选项卡中，颜色模式选择“RGB”，红色、绿色、蓝色三者的值均为 128，单击“确定”按钮关闭“颜色”对话框。

③ 单击“填充”选项卡中“图案样式”下拉按钮，在弹出的下拉列表中选择“细对角线条纹”样式，单击“确定”按钮即可，如图 10–13 所示。

5. 套用表格样式

Excel 2016 提供了 60 套预定义的表格样式，这些表格样式预先设置了表格的字体、边框和底纹，可用于快速设置表格格式。套用了表格格式的数据区域会被自动转成表格。

为员工档案表套用表格样式“浅绿，表样式浅色 21”。

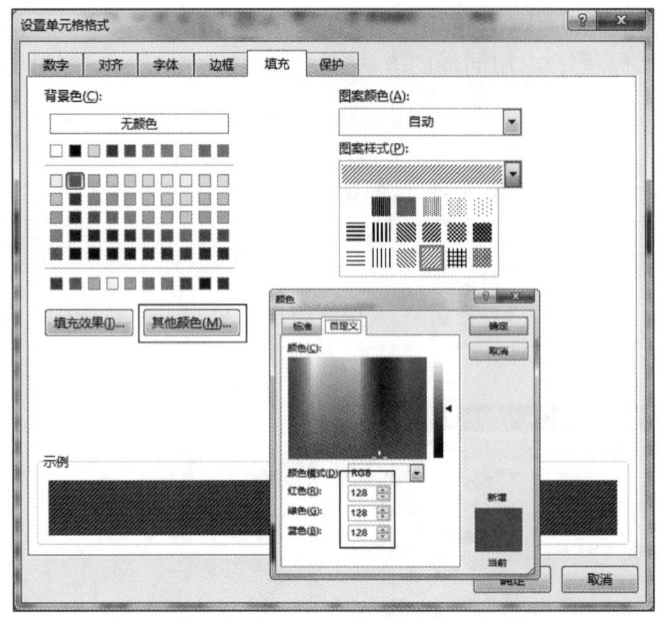

图 10-13 设置底纹

【操作步骤】

① 激活数据区的任意单元格，单击“开始”选项卡“样式”功能组中的“套用表格格式”下拉按钮，在弹出的列表中选择“浅绿，表样式浅色 21”样式。

② 在“套用表格格式”对话框中，输入表数据的来源，选中“表包含标题”复选框，单击“确定”按钮即可。

在 Excel 2016 中，“套用表格格式”已经将表格套用效果与筛选功能整合，在套用表格格式之后，会在每个标题项右侧出现筛选按钮。

小技巧

在默认状态下，套用表格格式后将无法进行数据“分类汇总”操作，需要将套用表格格式的表格转换为正常区域后才能进行“分类汇总”。

具体转换操作：激活数据区的任意单元格，单击“设计”选项卡“工具”功能组中的“转换为区域”按钮。

6. 自定义单元格样式

使用单元格样式可以快速地对单元格的数字、字体、对齐、边框、底纹等进行设置。除了使用预先定义的单元格样式之外，还可通过自定义单元格样式完成更个性化的设置。

新建名为“经理”的自定义单元格样式，格式为“微软雅黑，加粗，11 磅，白色，中部居中，填充颜色为 RGB（237，125，49）”，将所有职务为“经理”的单元格应用该样式。

【操作步骤】

① 单击“开始”选项卡“样式”功能组中的“其他”按钮，在弹出的下拉列表中选择“新建单元格样式”命令。

② 在打开的“样式”对话框“样式名”中输入“经理”，单击“格式”按钮设置样式格式。

③ 在打开的“设置单元格格式”对话框“字体”选项卡中设置字体为“微软雅黑，加粗，11 磅，白色”，在“对齐”选项卡中设置对齐方式为“中部居中”，在“填充”选项卡中设置底纹颜色为 RGB（237，125，

49）。设置完成后，单击“确定”按钮返回“样式”对话框。

④ 单击“样式”对话框中“确定”按钮，完成自定义单元格样式的新建操作。

⑤ 选中所有职务为“经理”的单元格，单击“其他”按钮，在弹出的下拉列表中选择名为“经理”的自定义单元格样式，即可应用样式。

7. 设置表格主题

为员工档案表应用“丝状”主题。

【操作步骤】

打开员工档案表，单击“页面布局”选项卡“主题”功能组中的“主题”下拉按钮，在弹出的下拉列表中选择“丝状”主题即可。

如果对主题不满意，可以依次单击“主题”功能组中的“颜色”“字体”“效果”按钮，对主题颜色、字体和效果进行设置。

10.2.5　添加批注

微课 10-8
添加批注

1. 插入批注

为财务主管姓名所在单元格添加批注，内容为“国家注册会计师”。

【操作方法 1】

① 激活财务主管姓名所在的单元格 E2，单击“审阅”选项卡“批注”功能组中的“新建批注”按钮。

② 清除批注框中自带内容之后，输入批注内容“国家注册会计师”。

添加完批注的单元格右上角会有红色批注标志，将鼠标光标移至单元格内时会显示批注内容。

【操作方法 2】

右击单元格 E2，在弹出的快捷菜单中选择“插入批注”命令，输入批注内容即可。

2. 编辑批注

将财务主管姓名所在单元格的批注内容改为“2010 年取得国家注册会计师资格”。

【操作方法 1】

激活财务主管姓名所在的单元格 E2，单击“审阅”选项卡“批注”功能组中的“编辑批注”按钮，在批注框内修改内容即可。

【操作方法 2】

右击单元格 E2，在弹出的快捷菜单中选择“编辑批注”命令，修改批注内容即可。

3. 打印批注

在设置表格打印时，一同打印财务主管姓名所在单元格的批注内容。

【操作步骤】

① 激活财务主管姓名所在的单元格 E2，单击“审阅”选项卡“批注”功能组中的“显示 / 隐藏批注”按钮，显示批注。

② 单击“页面布局”选项卡“页面设置”功能组中的“打印标题”按钮，在打开的“页面设置”对话框“工作表”选项卡“注释”框中，选择“如同工作表中的显示”选项，如图 10-14 所示。

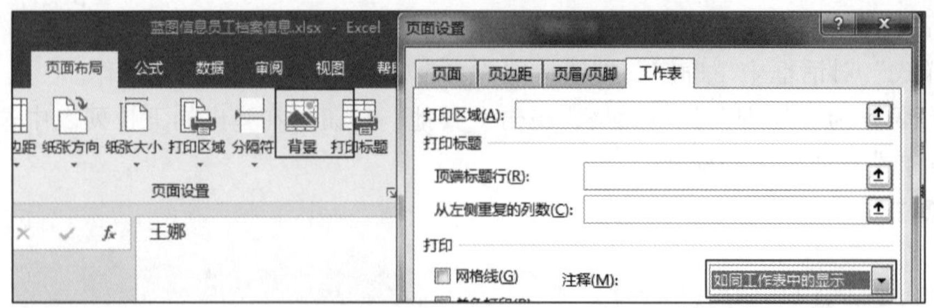

图 10-14 设置打印批注

10.2.6 打印工作表

在 Excel 中可以对整个表格进行打印，也可以只打印局部表格；可以设置打印内容位于纸张中的位置，也可以对打印内容进行缩放，打印方式比较灵活。

1. 页面设置

微课 10-9
打印工作表

页面设置是表格打印前的必要步骤，页面设置的结果只对当前设置的工作表有效，同一个工作簿的其他工作表需要单独进行设置。

设置员工档案表纸张大小为 A4，方向为横向，缩放比例为 90%，上、下页边距各为 1.5 cm，左、右页边距各为 1 cm，打印内容水平居中。

【操作步骤】

① 单击“页面布局”选项卡“页面设置”功能组右下角的“对话框启动器”按钮 。

② 在“页面设置”对话框的“页面”选项卡中，设置方向为横向，调整缩放比例为 90%，选择纸张大小为 A4。如果在缩放区设置了“调整为 1 页宽 1 页高”，则会把打印内容打印到一张纸上。

③ 选择“页边距”选项卡，设置上、下处的数值均为 1.5，左、右处的数值均为 1，居中方式为水平，单击“确定”按钮即可，如图 10-15 所示。

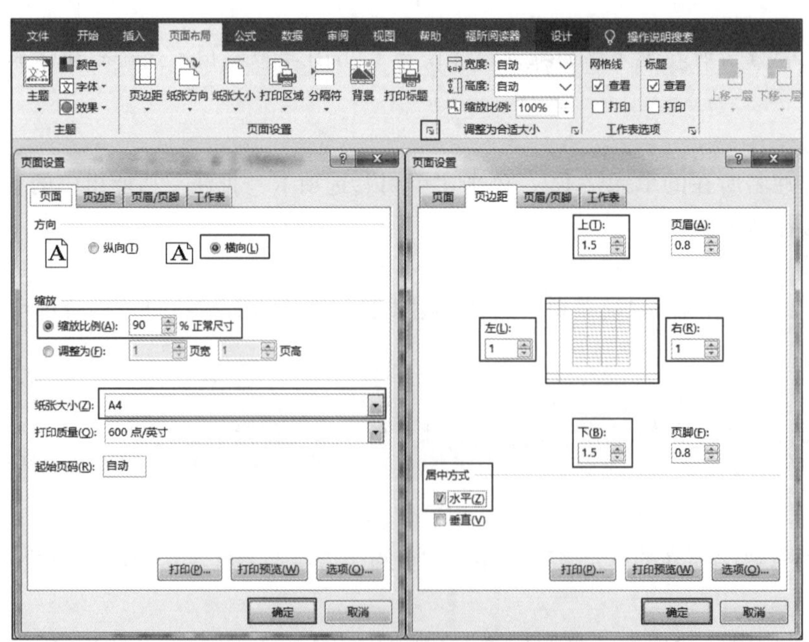

图 10-15 页面设置

2. 添加页眉和页脚

设置员工档案表的页眉为“内部资料，注意保密”，左对齐；设置页脚为“蓝图信息行政部 + 页码”，右对齐。

【操作步骤】

① 在“页面设置”对话框“页眉 / 页脚”选项卡中，单击“自定义页眉”按钮，在打开的“页眉”对话框中的左部文本框中输入“内部资料，注意保密”，单击“确定”按钮即可。

② 单击“自定义页脚”按钮，在打开的“页脚”对话框中的右部文本框中输入“蓝图信息行政部”。

③ 单击对话框中的“插入页码”按钮，此时右部文本框中的内容变为“蓝图信息行政部［页码］”。单击“确定”按钮即可。

3. 设置打印区域

通过设置打印区域可以对表格的局部进行打印。

设置员工档案表的前 15 列为打印区域。

【操作步骤】

① 选择表格前 15 列的数据区域，即“A1：O39”区域。

② 单击“页面布局”选项卡“页面设置”功能组中的“打印区域”下拉按钮，在弹出的下拉列表中选择“设置打印区域”命令即可。在分页预览视图中，可以看到打印区域用加粗蓝色实线围定。

4. 设置打印标题

通过设置打印标题行可以使标题出现在每页纸上，否则标题只会出现在第 1 页。

设置员工档案表的字段名称所在行为打印时的标题行。

【操作步骤】

① 单击“页面布局”选项卡“页面设置”功能组中的“打印标题”按钮，在打开的对话框“工作表”选项卡中，单击“顶端标题行”文本框右侧的“折叠”按钮。

② 用鼠标光标选择第 1 行（打印时的标题行），单击右侧的“展开”按钮。也可直接在“顶端标题行”文本框中输入“$1:$1”。

③ 单击“确定”按钮即可。

10.3　相关知识

10.3.1　Excel 2016 简介

Excel 2016 的工作界面主要由标题栏、快速访问工具栏、控制按钮栏、功能区、名称框、编辑栏、工作区、状态栏组成，如图 10-16 所示。

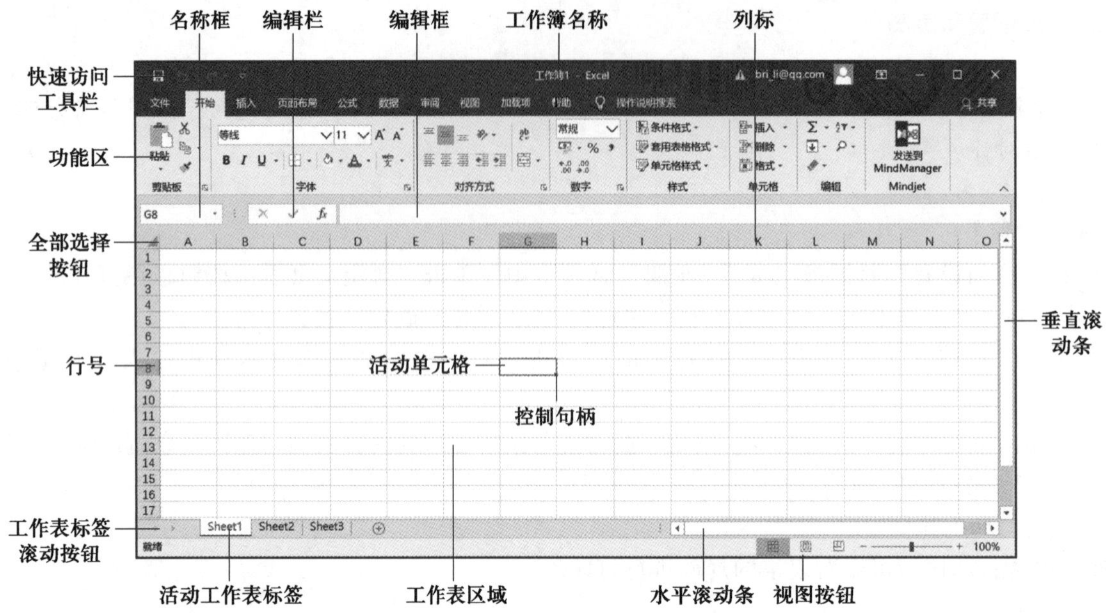

图 10-16 Excel 2016 的工作界面

10.3.2 工作簿和工作表

Excel 是一个电子表格程序，也是 Office 中最常用的电子表格程序之一。电子表格是管理和维护数据的常用工具，Excel 则是管理和维护电子表格的有效工具。要进行电子表格的管理，首先要分清楚 Excel 2016 工作簿和工作表的区别。

1. 工作簿

工作簿是指在 Excel 中用来存储并处理工作数据的文件，其扩展名是 xlsx。在 Excel 中无论是数据还是图表都是以工作表的形式存储在工作簿中的。通常所说的 Excel 文件指的就是工作簿文件。

一个工作簿类似一本书，其中包含许多工作表，工作表中可以存储不同类型的数据。

当启动 Excel 时，系统会自动创建一个新的工作簿文件，名称为“工作簿 1”，以后创建工作簿的名称默认为“工作簿 2”“工作簿 3”等。

2. 工作表

工作表是 Excel 存储和处理数据的最重要的部分，是显示在工作簿窗口中的表格。一个工作表最多可以由 1 048 576 行和 16 384 列构成。行的编号从 1~1 048 576，列的编号依次用字母 A、B…AA…XFD 表示。行号显示在工作簿窗口的左侧，列号显示在工作簿窗口的上侧。

工作表是工作簿里的一页，工作表由单元格组成。通常把相关的工作表放在一个工作簿里。例如，可以把全班学生的成绩放在一个工作簿里，将每个学生的成绩放在各自的工作表里，将全班学生成绩的统计分析放在一个工作表中。

Excel 2016 的一个工作簿中默认有 1 个工作表，用户可以根据需要添加工作表，但每一个工作簿最多可以包括 255 个工作表。

10.3.3 单元格的操作

1. 选择单元格区域

方法 1：选中单元格区域的第 1 个单元格，按 F8 键进行扩选，单击单元格区域的最后一个单元格，再按一次 F8 键终止扩选。

方法 2：选中单元格区域的第一个单元格，按住 Shift 键，单击单元格区域的最后一个单元格，然后松开 Shift 键。

2. 插入行、列或单元格

（1）快速插入单元格区域

在需要插入单元格区域的位置选择同等大小的单元格区域，然后在选择的区域上右击，在弹出的快捷菜单中选择“插入”命令，根据需要在打开的“插入”对话框中选择活动单元格右移或下移。

（2）快速插入多行或多列

快速插入多行。在插入位置下方选择同等数量的行，然后在选择的行上右击，在弹出的快捷菜单中选择“插入”命令。

快速插入多列。在插入位置右侧选择同等数量的列，然后在选择的列上右击，在弹出的快捷菜单中选择“插入”命令。

3. 绘制斜线表头

（1）绘制单斜线表头

选中斜线表头所在的单元格，打开“设置单元格格式”对话框“边框”选项卡，选择斜线边框。输入表头文字时，首先在“设置单元格格式”对话框“对齐”选项卡中，选中“自动换行”复选框，然后通过增加空格的方法将内容输入到指定位置。

（2）绘制双斜线表头

选中斜线表头所在单元格，单击“插入”选项卡“插图”功能组中的“形状”下拉按钮，在弹出的下拉列表中选择“直线”，插入两条斜线。线条两端的控制点须位于单元格的边框之上，这样可以使斜线自动适应单元格大小的变化。在表头合适的位置插入文本框并输入表头内容，将文本框设置为无线条和无填充。

4. 不相邻单元格填充相同内容

选择一个单元格，然后按住 Ctrl 键直至所有单元格被选中，再在编辑栏中输入填充内容，最后按 Ctrl+Enter 组合键即可。

10.3.4　数据输入

1. 输入文本

文本型数据是指字符或者数值与字符的组合，如果输入的内容不被解析成公式或其他类型的数据，都会被当做文本来处理。

① 单元格中的文本包括汉字、英文字母、数字和符号等。每个单元格最多可包含 32 767 个字符。

② 选择要输入的单元格，从键盘上输入文本后按 Enter 键，Excel 会自动识别数据类型，并将单元格对齐方式默认设置为“左对齐”。

③ 如果单元格列宽容纳不下文本字符串，多余字符串会在相邻单元格中显示，若相邻的单元格中已有文本，则截断显示（被截断不显示的部分仍然存在，只需改变列宽即可显示出来）。

④ 如果在单元格中输入数据较多，在换行处按 Alt+Enter 组合键，可以实现换行。换行后在一个单元格中将显示多行文本，行的高度也会自动增大。

2. 输入数值

数字型数据可以是整数、小数或以科学计数法表示的数据（如 6.09E+13）。在数值中可以出现的数学符号包括负号（–）、百分号（%）、指数符号（E）和美元符号（$）等。在单元格中输入数值型数据后按 Enter 键，Excel 会自动将数值的对齐方式设置为“右对齐”。

（1）输入分数

输入分数时，为了与日期型数据区分，需要在分数之前加一个零和一个空格。例如，在 A1 中输入

“1/4”，则显示“1 月 4 日”；在 B1 中输入“0 1/4”，则显示“1/4”，值为 0.25。

（2）输入以数字 0 开头的数字串

如果输入以数字 0 开头的数字串，Excel 将自动省略 0。如果要保持输入的内容不变，可以先输入英文单引号，再输入数字或字符。

（3）输入身份证号码

若单元格容纳不下较长的数字，则会用科学记数法显示该数据。例如，输入身份证号码时，可以先将单元格格式设置为“文本”类型或输入时在身份证号码前附加英文单引号。

3. 输入日期和时间

Excel 采用了 Windows 的默认日期格式，所以输入时要使用“年 / 月 / 日”或“年 – 月 – 日”的日期格式。

（1）输入日期

在输入日期时，可以用左斜线或短线分隔日期的年、月、日。例如，可以输入“2024/1/1”或者“2024–1–1”；如果要输入当前的日期，按下“Ctrl + ；”组合键即可。

（2）输入时间

在输入时间时，小时、分、秒之间用冒号（：）作为分隔符。如果按 12 小时制输入时间，需要在时间的后面空一格再输入字母 am（上午）或 pm（下午）。例如，输入“10：00 pm”，按下 Enter 键的时间结果是 10：00 PM。如果要输入当前时间，按下“Ctrl + Shift + ；”组合键即可。

4. 输入货币型数据

输入货币金额之后，将金额所在单元格的格式设置为“货币”分类或“会计专用”分类，然后设置小数位数、货币符号、负数显示格式即可。

10.3.5 选择性粘贴

1. 粘贴为数值

这是选择性粘贴中最常用的功能。因为 Excel 的主要功能之一就是用来进行数据分析，把其他格式粘贴为数值格式才能进行数据运算，把带有公式的计算结果粘贴为数值格式可以使复制后的内容不会变化。

2. 转置粘贴（行列互换）

粘贴时选择转置会把行列相互转置，也会把一列数据粘贴为一行或者把一行数据粘贴为一列。

3. 粘贴为链接的图片

粘贴时可以选择粘贴为图片或者带链接的图片，实现单元格区域整体作为一个对象存在。区别就是粘贴为链接的图片会随着原数据的变化而变化。

4. 运算粘贴

若需要把 A 列中销售额元换算成万元，只需复制 10 000 所在的单元格，选中 A 列的数据，右击，在弹出的快捷菜单中选择“选择性粘贴”命令打开“选择性粘贴”对话框，如图 10–17 所示，选中“除”单选按钮，可以实现以万元显示的效果了。除了除法运算以外，加、减、乘法类似的运算都可以运用选择性粘贴。

5. 跳过空单元格粘贴

没有数值的单元格不会覆盖原有数据。

以上是人们日常使用中常用的选择性粘贴功能，选择性粘贴还有粘贴公式、格式、批注、列宽、链接、数据验证等选项。

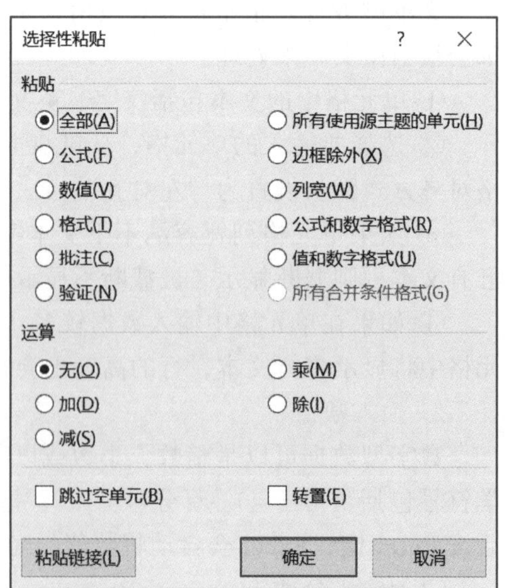

图 10–17 选择性粘贴

10.4 项目小结

本项目通过编辑员工档案信息，从工作簿和工作表的操作入手，介绍 Excel 2016 中的不同数据类型的输入方法、自动填充和快速填充的使用方法、单元格格式和表格格式的设置方法、批注的操作方法，以及表格打印的设置方法，还介绍了数据表格编辑过程的知识和技巧。

通过本项目的学习和训练，学习者可掌握从表格建立、数据输入、表格美化到表格打印的表格制作流程和操作方法，进而具备使用 Excel 2016 编辑各类表格的能力，探索更多 Excel 未知知识的大门。

10.5 IT 工作室

新建一个名为“销售人员信息表 .xlsx”的工作簿，将“销售人员信息 .xlsx”中的“素材”工作表中内容复制到“销售人员信息表 .xlsx”中，参照“销售人员信息表 .xlsx”中的“样表”工作表进行修改，具体要求如下。

（1）在“姓名”列前插入一列作为“编号”列，使用自动填充方式填写“编号”列各单元格的值，每个值用 6 位数字表示，不足处以 0 补齐，如数字“1”应表示为“000 001”。

（2）在“入职时间”列和“职务”列之间插入“工龄”列，该列各单元格的值通过公式计算获得，数值类型设置为“常规”。

（3）对“性别”列所有单元格进行数据有效性设置，只能输入“男”或“女”，激活此区域内的单元格时，显示输入信息提示，内容为：只允许用户输入“男”或者“女”。

（4）填写身份证号码，要求身份证号码位数达到 18 位，且能正常显示。

（5）将列标题的格式设置为黑体、常规、12 磅、水平方向左对齐、垂直方向居中对齐。

（6）将数据的格式设置为宋体、常规、10 磅、水平方向左对齐、垂直方向居中对齐。

（7）将“入职时间”列各单元格的日期格式设置为“×××× 年 ×× 月 ×× 日”，如“2024-4-8”应显示为“2024 年 4 月 8 日”。

（8）将表格区域的行高调整为 24，根据实际情况调整列宽。

（9）将列标题单元格区域的底纹颜色设置为玫瑰红，数据区域的底纹颜色设置为象牙色。

（10）将表格区域的外部边框设置为红色实线条，内部边框设置为蓝色虚线条。

（11）插入艺术字作为表格标题，内容是“蓝图信息技术有限公司销售人员信息表”，并将其移至合适位置。

（12）冻结列标题所在行。

（13）将纸张方向设置为横向，上下边距均为 0.5 cm，左右边距均为 0.3 cm，页眉为“蓝图信息技术有限公司销售人员信息表”，页脚设为“第 1 页，共 1 页”，将表格列标题区域设置为打印标题行区域。

项目 11

统计员工工资信息

统计员工工资信息

PPT

11.1 项目分析

项目描述

每个月月底，市场营销中心都需要上报该部门的员工工资信息，蓝蓝希望利用自己所学的知识，给市场营销中心设计一个员工工资信息管理系统，可以直接统计员工工资情况。

项目要求

1. 用函数查找员工信息

在“员工工资表”中，利用 VLOOKUP 函数按照“员工编号”信息在“员工基本工资表”中查找“员工姓名”“所在部门”“基本工资”等信息，以及在“员工奖金表”“员工福利表”“员工出勤统计表”中查找“住房补助”“保险金”“请假扣款”等工资信息。

2. 用公式计算员工工资

员工工资管理系统

案例素材

① 应发金额 = 基本工资 + 奖金 + 住房补助 + 车费补助 – 保险金 – 请假扣款。

② 单位住房公积金的个人上交比例为应发金额的 10%。

③ 养老保险 = 基本工资 ×8%。

④ 医疗保险 = 应发金额 ×2%+3。

⑤ 失业保险 = 应发金额 ×0.4%。

⑥ 工会会费 = 应发金额 ×0.5%。

3. 用 IF 条件函数计算个人所得税

计算应纳税所得额 = 月度收入 –5 000 元（免征额）– 专项扣除（三险一金等）– 专项附加扣除 – 依法确定的其他扣除（每个单位计算公式不同）。按现行个人所得税速算表，计算本月个人所得税。员工工资表效果如图 11–1 所示。

4. 用函数统计部门工资

用 SUMIF 函数统计每个部门的应发工资和，用 AVERAGEIF 函数统计部门平均工资。

5. 利用函数索引员工详细工资

给 C2 单元格制作数据验证序列，实现在 C2 单元格可以任意选择公司员工编号。在“员工工资详情表”

中，实现通过“员工编号”索引查找出该员工的所有工资详情。利用日期函数 TODAY( )显示当前的日期，如图 11-2 所示。

员工工资表

员工编号	员工姓名	所在部门	基本工资	奖金	住房补助	车费补助	保险金	请假扣款	应发金额	住房公积金	养老保险	医疗保险	失业保险	工会会费	应纳税额	个人所得税	实发工资
0001	曾晓天	市场部	¥6,000	¥250	¥500	¥120	¥200	¥0	¥6,670	¥667	¥480	¥136	¥33	¥27	¥326.57	¥10	¥5,317
0002	章浩	国内业务部	¥6,000	¥300	¥500	¥120	¥200	¥23	¥6,697	¥670	¥480	¥137	¥33	¥27	¥350.09	¥11	¥5,340
0003	杨朗	国外业务部	¥7,000	¥360	¥500	¥120	¥200	¥14	¥7,766	¥777	¥560	¥158	¥39	¥31	¥1,201.19	¥36	¥6,165
0004	陶六一	大客户项目部	¥4,000	¥450	¥500	¥120	¥200	¥8	¥4,862	¥486	¥320	¥100	¥24	¥19	¥0.00	¥0	¥3,912
0005	米涛	客户服务部	¥4,000	¥500	¥500	¥120	¥200	¥9	¥4,911	¥491	¥320	¥101	¥25	¥20	¥0.00	¥0	¥3,954
0006	吴俊杰	市场部	¥6,000	¥340	¥500	¥120	¥200	¥50	¥6,710	¥671	¥480	¥137	¥34	¥27	¥361.41	¥11	¥5,351
0007	孙楠	市场部	¥6,000	¥300	¥500	¥120	¥200	¥0	¥6,720	¥672	¥480	¥137	¥34	¥27	¥370.12	¥11	¥5,359
0008	李燕	市场部	¥7,000	¥360	¥500	¥120	¥200	¥0	¥7,780	¥778	¥560	¥159	¥39	¥31	¥1,213.38	¥36	¥6,177

图 11-1　员工工资表效果图

员工工资详情表

员工编号	0035		
员工姓名	汤佩佩		
所在部门	大客户项目部		
基本工资	6000.00		
奖金	300.00		
住房补助	500.00	请假扣款	0.00
车费补助	120.00	工会会费	26.88
保险金	200.00	失业保险	33.60
住房公积金	672.00	应纳税额	370.12
养老保险保险	480.00	个人所得税	11.10
医疗保险	137.40	实发工资	5359.02
工资发放时间		2024/3/19	

图 11-2　员工工资详情表效果图

6. 导出员工工资条

采用增加辅助列的方式加入工资条的行号，再利用排序功能制作工资条。

7. 制作员工工资表主页

在“主页”的工作表中，单击每个图表和文字都可以链接到相应的工作表中，如图 11-3 所示。

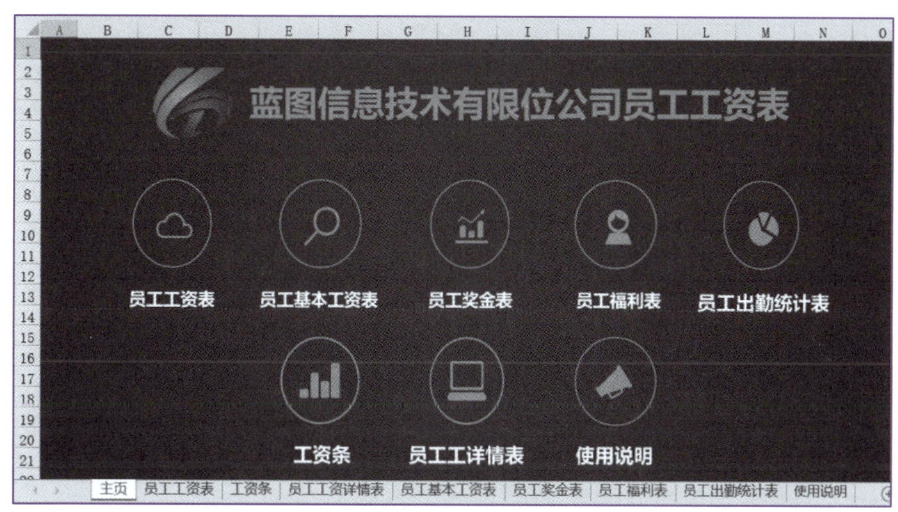

图 11-3　主页效果图

11.2 项 目 实 现

11.2.1 用函数查找员工信息

Excel 2016 提供了许多内置的函数，为用户对数据进行运算和分析带来了极大的方便，这些函数涵盖范围包括财务、时间与日期、数学与三角函数、统计、查找与引用、数据表、文本、逻辑、信息等。Excel 内置的函数是一种预定义的内置公式，它使用一些称为参数的特定数值按特定的顺序或结构进行计算，然后返回结果。使用函数可以简化和缩短工作表中的公式，特别适用于执行复杂计算的公式。

微课 11-1 用函数查找员工信息

1. 用 COLUMN ( ) 函数查找列数

函数由函数名、括号和参数组成。注意：函数名与括号之间没有空格，括号与参数之间也没有空格，参数与参数之间用半角逗号分隔。函数和公式一样，必须以“=”开头。COLUMN ( ) 函数返回给定单元格引用的列号。

索引“员工工资表”中“员工姓名”的列号。

【操作步骤】

① 单击“员工工资表”中的 B3 单元格，即选中了“员工姓名”列的 B3 单元格。

② 单击“开始”选项卡“编辑”功能组中的 Σ（自动求和）按钮右侧的下拉按钮，在弹出的快捷菜单中选择“其他函数”命令，在打开的“插入函数”对话框中，找到 COLUMN ( ) 函数，此时弹出“函数参数”对话框。

③ 将光标置于文本框内，再单击“员工编号”列中的 A3 单元格，此时参数右侧就会再现“1”，说明“员工编号”就在“员工工资表”这个区域中的第 1 列，如图 11-4 所示。

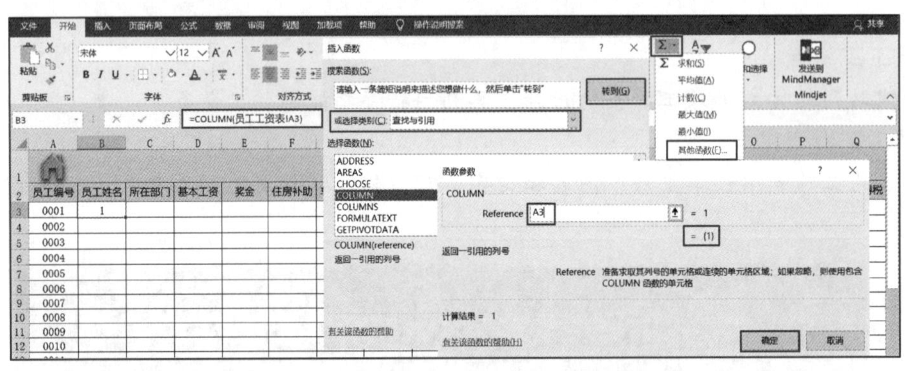

图 11-4 插入函数

④ 按 Enter 键确定。

小技巧

所有函数都包含函数名称、参数和圆括号 3 部分。以求和 SUM ( ) 函数来说明。

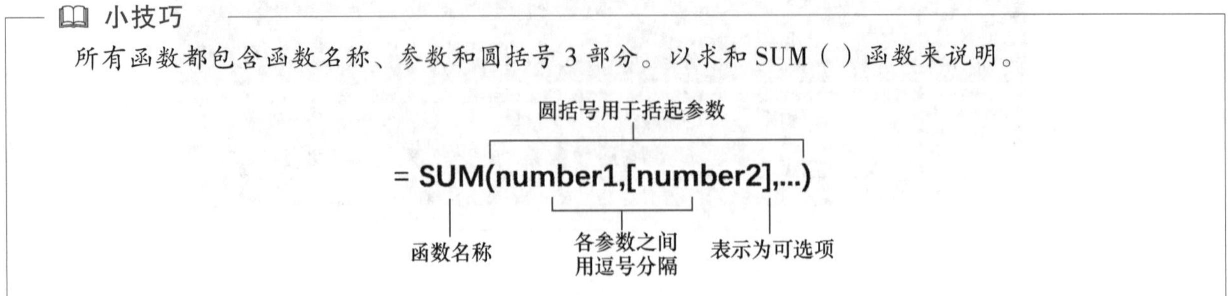

SUM 是函数名称，从名称中可知函数的功能及用途为求和。

圆括号用来括起参数，在函数中圆括号是不可以省略的。

参数是函数在计算时所必须使用的数据。函数的参数可以是数值、字符、逻辑值或是单元格引用，如 =SUM(6,1)、=SUM(D2:G2) 等。

2. 用 VLOOKUP（ ）函数查找员工姓名

在“员工工资表”中，利用“员工编号”信息在“员工基本工资表”中查找“员工姓名”“所在部门”“基本工资”等信息。

【操作步骤】

① 将光标置于“员工工资表”工作表中 B3 单元格。

② 单击“公式”选项卡中的“查找与引用”下拉按钮，选择“VLOOKUP”。

③ 在打开的“函数参数”对话框中的文本框中分别填入如图 11-5 所示的内容。VLOOKUP 函数的参数分别为：

第 1 个参数 Lookup_value（要查找的值）：此处输入值“$A3”，即左侧的员工编号信息。查找的值“$A3”采用了混合引用，也就是 A 列固定不变，行号可以跟着查找的编号不同而不同。

第 2 个参数 Table_array（要查找的区域），此处输入：员工基本工资表 !$A$2:$D$40，即固定的员工基本工资表中的数据区域。

第 3 个参数 Col_index_num（返回数据在查找区域的第几列数），此处输入列序号：COLUMN（B2）。返回 B2 单元格所在的列号。

第 4 个参数 Range_lookup（精确匹配 / 近似匹配），此处输入 0 或者 FALSE，进行精确匹配。输入完参数后，单击“确定”按钮。在单元格中会显示计算结果，在编辑栏中会显示公式。

注意事项：要查找的值需要始终位于所在区域的第 1 列；要查找的值“$A3”必须是原始区域的第 1 列，也就是说“员工基本工资表 !$A$2:$D$40”区域的第 1 列必须是包含“$A3”值的那一列。

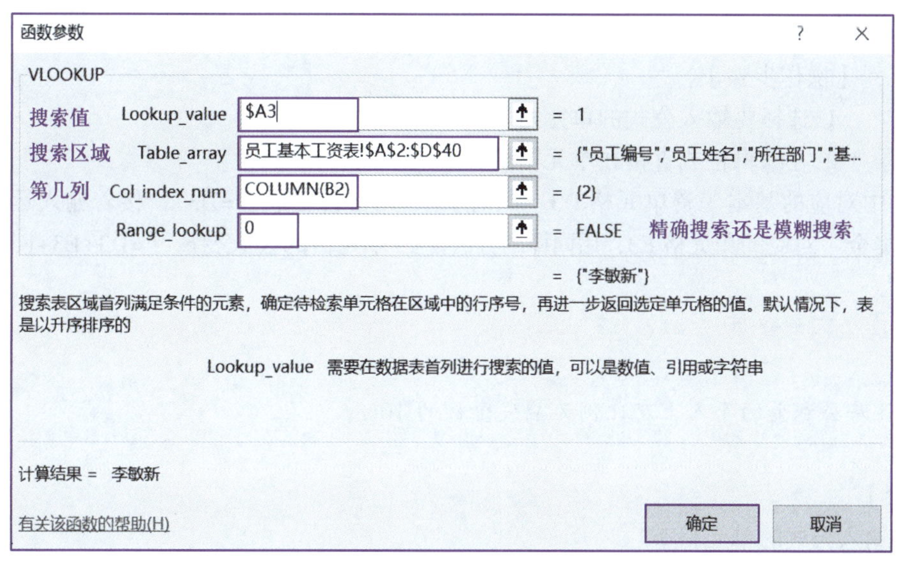

图 11-5　VLOOKUP 函数

④ 拖动 B3 单元格右下方的填充句柄至“员工姓名”的最后一条订单。

⑤ 用同样的方法查找“所在部门”“基本工资”等信息。

📖 小技巧

VLOOKUP 函数，表示在表格区域中按行查找对应的内容，其语法规则如下，其参数说明见表 11-1。

VLOOKUP(lookup_value,table_array,col_index_num,range_lookup)

表 11-1 VLOOKUP 函数的参数说明

参　　数	简单说明	输入数据类型
lookup_value	要查找的值	数值、引用或文本字符串
table_array	要查找的区域	数据表区域
col_index_num	返回数据在查找区域的第几列数	正整数
range_lookup	精确匹配 / 近似匹配	FALSE（或 0）/TRUE（或 1 或不填）

【操作训练】

在“员工工资表”中，利用“员工编号”信息在“员工奖金表”“员工福利表”“员工出勤统计表”中查找“住房补助”“保险金”“请假扣款”等工资信息。

11.2.2 用公式来计算员工工资

Excel 的公式与数学表达式基本相同，也是由参与运算的数据与运算符组成的，但 Excel 中的公式必须以“=”开头。

1. 计算应发金额

微课 11-2
用公式来计算员工工资

计算应发金额，应发金额 = 基本工资 + 奖金 + 住房补助 + 车费补助 − 保险金 − 请假扣款。

【操作步骤】

① 选择要输入公式的单元格 J3。

② 在编辑栏或直接在单元格内部输入“=”。

③ 单击选中对应的基本工资单元格 D3。此时 J3 单元格会变成“=D3”，接着输入运算符“+”，然后继续单击“奖金”对应的单元格 E3，用同样的方法使 J3 单元格的公式变成“=D3+E3+F3+G3−H3−I3”。按 Enter 键确认。

2. 计算住房公积金金额

单位住房公积金的个人上交比例为应发金额的 10%。

【操作步骤】

① 选择要输入公式的单元格 K3。

② 在编辑栏或直接在单元格内部输入“=”。

③ 单击选中对应的应发金额单元格 J3。此时 K3 单元格会变成“=J3”，接着输入运算符“*”和数值“10%”，即表达式“=J3*10%”。按 Enter 键确认。

【操作训练】

在“员工工资表”中，计算“养老保险”“医疗保险”“失业保险”“工会会费”，计算方法如下：
① 养老保险 = 基本工资 ×8%。
② 医疗保险 = 应发金额 ×2%+3。
③ 失业保险 = 应发金额 ×0.4%。
④ 工会会费 = 应发金额 ×0.5%。
注意：每个单位的缴纳比例不同。

11.2.3　用 IF 条件函数计算个人所得税

IF 函数是 Excel 中最常用的函数之一，凡工作中涉及条件逻辑判断、多层级条件嵌套判断的问题，都可以用 IF 函数来解决。而且 IF 函数可以与很多函数结合使用，能发挥意想不到的强大作用，属于职场办公的必备函数。

1. 计算应纳税所得额

微课 11-3
用 IF 条件函数计算个人所得税

计算应纳税部分的金额，应纳税所得额 = 月度收入 -5 000 元（免征额）- 专项扣除（三险一金等）- 专项附加扣除 - 依法确定的其他扣除（每个单位计算公式不同）。

【操作步骤】
① 选择要输入公式的单元格 P3。
② 在编辑栏或直接在单元格内部输入“=J3-SUM（K3:O3）-5 000”，按 Enter 键确认。

2. 用 IF 函数计算应纳税额

利用 IF 函数修改应纳金额的数据，如果应纳金额为正数，则保留原来的数值；如果为负数，则修改为 0。

【操作步骤】
① 选择要输入公式的单元格 Q3。
② 单击“公式”选项卡中的“逻辑”下拉按钮，选择条件函数“IF”。
③ 在打开的“函数参数”对话框中的文本框中分别填入如图 11-6 所示的内容。IF 函数的参数分别为：

Logical_test（判断条件）表示计算结果为 TRUE 或 FALSE 的任意值或表达式，此处为“P3>0”。

Value_if_true 表示 logical_test 为 TRUE 时返回的值，即条件为真时的值，此处为“P3”。

Value_if_false 表示 logical_test 为 FALSE 时返回的值，即条件为假时的值，此处为“0”。

即整个函数公式为“=IF（P3>0,P3,0）”，其含义为如果 P3 单元格的值为正数，则显示该数；如果 P3 单元格的值为负数，则显示 0。

【操作训练】

在［员工工资表］中，隐藏“应纳金额”所在的列。

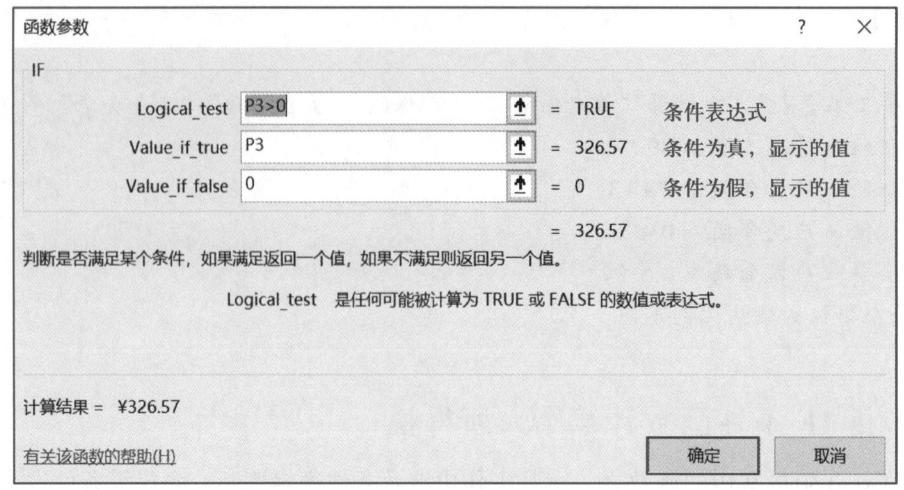

图 11-6　IF 函数的函数参数设置

3. IF 函数的嵌套使用

个人所得税速算方法见表 11-2，个人所得税的计算公式如下：

应纳税额 × 最高税率 - 速算扣除数 = 最终税额。

表 11-2　个人所得税速算表

级数	应纳税额	税率（%）	速算扣除数
1	未超过 3 000 元的部分	3	0
2	超过 3 000 至 12 000 元的部分	10	210
3	超过 12 000 至 25 000 元的部分	20	1 410
4	超过 25 000 至 35 000 元的部分	25	2 660
5	超过 35 000 至 55 000 元的部分	30	4 410
6	超过 55 000 至 80 000 元的部分	35	7 160
7	超过 80 000 元的部分	45	15 160

按个人所得税速算表计算本月个人所得税（因为本单位的应纳税额不高于 10 000，所以只取前两级进行计算）。

【操作步骤】

① 选择要输入公式的单元格 R3，单击“公式”选项卡中的“逻辑”下拉按钮，选择条件函数“IF”，弹出如图 11-7 所示的“函数参数”对话框。

② 在“函数参数”对话框中的 3 个文本框中分别填入如图 11-7 所示的内容。IF 函数的参数分别为：

第 1 个参数：Logical_test，判断条件，此处为“Q3<3 000”。

第 2 个参数：Value_if_true，即条件为真时的值，此处为“Q3*0.03”。

第 3 个参数：Value_if_false，即条件为假时的值，此处为“IF（Q3<12 000，Q3*0.1-210，Q3*0.2-1 410）”。

③ 如果要将 7 级全部计算，可以继续进行嵌套。

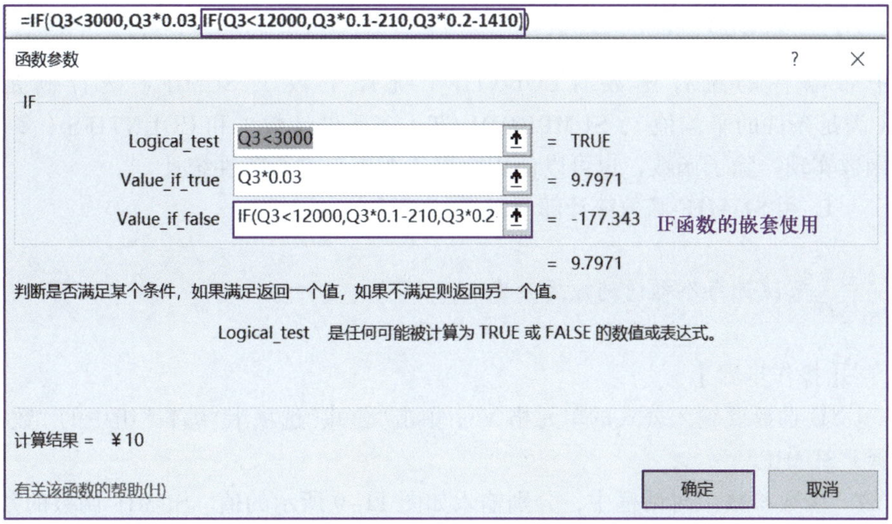

=IF(Q3<3000,Q3*0.03,IF(Q3<12000,Q3*0.1-210,Q3*0.2-1410))
函数参数
IF
Logical_test Q3<3000 = TRUE
Value_if_true Q3*0.03 = 9.7971
Value_if_false IF(Q3<12000,Q3*0.1-210,Q3*0.2 = -177.343
IF函数的嵌套使用
= 9.7971
判断是否满足某个条件，如果满足返回一个值，如果不满足则返回另一个值。
Logical_test 是任何可能被计算为 TRUE 或 FALSE 的数值或表达式。
计算结果 = ¥10
有关该函数的帮助(H)
确定
取消

图 11-7 嵌套 IF 函数的函数参数设置

【操作训练】

在“员工工资表”中，计算“实发工资”，计算方法为：应发工资 = 应发金额 – 所有扣款个人所得税。

11.2.4 用条件格式显示数据

顾名思义，条件格式就是让符合条件的单元格显示为预设的格式。根据条件使用数据条、色阶和图标集，以突出显示相关单元格，强调异常值，以及实现数据的可视化效果。

用浅红色显示高于公司平均工资的“实发工资”。

微课 11-4
用条件格式显示数据

【操作步骤】

① 单击 S 列，选中 S 列的所有数据；

② 单击“开始”选项卡“样式”组中的“条件格式”下拉按钮，在弹出的下拉列表中选择“最前 / 最后规则”→“高于平均值”命令，打开如图 11-8 所示的“高于平均值”对话框。选择“浅红色填充”并单击“确定”按钮。

条件格式
突出显示单元格规则(H)
最前/最后规则(T)
数据条(D)
色阶(S)
图标集(I)
新建规则(N)...
清除规则(C)
管理规则(R)...
前 10 项(T)...
前 10%(P)...
最后 10 项(B)...
最后 10%(O)...
高于平均值(A)...
低于平均值(V)...
其他规则(M)...
高于平均值
为高于平均值的单元格设置格式:
针对选定区域，设置为 浅红填充色深红色文本
浅红填充色深红色文本
黄填充色深黄色文本
绿填充色深绿色文本
浅红色填充
红色文本
红色边框
自定义格式...
员工工资表

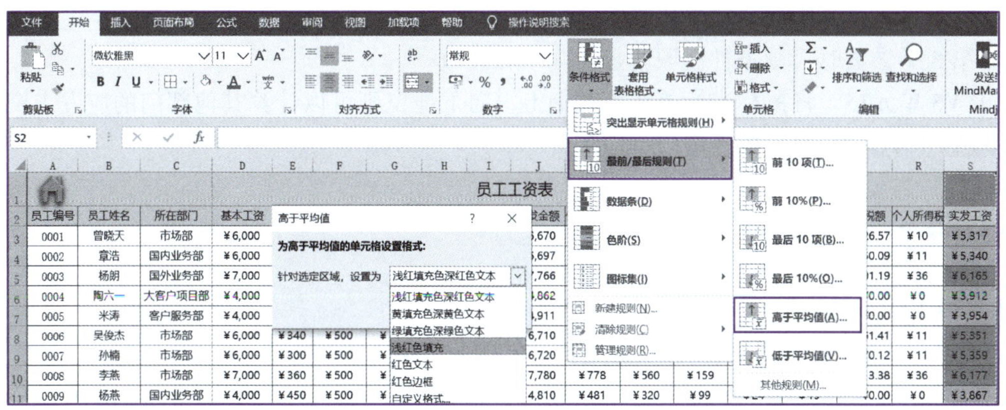

图 11-8 条件格式

11.2.5 用函数统计部门工资

在 Excel 中带条件的统计函数有 COUNTIF（统计个数）、SUMIF（统计满足条件的和）、AVERAGEIF（满足条件的平均值）、SUMPRODUCT（多条件计数）和 COUNTIFS（多条件统计个数）函数实现。除了函数，也可以使用数据透视表来进行条件统计。

微课 11-5
用函数统计部门工资

1. 用 SUMIF 函数统计部门工资

> 统计每个部门的应发工资和。

【操作步骤】

① 选择要输入公式的单元格 V3；单击“公式”选项卡“编辑”组中的“数字和三角函数”下拉按钮，选择“SUMIF”。

② 在弹出的“函数参数”对话框中，分别输入如图 11-9 所示的值。SUMIF 函数的参数如下：

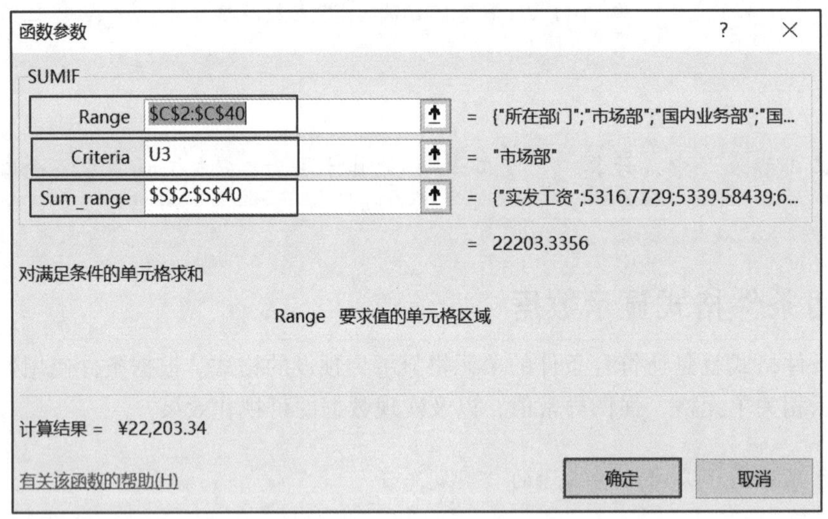

图 11-9 SUMIF 函数的函数参数设置

第 1 个参数：Range 为条件区域，用于条件判断的单元格区域，此处为“所在部门”所在列，该区域是固定引用的，因此采用的是绝对地址。

第 2 个参数：Criteria 是求和条件，由数字、逻辑表达式等组成的判定条件，此处为 U3。

第 3 个参数：Sum_range 为实际求和区域，需要求和的单元格、区域或引用，此处为 $S$2:$S$40，即“应发工资”所在列，也是固定引用，采用绝对地址。

当省略第 3 个参数时，则条件区域就是实际求和区域。

③ 单击 V3 单元格，将鼠标光标放在填充柄上，向下拖曳则可以计算其他部门的应发工资之和。

2. 用 AVERAGEIF 函数统计部门平均工资

> 统计每个部门的平均工资。

【操作步骤】

① 选择要输入公式的单元格 C3，依次选择“公式 - 其他函数 - 统计 - AVERAGEIF”命令。

② 在弹出的“函数参数”对话框中，分别输入如图 11-10 所示的值。AVERAGEIF 函数参数如下：

第 1 个参数：Range 为必须项。要计算平均值的一个或多个单元格，其中包含数字或包含数字的名称、数组或引用。

第 2 个参数：Criteria 为必须项。形式为数字、表达式、单元格引用或文本的条件，用来定义将计算平均值的单元格。例如，条件可以表示为 32、"32"、">32"、" 苹果 " 或 B4。

第 3 个参数：Average_range 为可选项。计算平均值的实际单元格组。如果省略，则使用 Range 参数的内容。

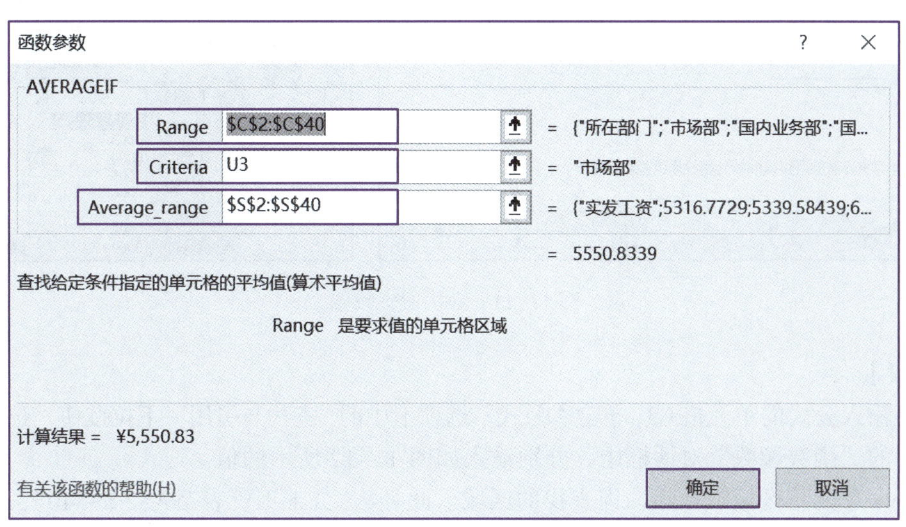

图 11-10　AVERAGEIF 函数的函数参数设置

③ 单击 V3 单元格，将鼠标光标放在填充柄上，向下拖曳则可以计算其他部门的应发工资的平均值。

11.2.6　利用函数索引员工详细工资

在 Excel 中，INDEX 函数用于返回行与列交叉处的单元格引用或单元格的数值；返回的单元格引用可以是一个单元格，也可以是一行或一列。

微课 11-6
利用函数索引员工详细工资

1. 数据验证

给 C2 单元格制作数据验证序列，实现在 C2 单元格可以任意选择公司员工编号。

【操作步骤】

① 在表格空白列（如本例的 L 列）中，输入员工编号信息。

② 单击“数据”选项卡“数据工具”组中的“数据验证”按钮。

③ 在打开的“数据验证”对话框中，设置“验证条件”中的“允许”为“序列”，在“来源”中选择“L1:L38”，即所有员工编号区域，如图 11-11 所示，单击“确定”按钮。

④ 即可在 C2 单元格中看到一个显示所有员工编号的下拉列表。通过数据验证的设置，可以规范数据输入的内容。

⑤ 选择第 L 列，右击，在弹出的快捷菜单中选择“隐藏列”命令。

2. 索引员工工资信息

在“员工工资详情表”中，实现通过“员工编号”索引查找出该员工的所有工资详情。

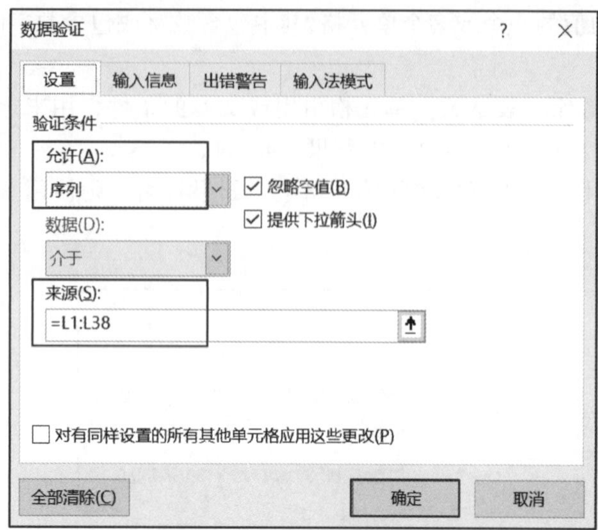

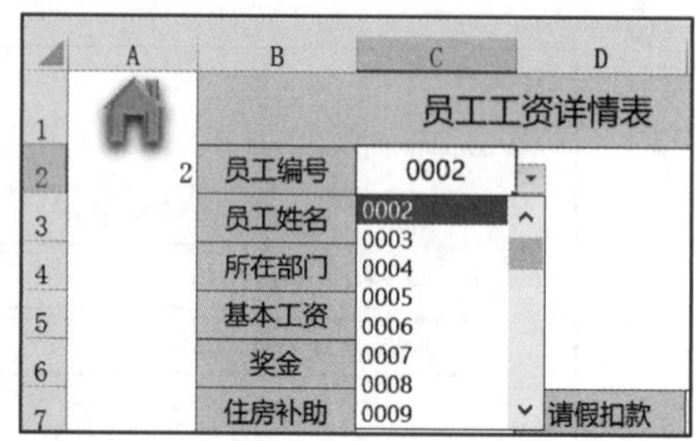

图 11-11 数据验证设置

【操作步骤】

① 选择要输入公式的单元格 C3；单击“公式”选项卡中的“查找与引用”下拉按钮，选择“INDEX”。

② 在弹出的“函数参数”对话框中，分别输入如图 11-12 所示的值。

参数 Array：单元格区域或数组，即查找的区域。此处为“员工工资表 !$A$2:$S$40”，即查找员工工资表的所有区域。

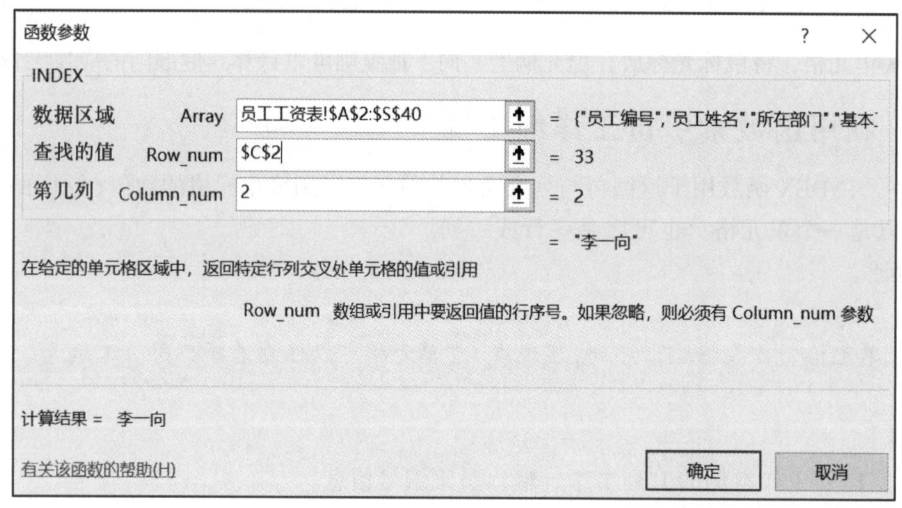

图 11-12 INDEX 函数的函数参数设置

参数 Row_num：数组或引用中要返回值的行序号。此处为“$C$2”，即查找的员工编号信息。

参数 Column_num：目标单元格在引用区域中的列序号。此处为“2”，即查找的是区域的第 2 列，即员工姓名信息。

③ 按照第②步的公式，依次给 C4、C5 等其他单元格输入公式，索引其他工资信息。

3. 利用日期函数显示员工工资发放时间

在“员工工资详情表”中，利用日期函数 TODAY ( ) 函数显示当前的日期。

【操作步骤】

① 选择要输入公式的单元格 C3；单击“公式”选项卡中的“日期和时间”下拉按钮，选择“TODAY”选项。

② 因为 TODAY( ) 函数不需要参数，因此直接单击“确定”按钮，如图 11-13 所示。

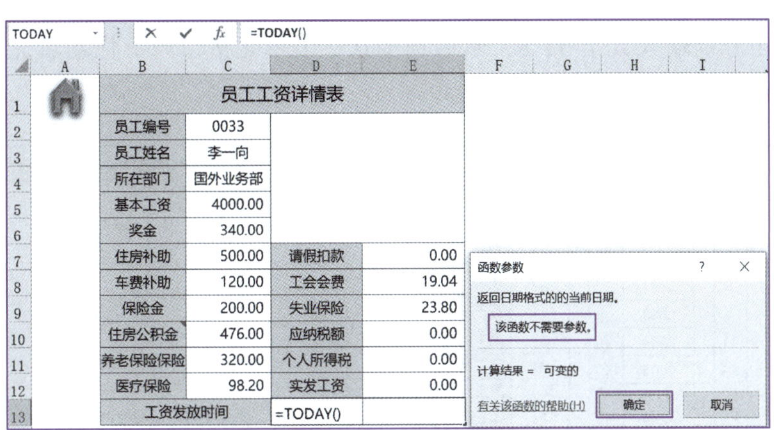

图 11-13　TODAY 函数

11.2.7　导出员工工资条

微课 11-7
导出员工工资条

工资条是发放工资时交给员工的工资项目清单，其数据来源于工资表。由于工资条是发给个人的，所以应包括工资的各个组成部分的项目名称和具体的数值，也就是说工资条的第 1 行为工资项目，第 2 行为各员工的工资。第 3 行为空行，空行是为了便于打印后裁剪分割。

采用增加辅助列的方式加入工资条的行号，再利用排序功能实现制作工资条，效果图如图 11-14 所示。

			员工工资表															
员工编号	员工姓名	所在部门	基本工资	奖金	住房补助	车费补助	保险金	请假扣款	应发金额	住房公积金	养老保险	医疗保险	失业保险	工会会费	应纳金额	应纳税额	个人所得税	实发工资
0001	曾晓天	市场部	¥6,000	¥250	¥500	¥120	¥200	¥0	¥6,670	¥667	¥480	¥136	¥33	¥27	¥326.57	¥326.57	¥10	¥5,317
员工编号	员工姓名	所在部门	基本工资	奖金	住房补助	车费补助	保险金	请假扣款	应发金额	住房公积金	养老保险	医疗保险	失业保险	工会会费	应纳金额	应纳税额	个人所得税	实发工资
0002	童浩	国内业务部	¥6,000	¥300	¥500	¥120	¥200	¥23	¥6,697	¥670	¥480	¥137	¥33	¥27	¥350.09	¥350.09	¥11	¥5,340
员工编号	员工姓名	所在部门	基本工资	奖金	住房补助	车费补助	保险金	请假扣款	应发金额	住房公积金	养老保险	医疗保险	失业保险	工会会费	应纳金额	应纳税额	个人所得税	实发工资
0003	杨朗	国外业务部	¥7,000	¥360	¥500	¥120	¥200	¥14	¥7,766	¥777	¥560	¥158	¥39	¥31	¥1,201.19	¥1,201.19	¥36	¥6,165
员工编号	员工姓名	所在部门	基本工资	奖金	住房补助	车费补助	保险金	请假扣款	应发金额	住房公积金	养老保险	医疗保险	失业保险	工会会费	应纳金额	应纳税额	个人所得税	实发工资
0004	陶六一	大客户项目部	¥4,000	¥450	¥500	¥120	¥200	¥8	¥4,862	¥486	¥320	¥100	¥24	¥19	¥-1,088.20	¥0.00	¥0	¥3,912
员工编号	员工姓名	所在部门	基本工资	奖金	住房补助	车费补助	保险金	请假扣款	应发金额	住房公积金	养老保险	医疗保险	失业保险	工会会费	应纳金额	应纳税额	个人所得税	实发工资
0005	米涛	客户服务部	¥4,000	¥500	¥500	¥120	¥200	¥9	¥4,911	¥491	¥320	¥101	¥25	¥20	¥-1,045.52	¥0.00	¥0	¥3,954
员工编号	员工姓名	所在部门	基本工资	奖金	住房补助	车费补助	保险金	请假扣款	应发金额	住房公积金	养老保险	医疗保险	失业保险	工会会费	应纳金额	应纳税额	个人所得税	实发工资
0006	吴俊杰	市场部	¥6,000	¥340	¥500	¥120	¥200	¥50	¥6,710	¥671	¥480	¥137	¥34	¥27	¥361.41	¥361.41	¥11	¥5,351
员工编号	员工姓名	所在部门	基本工资	奖金	住房补助	车费补助	保险金	请假扣款	应发金额	住房公积金	养老保险	医疗保险	失业保险	工会会费	应纳金额	应纳税额	个人所得税	实发工资
0007	孙楠	市场部	¥6,000	¥300	¥500	¥120	¥200	¥0	¥6,720	¥672	¥480	¥137	¥34	¥27	¥370.12	¥370.12	¥11	¥5,359

图 11-14　“工资条”效果图

【操作步骤】

① 选中 A 列并右击，在弹出的快捷菜单中选择“插入”命令，插入一个辅助列。

② 在 A3、A4、A5 单元格分别输入数字“2、5、8”。选中这 3 个单元格，拖动填充柄向下至 A40 单元格，

为所有的工资数据添加序号。

③ 复制第 2 行 ~ 第 41 行信息。选中第 41 行的所有单元格，将鼠标光标定位于填充柄。按下右键。向下拖动填充柄至 T79 单元格，则复制了对应员工数量的标题信息。

④ 在 A2 单元格中输入数字“1”，在 A41、A42 单元格分别输入数字 4、7，然后选中 A32:A33 单元格向下拖动填充柄，至 A79 单元格，为所有的工资项目添加序号。

⑤ 在 A80、A81 分别输入数字 3、6，然后选中这 2 个单元格，向下拖动填充柄至 A117 单元格，为作为间隔的空行添加序号，如图 11–15 所示。

图 11–15 制作工资条

⑥ 根据 A 列序号，升序进行排列，就得到了所需要的工资条。选中 A 列数据，右击，在弹出的快捷菜单中选择“删除”命令，将该辅助列删除，清理其他多余的部分。形成工资条的最终形式。

小技巧

制作工资条的方法有多种，可采用以下两种常用的方法：

① 利用 Word 的邮件合并来实现。

② 利用条件函数，分别引用不同单元格内容来实现，如可以在新的工作表中的 A1 单元格中输入类似公式“=IF(MOD(ROW(),3)=1, 工资! A$1,IF(MOD(ROW(),3)=0,"", INDEX(工资! $A$1: $J$61,INT (ROW()+4) /3, COLUMN())))”来实现。

11.2.8 制作员工工资表主页

给 Excel 工作表制作一个漂亮的封面，让其可以链接到相应的工作表中，实现不同工作表的交互链接。

微课 11–8
制作员工工资表主页

在“主页”的工作表中，制作如图 11–3 所示的主页，并且单击每个图表和文字都可以链接到相应的工作表中。

【操作步骤】

① 依次单击“插入”选项卡“插图”组中的“图片”按钮，打开“插入图片”对话框，插入素材文件夹中的图片。

② 单击“插入”选项卡“文本”组中的“文本框”按钮，输入“员工工资表”。

③ 按住 Ctrl 键选择图片和文本框，单击“绘图工具 – 格式”选项卡“排列”组中的“组合”按钮，将它们合并。

④ 选择组合图形，单击“插入”选项卡“链接”组中的“链接”按钮，打开“编辑超链接”对话框。

⑤ 在“链接到”列表框中选择“本文档中的位置”，在“或在此文档中选择一个位置”中选择“员工工资表”，即可单击组合图形区域则跳转到“员工工资表”了，如图 11–16 所示。

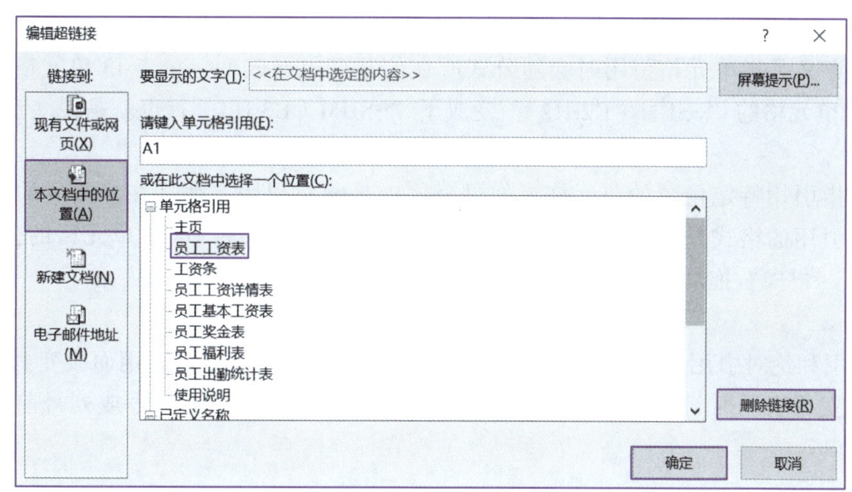

图 11–16　编辑超链接

⑥ 如果链接的位置不正确，或者需要取消超链接，可以单击对话框右下角的“删除链接”按钮。

⑦ 用以上的方法给其他的图表和工作表做相应的超链接。

⑧ 在员工工资表的左上角添加图标，使其链接到主页工作表。再将图标复制到其他的工作表中，就可以实现主页和其他工作表的交互链接了。

⑨ 在主页中添加一张背景图片，使其置于文字下方，主页就更加精美了。

11.3　相 关 知 识

11.3.1　Excel 的运算符号

公式中的运算符有以下 4 类：

① 算术运算符：完成基本的数学运算，返回值为数值。例如：+（加）、–（减）、*（乘）、/（除）、%（百分比）、^（指数）。

② 比较运算符：用来比较两个数大小的运算符，返回的值只有 TRUE 或 FALSE 两种，如 =（等于）、>（大于）、<（小于）、>=（大于或等于）、<=（小于或等于）、<>（不等于）。

③ 文本运算符（&）：用来连接两个文本数据，返回值为组合的文本。例如，在某单元格中输入 =“湖南”&“长沙”，结果为“湖南长沙”。

④ 引用运算符：可以使用以下运算符对单元格区域进行合并计算，其含义见表 11–3。

表 11–3　引用运算符

引用运算符	含　义	示　例
:（冒号）	区域运算符，生成一个对两个引用之间所有单元格的引用（包括这两个引用）	B5:B15
,（逗号）	联合运算符，将多个引用合并为一个引用	SUM（B5:B15，D5:D15）
␣（空格）	交集运算符，返回对公式中的区域所共有的单元格的引用。在此示例中，单元格 C7 可在两个区域中找到，因此它是交集	B7:D7 C6:C8

11.3.2 单元格引用

单元格的引用就是单元格地址或是单元格的名称，是把单元格的数据和公式联系起来。Excel 的单元格引用有相对引用和绝对引用两种基本的方式，默认为相对引用。

1. 相对引用

相对引用的意义是指单元格引用时会随公式所在位置变更而改变。单击 I3 单元格，单元格对应编辑栏的内容由 I2 单元格的“=SUM（E2:H2）”变成了“=SUM（E3:H3）”，也就是说 2 变成了 3。

2. 绝对引用

绝对引用是指引用特定位置的单元格，如果公式中是绝对引用，那么在复制后的公式中引用地址不会改变，绝对引用的格式是在列字母和行数字之前加“$”。如果将 D801 单元格的公式改成“=SUM（$D$2:$D$800）”，再向右拖动光标，单元格的数据就不会发生变化了。

3. 混合引用

除了相对引用和绝对引用之外，还有混合引用。当用户需要固定某行引用而改变列引用，或者要固定某列引用而改变行引用时，就要用到混合引用。混合引用的格式为在行号或列号前加上“$”符号，例如公式 =$B3/D$6。

4. 三维地址引用

在 Excel 中，不但可以引用同一工作表的单元格，还能引用同一工作簿中不同工作表的单元格，也能引用不同工作簿中的单元格（外部引用）。不同工作簿中单元格引用格式为“[工作簿名] + 工作表名 + ! + 单元格引用”。

例如：“=INDEX('[员工工资管理系统（样文效果）.xlsx] 员工工资表 '!$A$2:$S$40,$C$2,15)”。

11.3.3 运算错误信息

在 Excel 中，如果单元格中的公式或者函数不能正确地计算出结果，就会显示出一个错误值。常见的错误值及其原因和处理方法见表 11–4。

表 11–4 常见的错误值及其原因和处理方法

错误值	出错原因	处理方法
####	计算的结果太长，该列宽度不够，或者包含一个无效的时间和日期	适当增加列宽
#DIV/0!	除数为零，或者公式中使用了一个空的单元格	采取措施避免分母为 0 的情况出现
#N/A	公式或者函数中引用了不可用的数据或者参数	如果公式正确，可在被引用的单元格中输入有效数据
#NAME?	公式中使用了无法识别的文本或者名称	添加或修改相应的名称
#NULL!	使用了不正确的单元格引用或者区域运算	确认单元格引用或区域运算正确
#NUM!	使用了无效的数字值，或者计算的结果太大、太小而无法表示	确认数值正确
#REF!	引用了一个无效的单元格	更改公式或函数中的单元格引用或撤销删除单元格的操作
#VALUE!	使用了错误的数值或单元格引用，或者参数的类型错误	确认公式或函数中所需的参数或运算符是否正确，并确认公式引用的单元格有效

11.3.4　常用函数的格式及实例说明

常用函数的格式及实例说明可扫描二维码。

拓展阅读
常用函数的格式及实例说明

11.4　项目小结

本项目以制作员工工资表为例，介绍公式与函数的使用、工资条的制作、主页制作、超链接的应用等。本项目的重点是函数的使用，而难点则是绝对引用和混合引用。

通过本项目的学习和训练，帮助学习者掌握工作表数据计算与加工的一般方法，学会 IF、AVERAGEIF、SUMIF、COLUMN、INDEX、VLOOKUP 等函数的使用方法。使学习者具备数据计算和表格美化的能力，能独立完成成绩统计表、日常费用统计表、销售业绩表等表格的计算处理。培养学习者不惧困难、勇于尝试、勇于实践、精益求精的品德。

11.5　IT 工作室

微课 11-9
课后练习

打开素材中的“销售数据情况表 .xlsx”，完成如下操作：

1. 在 F2 单元格中，利用函数填入折扣数据：所有单价为 1 000 元（含 1 000 元）以上的折扣为 5%，其余折扣为 3%。
2. 在 H2 单元格中，利用公式计算各行折扣后的销售金额（= 单价 ×（1- 折扣）× 数量）。
3. 在 E212 单元格中，使用函数求最高单价。
4. 在 H212 单元格中，使用函数求所有产品的总金额。
5. 在 I213 单元格中，使用函数求张默的销售记录条数。
6. 在 K2 单元格中，根据销售代表的性别确定销售代表的称呼，如张默为“张先生”。
7. 多表计算：在“销售总表”中利用函数直接计算 3 位销售代表的销售总金额。
8. 在“销售总表”中利用函数计算总销售金额。
9. 在“销售总表”中，对“销售代表总金额”列中的所有数据设置成“使用千分位分隔符”，并保留 1 位小数。
10. 在“销售总表”中，用函数求出销售员工销售额的排名。

项目 12

分析产品销售业绩

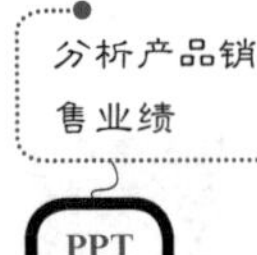

12.1 项 目 分 析

项目描述

为了准确地反映公司销售业绩，张总监要求蓝蓝汇总分析去年的销售情况，对优秀的销售小组和销售代表进行表彰，以及对今后的不同品类产品进行重点运营推广。

项目要求

1. 数据排序

各产品销售数据情况表

分析“每月销售情况”工作表，对每月销售总金额进行降序排序。分析“销售人员销售记录”工作表，按“销售分组”进行升序排序，“销售代表”按照笔画顺序升序排列，查看每个销售人员的销售情况。

2. 数据筛选

（1）复制“销售记录”工作表，重命名为“自动筛选”，在“自动筛选”工作表中查看“X系列笔记本”品名的销售情况。

（2）复制“销售记录”工作表，重命名为“电脑销售情况”，查看品名中包含“电脑”但不包含“电脑考勤机”的销售情况。

（3）查看价格在“5 000元以下，9 000元以上”的“笔记本”的销售情况。

3. 分类汇总

利用分类汇总，对销售小组业绩进行汇总分析。按照销售月份对销售小组业绩进行多级分类汇总。

4. 数据透视表

（1）利用数据透视表，查看每月的销售冠军。

（2）按类别查看每月中销售最好的商品品名。

（3）分析并制作每种产品的销售业绩分布图。

（4）利用数据透视图，分析展示每个销售小组的销售业绩情况。

12.2 项 目 实 现

12.2.1 排序分析销售业绩表

数据排序是指按照字母的升序或降序以及数值顺序来重新组织数据，Excel 能对数据表格的行和列进行排序。

微课 12-1 排序分析销售业绩表

1. 对业绩进行单排序

分析“每月销售情况”工作表，对每月销售总金额进行降序排列。

【操作步骤】

① 单击“每月销售情况”工作表中的“合计”所在列的任意单元格。

② 单击“开始”选项卡“编辑”组中的“排序和筛选”下拉按钮，在弹出的下拉列表中选择“降序”命令，如图 12-1 所示。

图 12-1 对业绩进行单排序

2. 对业绩进行自定义排序

分析“销售人员销售记录”工作表，按“销售分组”进行升序排序，“销售代表”按照笔画顺序升序排列，查看每个销售人员的销售情况。

【操作步骤】

① 单击“销售人员销售情况”工作表中的任意单元格。

② 单击“开始”选项卡“编辑”组中的“排序和筛选”下拉按钮，在弹出的下拉列表中选择“自定义排序”命令。

③ 在打开的“排序”对话框中，设置“主要关键字”为“销售分组”，次序为“升序”。

④ 单击“添加条件”按钮，则添加新的“次要关键字”为“销售代表”，次序为“升序”，再单击“选项”按钮，在打开的“排序选项”对话框中选中“笔划排序”单选按钮，依次单击“确定”按钮，如图 12-2 所示。

⑤ 此时，即可查看每一个销售小组销售人员的销售业绩排序。

12.2.2 筛选分析各商品销售情况

微课 12-2 筛选分析各商品销售情况

筛选数据是指隐藏不希望显示的数据，只显示指定条件的数据行的过程。使用 Excel 的自动筛选和高级筛选功能，能够快速、方便地从大量数据中查询出需要的信息。

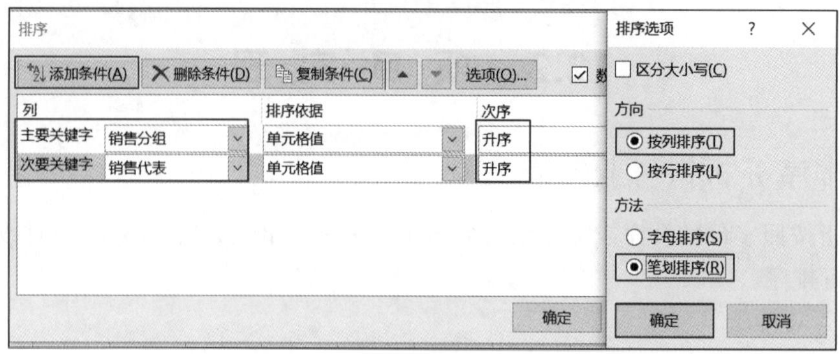

图 12-2 对业绩进行自定义排序

1. 自动筛选

自动筛选是指按单一条件进行数据筛选，从而显示符合条件的数据行。

复制“销售记录”工作表，重命名为“自动筛选”，在“自动筛选”工作表中查看“X 系列笔记本”品名的销售情况。

【操作步骤】

① 右击“销售记录”工作表，在弹出的快捷菜单中选择“移动或复制”命令，如图 12-3 所示。在打开的对话框中，选择“下列选定工作表之前”列表框中的“销售记录”，选中“建立副本”复选框，单击“确定”按钮，如图 12-4 所示，则复制了“销售记录”工作表，并放置在“销售记录”工作表的前面。

② 双击“销售记录（1）”，修改工作表名称为“自动筛选”。

③ 在“自动筛选”工作表中，单击“开始”选项卡“编辑”组中的“排序和筛选”下拉按钮，在弹出的下拉列表中选择“筛选”命令。此时，在第 1 行每个字段后面将自动出现“自动筛选器” 。

④ 单击“品名”右侧的“自动筛选器”按钮 ，在弹出的下拉菜单中，先选中“全选”复选框，此时可以去掉已经选择的全部品名，再选中“X 系列笔记本”复选框，如图 12-5 所示，就可以查看“X 系列笔记本”所有的销售情况。

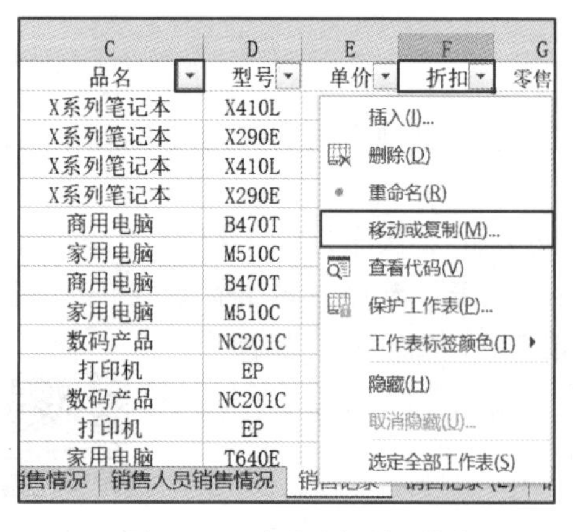

图 12-3 移动或复制工作表

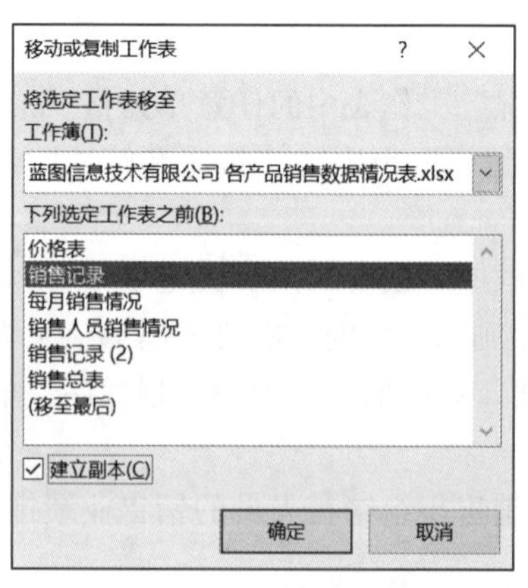

图 12-4 移动或复制工作表

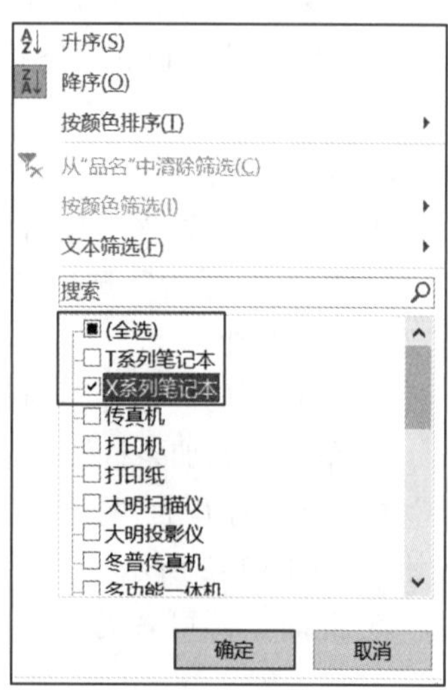

图 12-5 自动筛选

2. 自定义筛选

当筛选基于某一列的多个条件记录时，可以使用“自定义自动筛选”功能。

复制“销售记录”工作表，重命名为“电脑销售情况”，查看品名中包含“电脑”但不包含“电脑考勤机”的销售情况。

【操作步骤】

① 复制“销售记录”工作表，重命名为“电脑销售情况”。

② 在“自动筛选”工作表中，单击“开始”选项卡“编辑”组中的“排序和筛选”下拉按钮，在弹出的下拉列表中选择“筛选”命令，如图 12-1 所示。此时，在第 1 行每个字段后面将自动出现“自动筛选器”。

③ 单击“品名”右侧的“自动筛选器”按钮，在弹出的下拉菜单中，选择“文本筛选→自定义筛选”命令，在打开的“自定义自动筛选方式”对话框中，设置“包含”为“电脑”字段，同时“不包含”为“电脑考勤机”字段，单击“确定”按钮。此时就可以查看所有“电脑”品类的销售情况，如图 12-6 所示。

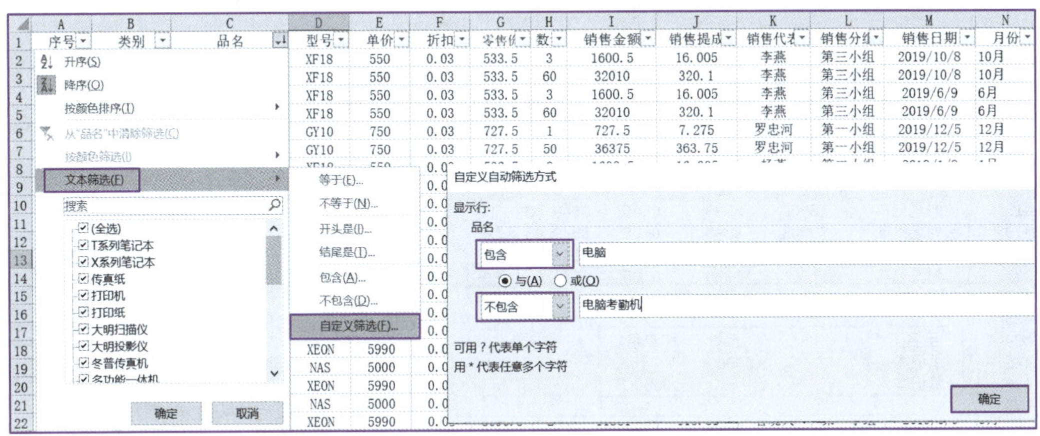

图 12-6　自定义自动筛选方式

筛选器是累加的，这意味着每个追加的筛选器都基于当前筛选结果，从而进一步减小了数据的子集。经筛选的数据仅显示满足指定条件的行，并隐藏不希望显示的行。在筛选数据后，对于筛选过的数据子集，不需要重新排列或移动就可以复制、查找、编辑、设置格式、制作图表和打印，还可以按多个列进行筛选。

3. 删除自动筛选结果

使用自动筛选或内置比较运算符可显示所需的数据并隐藏其余数据。数据经过筛选后，可以重新应用筛选器获取最新结果，或清除筛选器重新显示所有数据。

微课 12-3
高级筛选

清除自动筛选结果。

【操作步骤】

单击“开始”选项卡“编辑”组中的“排序和筛选”下拉按钮，在弹出的下拉列表中选择“筛选”命令，这时就取消了“自动筛选器”，所有的筛选结果同时也被清除了。

4. 高级筛选

自动筛选只能对某列数据进行两个条件的筛选，并且在不同列之间同时筛选时，只能是“与”关系，而高级筛选除了可以用于“与”关系，还可以用于“或”关系。

查看价格在“5 000 元以下，9 000 元以上”的“笔记本”的销售情况。

【操作步骤】

① 复制“销售记录”工作表，重命名为“价格为 5000 元以下，9000 元以上笔记本销售情况”。

② 紧接着进行高级筛选中最重要的设置，即条件的设置。复制筛选条件中的字段 :“品名”和“单价”。此处建议用复制的方式，以免出现输入错误。

③ 在“品名”字段的下方输入“* 笔记本”。用“*”代替多个任意字符，可以用“？”代替 1 个任意字符。

④ 在“单价”字段的下方输入“<5000”，表示 5000 以下价格；在“单价”字段的右侧再复制“单价”字段，同时在第 2 个“单价”字段下方输入“>9000”，表示 9000 以上价格。因为筛选条件中的值不在同一行表示“或”的关系，如图 12-7 所示。

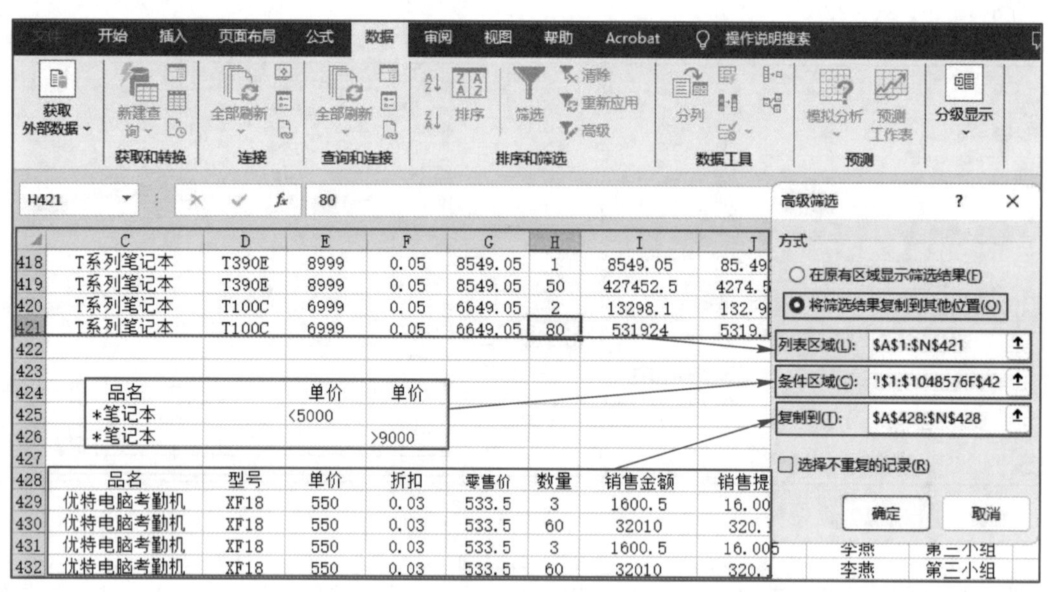

图 12-7 高级筛选

⑤ 在工作表中，依次单击“数据”选项卡“排序和筛选”组中的“高级”按钮，在打开的“高级筛选”对话框中，在“方式”选中“将筛选结果复制到其他位置”复选框，以避免筛选结果覆盖原处的数据，检验设置是否正确；在“列表区域”选择原数据（注意要包含数据的标题行），在“条件区域”选择筛选条件（也要包含复制过来的标题行），在“复制到”栏单击表格的空白单元格，最后单击“确定”按钮，即将筛选的结果放在“复制到”文本框指定的第 1 个单元格的范围内，如图 12-7 所示。建议每个区域之间空 1 ~ 2 行，分隔各数据区域。

小技巧

在高级筛选中，要注意以下几点：

① 条件区域和数据区域要有空行或者空列进行间隔。

② 条件区域中使用的列标题必须与数据区域中的列标题完全相同。

③ 条件区域不必包含数据区域中的所有列标题。

④ 如果需要含有相似的记录，使用通配符“*”和“？”。

⑤ 对于复合条件，遵循的原则是：条件写在同一行表示条件之间是“与”关系，写在不同行表示条件是“或”关系。

12.2.3　汇总分析销售业绩表

在数据表格中只知道筛选和排序操作是不够的。分类汇总是一种很重要的操作，它是分析数据的一项有力的工具，在 Excel 中使用分类汇总可以十分轻松地汇总数据。

1. 单级分类汇总

在进行分类汇总之前，需将分类字段进行排序。

微课 12-4
汇总分析销售业绩表

利用分类汇总，对销售小组业绩进行汇总分析。

【操作步骤】

① 复制“销售记录”工作表，重命名为“单级分类汇总”。

② 分类汇总前先要对分类字段进行排序，升序或降序都不重要，关键是要将相同的数据放在一起。此处先对“销售分组”按升序排序。

③ 单击“数据”选项卡“分级显示”组中的“分类汇总”按钮，如图 12-8 所示。

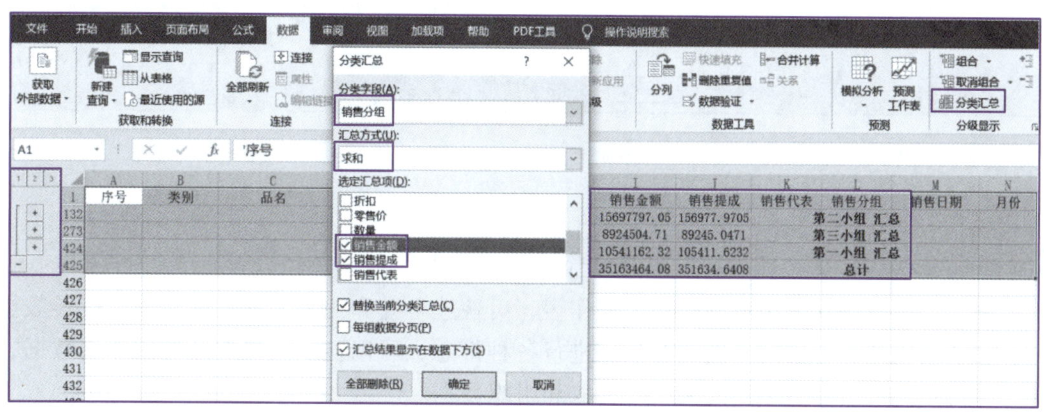

图 12-8　分类汇总

④ 在打开的“分类汇总”对话框中，选择分类字段为“销售分组”（即排序字段），汇总方式为“求和”，“选定汇总项”为“销售金额”“销售提成”，在此处可以多选，如图 12-8 所示，单击“确定”按钮。

⑤ 分类汇总后，在数据表的左上角会出现 1 2 3 的标识，表示有 3 个层次的数据，其中第 3 层次表示数据的明细层次，第 2 层次显示每个小组的汇总数据，第 1 层次显示全部小组的汇总结果，如图 12-8 所示。

2. 多级分类汇总

当需要在一项指标汇总的基础上按另一项指标进行汇总时，就要使用分类汇总的嵌套功能。

利用多次分类汇总，按照销售月份对销售小组业绩进行多级分类汇总。

【操作步骤】

① 复制“销售记录”工作表，重命名为“多级分类汇总”。

② 利用“自定义排序”，主要关键词“销售分组”按升序排序，次要关键词“月份”按升序排序。

③ 依次单击“数据”选项卡“分级显示”组中的“分类汇总”按钮。

④ 在打开的“分类汇总”对话框中，选择分类字段为“销售分组”（即排序字段），汇总方式为“求和”，“选定汇总项”为“销售金额”“销售提成”，在此处可以多选，如图 12-8 所示，单击“确定”按钮。

⑤ 此时，完成了按照“销售分组”进行了第一次分类汇总。

⑥ 再次单击“分类汇总”按钮，设置“分类字段”为“月份”，其他的选择项不变。另外必须要取消选中“替换当前分类汇总”复选框，则可以在第一层分类汇总基础上再进行第二次分类汇总，单击“确定”按钮，如图 12-9 所示。

⑦ 设置完毕后，单击表格左上角的 1 2 3 4 层次等级，依次单击数字 1、2、3、4，则可以看到不同级别的分类汇总数据信息，如图 12-9 所示。

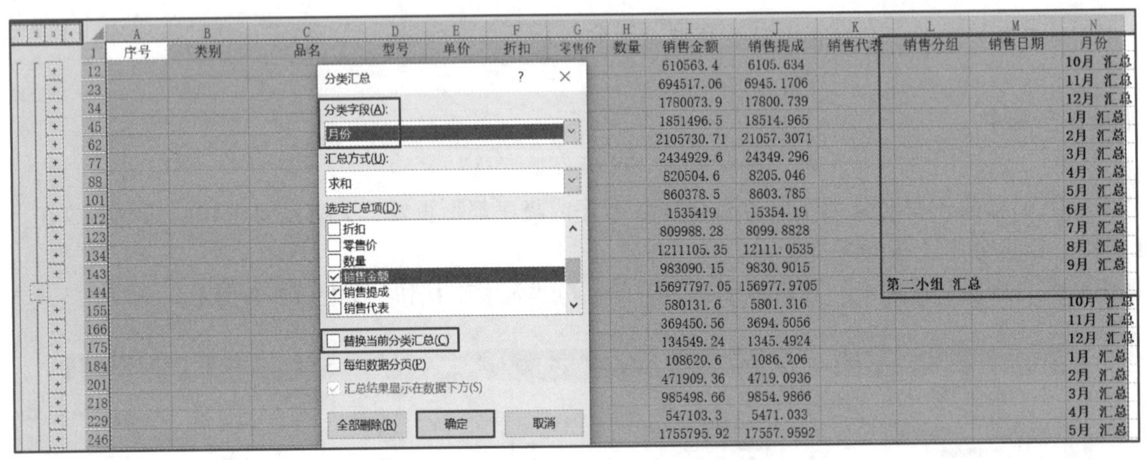

图 12-9　多次分类汇总

微课 12-5

制作网店销售数据透视表

12.2.4　制作网店销售数据透视表

数据透视表是一种交互式工作表，可快速合并和比较大量数据，可以旋转数据表的行和列，并从不同的角度对源数据进行各种汇总，可以显示感兴趣区域的明细数据，还可以按不同的需要、不同的关系来提取和组织数据。

1. 按销售店铺分析商品销售情况

利用数据透视表，查看每月的销售冠军。

【操作步骤】

① 复制“销售记录”工作表，重命名为“查看销售冠军的数据透视表”。

② 单击“插入”选项卡“表格”组中的“数据透视表”按钮。

③ 在打开的对话框中，选中“新工作表”单选按钮，如图 12-10 所示，单击“确定”按钮。

④ 只要单击数据区域的任意单元格，将会自动扩充到整个数据区域，因此“表 / 区域”中的数据区域是不需要特意选择的。

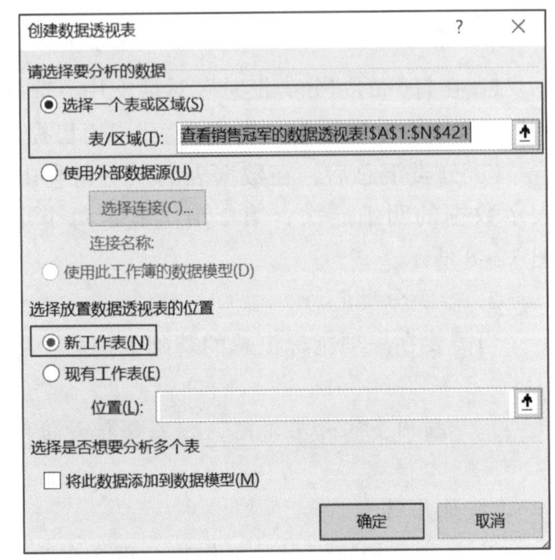

图 12-10　创建数据透视表

⑤ 在新的工作表中，将右侧的“数据透视表字段”任务窗格中的“销售日期”拖动到“列”，则会自动显示“月”的信息；将“销售代表”拖动到“行”；将“销售金额”拖动到“值”区域，如图 12-11 所示。

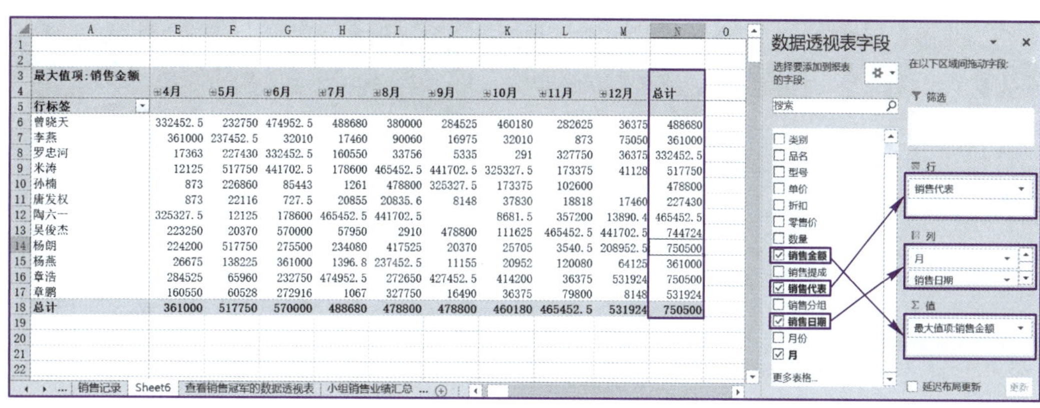

图 12-11　数据透视表

⑥ 选择 B6:N18 的数据区域，单击“开始”选项卡“数字”组中的“其他”按钮，在打开的对话框中，在“分类”列表框中选择“数值”选项，保留小数位数为“2”，如图 12-12 所示。

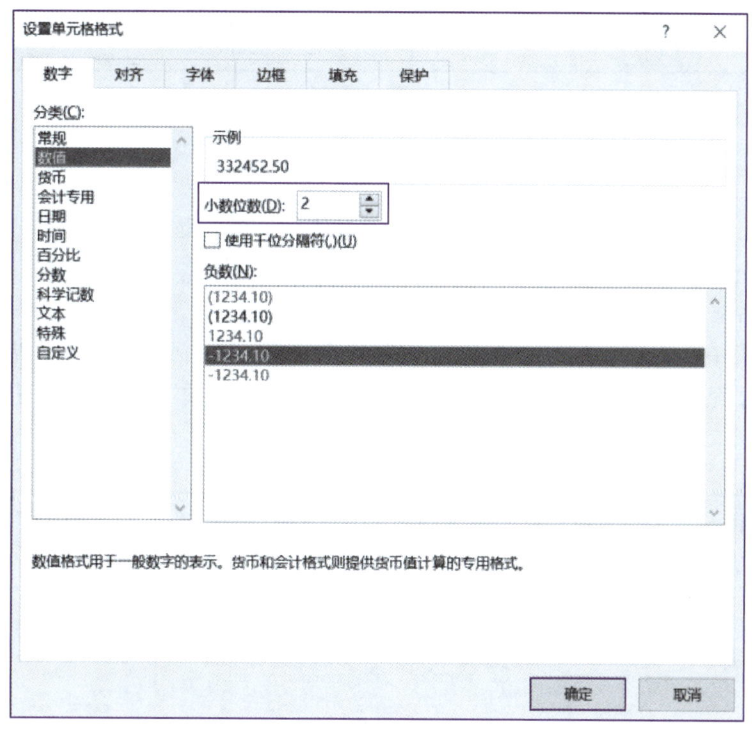

图 12-12　设置单元格格式

⑦ 设置显示规则。选择 B6:B17 单元格，单击“开始”选项卡“样式”组中的“条件格式”下拉按钮，在弹出的下拉列表中选择“最前 / 最后规则→前 10 项”命令，在打开的对话框中，选择“1”，设置颜色为“浅红填充色深红色文本”，单击“确定”按钮，如图 12-13 所示。

⑧ 重新选择 B6: B17 单元格，双击“格式刷”按钮，刷一下 C6: C17 区域，2 月的销售冠军就凸显出来了；用同样的方法依次刷出其他月份的销售冠军，以及年度销售冠军。

2. 按销量和竞争度来分析商品

按类别查看每月中销售最好的商品品名。

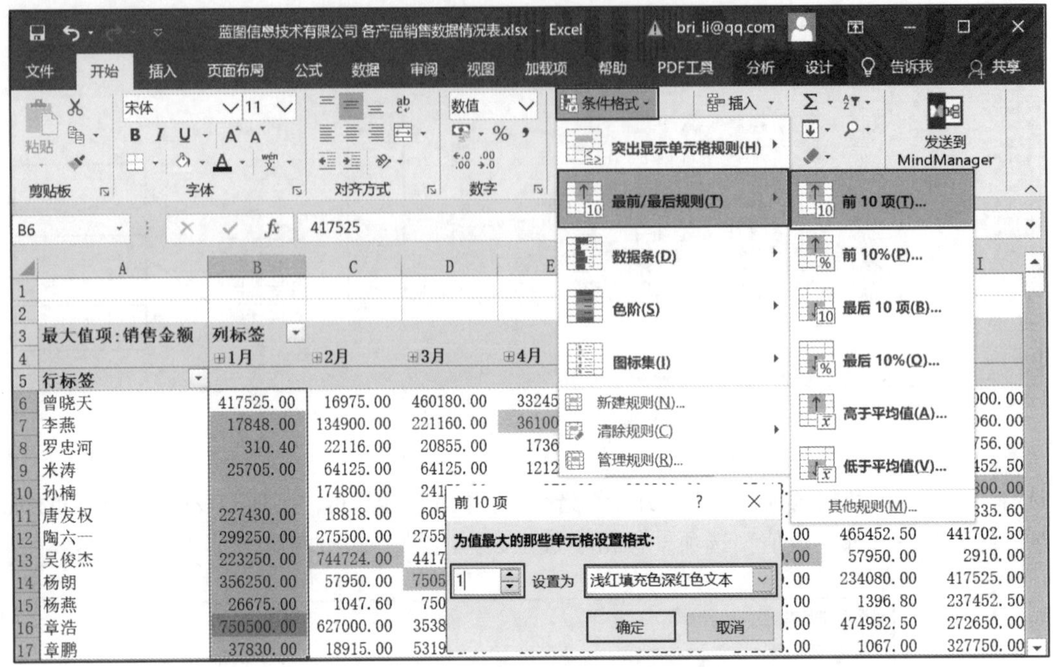

图 12-13 条件格式

【操作步骤】

① 复制“销售记录”工作表，重命名为“查看商品销售的数据透视表”。

② 单击“插入”选项卡“表格”组中的“数据透视表”按钮。

③ 在打开的对话框中，选中“新工作表”单选按钮。

④ 在新的工作表中，将右侧的“数据透视表字段”任务窗格中的“销售日期”拖动到“列”，则会自动显示“月”的信息；将“品名”拖动到“行”；将“销售金额”拖动到“值”区域，如图 12-14 所示。

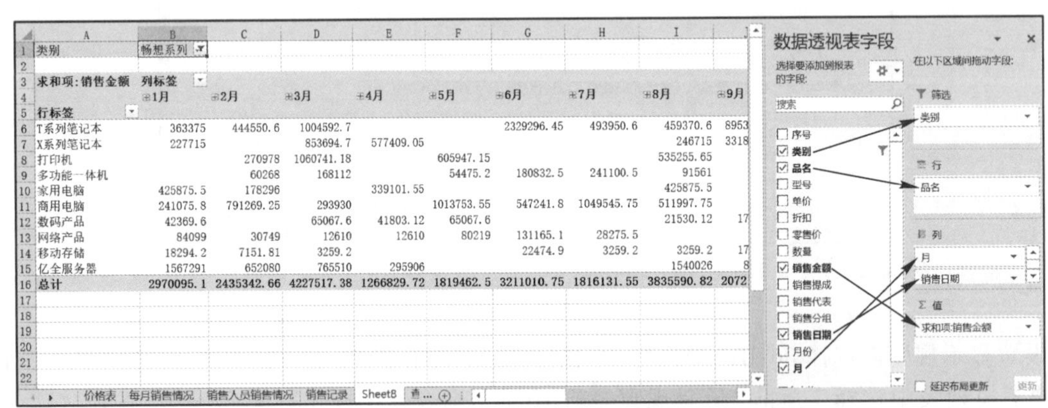

图 12-14 利用数据透视表查看销售最好的商品品类

⑤ 将“类别”拖动到“筛选”区域，则可以根据“类别”查看不同品类的销售情况。

⑥ 设置显示规则。选择 B6:B28 单元格，单击“开始”选项卡“样式”组中的“条件格式”下拉按钮，在弹出的下拉列表中选择“新建规则”命令，在打开的对话框中，选择“最小值”设置颜色为“白色”，选择“最大值”设置颜色为“橙色”，单击“确定”按钮，如图 12-15 所示。

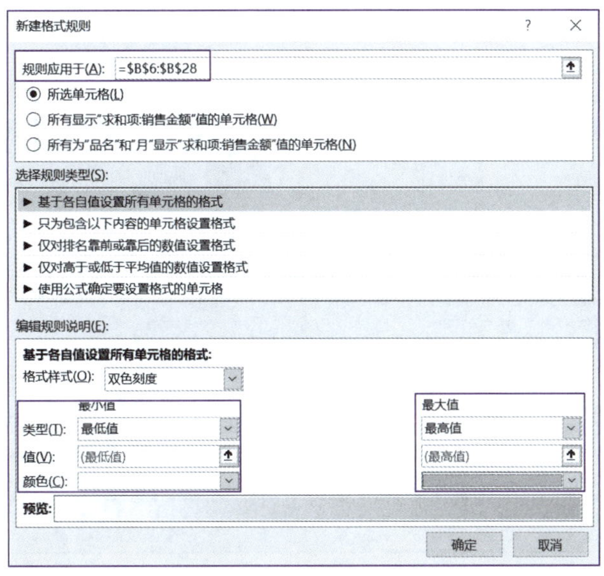

图 12-15　新建格式规则

⑦ 重新选择 B6: B28 单元格，双击"格式刷"按钮，刷一下 C6: C28 区域，2 月各品类的商品销售情况就凸显出来了；用同样的方法依次刷出其他月份以及年度的各商品的销售情况。效果如图 12-16 所示。

求和项:销售金额 / 行标签	1月	2月	3月	4月	5月	6月	7月	8月	9月	10月	11月	12月	总计
T系列笔记本	363375.00	444550.60	1004592.70			2329296.45	493950.60	459370.60	895372.15			953321.20	6943829.30
X系列笔记本	227715.00		853694.70	577409.05				246715.00	331834.05	1057136.25	379525.00		3674029.05
传真纸	333.68				473.36		247.35			691.61	333.68		2079.68
打印机		270978.00	1060741.18		605947.15			535255.65			145177.50	40012.50	2658111.98
打印纸			907.92		1431.72							17494.92	19834.56
大明扫描仪	28789.60	61527.10	17314.50		20777.40	237006.00	254320.50		20777.40	28789.60	17314.50	44212.60	730829.20
大明投影仪		142927.50		390763.50	230641.00		163761.00						928093.00
冬普传真机	19167.20	59856.76	19194.36		43964.28		17809.20	19194.36		21301.20	38361.56	66690.00	305538.92
多功能一体机		60268.00	168112.00		54475.20	180832.50	241100.50	91561.00		141095.10	121581.00	76551.00	1135576.30
复印纸		3334.86		1552.00			1449.18				925.38		7261.42
光面彩色激光相纸		2918.73		887.55		1393.89	1088.34			742.05		1178.55	8209.11
家用电脑	425875.50	178296.00		339101.55				425875.50		596220.00	440895.00	538573.05	2944836.60
墨盒	81642.96		1614.08					13199.76	8310.96			13785.64	118553.40
商用电脑	241075.80	791269.25	293930.00		1013753.55	547241.80	1049545.75	511997.75			805927.75	221489.65	5476231.30
数码产品	42369.60		65067.60	41803.12	65067.60			21530.12	17314.50	42369.60		22745.60	219267.74
四星复印机		286520.00	286520.00	368220.00	1056210.00	654740.00		340860.00			340860.00		3333930.00
碳粉		6925.80	4452.30	960.30			1412.32						13750.72
投影胶片		706.16					706.16						1412.32
网络产品	84099.00	30749.00	12610.00	12610.00	80219.00	131165.10	28275.50						379727.60
硒鼓			22106.30		29255.20		22106.30	34881.20	17479.40	8855.13		14064.03	148747.56
移动存储	18294.20	7151.81	3259.20			22474.90	3259.20	3259.20	17042.90		3611.31		78352.72
亿全服务器	1567291.00	652080.00	765510.00	295906.00				1540026.00	810616.00				5631429.00
优特电脑考勤机	28275.50	19671.60		28275.50		33610.50				70713.00	86184.00	37102.50	303832.60
总计	**3128304.04**	**3019731.17**	**4579626.84**	**2057488.57**	**3202215.46**	**4137761.14**	**2279031.90**	**4243726.14**	**2118747.36**	**1967913.54**	**2380696.68**	**2048221.24**	**35163464.08**

图 12-16　每月各商品销售情况表

12.2.5　制作员工业绩统计图

Excel 具有非常强大的图表生成功能，图表可以把复杂数据以直观、清晰的形式呈现出来，可以清楚地看到数据变化的规律。图表在实际生活以及生产过程中具有广泛的应用。

微课 12-6
制作员工业绩统计图

1. 插入图表

分析并制作每种产品的销售业绩分布图。

【操作步骤】

① 单击"每月销售情况"工作表中的任意单元格。

② 单击"插入"选项卡"图表"组中的"插入柱形图或条形图"下拉按钮，在弹出的下拉列表中选择"三维柱形图"中的"三维簇状柱形图"图表，此时在工作表区域自动出现了图表。

③ 选择刚插入的图表，在“图表工具 – 设计”选项卡“图表样式”组中更改为“样式 3”，如图 12–17 所示。

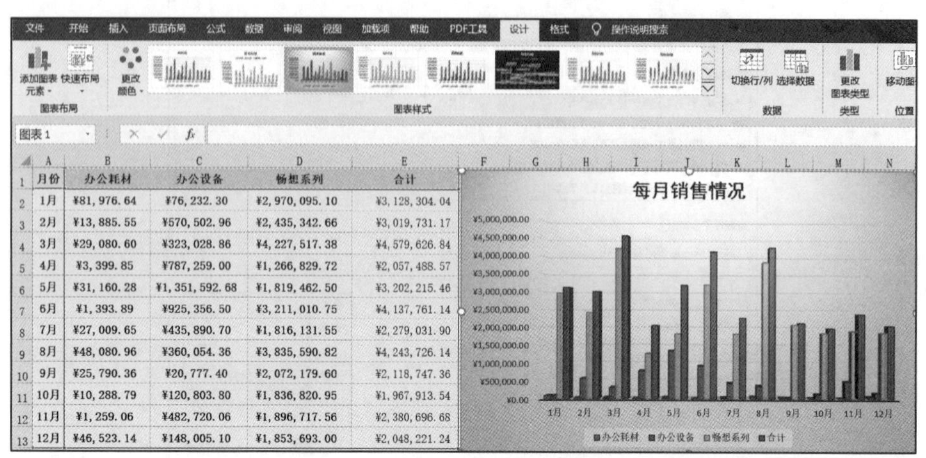

图 12–17 插入图表

④ 修改图表标题为“每月销售情况”。

2. 数据透视图

数据透视图以图形形式表示数据透视表中的数据。与数据透视表类似，可以更改数据透视图的布局和数据。数据透视图与数据透视表不同的地方在于它可以选择适当的图形、多种色彩来描述数据的特性。

利用数据透视图，分析展示每个销售小组的销售业绩情况。

【操作步骤】

① 复制“销售记录”工作表，重命名为“数据透视图”。

② 单击“插入”选项卡“图表”组中的“数据透视图”下拉按钮，在弹出的下拉列表中选择“数据透视图”命令。

③ 在打开的对话框中，选中“新工作表”单选按钮。

④ 在新的工作表中，将右侧的“数据透视图字段”任务窗格中的“销售分组”拖动到“轴（类别）”，将“销售金额”拖动到“值”区域。

⑤ 单击“数据透视图工具 – 设计”选项卡“类型”组中的“更改图表类型”按钮，修改图表类型为“饼图→三维饼图”。

⑥ 选择“添加图表元素”下的“图例”，设置为“底部”。

⑦ 修改“图表样式”为“样式 5”。单击图表上的“数据标签”，在右侧“设置数据标签格式”任务窗格中单击“标签选项”，选中“类别名称”和“百分比”复选框，设置数据标签的文字颜色为“白色”，如图 12–18 所示。

12.3 相关知识

12.3.1 分类汇总

1. 分类汇总

把资料进行数据化后，先按照某一标准进行分类，然后在分完类的基础上对各类别相关数据分别进行求和、求平均数、统计个数、求最大值、求最小值等方法的汇总。

在 Excel 中可以创建嵌套的分类汇总，先要确保主关键字和次关键字都要进行排序，然后再进行分类汇总。

2. 分级显示数据

在建立了分类汇总的工作表中，数据是分级显示的。第 1 级数据是汇总项的平均值，第 2 级数据是分类汇总数据组各汇总项的平均值，第 3 级数据是数据清单的原始数据，利用分级显示可快速地显示汇总信息。

下面介绍分级视图中的各个按钮的功能：

一级数据按钮 1：只显示数据表格中的列标题和汇总结果，该级为最高级。

二级数据按钮 2：显示分类汇总结果即二级数据。

三级数据按钮 3：显示所有的详细数据即三级数据。

分级显示按钮 +：表示高一级向低一级展开显示。

分级显示按钮 -：表示低一级折叠为高一级数据显示。

分级显示是相对汇总数据而言的，位于汇总数据的上面，即数据表格中的原始记录。

12.3.2　数据透视表和数据透视图

可使用数据透视表汇总、分析、浏览和呈现汇总数据。数据透视图通过对数据透视表中的汇总数据添加可视化效果来对其进行补充，以便用户轻松查看比较、模式和趋势。借助数据透视表和数据透视图，用户可对企业中的关键数据做出明智的决策。

1. 数据透视表

数据透视表是一种可以快速汇总大量数据的交互式方法。可用于深入分析数值数据和回答有关数据的一些预料之外的问题。数据透视表专门针对以下用途设计：

① 以多种用户友好的方式查询大量数据。

② 分类汇总和聚合数值数据，按类别和子类别汇总数据，以及创建自定义计算和公式。

③ 展开和折叠数据级别以重点关注结果，以及深入查看感兴趣的区域的汇总数据的详细信息。

④ 可以通过将行移动到列或将列移动到行（也称为“透视”），查看源数据的不同汇总。

⑤ 通过对最有用、最有趣的一组数据执行筛选、排序、分组和条件格式设置，可以重点关注所需信息。

⑥ 提供简明、有吸引力并且带有批注的联机报表或打印报表。

2. 数据透视图

数据透视图为关联数据透视表中的数据提供其图形表示形式。数据透视图也是交互式的。在创建数据透视图时，会显示数据透视图筛选窗格。可使用此筛选窗格对数据透视图的基础数据进行排序和筛选。对关联数据透视表中的布局和数据的更改将立即体现在数据透视图的布局和数据中，反之亦然。

数据透视图显示数据系列、类别、数据标记和坐标轴（与标准图表相同），也可以更改图表类型和其他选项，如标题、图例的位置、数据标签、图表位置等。

12.3.3　数据图表

如今，大数据已广泛应用于各个行业，Excel 也在适应大数据时代的发展，不断强化数据分析的功能。

1. 数据图表类型

Excel 2016 增加了多种图表，如用户可以创建表示相互结构关系的树状图、分析数据层次占比的旭日图、判断生产是否稳定的直方图、显示一组数据分散情况的箱形图和表达数个特定数值之间的数量变化关系的瀑布图等。数据图表可直观展示统计信息属性（时间性、数量性等），对知识挖掘和信息直观生动感受起关键作用的图形结构，是一种能很好地将对象属性数据直观、形象地“可视化”手段。

Excel 2016 常用的图表类型如图 12-18 所示。

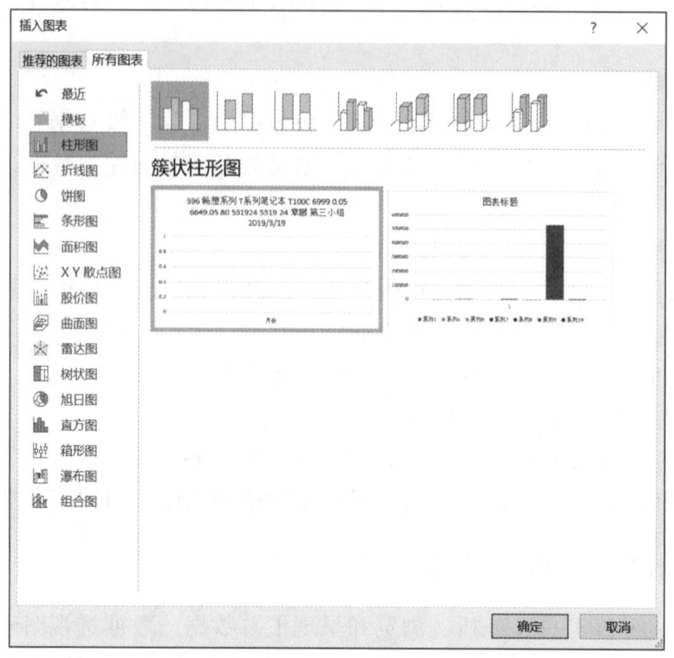

图 12-18 Excel 2016 常用的图表类型

拓展阅读

数据图表类型、适用场景及优势

图表是指直观展示统计数据的图形结构，由表头和数据区两部分组成。在数据报告中，使用图表可以化冗长为简洁，化抽象为具体，使得想要传达的重要信息清晰明了、通俗易懂，更容易为受众所接受。图表的类型多种多样，有各自不同的适用场景，如图 12-19 所示。

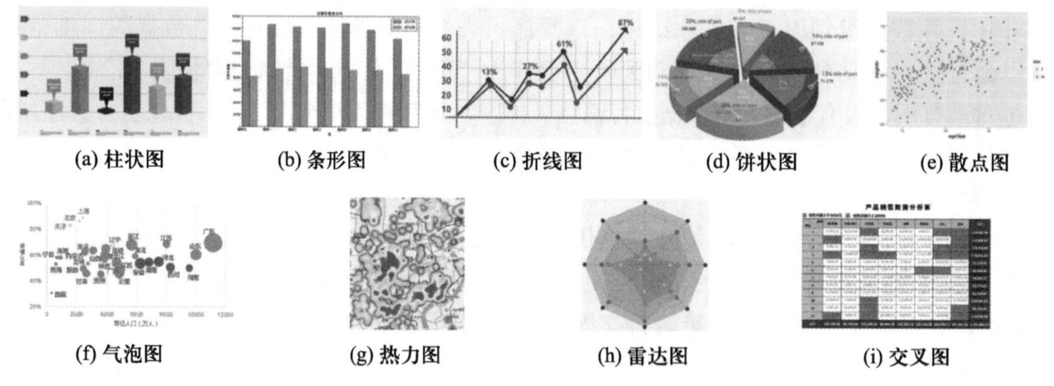

图 12-19 常见的数据图表的适用场景

2. 数据图表制作要点

① 图表信息要完整。图表需要包含完整的元素，分别包括标题、图例、单位、脚注、资料来源等。其中图表标题介绍图表的主题；图例展示不同项目的标识；单位是对图表中数据单位的说明；脚注是对图表中的某一元素进行说明；资料来源赋予数据可信度。

② 图表的主题应明确，在标题中清晰体现。在图表的标题中直接说明观点或者需要强调的重点信息，切中主题，如“公司销售额翻了一番”“A 区产量居第二”。

③ 避免生成无意义的图表。在某些情境下，表格比图表更能有效地传递信息，避免生成无意义的图表。

④ Y 轴刻度从 0 开始。若使用非 0 起点坐标必须有充足的理由，并且要添加截断标记。

3. 数据图表美化要点

① 最大化数据墨水比。图表中的每个元素都应有存在的意义，否则要删除该元素，即在图表中增强和突出数据元素，减少和弱化非数据元素。图表中的曲线、条形、扇形等代表的是数据信息，称为数据元素；网格线、坐标轴、填充色等跟数据无关的称为非数据元素，在制作图表时应该删除。

② 选择合适的字体及数字格式。选用合适的字体可以增加图表的整洁感和美观度，一般情况下，图表中的中文字体推荐使用微软雅黑或宋体，数字和字母标注使用 Arial 字体更为美观。

③ 图表的色彩应柔和、自然、协调。图表的色彩运用得当可以增强图表的信息传递效果，建议在图表中使用同一色调的不同饱和度，保证配色是协调、自然的。

12.4　项目小结

本项目通过分析产品销售业绩，介绍 Excel 软件中数据排序、自动筛选、高级筛选、分类汇总、数据透视表、数据透视图、数据图表的操作方法。

通过本项目的学习和训练，让学习者掌握工作表数据排序筛选、统计分析的能力，提高学习者利用数据透视表和图表灵活地改变源数据表的布局结构，从多个角度观察分析表中数据间的关系，能独立完成如业绩考核表、评奖评优表、销售数据分析表等数据表格的分析工作。引导学习者养成数据信息筛选、数据信息分析的思维，培养学习者图表信息展示的能力，以及主动学习、主动探索的能力。

12.5　IT 工作室

打开素材文件夹下的员工工资表 .xlsx，完成如下操作：

1. 在数据表的最后一列（即领取签名列）前插入一列，命名为“排名”，用 RANK 函数计算出每个员工在本月中的收入排名。

提示：RANK（Number,Ref,Order），表示返回一个数字在数字列表中的排位。

Number：为需要找到排位的数字。

Ref：为数字列表数组或对数字列表的引用。Ref 中的非数值型参数将被忽略。

Order：为一数字，指明排位的方式。如果 Order 为 0（零）或省略，Excel 对数字的排位是基于 Ref 按照降序排列的列表。如果 Order 不为零，Excel 对数字的排位是基于 Ref 按照升序排列的列表。

2. 制作设计部职工“张力”的收入结构图表；图表类型是“饼图”，图表标题为“张力收入结构图”；在新工作表中生成图表，并将新工作表命名为“张力收入结构图”。

3. 制作各部门“基本工资”“实发工资”平均值图表；图表类型是“簇状柱形图”，图表标题是“各部门工资对比图”，数值轴标题是“元”；生成图表工作表并命名为“部门工资对比图”；编辑及格式化图表：

（1）图表标题及数值轴标题均设置为隶书、20 磅、蓝色。

（2）数值轴刻度最小值 500、最大值 4 000；刻度单位 300。

4. 用数据透视表来查找整个公司工资最高的前 10 个员工，具体要求如下：

（1）透视表位置：新工作表中。

（2）行字段：姓名。

（3）数据项：岗位工资、薪级工资、绩效工资、应发工资、住房公积金、养老保险金、失业保险、工会会费、所得税、实发工资等。

将工作表重命名为“工资前十名”。

5. 用数据透视表来分析每个部门的工资情况，具体要求如下：

（1）透视表位置：新工作表中。

（2）页字段：月份。

（3）行字段：部门。

（4）数据项：岗位工资、薪级工资、绩效工资、应发工资、住房公积金、养老保险金、失业保险、工会会费、所得税、实发工资等，均统计所有数据的平均值。

将工作表重命名为“分析各部门的平均工资”。

6. 用数据透视图中的折线图来分析每个部门的最高工资情况，具体要求如下：

（1）透视表位置：新工作表中。

（2）页字段：月份。

（3）行字段：部门。

（4）数据项：岗位工资、薪级工资、绩效工资、应发工资、实发工资等，均统计所有数据的最高值。

将工作表重命名为“分析各部门的最高工资走势图”。

项目 13

制作员工获奖证书

13.1 项目分析

制作员工获奖证书

PPT

项目描述

为表彰蓝图信息技术有限公司的优秀员工，市场营销中心张总监要求蓝蓝统计各部门的优秀员工信息，然后制作荣誉证书。

项目要求

1. 多人协同编辑文档

在公司 QQ 群中启动“群在线文档”编辑功能，多部门协同编辑“蓝图员工获奖信息 .xlsx”，并导出“本地 Excel 表格”。

2. 制作员工获奖证书模板

在 Word 文档中，设置纸张方向为“横向”；插入“证书 .jpg”图片，并设置为当前页面背景；利用文本框，添加“姓名”等荣誉证书文字内容，内容如图 13-1 所示。

图 13-1　荣誉证书样文

3. 用自选图形制作电子印章

（1）插入形状并为形状着色

绘制自选图形椭圆和星形（五角）图案，设置椭圆边框线条为复合类型“由粗到细”，宽度 4 磅，颜色为深红色，圆形图案无填充颜色；设置星形图案线条和填充颜色均为深红色。

（2）插入艺术字并调整形状

插入艺术字“蓝图信息技术有限公司”，设置艺术字样式为“拱形”效果。

（3）组合形状

将圆形图案、星形图案、艺术字等全部组合。

（4）图文混排

将组合的图形放在证书文档内，并设置为“浮于文字上方”的环绕方式。

员工获奖证书

4. 用邮件合并制作获奖证书

利用邮件合并功能，将 Excel 表格中的员工获奖信息导入到 Word 文档中的荣誉证书内，为每个获奖员工制作一份荣誉证书。

13.2 项 目 实 现

13.2.1 多人协同编辑文档

微课 13-1 多人协同编辑文档

蓝蓝需要在线收集公司获奖员工信息，需要协同各个部门一起汇总收集信息。蓝蓝利用公司 QQ 群在线文档编辑功能，实现 PC 端、手机和平板电脑随时随地、多人协作式编辑文档内容。

1. 共享 Excel 文档

新建并共享 Excel 文档“蓝图员工获奖信息 .xlsx”。

【操作方法 1】

① 在 Excel 软件中，新建文档“蓝图员工获奖信息 .xlsx”。

② 将文档上传到“蓝图信息技术有限公司”官方 QQ 群。

③ 在手机 QQ 上打开文档，选择“邀请群成员一起填写表格”，如图 13-2 所示。

	A	B	C	D
1	姓名	性别	月份	荣誉
2	曾晓天	男	1月	月销售冠军
3	章浩	男	2月	月销售冠军
4	杨朗	女	3月	月销售冠军
5	陶六一	男	4月	月销售冠军
6	米涛	男	5月	月销售冠军
7	吴俊杰	男	6月	月销售冠军
8	孙楠	女	7月	月销售冠军
9	李燕	女	8月	月销售冠军
10	杨燕	女	9月	月销售冠军
11	罗忠河	男	10月	月销售冠军
12	唐发权	男	11月	月销售冠军
13	章鹏	男	12月	月销售冠军
14	冉一璇	女		技术部优秀员工
15	胡惠琳	女		综合部优秀员工
16	盛阳阳	女		财务部优秀员工
17	张韬	男		设计部优秀员工
18	梁晔	男		年度销售冠军

	A	B	C	D	E	F
1	姓名	性别	月份	荣誉		
2	曾晓天	男	1月	月销售冠军		
3	章浩	男	2月	月销售冠军		
4	杨朗	女	3月	月销售冠军		
5	陶六一	男	4月	月销售冠军		
6	米涛	男	5月	月销售冠军		
7	吴俊杰	男	6月	月销售冠军		
8	孙楠	女	7月	月销售冠军		
9	李燕	女	8月	月销售冠军		
10	杨燕	女	9月	月销售冠军		
11	罗忠河	男	10月	月销售冠军		
12	唐发权	男	11月	月销售冠军		
13	章鹏	男	12月	月销售冠军		
14	冉一璇	女		技术部优秀员工		
15	胡惠琳	女		综合部优秀员工		
16	盛阳阳	女		财务部优秀员工		
17	张韬	男		设计部优秀员工		
18	梁晔	男		年度销售冠军		
19	王冬升	男		年度销售冠军		
20	陈韶贵	男		年度销售冠军		
21	章天一	男		年度销售冠军		
22	宋成	男		年度销售冠军		

图 13-2 手机 QQ 群邀请好友在线编辑文档

【操作方法 2】

① 单击 QQ 面板上的腾讯文档图标，进入“腾讯文档”页面。

② 选择“文件→新建→在线表格”命令，输入表格内容。

③ 单击“分享”按钮，分享“蓝图信息技术有限公司”官方 QQ 群或微信群，群内成员可以一起在线编辑文档，如图 13-3 所示。

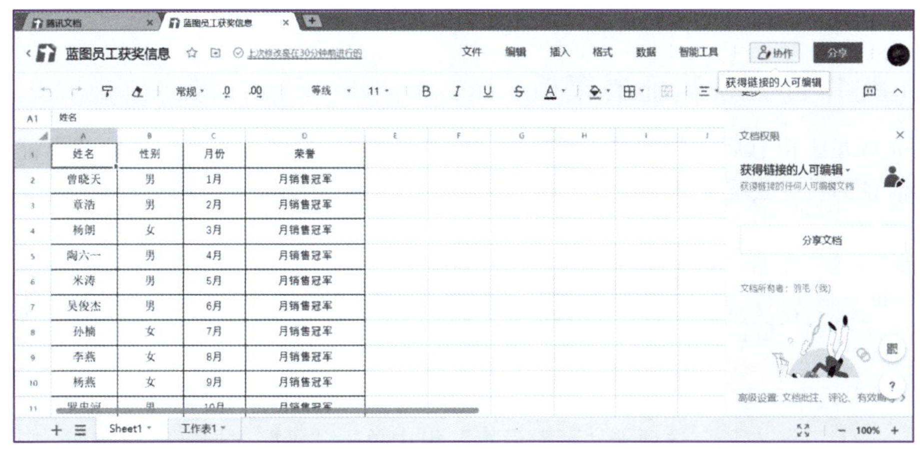

图 13-3　腾讯文档在线编辑内容

2. 多人协同编辑腾讯文档

获得文档分享链接的好友实现多人在线同时编辑腾讯文档。

【操作步骤】

① 好友收到文档分享链接后，单击打开，便可在线打开 Excel 表格。

② 每个人在对同一篇文档进行编辑的时候，系统自动实时保存，并且这种保存会以每一个编辑的人为单位进行实时保存。

③ 系统自动保存最新的编辑结果，每当重新打开文档的时候，看到的总是最新的编辑结果。同时，可以通过单击文档编辑页面右上角的“查看修订记录”按钮，查看到之前每个人的编辑记录。

3. 导出 Excel 文档

导出共享 Excel 文档“蓝图员工获奖信息 .xlsx”到本地文件夹。

【操作步骤】

① 选择“文件→导出为→本地 Excel 表格(.xlsx)”命令，将文档导出到本地文件夹，如图 13-4 所示。

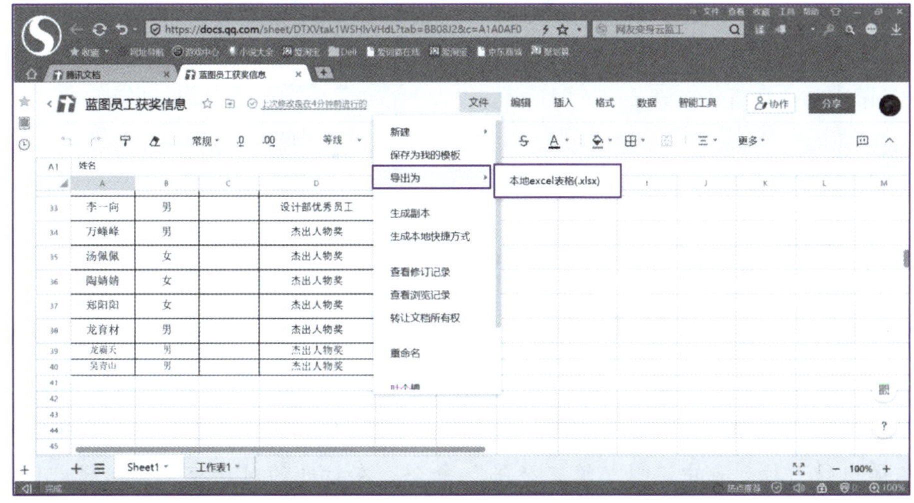

图 13-4　导出为本地 Excel 表格

② 在 Excel 软件中，打开文档，可进行编辑修改。

13.2.2 制作员工获奖证书模板

蓝蓝收集完成员工信息后，并通过百度搜索“证书”，收集参考了很多公司的荣誉证书模板，并开始来制作蓝图信息的员工获奖证书模板。

1. 页面设置

微课 13-2
制作员工获奖证书模板

设置纸张方向为“横向”。

【操作步骤】

① 在“布局”选项卡“页面设置”组中单击“纸张方向”下拉按钮。

② 在弹出的下拉列表中，选择“横向”命令，即可进行调整。

2. 给页面添加背景

不同的荣誉证书，主要的区别在于背景不同。蓝蓝从百度中搜索下载了一张证书背景。

插入“证书 .jpg”图片，并设置为当前页面背景。

【操作步骤】

① 在“插入”选项卡“插图”组中单击“图片”按钮。

② 打开“插入图片”对话框，选择素材文件夹下“证书 .jpg”图片。

③ 选择图片，在“图片工具 – 格式”选项卡中，用“裁剪”工具裁剪图片中多余的部分。

④ 单击“图片工具 – 格式”选项卡“排列”组中的“环绕文字”下拉按钮，在弹出的下拉列表中选择“衬于文字下方”命令，将图片置于文字下方，则可以在图片上方添加文字内容。

⑤ 拖动图片右下方白色小圆圈，调整图片到覆盖整个页面，如图 13–5 所示。

图 13–5 “给页面添加背景”操作

📖 小技巧

给多个页面添加相同图片背景的小技巧：单击“设计”选项卡“页面背景”组中的“页面颜色”下拉按钮，在弹出的下拉列表中选择“填充效果”命令，在打开的对话框中，选择“图片”选项卡，单击“选择图片”按钮，即可插入图片作为背景，如图 13–6 所示。

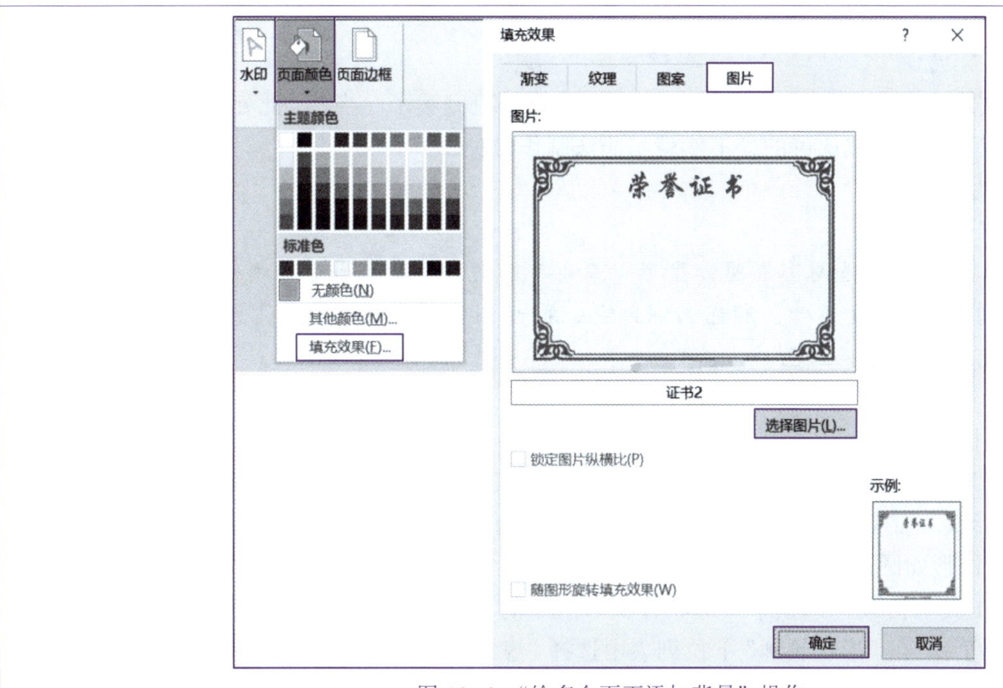

图 13-6 “给多个页面添加背景”操作

3. 用文本框添加文字

利用文本框，添加“姓名”等荣誉证书文字内容，其实现方法如图 13-7 所示。

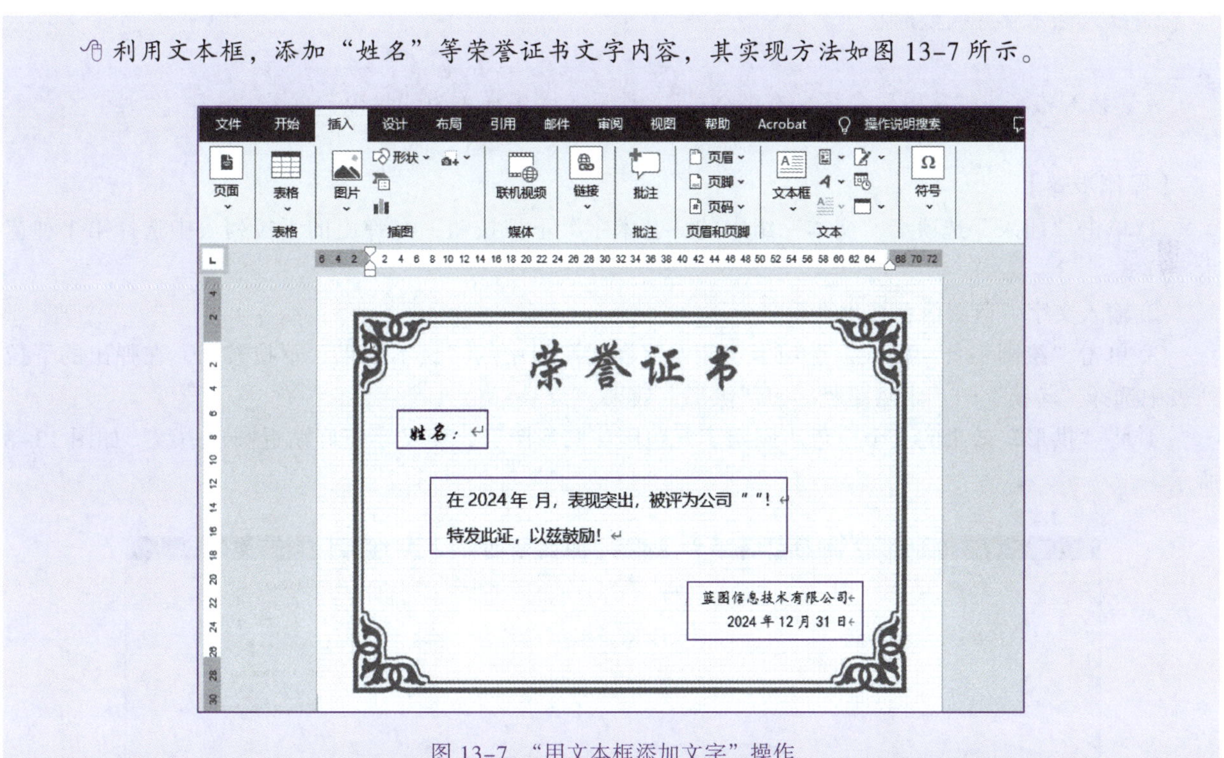

图 13-7 “用文本框添加文字”操作

【操作步骤】

① 添加横排文本框，输入“姓名”，设置字符格式为“华文行楷、28 磅”。

② 添加横排文本框，输入如图 13-7 所示的文字，设置格式为“微软雅黑、二号、首行缩进 2 字符”。

③ 在右下角添加横排文本框，输入公司名称和日期，设置格式为“楷体、20 磅”。

13.2.3 用自选图形制作电子印章

荣誉证书的正文内容设置完成后，再添加一个电子印章就更完美了。当然，此处只介绍制作的方法，毕竟用电子印章是需要公司授权认可的，不然就是非法制作啦！

1. 插入形状并为形状着色

绘制自选图形椭圆和星形（五角）图案，设置椭圆边框线条为复合类型“由粗到细”，宽度4磅，颜色为深红色，圆形图案无填充颜色；设置星形图案线条和填充颜色均为深红色。

微课 13-3
用自选图形制作电子印章

【操作步骤】

① 单击“插入”选项卡“插图”组中的“形状”下拉按钮，在弹出的下拉列表中选择“椭圆”形状，插入“椭圆”形状，在拖动鼠标绘制图案时，按住Shift键，可以绘制规则图形（规则图形如圆形、正方形等）。

② 单击“绘图工具－格式”选项卡“形状样式”组中的“形状填充”下拉按钮，在弹出的下拉列表中选择“无填充”命令；在“形状轮廓”下拉列表中选择“虚线→其他线条”命令，在右侧将会出现“设置形状格式”任务窗格。

③ 按照要求，依次设置椭圆边框线条为复合类型“由粗到细”，宽度为4磅，颜色为深红色。

④ 用同样的方法，添加并设置星形（五角）图形。

2. 插入艺术字并调整形状

插入艺术字“蓝图信息技术有限公司”，设置艺术字样式为“拱形”效果。

【操作步骤】

① 单击“插入”选项卡“文本”组中的“艺术字”下拉按钮，在弹出的下拉列表中选择第1种艺术字样式。

② 输入文字“蓝图信息技术有限公司”。

③ 单击“绘图工具－格式”选项卡“艺术字样式”组中的“文本效果”下拉按钮，在弹出的下拉列表中选择“转换”→“跟随路径”→“拱形”效果。

④ 将“拱形”效果的8个白色小圆圈正好包围住圆形图形，使文字正好贴近圆形边线，如图13-8所示。

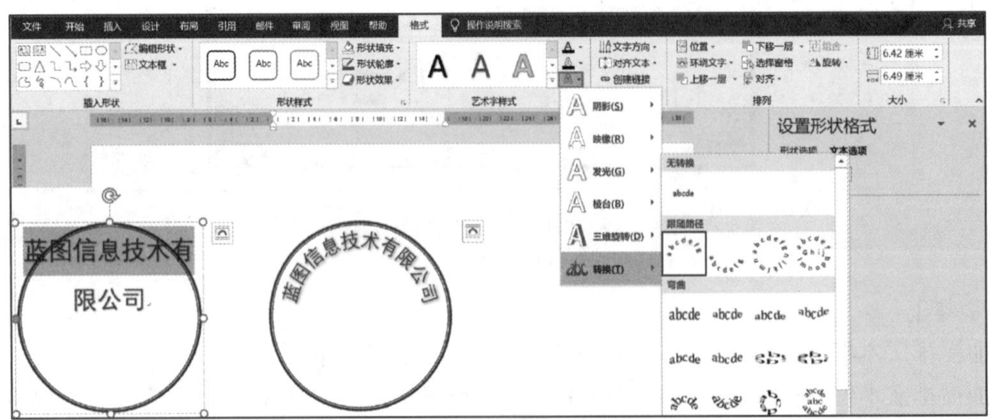

图 13-8 “调整艺术字形状”操作

⑤ 用同样的方法制作底部的数字。

3. 组合形状

将圆形图案、星形图案、艺术字等全部组合。

【操作步骤】

① 按住 Shift 键，依次单击圆形图案、星形图案、两个艺术字。

② 单击“绘图工具 – 格式”选项卡“排列”组中的“组合”按钮，即可将图形组合在一起了。若需要分开图形，可以在“组合”下拉列表中选择“取消组合”命令，即可分开组合的图形。

4. 图文混排

将组合的图形放在证书文档内，并设置为“浮于文字上方”的环绕方式。

【操作步骤】

① 复制（Ctrl+C 组合键）组合的图形，并粘贴（Ctrl+V 组合键）到证书文档，并拖动到“蓝图信息技术有限公司”文字附近。

② 选择组合图形，单击“绘图工具 – 格式”选项卡“排列”组中的“环绕文字”下拉按钮，在弹出的下拉列表中选择“浮于文字上方”命令。但会发现组合图案会盖住公司的文字信息。

③ 选择公司文字信息的文本框，单击“绘图工具 – 格式”选项卡“排列”组中的“上移一层”下拉按钮，在弹出的下拉列表中选择“置于顶层”命令。

④ 为了模拟真实性，可以稍微旋转一下自选图形。单击组合图形，此时，上方将出现旋转图标，按住鼠标稍微向左或向右偏移，如图 13-9 所示。

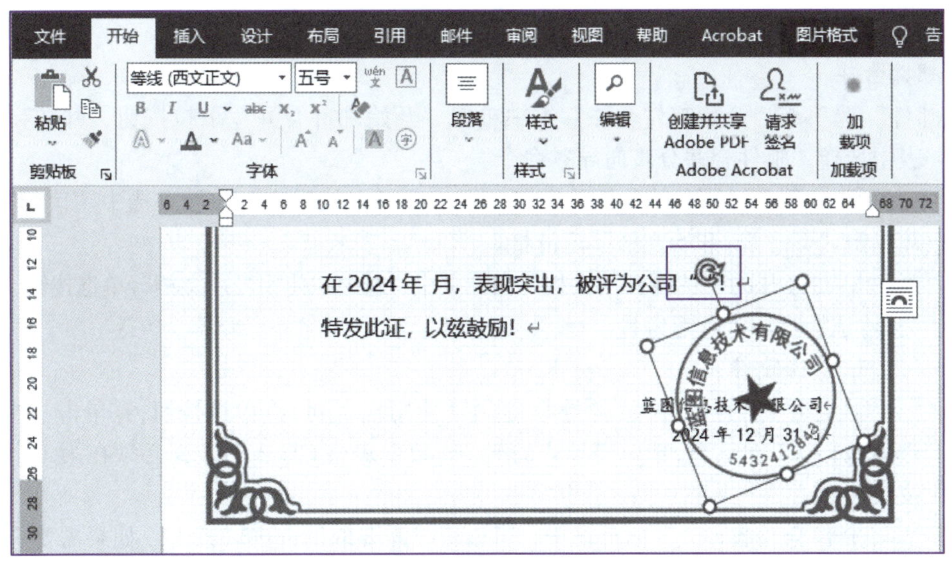

图 13-9 “图文混排”操作示意图

13.2.4 用邮件合并制作获奖证书

在日常工作中，经常需要批量制作一些主要内容相同，只是部分数据有变化的文件，如成绩单、邀请函、名片等，如果一个个制作的话，会浪费大量的时间。这时候就可以利用 Word 的邮件合并功能，可以帮助人们快速批量生成文件。

邮件合并是 Word 中一种可以批量处理的功能。在 Office 中，先建立两个文档：一个 Word 包括所有文件共有内容的主文档和一个包括变化信息的数据源 Excel 表格，然后使用邮件合并功能在主文档中插入变化的信息，合成后的文件用户可以保存为 Word 文档，可以打印出来，也可以通过邮件形式发送出去。

利用邮件合并功能，将 Excel 表格中的员工获奖信息导入到 Word 文档中的荣誉证书内，为每个获奖员工制作一份荣誉证书。其实现方法如图 13-10 所示。

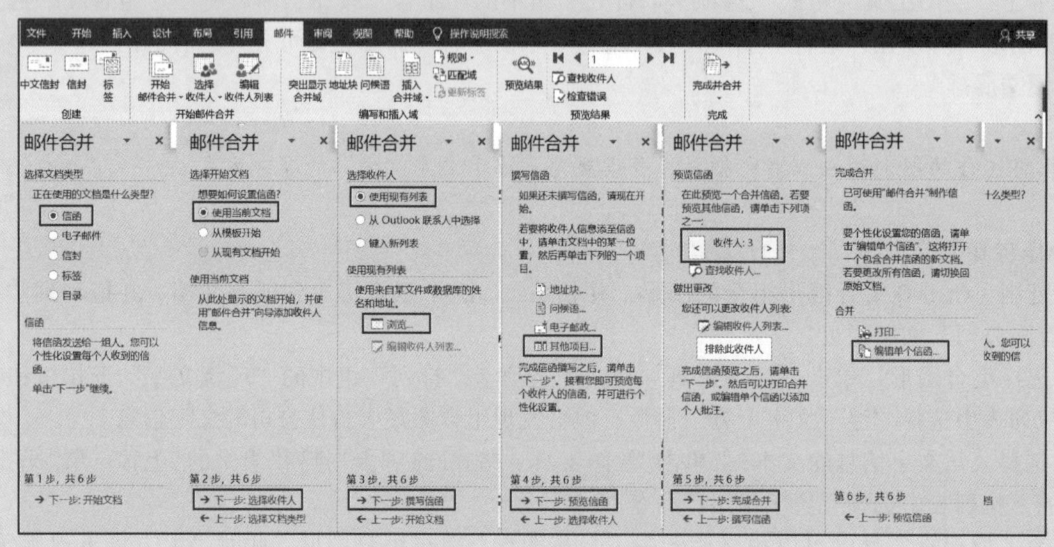

图 13-10 “邮件合并”操作

【操作步骤】

1. 开始邮件合并

① 在“邮件”选项卡“开始邮件合并”组中单击“开始邮件合并”下拉按钮，并在弹出的下拉列表中选择“邮件合并分步向导”命令。

微课 13-4
用邮件合并批量制作获奖证书

② 打开“邮件合并”任务窗格，在“选择文档类型”向导页选中“信函”单选按钮，并单击“下一步:开始文档”超链接。

③ 在打开的“选择开始文档”向导页中，选中“使用当前文档”单选按钮，并单击“下一步:选择收件人”超链接。

2. 选择收件人

① 打开“选择收件人”向导页，选中“使用现有列表”单选按钮，并单击“浏览”超链接。

② 打开“选取数据源”对话框，选中要导入的 Excel 数据表格（导入的数据必须在第 1 个工作表内），单击“确定”按钮。

③ 在打开的“邮件合并收件人”对话框中，可以根据需要取消选中联系人。如果需要合并所有收件人，直接单击“确定”按钮。

④ 返回 Word 文档窗口，在“邮件合并”任务窗格“选择收件人”向导页中单击“下一步:撰写信函”超链接。

3. 插入合并域

① 打开“撰写信函”向导页，将插入点光标定位到 Word 文档“姓名”的位置，然后根据需要单击“其他项目”超链接，在打开的“插入合并域”对话框中，选中需要插入的域“姓名”，如图 13-11 所示，单击“插入”按钮插入域“姓名”。

② 用以上的方法，依次插入域“月份”“荣誉”。

4. 设置规则

① 将插入点光标定位到“姓名”的位置。

② 单击“邮件”选项卡“编写和插入域”组中的“规则”下拉按钮，在弹出的下拉列表中选择“如果…那么…否则”规则，在打开的“插入 Word 域：如果”对话框中，设置如果“性别”是“男”，则插入文字“先生”，否则插入文字“女士”，如图 13-12 所示。

图 13-11　“插入合并域”操作示意图

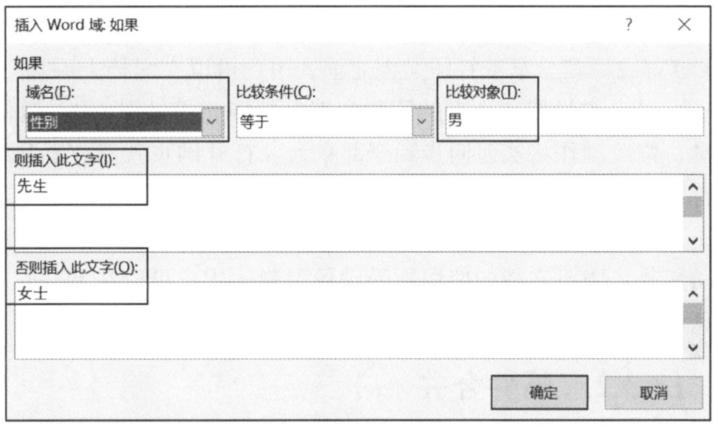

图 13-12　“插入 Word 域：如果”规则设置

③ 此时，效果如图 13-13 所示。撰写完成后单击“下一步：预览信函”超链接。

图 13-13　“插入 Word 域”规则设置后的效果

5. 完成并合并

① 在打开的“预览信函”向导页可以查看信函内容，单击“上一个”或“下一个”按钮可以预览其他联系人的信函。确认没有错误后单击“下一步：完成合并”超链接。

② 打开“完成合并”向导页，用户既可以单击“打印”超链接开始打印全部记录或部分记录；也可以单击“编辑单个信函”超链接，可以合并所有的记录或者部分记录。

13.3 相关知识

13.3.1 腾讯在线文档

腾讯文档是一款支持随时随地创建、编辑的多人协作式在线文档工具，支持工作日报、会议纪要、简历、工作日程、报名签到和工作汇报等模板；可以在线进行学生资料收集、社团报名收集、讲座签到收集、销售进度收集等资料收集，让信息收集轻而易举，保护隐私，填写内容对他人不可见；规范填写，确保数据信息有效性；方便整理，一键汇总至在线表格。

腾讯文档支持 Word、Excel、PPT 类型，可与腾讯文档相互转换。用户可以将文档同步分享给微信或 QQ 好友，在分享或打印文档之前，用户可以在文档上添加自定义的文字水印，保护文档的版权权益；用户可以自主设置协作者的阅读和编辑权限，可针对 QQ、微信好友设置文档访问权限，授权对方共同编辑，修改动作将实时同步到全部平台。打开网页就能查看和编辑，多人协作无须反复收发文件，实时查看协作者的修改内容，并且可以查看修订记录。

系统会对用户的输入进行自动保存，不用担心断网断电导致编辑的内容丢失，重新联网后文档内容自动恢复。腾讯文档的使用不受设备限制，用户可以在 Windows、macOS、iOS、Android 等设备终端使用该产品。

13.3.2 邮件合并

邮件合并：以固定模板来批量生成动态内容，包含 3 个核心定义：

① 固定模板：整封邮件中，大部分内容其实都是固定的。不变化的部分，既包含了不变的内容，如行文中的通用部分；也包含了不变的格式，如文字颜色、大小、背景图片等。

② 动态内容：例如，“荣誉证书”中有 3 个动态内容，依次为姓名、月份、荣誉。不同员工的荣誉证书，实际上只有这 3 个内容是不一样的。

③ 批量：既然在不变之中，只有 3 处变量，那么 Word 帮助实现的就是批量地将变量填充进去，整个过程完全是自动化的，不需要像手工操作那样来回地复制粘贴，而只需要设置好固定模板，指定好动态内容，只需一个按钮即可完成。

“邮件合并”不仅仅能生成邮件，相反，只要这个文件符合模板固定、内容动态的条件，它都可以用其来生成。

① 批量打印信封：按统一的格式，将电子表格中的邮编、收件人地址和收件人打印出来。

② 批量打印信件：从电子表格中调用收件人，更换称呼，信件内容基本固定不变。

③ 批量打印请柬：内容同② 。

④ 批量打印工资条：从电子表格调用数据。

⑤ 批量打印个人简历：从电子表格中调用不同字段数据，每人一页，对应不同信息。

⑥ 批量打印学生成绩单：从电子表格成绩中取出个人信息，并设置评语字段，编写不同评语。

⑦ 批量打印各类获奖证书：在电子表格中设置姓名、获奖名称等字，在 Word 中设置打印格式，可以打印众多证书。

⑧ 批量打印准考证、明信片、信封等个人报表。

总之，只要有数据源（电子表格、数据库）等，同时是一个标准的二维数表，就可以很方便地按一个记录一页的方式从 Word 中用邮件合并功能打印出来。

13.4 项目小结

本项目通过制订员工获奖荣誉证书，介绍腾讯文档的多人在线协同编辑表格信息，Word 文档中文本框、自选图形、艺术字的设置，以及邮件合并功能的应用。

通过本项目的学习和训练，使学习者学会信息化环境下多人协同办公，以及利用文本框、自选图形美化版面设计，能利用图文混排、邮件合并的功能对信封、信件、请柬、明信片、工资条、个人简历、学生成绩单、各类获奖证书、准考证等模板固定、内容动态文档进行编辑排版。引导学习者主动学习目前最新的信息技术，利用信息技术实现移动办公、多人协作办公，提升学习者的团队协作能力。

13.5 IT 工作室

一年一度的营销盛典年会很快就要举行了，销售部经理要求蓝蓝制作一份会议邀请函。一份精美的会议邀请函可以从侧面反映出会议承办者的会议组织能力。会议邀请函可分为两部分：一是以简洁的文字形式告知受邀者会议的主题，二是以背景图片点缀邀请函。

（1）制作邀请函

① 设置纸张大小为自定义大小，宽度为 21 厘米，高度为 21 厘米，纸张方向为横向。

② 正文字体为“楷体”、字号为“小四”，设置首行缩进为“2 字符”。

（2）制作嘉宾信息表

嘉宾信息见表 13-1。

表 13-1 嘉宾信息表

姓　名	公　司	职　务	称　呼
张家宣	蓝图信息有限公司	销售经理	女士
赵阳光	华为技术有限公司	销售专员	先生
章小鱼	艺博科技有限公司	销售经理	女士
吴江南	捷诚科技有限公司	销售经理	先生
李伯言	忆达科技有限公司	销售总监	先生
李乐岩	邦远科技有限公司	销售总监	先生

（3）批量制作邀请函

利用 Word 中的邮件合并功能，制作大批量的会议邀请函。可以利用（1）中制作好的邀请函作为主文档，将（2）中制作好的嘉宾信息表作为数据源，使用 Word 中的邮件合并功能，将数据源中的“姓名”“称呼”两个字段名称以插入域的方式插入到邀请函开头的“尊敬的”之后，最后将数据源合并到主文档上。

项目 14

编写颁奖盛典文稿

编写颁奖盛典文稿

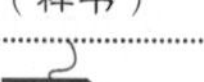

14.1 项目分析

项目描述

为表彰蓝图信息技术有限公司的优秀员工，市场营销中心张总监要求蓝蓝给颁奖盛典晚会制作晚会演示文稿，并且要求要有炫酷的动画效果、震撼的视觉体验，界面设计要美观大气，体现出企业的实力与成功。

颁奖盛典（样书）

项目要求

1. 幻灯片母版设计

给 PowerPoint 演示文档“颁奖盛典 .pptx”设计幻灯片母版版式，以及过渡页页面版式。

2. 幻灯片模板设计

设计“颁奖盛典 .pptx”中的封面页版式、目录页版式、过渡页版式、内容页版式、封底页版式，如图 14-1 所示。

图 14-1　颁奖典礼样文

3. 幻灯片动画设计

给幻灯片封面页增加“放烟花”的动画效果。给幻灯片内容页添加“滚动数字”的动画效果。给所有的幻灯片设置“页面卷曲”的幻灯片切换效果。给幻灯片封面、封底设置“涡流”的切换效果，伴有“鼓掌”音效，持续 4 秒时间。

4. 幻灯片交互设计

将所有幻灯片右下角的公司标志（LOGO）图标设置超级链接，将其链接到第 2 张幻灯片，实现单击公司 LOGO 自动跳转到第 2 张幻灯片。将第 2 张幻灯片中“第一篇章　领导寄语”文本框超级链接到第 3 张幻灯片，再用同样的方法设置其他文本框的动作。

5. 幻灯片切换设计

给当前的演示文稿进行“排练计时”；设置幻灯片放映方式为“演讲者放映”，手动放映。

6. 幻灯片放映设计

手动播放幻灯片，并能多次退出，以及多次从当前幻灯片播放。

14.2 项 目 实 现

14.2.1 幻灯片母版设计

幻灯片母版版式分为母版版式和页面版式两种，如果母版版式发生了变化，那么整个文档内所有的幻灯片都会跟着变化；而页面版式发生改变，只会影响到使用该页版式的幻灯片。

微课 14-1

幻灯片母版设计

1. 设计幻灯片母版版式

给 PowerPoint 演示文档“颁奖盛典 .pptx”设计幻灯片母版版式。

【操作步骤】

① 新建 PowerPoint 演示文档“颁奖盛典 .pptx”。

② 单击“视图”选项卡“母版视图”组中的“幻灯片母版”按钮，进入到幻灯片母版视图。其中第 1 张幻灯片是母版版式，如果在这张幻灯片中插入图片，则所有的幻灯片都会跟着插入图片。其他的页面则是页面版式，如果这一张幻灯片发生变化，只会影响使用该页版式的幻灯片。

③ 在第 1 张幻灯片中插入背景图片“年度颁奖盛典背景 .png”，适当调整图片大小。

④ 在第 1 张幻灯片的页脚区域，插入“蓝图 LOGO.png”。

⑤ 在第 1 张幻灯片的页脚区域，插入“幻灯片编号”，然后单击“全部应用”按钮。

⑥ 此时，完成“颁奖盛典 .pptx”文档的整体页面效果设计。

2. 设计幻灯片页面版式

给 PowerPoint 演示文档“颁奖盛典 .pptx”设计过渡页页面版式。

【操作步骤】

① 单击第 2 张幻灯片，即页面版式幻灯片。

② 删除该张幻灯片上的“标题样式”和“副标题样式”两个文本框。

③ 插入图片“花纹边框 .png”，并适当调整大小。

④ 此时，完成幻灯片过渡页面版式的整体效果设计。

⑤ 单击“幻灯片母版”选项卡“关闭”组中的“关闭母版视图”按钮，退出母版视图编辑。

微课 14-2
幻灯片模板设计

14.2.2 幻灯片模板设计

幻灯片演示作品中一般包含封面页、目录页、过渡页、内容页和封底页等内容。

1. 设计封面页版式

> 设计“颁奖盛典 .pptx”中的封面页版式，如图 14-1 所示中第 1 张幻灯片所示。

【操作步骤】

① 单击第 1 张幻灯片，给演示文稿设计封面页版式。

② 单击“插入”选项卡“图像”组中的“图片”按钮，在打开的对话框中插入素材文件夹中的“颁奖盛典文字 .png”图片，适当调整图片位置和大小。

③ 插入艺术字“蓝图信息技术有限公司”，适当调整样式、形状和大小。

2. 设计目录页版式

> 设计“颁奖盛典 .pptx”中的目录页版式，如图 14-1 所示的第 2 张幻灯片。

【操作步骤】

① 单击“插入”选项卡“幻灯片”组中的“新建幻灯片”下拉按钮，在弹出的下拉列表中选择“空白”命令，创建一张空白幻灯片。

② 插入艺术字“晚会流程”，适当调整样式、形状和大小。

③ 插入图片“花纹边框 .png”，并适当调整大小。

④ 在图片上方插入“矩形”自选图形，将自选图形拖动到适合图片的边框大小。

⑤ 右击自选图形，在弹出的快捷菜单中选择“编辑文字”命令，输入文字“第一篇章　领导寄语”，并适当更换字体和调整文字大小。

⑥ 按住 Ctrl 键，同时单击“图片”和“矩形”自选图形，然后单击“绘图工具 – 格式”选项卡“排列”组中的“组合”按钮，组合所选的图形。

⑦ 单击组合图形，按 Ctrl+C 组合键，然后连续按住 Ctrl+V 组合键粘贴 4 次组合图形。

⑧ 将最后一个图形拖动到底部，按住 Ctrl 键，同时单击其他 4 个组合图形，然后单击“绘图工具 – 格式”选项卡“排列”组中的“对齐”下拉按钮，在弹出的下拉列表中选择“左对齐”命令以及“纵向分布”命令，此时 5 个组合图形全部左对齐，并且分布均匀。

⑨ 修改组合图形内的文字，完成目录页版式设计。

3. 设计过渡页版式

> 设计“第一篇章　领导寄语”过渡页版式，如图 14-1 所示中第 3 张幻灯片所示。

【操作步骤】

① 单击“插入”选项卡“幻灯片”组中的“新建幻灯片”下拉按钮，在弹出的下拉列表中选择“标题幻灯片”命令。

② 插入图片“花纹边框 .png”，并适当调整大小。

③ 插入文本框，输入文字“第一篇章　领导寄语”，并适当更换字体和调整文字大小。

4. 设计内容页版式

设计并编辑“第三篇章　颁奖典礼”的内容页版式，如图 14-1 所示中第 8 张幻灯片所示。

【操作步骤】

① 单击“插入”选项卡“幻灯片”组中的“新建幻灯片”下拉按钮，在弹出的下拉列表中选择“空白”命令，创建空白幻灯片。

② 插入图片“边框 .png”，并适当调整图片大小。

③ 利用文本框，输入姓名和部门信息，并适当调整大小。

④ 插入员工图片，适当调整图片大小。

⑤ 按住 Ctrl 键，在按住鼠标左键的同时拖动鼠标，选中所有的图片和文本框，复制一份员工的信息，将复制的员工信息拖动到幻灯片的右侧。

⑥ 选择右侧的员工图片，单击鼠标右键，在弹出的快捷菜单中选择“更改图片→来自文件”命令，更换另一个员工的图片。

⑦ 修改幻灯片右侧的员工姓名和部门信息。

⑧ 单击左侧当前幻灯片的缩略图，右击，在弹出的快捷菜单中选择“复制幻灯片”命令，将当前的幻灯片复制 3 份，用以上的方法修改幻灯片内容。

5. 设计封底页版式

设计“颁奖盛典 .pptx”中的封底页版式，如图 14-1 所示的第 16 张幻灯片。

【操作步骤】

① 单击演示文稿左侧第 1 张幻灯片的缩略图，右击，在弹出的快捷菜单中选择“复制幻灯片”命令，将当前的幻灯片复制一份。

② 拖动复制的幻灯片到最后位置，实现封面和封底相互对应。

14.2.3　幻灯片动画设计

一个好的 PPT 不光需要整齐的格式、精彩的文案和配图，有时一个动画也能产生非常棒的吸睛效果，为整个 PPT 添加灵动的色彩。

1. 给幻灯片封面页添加“放烟花”动画效果

微课 14-3
“放烟花”动画效果

给幻灯片封面页添加“放烟花”的动画效果，如图 14-1 所示的第 1 张幻灯片。

【操作步骤】

① 在第 1 张幻灯片添加“烟花 .png”图片。

② 单击“动画”选项卡“高级动画”组中的“动画窗格”按钮，右侧出现“动画窗格”任务窗格，如图 14-2 所示。

③ 进入效果：单击“动画”选项卡“高级动画”组中的“添加动画”下拉按钮，在弹出的下拉列表中选择“更多进入效果”命令，在打开的对话框中选择“缩放”选项。

④ 动作路径：单击“动画”选项卡“高级动画”组中的“添加动画”下拉按钮，在弹出的下拉列表中选择“其他动作路径”命令，在打开的对话框中选择“向上”选项。

⑤ 强调效果：在“添加动画”下拉列表中选择“更多强调效果”命令，在打开的对话框中选择“放大 / 缩小”选项。

图 14-2 动画窗格

⑥ 退出效果：在“添加动画”下拉列表中选择“更多退出效果”命令，在打开的对话框中选择“淡化”选项。

⑦ 修改计时效果：将“烟花”的进入、动作路径、强调、退出效果全部修改为“与上一动画同时”，如图 14-3 所示，速度为“慢速”，重复为“直到幻灯片末尾”。

⑧ 单击“烟花”强调效果右侧的下拉三角，在弹出的下拉列表中选择“效果选项”命令，在打开的“放大 / 缩小”对话框中，设置尺寸为“200%”，如图 14-4 所示。

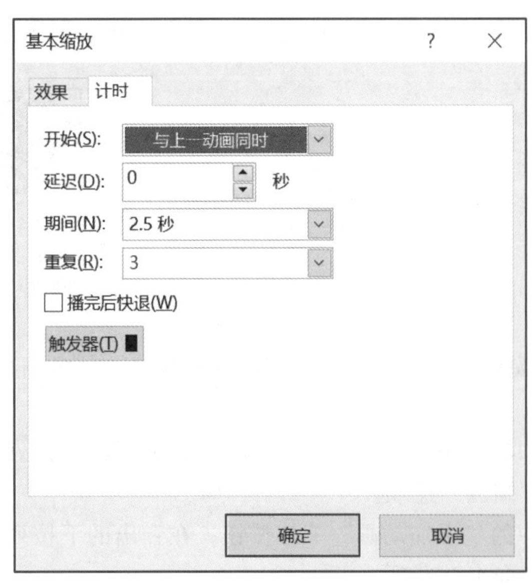

图 14-3 “计时”设置（1）

图 14-4 “效果”设置（1）

⑨ 此时，按 Shift+F5 组合键，就可以看到烟花缓慢上升及绽放的效果。

2. 给幻灯片内容页添加“滚动数字”动画效果

微课 14-4
“滚动数字”
动画效果

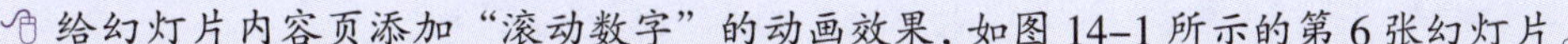

给幻灯片内容页添加“滚动数字”的动画效果，如图 14-1 所示的第 6 张幻灯片。

【操作步骤】

① 单击“插入”选项卡“幻灯片”组中的“新建幻灯片”下拉按钮，在弹出的下拉列表中选择“空白”命令，创建空白幻灯片。

② 在空白区域插入文本框，输入数字 0，按 Enter 键，输入数字 1，按 Enter 键，一直到数字 9，选择文本框内所有的数字，设置行高为固定值 0 磅。

③ 单击“绘图工具 – 格式”选项卡“艺术字样式”组中的“文本效果”下拉按钮，在弹出的下拉列表中选择“转换→弯曲→正方形”效果，将文本框内文字转换成正方形，拖动文本框时数字不会失真。

④ 进入效果：单击“添加动画”下拉按钮，在弹出的下拉列表中选择“更多进入效果”命令，在打开的对话框中选择“切入”选项。单击任务窗格该效果右侧的下三角，在弹出的下拉列表中选择“效果选项”命令，在打开的对话框中，设置“效果”中的“方向”为“自底部”，动画文本为“按词顺序”，字 / 词之间延迟为“50%”，如图 14-5 所示。在“计时”选项卡中设置“与上一动画同时”，期间“0.3 秒”，如图 14-6 所示。

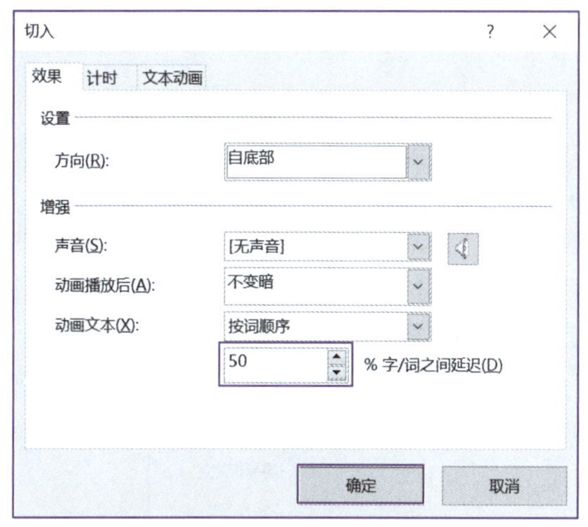

图 14-5　“效果”设置（2）

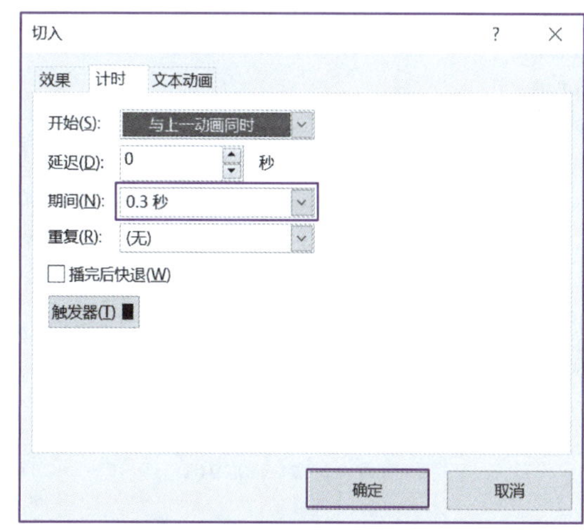

图 14-6　“计时”设置（2）

⑤ 退出效果：单击“添加动画”下拉按钮，在弹出的下拉列表中选择“更多退出效果”命令，在打开的对话框中选择“切出”。单击任务窗格该效果右侧的下三角，在弹出的下拉列表中选择“效果选项”命令，在打开的对话框中，设置“效果”中的“方向”为“到顶部”，动画文本为“按词顺序”，字 / 词之间延迟为“50%”，如图 14-7 所示；在“计时”选项卡中“开始”选择“与上一动画同时”，延迟“0.3 秒”，期间“0.3 秒”，重复 0.9 次，则可以将动画停留在最后一个数字上，如图 14-8 所示。

⑥ 双击“动画刷”，制作其他的滚动数字动画，建议要停留的数字写在最后。

14.2.4　幻灯片交互设计

通过使用绘图工具等在幻灯片中绘制图形按钮，然后为其设置动作，能够在幻灯片中起到指示、引导或控制播放的作用。

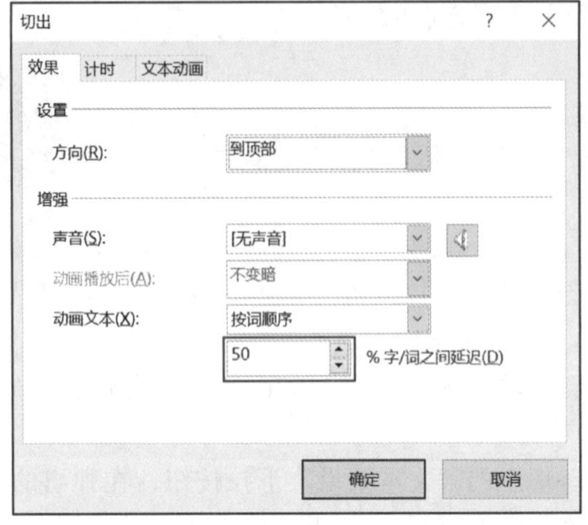

图 14-7 “效果”设置（3）

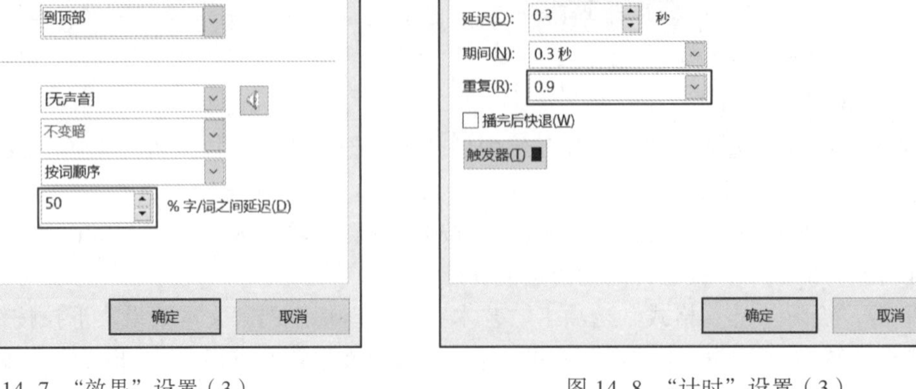

图 14-8 “计时”设置（3）

1. 插入超链接

通过在幻灯片中插入超链接，可以直接跳转到其他幻灯片、文档或 Internet 网页。

微课 14-5
幻灯片交互设计

将所有幻灯片右下角的公司 LOGO 图标设置超链接，将其链接到第 2 张幻灯片，实现单击公司 LOGO 自动跳转到第 2 张幻灯片。

【操作步骤】

① 单击“视图”选项卡“母版视图”组中的“幻灯片母版”按钮，进入到幻灯片母版视图。

② 选择第 1 张幻灯片右下角的公司 LOGO 图标。

③ 单击“插入”选项卡“链接”组中的“链接”按钮。

④ 在打开的“插入超链接”对话框中，在“链接到”列表框中选择“本文档中的位置”，在“请选择文档中的位置”处选择“幻灯片 2”。单击“确定”按钮即可，如图 14-9 所示。

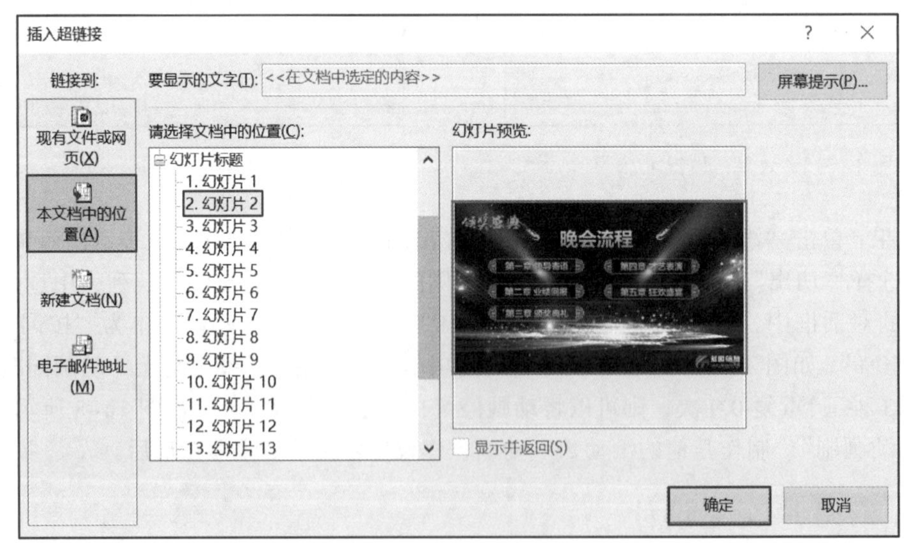

图 14-9 插入超链接

⑤ 单击“幻灯片母版”选项卡“关闭”组中的“关闭母版视图”按钮，退出母版视图编辑。

2. 设置交互动作

将第 2 张幻灯片中“第一篇章　领导寄语”文本框超级链接到第 3 张幻灯片，再使用同样的方法设置其他文本框的动作。

【操作步骤】

① 选择“第一篇章　领导寄语”文本框。

② 单击“插入”选项卡“链接”组中的“动作”按钮，打开“操作设置”对话框。

③ 选择“单击鼠标”选项卡，选中“超链接到”单选按钮，在其下拉列表中选择“幻灯片”选项；

④ 在打开的“超链接到幻灯片”对话框“幻灯片标题”列表框中，选择“幻灯片 3”，如图 14-10 所示。

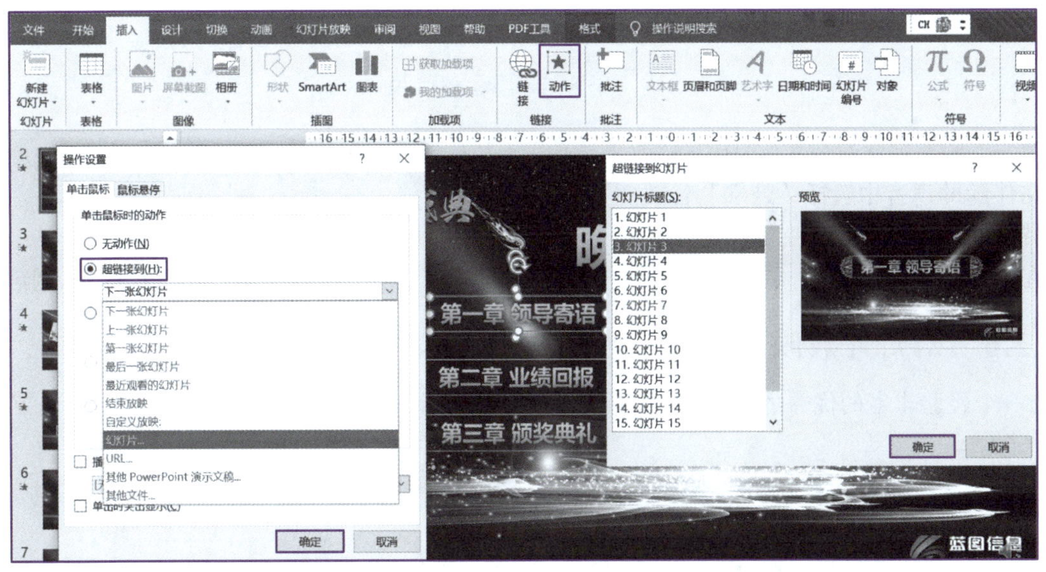

图 14-10　动作设置

⑤ 用以上方法，设置其他文本框链接到对应的幻灯片页面；也可以设置“鼠标悬停”效果，实现将光标放在文本框上，自动跳转到对应幻灯片。

14.2.5　幻灯片切换设计

PPT 的美观不仅在于内容和画面的设计，好的切换模式或切换动画也能让幻灯片更美观、优雅、震撼。幻灯片切换不仅可以加入酷炫的动画，也可以加入震撼的音响效果。

1. 设置多页切换效果

给所有的幻灯片设置“页面卷曲”的幻灯片切换效果。

微课 14-6
幻灯片切换设计

【操作步骤】

① 在“切换”选项卡“切换到此幻灯片”组中单击“其他”按钮，在弹出的下拉列表中选择“页面卷曲”切换效果。

② 单击“切换到此幻灯片”组中的“效果选项”下拉按钮，在弹出的下拉列表中选择“双左”选项。

③ 在“计时”组中，将换片方式设置为“单击鼠标时”切换。若存在排练计时，也可以设置自动换片时间。

④ 单击“应用到全部”按钮，则当前 PPT 内所有的幻灯片都采用相同的切换效果。

2. 设置单页切换效果

给幻灯片封面、封底设置“涡流”的切换效果，伴有“鼓掌”音效，持续 4 秒时间。

【操作步骤】

① 按住 Ctrl 键单击封面和封底两张幻灯片，在“切换”选项卡“切换到此幻灯片”组中单击“其他”按钮，在弹出的下拉列表中选择“涡流”切换效果，如图 14–11 所示。

图 14–11　“切换”选项卡

② 单击“切换到此幻灯片”组中的“效果选项”下拉按钮，在弹出的下拉列表中选择“自左侧”选项。

③ 在伴随的声音中选择“鼓掌”音效。

④ 持续时间设置为“4 秒”。

⑤ 在“计时”组中将换片方式设置为“单击鼠标时”切换。若存在排练计时，也可以设置自动换片时间。

14.2.6　幻灯片放映设计

作为一个经验丰富的优秀的演讲者，事前排练肯定是必备环节，所谓的“台上一分钟，台下十年功”就是这个道理。

微课 14–7
幻灯片放映设计

1. 设置幻灯片放映

设置幻灯片放映方式为“演讲者放映”，手动放映。

【操作步骤】

① 单击“幻灯片放映”选项卡“设置”组中的“设置幻灯片放映”按钮，如图 14–12 所示。

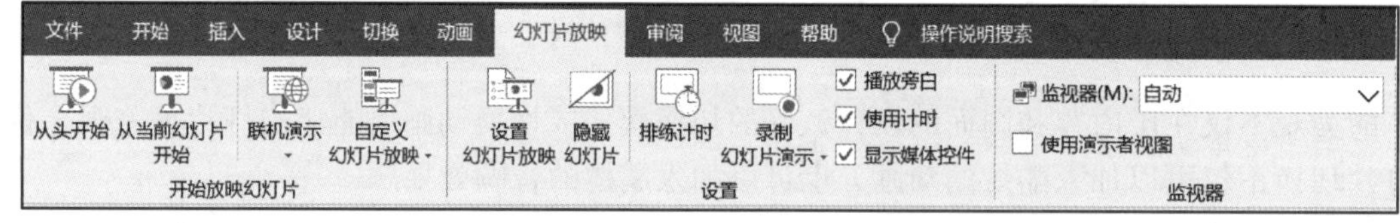

图 14–12　“幻灯片放映”选项卡

② 在打开的“设置放映方式”对话框中，设置放映类型为“演讲者放映”。

演讲者放映（全屏幕）：允许观看幻灯片放映的人员自行切换幻灯片。

观众自行浏览（窗口）：在一个窗口中演示幻灯片放映，但在该窗口中，观众无法切换幻灯片。

在展台浏览（全屏幕）：循环播放幻灯片放映，直到观众按 Esc 键退出。

③ 放映幻灯片为“全部”。如果只需要播放其中一部分，可以自定义放映，或者隐藏幻灯片。

④ 设置推进幻灯片为“手动”。如果存在“排练计时”，可以选中“如果出现计时，则使用它”单选按钮。如果不想幻灯片自动播放，则建议采用“手动”方式。

2. 排练计时

当选择放映类型为“演讲者放映（全屏幕）”和“在展台浏览（全屏幕）”时，则需要排练和录制效果并对幻灯片放映计时。

给当前的演示文稿进行“排练计时”。

【操作步骤】

① 在“幻灯片放映”选项卡“设置”组中，单击“排练计时”按钮，演示文稿计时立即开始。

② 此时将显示“预演”工具栏，并且“幻灯片放映时间”框开始对演示文稿计时，如图 14–13 所示。

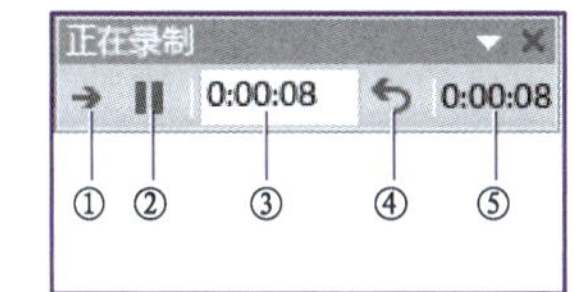

图 14–13 “正在录制”对话框

图 14–13 中标记①代表下一张：若要移动到下一张幻灯片，请单击“下一张”按钮。

图 14–13 中标记②代表暂停：若要暂时停止记录时间，请单击“暂停”按钮。若要在暂停之后重新开始记录时间，请再次单击“暂停”按钮。

图 14–13 中标记③代表幻灯片放映时间：若要为幻灯片设置准确地显示时间长度，请在“幻灯片放映时间”框中键入时间长度。

图 14–13 中标记④代表重复：若要重新开始记录当前幻灯片的时间，请单击“重复”按钮。

图 14–13 中标记⑤代表演示文稿的总时间。

③ 设置了最后一张幻灯片的时间后，将出现一个消息框，其中显示了演示文稿的总时间，并提示执行下列操作之一：若要保存记录的幻灯片计时，请单击“是”按钮；若要放弃记录的幻灯片计时，请单击“否”按钮。

④ 此时将打开“幻灯片浏览”视图，其中显示了演示文稿中每张幻灯片的时间。

3. 录制幻灯片演示

给当前的演示文稿增加旁白，进行幻灯片录制。

【操作步骤】

① 在“幻灯片放映”选项卡“设置”组中，单击“录制幻灯片演示”下拉按钮。

② 在弹出的下拉列表中选择“从头开始录制”命令。

③ 在打开的“录制幻灯片演示”对话框中，选中“旁白和激光笔”复选框，并根据需要选中或取消选中“幻灯片和动画计时”复选框。

④ 单击“开始录制”按钮。可以在运行演示文稿前录制旁白，或者在演示文稿运行过程中录制旁白并加上观众的意见。如果不希望旁白贯穿整个演示文稿，可以为选定的幻灯片或对象单独录制声音或意见。

⑤ 如果要结束幻灯片放映的录制，右击幻灯片，在弹出的快捷菜单中选择“结束放映”命令。

⑥ 将自动保存录制的幻灯片放映计时，幻灯片放映显示在幻灯片浏览视图中，每个幻灯片下面都显示了计时。

4. 幻灯片的自动放映

设置幻灯片自动放映，全程无须任何控制。

【操作步骤】

① 在“幻灯片放映”选项卡“设置”组中，单击“设置幻灯片放映”按钮。

② 在打开的“设置放映方式”对话框中，在“推进幻灯片”区域选中“如果出现计时，就使用它”单选按钮。

③ 单击“幻灯片放映”选项卡“开始放映幻灯片”组中的“从头开始”按钮或者按 F5 键（或 Fn+F5 组合键），从头开始播放 PPT。

5. 幻灯片的手动放映

手动播放幻灯片，并能多次退出，以及多次从当前幻灯片播放。

【操作步骤】

① 在“幻灯片放映”选项卡“设置”组中，单击“设置幻灯片放映”按钮。

② 在打开的“设置放映方式”对话框中，在“推进幻灯片”区域选中“手动”单选按钮。

③ 单击“幻灯片放映”选项卡“开始放映幻灯片”组中的“从头开始”按钮或者 F5 键（或 Fn+F5 组合键），从头开始播放 PPT。

④ 在播放的过程中，可以按 Esc 键退出播放。

⑤ 单击“幻灯片放映”选项卡“开始放映幻灯片”组中的“从当前幻灯片开始”按钮或者按 Shift+F5 组合键（或 Fn+Shift+F5 组合键），可以从当前幻灯片继续播放 PPT。

14.3 相关知识

14.3.1 幻灯片模板

幻灯片模板就是根据 PPT 制作与设计的原则，结合 PPT 颜色搭配、页面布局，最终形成的一个 PPT 格式文件。它包含了预定义的幻灯片背景、图案、色彩搭配、字体样式、文本编排等，是统一修饰演示文稿外观最快捷、最有力的一种方法。

PPT 作品一般包含封面页、目录页、过渡页、内容页和封底页这几部分内容，如图 14-14 所示。

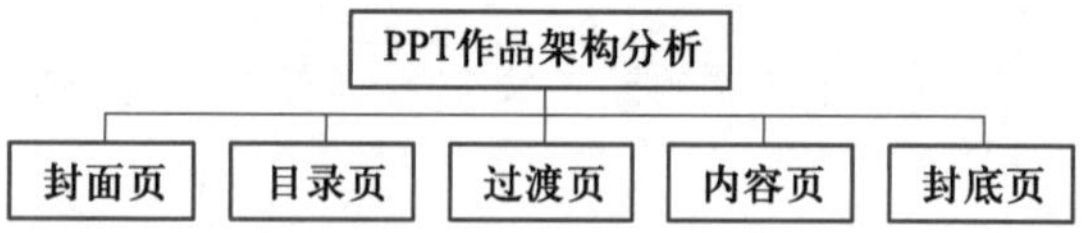

PPT作品架构分析
封面页 目录页 过渡页 内容页 封底页

图 14-14 幻灯片模板架构

14.3.2 幻灯片母版

幻灯片母版，是存储有关应用的设计模板信息的幻灯片，包括字形、占位符大小或位置、背景设计和配色方案。

1. 幻灯片母版

幻灯片母版包含主题页（母版版式）和版式页（页面版式）两个页面，如图 14-15 所示，其目的是快速帮助用户制作幻灯片。

2. PPT 母版的特性与适用情形

① 统一：配色、版式、标题、字体和页面布局等。

② 限制：其实这是实现统一的手段，限制个性发挥。

③ 速配：排版时根据内容类别一键选定对应的版式。

3. 常见的母版应用场景

（1）批量添加 LOGO

假如已经完成了一套 PPT，客户需要统一在右下角添加一个 LOGO。

（2）批量添加页眉页脚

可以在页眉和页脚上，添加 LOGO、口号或者版权信息等。

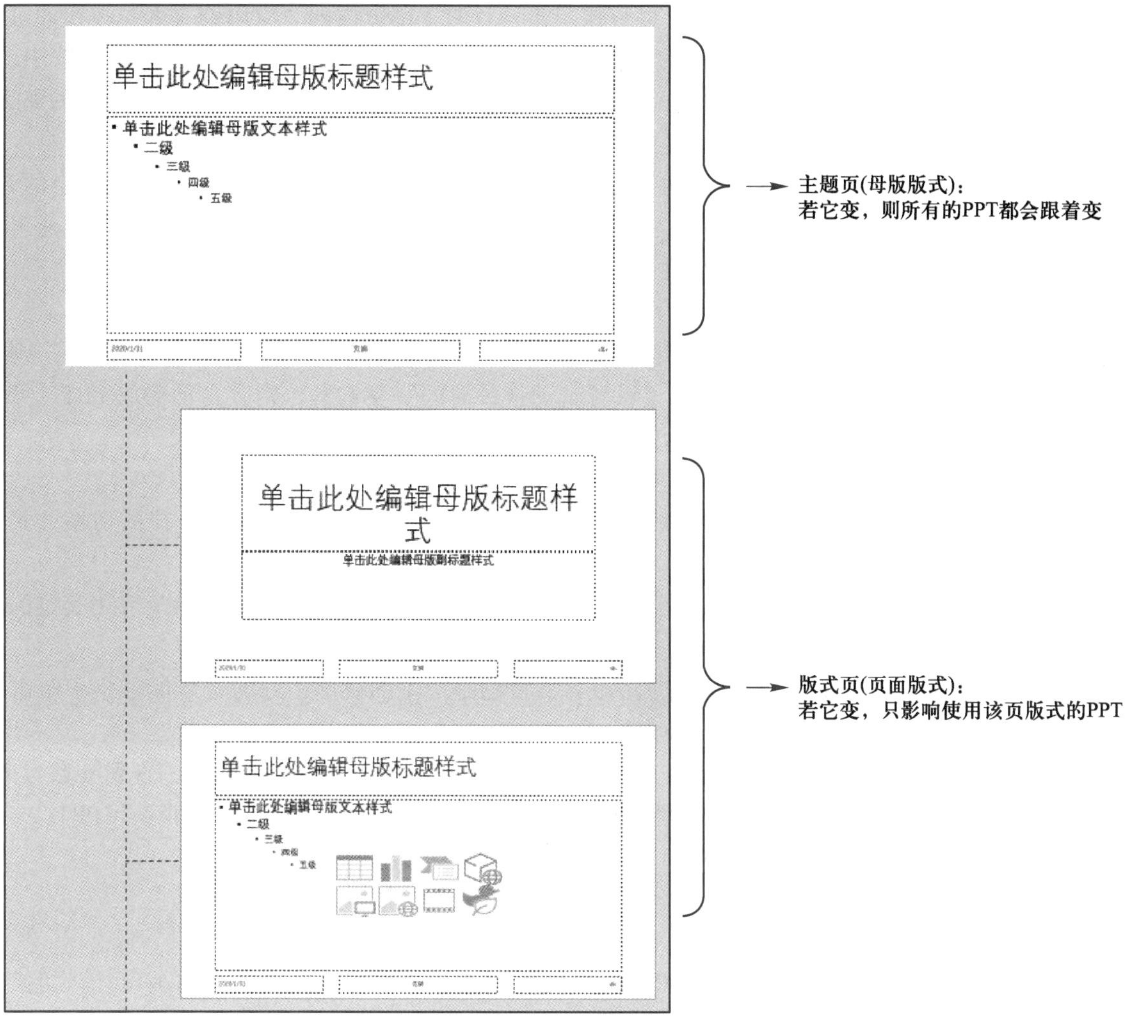

图 14-15　幻灯片母版视图

（3）批量添加页码

如果 PPT 页数很多，通过添加页码可以让观众清晰地知道当前的进度。单击“插入”选项卡“文本”组中的“幻灯片编号”按钮，在打开的对话框中选中“幻灯片编号”复选框，单击“全部应用”按钮实现。

14.3.3　幻灯片切换

幻灯片的切换，指的是从这一页换到下一页。根据画面效果及需要，在切换中加入合适的动画效果、切换音效，会极大地提高幻灯片的质量和美感，如图 14-16 所示。

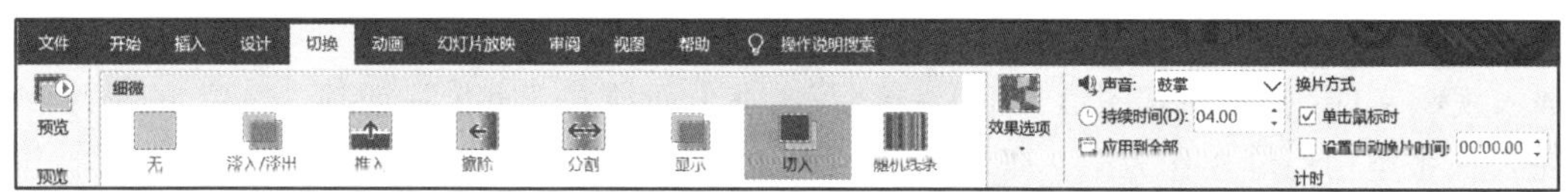

图 14-16　“切换”选项卡

1. 幻灯片切换的选项设置

① 幻灯片的切换动画和切换效果设置部分。这里预设了很多切换动画，单击即可预览效果并运用

于当前幻灯片，如果想运用于全部幻灯片，可直接单击“计时”部分内的“应用到全部”按钮即可。每一个预设的切换动画，还可以进行相对应的调整，如进入的方向、形态等，首先在区域1中选中动画，在单击区域2的“效果选项”进行动画方向、形态等的设置。预设的动画效果不只是图中显示的那么多，单击区域1右下角的下拉三角符号，能弹出更多动画效果可供选择。

②“声音”选项。可以设置幻灯片的切换音效，设置好后，切换当前幻灯片时会出现切换的音效，PPT中预设了很多种音效，可以直接使用，当然选择“声音”下拉列表中的“其他声音”选项还可以选择使用电脑中自己下载或者制作的其他音效。

③ 持续时间栏目则是设置的切换持续的时长。

④“换片方式”可以设置幻灯片是自动播放，还是手动播放，选中“单击鼠标时”复选框，则必须单击鼠标才能切换（即手动播放），而选中“设置自动换片时间”复选框，则会自动播放PPT，可以在后面设置自动播放时每一页幻灯片停留展示的时长。

2. 让PPT更加美观的设置要求

① 慎用“应用到全部”按钮，相同的效果不见得适用于每一页幻灯片，千篇一律的切换方式也不见得美观。

② 根据PPT的内容设置切换动画，温柔的PPT应用缓慢的切换效果，震撼的PPT应用震撼的切换动画、加快切换速度，还可以配置震撼的音效。

③ 用好切换音效，音效能够提高观众的注意力，特别是下午的讲座，好的音效能够集中听讲者的注意力，音效也能渲染幻灯片使之更有感染力。

④ 反复地尝试，切换动画很多，要使PPT更美观，则必须根据内容反复地尝试，直到满意为止。

⑤ 切忌滥用，任意滥用还不如不用，用得不恰当不仅不能增加美感，还可能毁了整个PPT。

14.4 项目小结

本项目通过编写颁奖盛典文稿，介绍PowerPoint软件中模板、母版的设计、动画设计、切换设计和放映设计。

通过本项目的学习和训练，使学习者学会修改幻灯片模板、幻灯片母版，能根据需要合理地灵活设计制作动画特效，具备制作美观大气的界面、炫酷的动画效果、震撼的视觉体验的演示文稿的能力。培养学习者的演示文稿设计能力和创新思维，以及与时俱进的制作能力。

14.5 IT工作室

制作产品宣传片展示稿。产品宣传片主要是公司用来对外宣传自身品牌产品的演示文稿。产品宣传片主要是展示产品的生产过程、突出产品的功能特点和使用方法，从而让消费者或者经销商能够比较深入地了解产品，营造良好的销售环境。

设计要求：

1. 新建“产品宣传片.pptx”演示文稿。

2. 插入视频文件：插入自选图形“矩形：棱台”，在上面插入“宣传片视频.mp4”的影片。

3. 插入一张空白幻灯片作为第2张幻灯片，添加艺术字“联想13.3英寸 超轻薄笔记本电脑”。插入一张图片，设置其为椭圆效果；插入6个文本框，分别输入产品的特点：十代酷睿处理器、四边窄全面屏、双扬声器杜比音响、8小时长效续航、72%NTSC高色域、仅重1.2 kg；在幻灯片右侧插入“处理器.jpg”图片。

4. 选择“十代酷睿处理器”文本框，设置其“动作”为“鼠标悬停”超链接到“幻灯片2”；用同样的方法将其他的文本框，分别超链接到“幻灯片 3”“幻灯片 4”，一直到“幻灯片 7”。

5. 复制第 2 张幻灯片 5 次，再按照样文效果修改文字和图片内容。

6. 设置第 2 张 ~ 第 7 张幻灯片的幻灯片切换效果为“无”。

7. 插入一张空白幻灯片，作为第 8 张幻灯片。插入“矩形:圆角”自选图形，设置线条颜色为 #9900CC；插入形状“椭圆”，形状填充图片“p01.jpg”；插入形状“星与旗帜，爆炸形 2”，形状填充为“白色”，形状轮廓为“#9900CC”；添加文字内容，添加项目符号“☑”。

8. 插入艺术字：

（1）在第 1 张幻灯片中，插入横排艺术字，文字为“超越威胜，更快更强”；

（2）在第 2 张幻灯片中，插入横排艺术字，文字为“双色奇缘”，字体为“方正姚体、54 磅”，文本填充为“粉红”，文本轮廓为“无轮廓”，文本效果为“发光 – 红色，8 pt 发光，强调文字颜色 2”。

9. 设置页眉页脚：给其他所有幻灯片添加自动更新的日期和时间、幻灯片编号。

10. 设置动画效果：为第 8 张幻灯片添加动画效果：“椭圆”形状“进入”效果为“细微型”下的“缩放”；文本框的“进入”效果动画设置为“飞入”；将“爆炸形 2”形状的“强调”效果设置为“加粗闪烁”，播放效果为“直到幻灯片末尾”。

11. 设置切换效果：将第 8 张幻灯片切换效果设置成“随机线条”方式、每隔 4 秒切换、中速（2 秒）播放、播放时伴有“鼓掌”声音。

12. 复制幻灯片：将第 8 张幻灯片复制 4 份，成为第 9 张 ~ 第 12 张幻灯片；按要求修改内容。

13. 添加背景音乐：添加背景音乐“追光者 .mp3”，要求能在所有幻灯片中连续播放。

14. 放映幻灯片：以视图、排练计时等多种方式放映幻灯片。

模块四
应用创新

以人工智能等为引擎的第四次工业革命，正在开启一个万物感知、万物互联、万物智能的智能世界。智能驾驶、无人支付、智慧医疗等新技术、新应用加速落地，新产业、新业态蓬勃发展，让普通人有了更多的创业机会。作为新时代的大学生、创业者，能进行创业项目管理、检索整理专题信息、编造创新设计报告、展示答辩创新成果等，这些都已成为必备技能。

学习目标

知识目标

（1）掌握布尔逻辑、截词、位置、限制检索等检索方法，了解多种搜索服务的使用方法。

（2）了解项目计划、组织、指挥、协调、控制和评价等从项目的投资决策开始到项目结束的项目管理全过程。

（3）掌握 Word 中样式、分节符、页眉页脚的概念及其用途，学会用样式编辑排版长文档。

（4）熟练掌握幻灯片模板的修改与应用，幻灯片的重用，幻灯片的打印。

能力目标

（1）能通过网页、社交媒体、期刊、论文、专利、商标、数字信息资源平台等进行信息检索。

（2）能利用项目管理工具创建项目和任务，进行工作分解和进度计划编制、资源平衡和进度计划优化等。

（3）具备编辑排版企业年终总结、调查报告、使用手册、讲义、小说、杂志和论文等长文档的能力，能制作出版面均衡、图文并茂、生动活泼、搭配合理、淡雅美观的文档。

（4）具备制作创业计划书、商业计划书、工作总结、公司介绍、毕业答辩、发布会、演讲培训、宣传片等类型演示文稿的能力。

素养目标

（1）培养学习者的信息检索、信息整理、信息归类以及信息分享的能力。

（2）培养学习者的项目统筹管理能力、归纳总结能力、提炼创作能力、创新创业能力、团队协作能力，以及在项目管理与项目制作过程中提升学习者的学习自信。

（3）提升学习者对 PowerPoint 演示文稿制作的自信心，帮助其在各种舞台上大胆自如地展示自我、表达自我。

项目 15

创新创业项目管理

15.1 项 目 分 析

项目描述

以大数据、人工智能、区块链等为代表的新兴技术手段各显神通，新技术、新应用和新业态层出不穷，激发了大众创新的潜能，蓝蓝团队开始着手准备蓝图信息技术有限公司的“VR 衣秀”创新创业项目。

项目要求

1. 收集项目信息

一个项目必要的元素有项目的总体目标、项目范围、设置时间限制、详细任务等元素。

2. 创建项目

利用 Microsoft Project 新建一个项目，设置项目的基本信息：项目名称、项目的开始日期和结束日期。

3. 创建项目任务

利用项目工作分解结构的编制方法，对“VR 衣秀”项目进行工作分解和进度计划编制。

4. 配置项目资源

为“VR 衣秀”项目添加工时资源、成本资源、材料资源信息，以及为各任务分配资源。

5. 项目监控管理

以“完成时间”作为项目进度计划监控项目进展情况，利用资源“工时”数据对项目资源进行数据监控，并制作“资源概述”报表。

15.2 项 目 实 现

使用项目管理工具管理项目，有助于简化项目管理过程。常用的项目管理工具有 Microsoft Project、Tower、Worktile 和 Teambition 等。在本项目中使用项目管理软件 Microsoft Project 实现项目管理过程中的项目计划编制、资源配置及成本控制等。

微课 15
项目管理

Microsoft Project 是一款优秀的项目管理软件，可快速建立甘特图、日常表，不仅可以快速、准确地创建项目计划，同时可以帮助项目经理实现项目进度和成本的控制，使项目工期大大缩短，资源得到有效利用，从而提高经济效益。

15.2.1 创建项目

创建项目文档有多种形式，可创建空白项目文档、创建模板项目文档或根据现有内容创建项目文档。

1. 创建新项目

利用 Microsoft Project 新建一个项目，实现方法如图 15-1 所示。

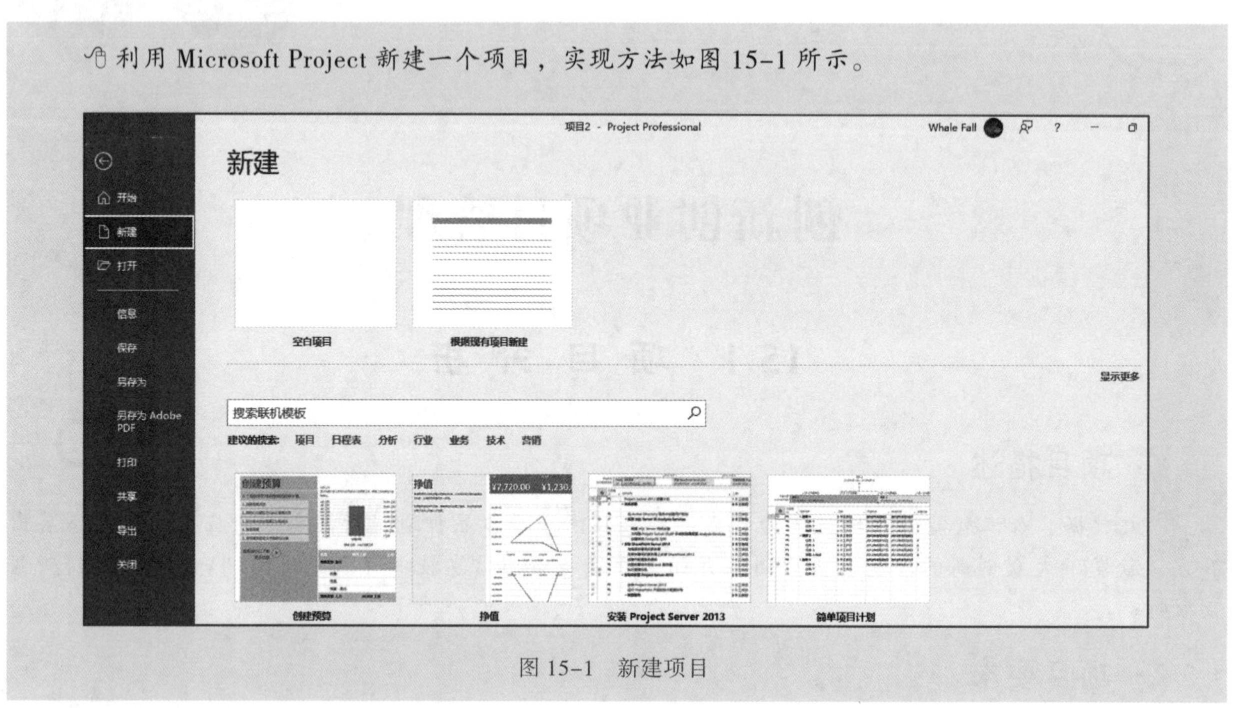

图 15-1 新建项目

【操作步骤】

打开 Microsoft Project; 选择“文件”选项卡，然后选择“新建”命令，单击“空白项目”图标，即可创建一个新的项目。

2. 设置项目信息

项目信息包括项目标题、主题、人员及单位等信息，通过项目信息不仅可以查看当前项目的基础信息，还可以对项目文档进行分类。

设置项目的基本信息：项目名称、项目的开始日期和结束日期，实现方法如图 15-2 所示。

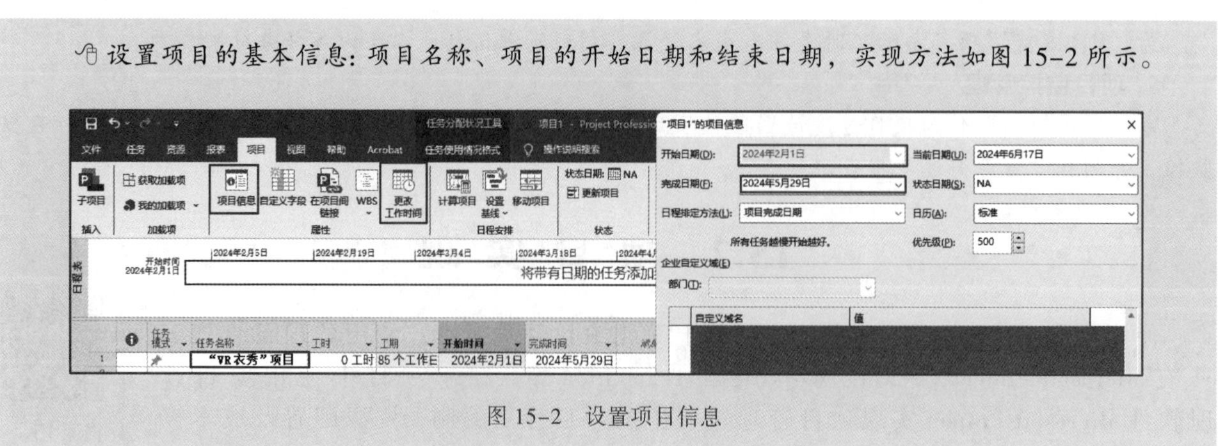

图 15-2 设置项目信息

【操作步骤】

① 单击“项目”选项卡“属性”组中的“项目信息”按钮，在打开的对话框中调整项目开始日期为“2024 年 2 月 1 日”，项目完成日期为“2024 年 5 月 29 日”。

② 双击“任务名称”下面的空白单元格，输入任务名称“VR 衣秀”项目，工期为 85 个工作日。

③ 单击“保存”按钮，保存名称为“VR 衣秀项目 .mpp”。如需把 Project 制作的计划图发给未安装 Project 软件的用户查阅，可以通过“文件→另存为”命令将 MPP 文档保存为 PDF、XLSX、XML 等格式。

15.2.2 创建项目任务

1. 创建工作分解结构 WBS

工作分解结构法（Work Breakdown Structure，WBS），就是把一个项目按一定的原则分解，将项目分解成任务，任务再分解成一项项工作，再把一项项工作分配到每个人的日常活动中，直到分解不下去为止，即：项目→任务→工作→活动。WBS 是工作的一个总结，而不是工作本身，工作是构成项目的许多活动的总和。WBS 就是一个可以帮助理清头绪，根据目标做好计划的工具。

“VR 衣秀”项目开发过程由项目规划、需求分析、原型设计、系统设计、系统编码、系统测试、上线运行 7 个主要阶段组成，根据软件项目开发流程，将每个部分又细分为若干子任务。该项目的工作分解结构（WBS）如图 15-3 所示。

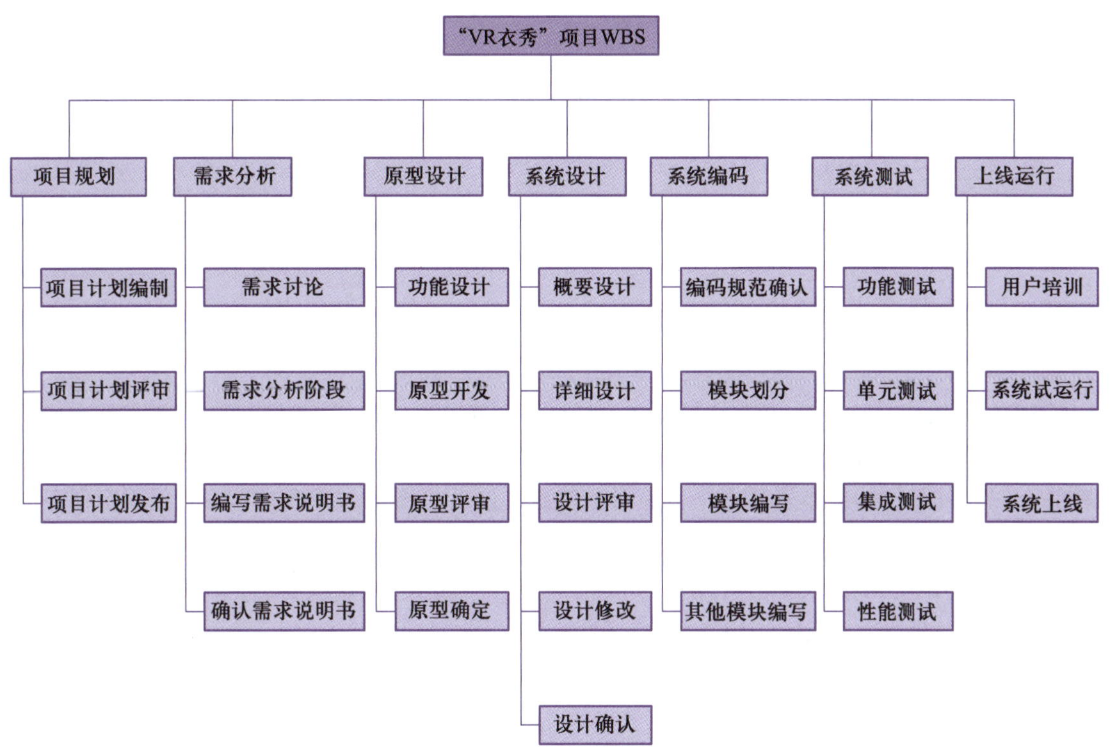

图 15-3 “VR 衣秀”项目 WBS

2. 编制进度计划

使用 Project 软件的最大目的是编制计划与跟踪计划，而且为了能够精细化地跟踪计划的变化过程，科学合理的编制计划是前提条件。

为“VR 衣秀”项目编制项目进度计划，实现方法如图 15-4 所示。

图 15-4 项目计划甘特图

【操作步骤】

① 输入分项任务：即可以在 Project 中直接输入任务，也可以从 Excel 等软件复制到 Project 中。

② 设置分级关系：输入任务后设置分级关系，选择“任务”选项卡，根据项目分级关系，在“日程”功能组中单击“升级”或“降级”按钮即可。

③ 设置任务之间的逻辑关系。Project 中有完成—开始（FS）、开始—开始（SS）、完成—完成（FF）、开始—完成（SF）4 种任务关系。设置任务之间的逻辑关系最简单的方法为：写上前置任务的行号，然后写上两种的任务关系。

“VR 衣秀”项目进度计划编制可以用如图 15-4 所示的甘特（Gantt）图描述。

15.2.3 配置项目资源

1. 添加资源

项目资源包括执行项目的人、项目中的设备和耗材等。资源类型包括工时资源、材料资源和成本资源。工时资源指按照工时执行任务的人员和设备资源，即按时间来付费的资源；材料资源指用于完成项目任务的消耗性产品，即耗材；成本资源指项目的财务债务，包括差旅费、资产成本或其他固定任务成本等。

为“VR 衣秀”项目添加工时资源、成本资源、材料资源信息，实现方法如图 15-5 所示。

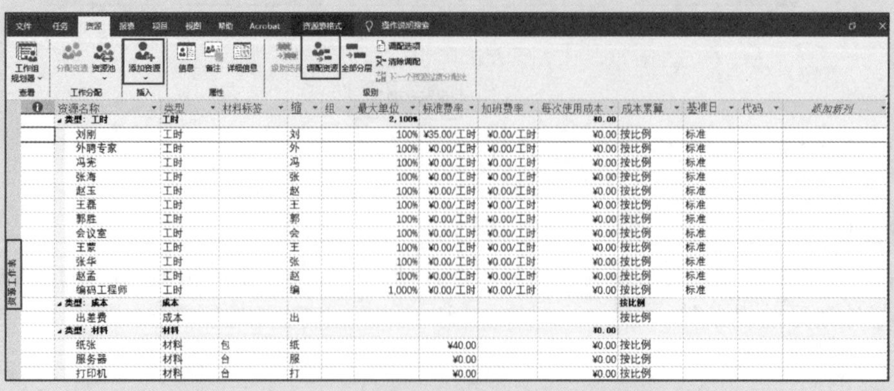

图 15-5 添加资源

【操作步骤】

① 单击“资源”选项卡“查看”组中的“工作组规划器”下拉按钮，在弹出的下拉菜单中选择“资源工作表”命令。

② 单击“资源”选项卡“插入”组中的“添加资源”下拉按钮，在弹出的下拉菜单中选择“工时资源”命令，输入工时资源的基本信息。

③ 单击“资源”选项卡“插入”组中的“添加资源”下拉按钮，在弹出的下拉菜单中选择“成本资源”命令，输入成本资源的基本信息。

④ 单击“资源”选项卡“插入”组中的“添加资源”下拉按钮，在弹出的下拉菜单中选择“材料资源”命令，输入材料资源的基本信息。

2. 分配资源

为“VR 衣秀”项目中各任务分配资源，实现方法如图 15-6 所示。

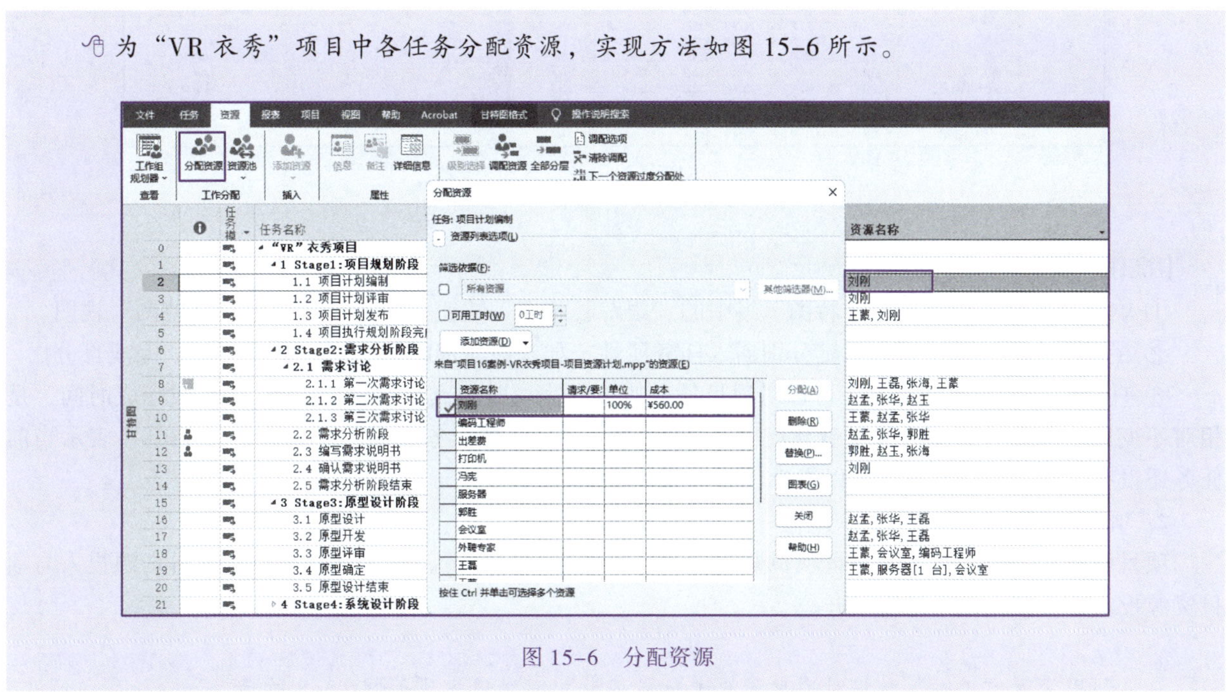

图 15-6　分配资源

【操作步骤】

① 选定一个任务，单击“资源”选项卡“工作分配”组中的“分配资源”按钮。

② 打开“分配资源”对话框，在“资源名称”中选择“刘刚”，单击右侧的“分配”按钮，即可分配资源。如果同时需要再分配给其他人，可以重复上述步骤。

③ 如图 15-6 所示，继续给其他任务分配资源。

15.2.4　项目监控管理

项目在执行过程中，项目成员与项目经理通过一起协调沟通，完成项目的正常执行。但是，任何一个项目在执行过程中都会或多或少地出现一些问题，最典型的问题是进度延误或者费用超支。项目经理、项目管理办公室、高层管理者、客户等项目相关人员必须实时监控项目的执行情况，及时发现问题并解决问题，以实现项目的最终目标。

项目监控管理包含监察和控制两个关键词，即项目执行过程需要随时监察其状态并施加控制，以保证项目执行过程能够最大限度地遵循项目计划（项目基线）。

1. 项目进度计划监控

项目进度计划包含很多的监控内容，如工期、开始时间、完成时间、完成百分比等。

以“完成时间”作为进度数据监控项目完成情况，实现方法如图 15-7 所示。

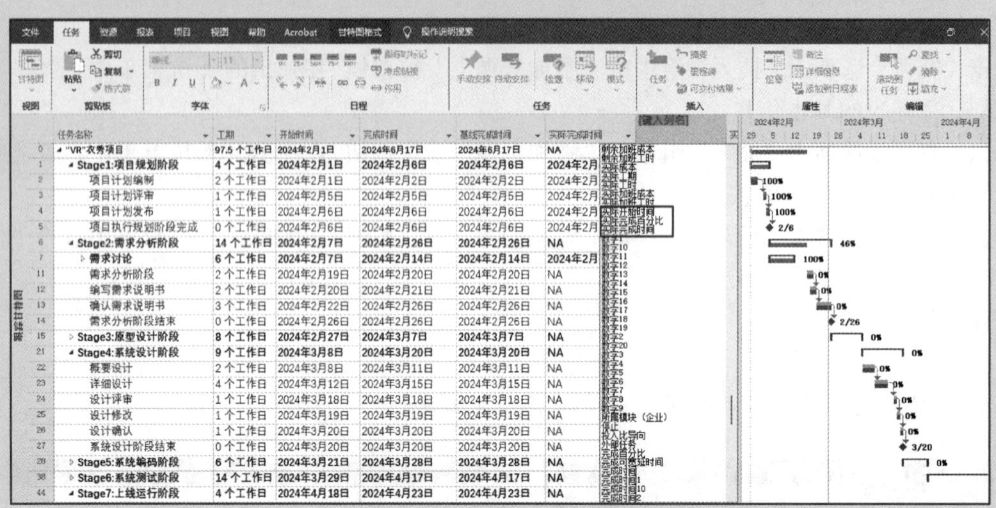

图 15-7 项目进度计划监控

【操作步骤】

① 单击“视图”选项卡“甘特图”组中的“跟踪甘特图”按钮，即可进入“跟踪甘特图”视图。

② 在视图中通过单击鼠标右键分别插入任务属性，如基线完成时间、实际完成时间、完成百分比。

③ 查看 3 列完成时间数据，可以对项目任务执行的完成时间点状态进行检查，“基线完成时间”是相对不变的，除非项目基线发生变化；“实际完成时间”只有在任务完成后才有数据，“N/A”表示当前任务还没有完成。通过对比就可以查看任务的完成情况。

2. 项目资源计划监控

项目资源计划监控是为了保证项目监控执行过程能够良好运行，资源计划监控从项目资源投入与项目资源投入冲突调整两个维度展开。

利用资源“工时”数据对项目资源进行数据监控，实现方法如图 15-8 所示。

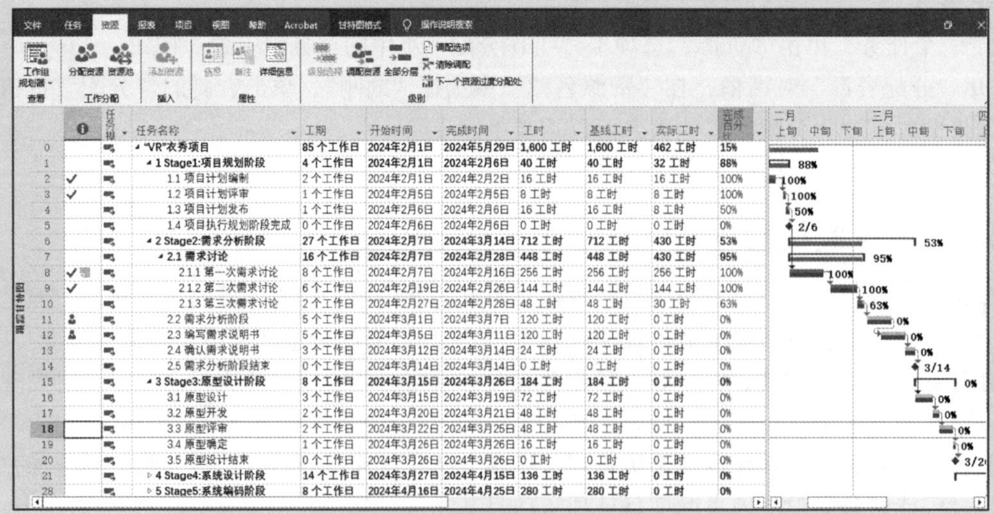

图 15-8 项目资源计划监控

【操作步骤】

① 单击“视图”选项卡“甘特图”组中的“跟踪甘特图”按钮，即可进入“跟踪甘特图”视图。

② 在视图中通过鼠标右键分别插入任务属性，如工时、基线工时、实际工时、完成百分比。

③ 通过对比 3 列工时数据，可以对项目任务资源投入工时状态进行检查，“基线工时”相对是不变的，除非项目基线发生变化；“实际工时”只要在任务开始执行后才有数据，“工时”是当前项目执行该任务需要投入的所有资源工时。通过对比就可以监控资源计划执行情况。

3. 查看项目报表

制作资源概述报表，实现方法如图 15-9 所示。

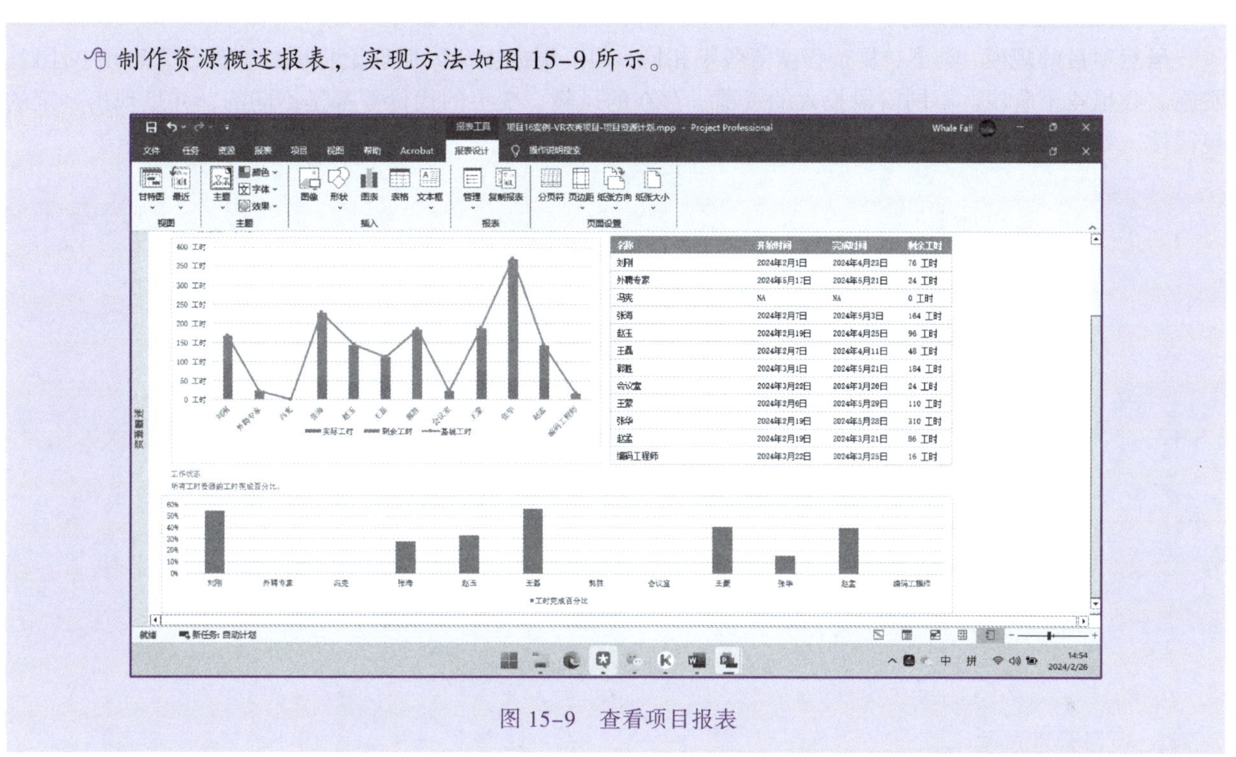

图 15-9　查看项目报表

【操作步骤】

① 单击“报表”选项卡“资源”组中的“资源概述”按钮，即可呈现“资源概述”报表。

② 用上述方法，分别制作“任务成本概述”报表、“资源成本概述”报表、“里程碑”报告。

15.3　相 关 知 识

15.3.1　项目管理的内涵

项目无处不在，工作和生活中的很多任务都可以通过项目管理的方式提高效率。

1. 认识项目

国际项目管理协会（International Project Management Association，IPMA）认为项目是受时间和成果约束的，用以实现一系列既定的可交付物（达到项目目标的范围）、同时满足质量标准和需求的一次性活动。国际标准化组织（International Organization for Standardization，ISO）认为项目是一组有起止时间的、相互协调的受控活动所组成的特定过程，该过程要达到符合规定要求的目标，包括时间、成本和资源的约束条件。

2. 认识项目管理

项目管理是运用各种知识、技能、工具和技术，为满足或超越项目有关各方对项目的要求与期望所开展的各种计划、组织、协调、控制、评价等方面的活动。

项目管理人员要在有限的资源约束下，运用系统的观点、方法和理论，对项目涉及的全部工作进行有效的管理。项目管理要求在项目开始前就要做好全局性安排，可以预知项目过程，对项目结果有准确的预测。因此好的项目管理就是“没有意外，没有风险”。

项目管理的精髓是实现项目管理的标准化、流程化、格式化。

15.3.2 项目管理的生命周期

1. 项目管理的阶段划分

虽然项目的规模、类型、复杂程度等各不相同，但可根据生命周期理论将项目管理分为启动、计划、实施、收尾 4 个阶段。不同阶段投入的资源、存在的风险、变更的代价等都是不同的，并呈现出一定的规律性，如图 15-10 所示。

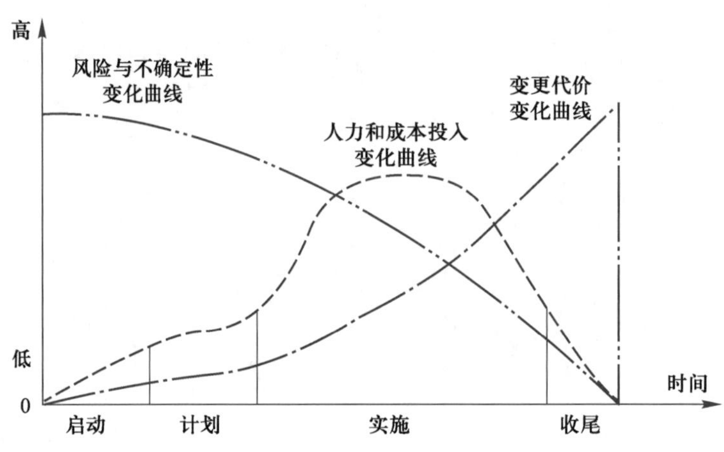

图 15-10 项目管理的阶段划分

2. 项目管理过程

整个项目的管理过程被分为项目启动、项目计划、项目实施、项目监测和控制、项目收尾五大流程。而这五大流程需要运用十大知识领域，分别是整合管理、范围管理、进度管理、成本管理、质量管理、资源管理、沟通管理、风险管理、采购管理、利益相关者管理。

① 整合管理：包括对隶属于项目管理过程组的各种过程和项目管理活动进行识别、定义、组合、统一和协调的各个过程。

② 范围管理：确定需要开展活动的目标、工作内容及要求。

③ 进度管理：包括为管理项目按时完成所需的各个过程。

④ 成本管理：包括为使项目在批准的预算内完成而对成本进行规划、估算、预算、融资、筹资、管理和控制的各个过程，从而确保项目在批准的预算内完工。

⑤ 质量管理：包括将组织的质量政策应用于规划、管理、控制项目和产品质量要求，以满足相关方目标的各个过程。

拓展阅读
五大流程和十大领域的关系

⑥ 资源管理：包括识别、获取和管理所需资源以成功完成项目的各个过程，这些过程有助于确保项目经理和项目团队在正确的时间和地点使用正确的资源。

⑦ 沟通管理：包括通过开发工件，以及执行用于有效交换信息的各种活动，来确保项目及其相关方的信息需求得以满足的各个过程。

⑧ 风险管理：包括规划风险管理、识别风险、开展风险分析、规划风险应对、实施风险应对和监督风险的各个过程。注意识别和监控活动执行过程中可能出现的各种意外情

况，并拟定应对预案。

⑨ 采购管理：包括从项目团队外部采购或获取所需产品、服务或成果的各个过程。

⑩ 利益相关者管理：活动可能影响到的人员、组织利益的需求界定及有效管理。

15.4 项 目 小 结

本项目介绍了收集项目信息、创建项目、创建项目任务、配置项目资源、项目监控管理、制作项目管理报表的操作方法。

通过本项目的学习和训练，理解项目管理的基本概念，了解项目范围管理，了解项目管理的 4 个阶段和 5 个过程；能利用项目管理工具完成项目结构分解、项目资源平衡、成本管理、进度优化、质量监控等操作；培养读者平衡项目资源、优化进度计划、应对风险、防范风险的能力。

15.5 IT 工作室

（1）创建项目计划

使用 Microsoft Project 制作一份“征求项目建议书”的项目计划，并保存为“项目 xm001.mpp”。扫描右侧二维码获取详细资源信息。

IT 工作室
项目管理

（2）管理项目资源

为项目建立和分配资源，然后分析资源使用状况并加以改进，并将项目文件保存为“xm002.mpp”。

① 建立项目资源库。

② 在分配资源之前，先设定所有详细任务。

③ 调整任务的类型。

④ 按要求分配资源。

⑤ 查看资源分配状况。

⑥ 调配资源，解决过度分配的问题。可以通过 Microsoft Project 的资源自动调配功能，解决资源过度分配的问题，在不增加工期的前提下，获得满意的效果。将完成的结果保存为“xm003.mpp”和“xm004.mpp”。

（3）管理项目进度

① 打开“xm004.mpp”，查看项目的关键线路，将查看的结果保存为“xm005.mpp”。

② 打开“xm004.mpp”，将其保存为比较标准文件，作为日后对项目进行进度控制的一个判断标准。

③ 根据项目的实施情况，动态更新项目进度，记录项目发生的实际情况，以便观察和控制项目整个进程。使项目朝着预期方向发展。保存为“xm006.mpp”

④ 使用跟踪甘特图查看项目的实际执行情况，比较项目的实际状况与比较基准之间的差异，将查看的结果保存为“xm007.mpp”。

⑤ 检查项目进度，显示 2023 年 9 月 28 日的项目进度线，并将其保存为“xm008.mpp”。

⑥ 在甘特图下，使用差异表显示项目与基准计划之间的具体时间差异，判断项目在进度上与原计划的偏离情况，将差异表保存为“xm009.mpp”。

（4）管理项目成本

① 打开“xm006.mpp”，查看项目的预算及实际执行情况。

② 对项目进行盈余分析。

（5）打印报表

① 打印项目摘要报表。

② 打印项目关键任务报表。

③ 打印项目预算报表。

④ 打印项目盈余分析报表。

⑤ 打印任务分配报表。

⑥ 打印资源使用状况报表。

项目 16

检索整理专题信息

16.1 项 目 分 析

项目描述

蓝蓝正在撰写“VR 衣秀服装城商业计划书”，需要利用网络搜索资料、收藏网页、查找历史记录、保存网页为图片、截取视频资源、保存网页信息等操作，为公司的领导层提供相关信息和服务。

项目要求

1. 检索网络信息

网页平台信息检索：通过 360AI 搜索网上关于“虚拟试衣间”的资讯信息。

社交媒体信息检索：利用移动端的微信“搜一搜”，搜索“虚拟试衣间”。

专用平台信息检索：在万方数据库中搜索“VR”的专利信息；在“中国知网”中搜索清华大学在 VR 方面前沿的学术研究论文；在“中国商标网”中查询“VR 衣秀”商标注册情况。

语音智能信息检索：利用语音智慧助手搜索手机端中有关 VR 的图片。

2. 保存网络信息

截取“艾瑞网”关于“服饰”的报告中的文字及图片，并将图片保存到本地磁盘。截取浏览器正在播放的视频中的信息。为了离线查看网页信息，蓝蓝需要把网页的全部内容保存到本地磁盘。保存竞争对手公司的淘宝店铺首页的整体网页。

3. 下载文件资料

在浏览器中安装“猫抓”插件，利用插件下载网页中的视频到本地文件夹。进入爱剪辑的官方网站，下载并安装爱剪辑软件。

4. 利用网盘整理文件信息

蓝蓝在制作“展示答辩创新成果”文件夹中，需要在家里的笔记本电脑、办公室电脑、手机上检索整理资料。利用百度网盘 PC 端软件整理文件夹，将手机上的文件夹上传到百度网盘中。将手机上下载的与项目相关的图片和视频同步上传到百度网盘中，并将“展示答辩创新成果”文件夹分享到公司 QQ 群。

16.2 项 目 实 现

微课 16-1
搜索网络信息

16.2.1 网络信息检索

信息检索是一种广泛应用于现代社会的技术，它可以帮助人们更快速、更准确地找到所需的信息。人们经常利用搜索引擎、电子商务平台、社交媒体、个人助手、各类数据库等检索各类信息。

1. 网页平台 AI 检索

以百度、360、搜狗等为代表的传统搜索引擎一直是人们在网上查找资料便捷的入口，近年来，互联网终于迎来了新事物：生成式人工智能。在大模型加持下，开启了新的资源搜索、信息获取方式，如秘塔搜索、360AI 搜索、天工 AI 搜索、轻子搜索等。

通过 360AI 搜索网上关于“虚拟试衣间”的资讯信息，实现方法如图 16-1 所示。

图 16-1 搜索网络信息

【操作步骤】

① 在 360AI 搜索官方页面的搜索栏输入“虚拟现实 试衣间”。

② 单击“搜索一下”按钮，可查看到有关“虚拟现实 试衣间”信息的网页。

2. 社交媒体信息检索

随着用户在微博、微信、抖音、快手、小红书、虎扑等社交媒体上的停留时长逐渐增加，用户与社交媒体之间的关系逐渐从被动吸引转变为主动寻找，社交搜索已经成为用户搜索信息的重要入口。例如，微信“搜一搜”除常规的新闻、百科、问答等资讯搜索外，还提供了小程序、商品、天气、股票、音乐、医疗咨询、看病挂号等生活服务搜索，以及音乐、游戏、小说、长视频和短视频等娱乐服务搜索。

利用移动端的微信“搜一搜”，搜索“虚拟试衣间”。

【操作步骤】

① 打开手机微信，单击底部“发现”按钮，在打开的界面中选择“搜一搜”，如图 16-2 所示。

② 在“搜索”栏输入“虚拟试衣间”。

③ 在如图 16-2 所示的页面中，将搜索出与“虚拟试衣间”关键词相关的百科、小程序、文章、视频、公众号、表情、商品、朋友圈等内容。

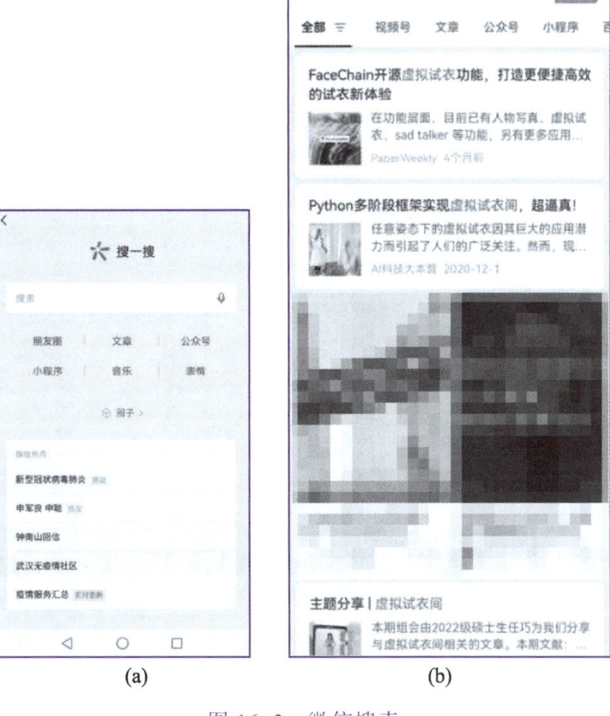

(a)　　　　(b)

图 16-2　微信搜索

3. 专用平台信息检索

通过搜索引擎从公共网站搜索到的信息有时杂乱无章，或信息的参考价值不大，可以通过查找专用资源库，如学术数据网“万方”“百度学术”，文献搜索专业资源网“中国知网”，企业信息“天眼查”、民生数据信息“国家数据”网站，热点趋势“微指数”“百度指数”，招聘网站“前程无忧”“智联招聘”等进行搜索，查找专业信息资源。

在万方数据库中搜索“VR”的专利信息，实现方法如图 16-3 所示。

图 16-3　专业资源库搜索

【操作步骤】

① 登录万方数据网。

② 选择“专利”，进入专利搜索页面。

③ 在搜索栏输入“VR”。

④ 单击“检索”按钮即可显示“VR”的相关专利信息，单击对应的超链接可查看具体信息。

在“中国知网”中搜索清华大学在“VR”方面前沿的学术研究论文，实现方法如图 16-4 所示。

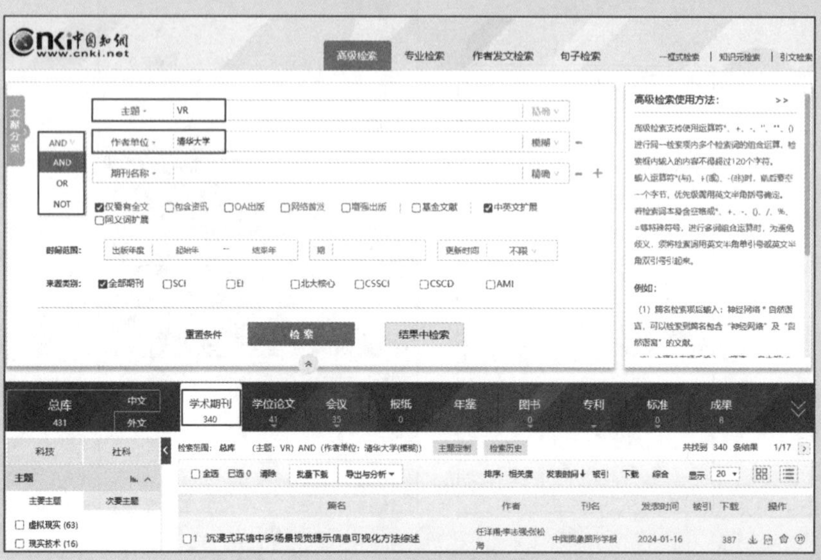

图 16-4　高级检索

【操作步骤】

① 登录中国知网。

② 单击“高级检索”按钮，进入高级搜索页面。

③ 在搜索栏中选择“主题”，输入“VR”。

④ 添加搜索分类“作者单位”，输入“清华大学”。

⑤ 选择逻辑与运算“AND”，查找同时满足两个条件的学术论文。

⑥ 单击“检索”按钮，选择“学术期刊”选项，单击对应的超链接可查看论文的详细内容。

在“中国商标网”中查询“VR 衣秀”商标注册情况，实现方法如图 16-5 所示。

图 16-5　商标信息检索

【操作步骤】

① 在百度搜索框中输入“中国商标网”，单击标注蓝色“官方”超链接，进入其官网。

② 在首页中间单击“商标综合查询”按钮，进行商标综合查询。

③ 在国际分类中单击“🔍”按钮，查询商标所属分类。

④ 在检索要素中输入检索内容“VR 衣秀”。

⑤ 单击“查询”按钮，即可显示相关商标注册情况。

4. 语音智能信息检索

语音智能信息检索是指允许用户通过设备上传所说的内容，经过服务器进行识别，然后根据识别的结果搜索信息。例如，华为语音智慧助手“小艺”不仅能够识别关键词，还能够理解并识别时间、地点、物体、形状等多种信息。其他常见的语音智能助手还有 Siri、天猫精灵、小度、小爱同学等。

在华为手机中，利用语音智慧助手“小艺”搜索手机端中有关“VR”的图片，实现方法如图 16-6 所示。

(a)

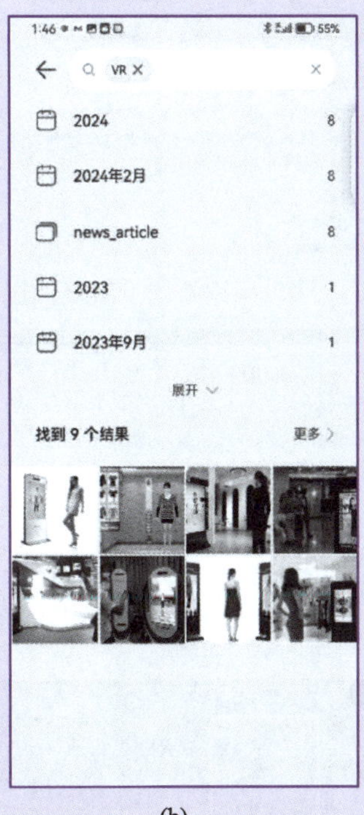

(b)

图 16-6　使用智慧助手检索信息

【操作步骤】

① 在手机的设置中单击“智慧助手”→“智慧语音”→开启“语音唤醒”，录入声纹后，对手机说“小艺小艺”，或者长按电源键一秒，即可唤醒小艺。

② 对手机说：“在我的手机图库中查找 VR 方面的图片”。

③ 智慧助手就可以从手机图库中检索图片，并显示检索结果。

16.2.2　保存网络信息

微课 16-2
保存网络信息

通过网络搜索到相关资源后，可获取资源并保存到本地磁盘，依据不同类型的资源，采用不同的保存方式。

1. 复制文本和下载图片

蓝蓝在撰写创新设计报告时，需要从网络截取女装市场报告中的文字及图片，并将图片保存到本地磁盘。

【操作步骤】

① 进入“艾瑞网”官方网站，查找“服饰”，在搜索结果中打开一份报告。

② 选择一段文字，右击，在弹出的快捷菜单中选择“复制”命令，将复制的文字粘贴到 Word 中。

③ 在图片上右击，在弹出的快捷菜单中选择“将图像另存为”命令即可保存网页图片。

④ 在图片上右击，在弹出的快捷菜单中选择“复制图像”命令，将复制的图片粘贴到 Word 中，编辑后形成文档，如图 16-7 所示。

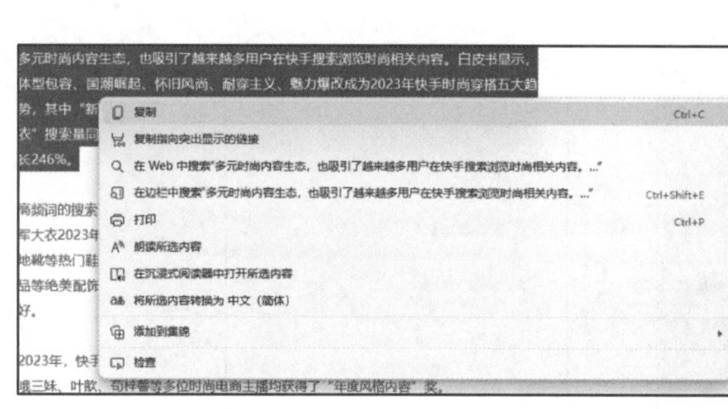

(a)

(b)

图 16-7　复制文本和图片

2. 截取视频图片

截取浏览器正在播放的视频中的信息，实现方法如图 16-8 所示。

图 16-8　截取视频图片

【操作步骤】

① 在浏览器中播放视频，单击“截图”按钮。

② 按住鼠标左键，拖动鼠标选择截图区域，如图 16–8 所示。

③ 用截图工具栏上的工具对图片进行处理。

④ 单击工具栏中的“完成”按钮，即可将图片复制到剪贴板上。

⑤ 在 Word 文档中，粘贴图片即可，也可以单击工具栏上的“保存”按钮保存图片。

3. 保存网页为图片

蓝蓝为展示说明文档的整体效果，需要保存竞争对手公司的整体网页。

【操作步骤】

① 在网页上选择要保存的网页，单击工具栏上的“自定义”按钮，在弹出的下拉菜单中选择“保存网页为图片”命令。

② 在打开的“另存为”对话框中，选择保存位置，再输入文件名，指定“保存类型”，单击“确定”按钮保存网页为图片，如图 16–9 所示。

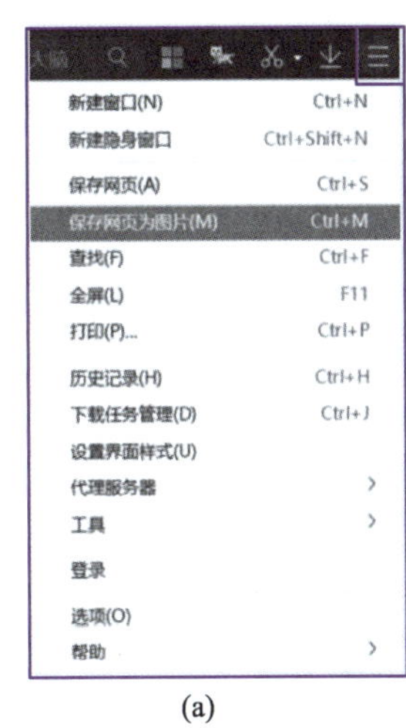

(a)

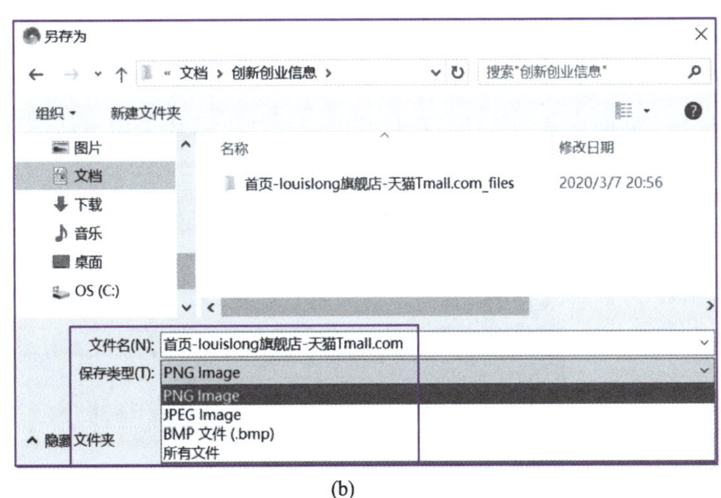

(b)

图 16–9　保存网页为图片

微课 16–3

下载文件资料

16.2.3　下载文件资料

网页信息可直接通过网页保存，但大量的文件信息则需要直接利用工具下载使用。

1. 安装插件下载视频文件

蓝蓝经常需要下载网络视频，可在浏览器安装“猫抓”插件，下载视频到本地文件夹。

【操作步骤】

① 打开网站，播放视频，单击工具栏上的“扩展中心”按钮。

② 在搜索框中输入“猫抓”，在搜索结果区域安装插件。

③ 插件安装后，在工具栏上出现“猫抓”按钮，同时旁边会出现蓝底白字的数字，这个数字是猫抓抓取的视频数量。

④ 单击“猫抓”按钮，单击“下载”按钮，将视频保存到本地文件夹内，如图 16-10 所示。

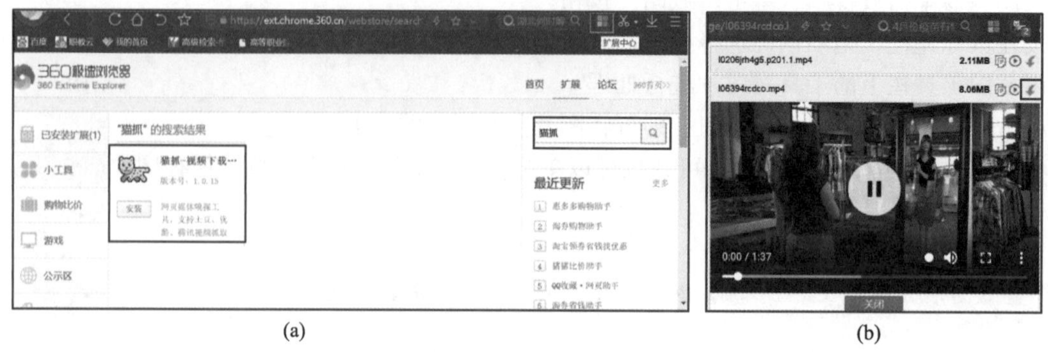

(a) (b)

图 16-10 保存网页中的视频文件

2. 直接下载文件

蓝蓝在制作“展示答辩创新成果”文件夹时，需要剪辑视频文件，可下载并安装爱剪辑软件。

【操作步骤】

① 在百度搜索“爱剪辑”，进入其官方网站，单击“产品”进入软件下载界面。

② 单击“立即下载”按钮，在打开的“新建下载任务”对话框中，输入保存的文件名，并修改“下载到”的位置。

③ 单击“下载并运行”按钮，则软件下载完毕后自动进入到安装环节，如图 16-11 所示。

图 16-11 下载文件

微课 16-4
利用网盘整理文件信息

16.2.4 利用网盘整理文件信息

百度网盘是人们生活中经常用到的一个工具，它可以存储人们所需要的资料文件，而且可随时随地通过网络浏览下载，给人们的生活带来了快捷和便利。

1. 利用 PC 端的百度网盘整理文件

蓝蓝在制作“展示答辩创新成果”文件夹时，需要在家里的笔记本电脑、办公室电脑、手机上检索资料，可利用百度网盘 PC 端软件整理文件夹。

【操作步骤】

① 打开百度网盘，可以看到百度网盘中的文件，一般都保存在“我的网盘”中。

② 按照文件的用途等分类，然后单击鼠标右键，在弹出的快捷菜单中选择“新建文件夹”命令，将文件夹按分类命名。

③ 将此分类下的文件批量选中，单击鼠标右键，在弹出的快捷菜单中选择“移动到”命令，在打开的对话框的网盘保存路径选择刚才新建的文件夹即可，其他文件的操作以此类推，如图 16-12 所示。

图 16-12　PC 端百盘网盘

2. 利用移动端的百度网盘整理文件

将手机中的文件夹上传到百度网盘中。

【操作步骤】

① 打开手机上的百度网盘 App，点击最下方的“文件”按钮，可以看到百度网盘中的文件，单击右侧的“+”按钮。

② 在打开的界面中选择“新建文件夹”命令，按照文件的分类给新建的文件夹命名，如图 16-13 所示。

③ 点击需要移动的文件右侧的圆圈（可选多个），然后点击“更多”按钮，在下拉列表中选择“移动”命令，在选择移动位置中选择刚才新建的文件夹，点击“移动”按钮。其他文件的操作以此类推。

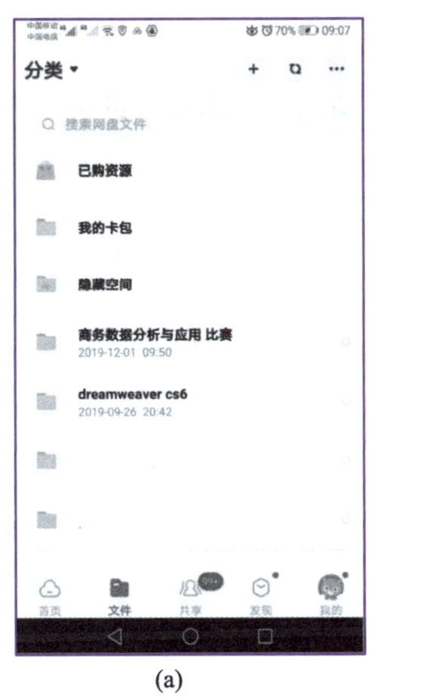

(a)

(b)

图 16-13　用手机百度网盘新建文件夹

3. 将手机中的照片同步上传到百度网盘

手机空间越来越大，但是总是不够用，每天都会拍摄很多喜欢的照片，手机满了又不舍得删，有没有简单的自动上传照片的方法呢？

蓝蓝将手机上下载的与项目相关的图片和视频同步上传到百度网盘中。

【操作步骤】

① 打开并登录百度网盘 App，单击右下角的“我的”按钮。

② 单击“网盘功能”中的“手机备份”按钮。

③ 打开“手机备份”功能，开启“相册备份”，如图 16–14 所示。

(a)

(b)

图 16–14 相册备份

④ 在“相册备份”中，打开“自动备份照片”开关（只有在 Wi–Fi 环境下才会自动备份照片，不用担心花费流量）。单击“选择自动备份的相册”按钮。

⑤ 打开“选择自动备份的相册”后，选择好要自动上传的图片文件夹，并确认。如果是在 Wi–Fi 环境下，选定文件夹的图片就自动上传到云盘了。上传完毕后，就可以删除手机里的图片了。

4. 在百度网盘中分享文件

用户的有些文件资料需要跟别人分享，那么如何才能分享文件资料呢？

蓝蓝需要将“展示答辩创新成果”文件夹分享给公司 QQ 群。

【操作步骤】

① 打开并登录百度网盘 App，找到需要分享的文件，在文件的快捷图表中单击“分享”按钮，弹出分享的窗口，可以看到分享模式，如链接分享、发给好友等，如图 16–15 所示。

② 链接分享。单击“复制链接”按钮，会弹出一个链接和密码，然后单击“复制链接及密码”按钮，就可以分享链接了。

③ 发送给好友，即把文件直接发送给好友，选择发给好友选项，在弹出的窗口中选择要分享的好友，可以 1 个或多个，选择好之后，单击“分享”按钮即可进行分享。

(a)

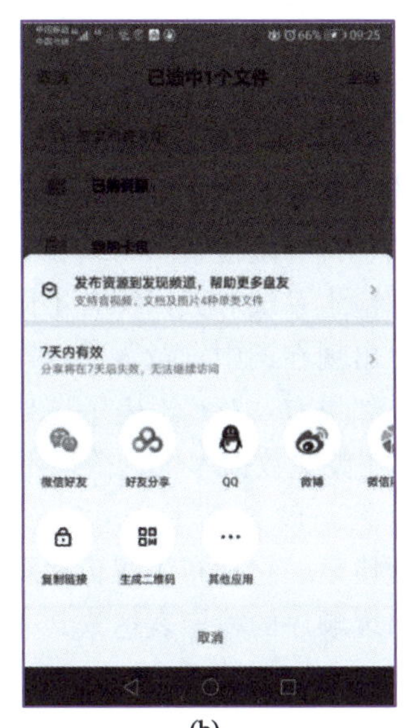

(b)

图 16-15　分享好友

16.3　相关知识

16.3.1　信息检索

1. 认识信息检索

信息检索是用户进行信息查询和获取的主要方式，是查找信息的方法和手段。狭义的信息检索仅指信息查询，即用户根据需要，采用一定的方法，借助检索工具，从信息集合中找出所需要信息的查找过程。广义的信息检索是信息按一定的方式进行加工、整理、组织并存储起来，再根据信息用户特定的需要将相关信息准确的查找出来的过程。一般情况下，信息检索指的就是广义的信息检索。

2. 常用信息检索技术

常用的检索技术有布尔逻辑检索、截词检索、位置检索、限制检索等。

（1）布尔逻辑检索

布尔逻辑的基本运算形式共有逻辑与（AND，*）、逻辑或（OR，+）、逻辑非（NOT，-）3 种，如图 16-16 所示。例如，在检索框中输入“VR AND 试衣间”，表示查找既含有“VR”又含有“试衣间”的信息。

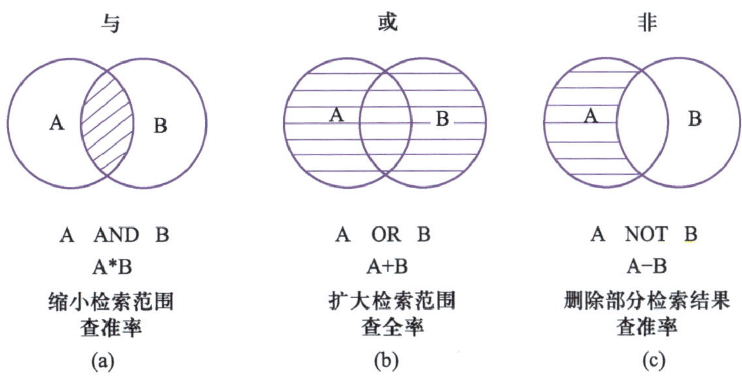

图 16-16　基本运算形式

在布尔逻辑运算符中，其优先运算顺序为 NOT> AND> OR，不过可以用括号改变它们之间的运算顺序，在有括号（ ）的检索式中优先运算括号（ ）内的逻辑运算。

（2）截词检索

拓展阅读
信息检索

截词检索是指用给定的词干做检索词，查找含有该词干的全部检索词的记录，也称为词干检索或字符屏蔽检索。

不同的检索系统对截词符有不同的规定，有的用“?”，也有的用“*”“！”“#”“$”等。例如，“?”出现在词中，“?”或“??”分别表示该处可填入 1 个或 2 个任意字符。“?”出现在词尾，如果有“???”，表示该处可填入 0 ~ 3 个任意字符。在中文数据库中，截词一般在词尾；在英文数据库中，截词不但可在词尾，还可用在词头或中间。

（3）位置检索

位置检索又称邻近度检索，它是布尔逻辑运算符“AND”的延伸，适用于两个检索词在同一篇文献中需要指定间隔距离或出现顺序的检索表达式，表示两个或多个检索之间的位置邻近关系，多用于西文检索中。

（4）限制检索

限制检索是通过限制检索范围，达到优化检索结果的方法。限制检索的方式有多种，如进行字段检索、使用限制符、采用限制检索命令等。限制检索在百度搜索中的应用如下：

① 使用 site: 限制搜索网站。

使用 site: 关键词可以限制搜索特定的网站。例如，搜索“site:baidu.com AI”将只返回百度网站上包含 AI 关键词的页面。

② 使用 filetype: 限制搜索文件类型。

使用 filetype: 关键词可以限制搜索特定的文件类型。例如，搜索“filetype:pdf 机器学习”将只返回包含机器学习关键词的 PDF 文件。

③ 使用 intitle: 限制搜索标题中关键词。

使用 intitle: 关键词可以限制搜索结果仅包含在页面标题中出现的关键词。例如，搜索“intitle: 人工智能”将只返回标题中包含人工智能的页面。

④ 使用 inurl: 限制搜索 URL 中关键词。

使用 inurl: 关键词可以限制搜索结果仅包含在页面 URL 中出现的关键词。例如，搜索“inurl:news”将只返回 URL 中包含 news 的页面。

16.3.2 搜索引擎

1. 认识搜索引擎

搜索引擎是指根据一定的策略、运用特定的计算机程序从互联网上采集信息，在对信息进行组织和处理后，为用户提供检索服务，将检索的相关信息展示给用户的系统。搜索引擎依托于多种技术，如网络爬虫技术、检索排序技术、网页处理技术、大数据处理技术、自然语言处理技术等，为信息检索用户提供快速、高相关性的信息服务。

2. 搜索引擎的工作原理

搜索引擎一般分为三大部分，包括爬虫、索引和检索。其中，爬虫是搜索引擎抓取互联网信息的过程。当用户输入关键词进行搜索时，搜索引擎会将关键词发送给爬虫，爬虫会根据关键词到互联网上抓取相关网页。爬虫抓取网页的过程，就是模拟用户浏览网页的行为，从一个链接跳转到另一个链接直到网页抓取完毕，其工作原理如图 16-17 所示。

爬虫抓取到网页后，会将其存储在搜索引擎的数据库中，并进行索引。索引是指将大量网页信息分类、组织和存储的过程。搜索引擎通过建立索引，将每个网页中的内容、关键词、标题等信息进行归类，方便用户在搜索时能够更快地找到需要的信息。索引的建立也有一定的算法和逻辑，可以提高搜索结果的准确性和相关性。

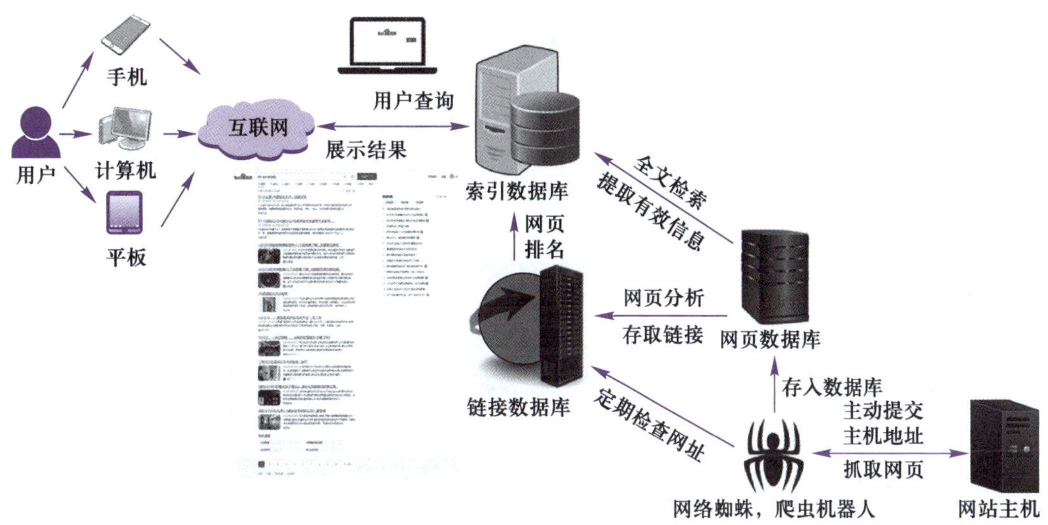

图 16-17　搜索引擎的工作原理

最后，搜索引擎通过检索算法，按照相关性和权重进行网页排序，将用户需要的信息呈现给用户。检索算法是搜索引擎核心的部分之一，它会根据关键词、用户搜索历史、网页质量等多个因素进行加权，获取最终的搜索结果。

3. 搜索引擎的分类

搜索引擎一般可分为全文搜索引擎、元搜索引擎、垂直搜索引擎和目录搜索引擎 4 种，其各自的特点如下：

① 全文搜索引擎：利用搜索器自动实现对网页的搜集，并自动生成索引库，根据相关算法实现用户检索词与索引库的相关度计算，把结果按照相关度排序返回给用户的一种搜索引擎。全文搜索引擎在构建搜索结果时，采用了自然语言处理和机器学习等技术，能够更准确地识别和索引网页信息，提高搜索结果的准确性和相关性。一般网络用户适用于全文搜索引擎。

② 元搜索引擎：通过将检索词提交给不同的搜索引擎，并在不同的搜索引擎中对其进行分组和整理，实现多个搜索引擎的同步检索的一种方式。元搜索引擎适用于广泛、准确地收集信息。

③ 垂直搜索引擎：主要针对某个行业的专业需求进行搜索服务，通过细分和延伸的方式，提供更精准、更高效的搜索结果。垂直搜索引擎适用于有明确搜索意图情况下进行检索。例如，用户购买机票、火车票、汽车票时，或想要浏览网络视频资源时，都可以直接选用行业内专用搜索引擎，以准确、迅速获得相关信息。

④ 目录搜索引擎：网站内部常用的检索方式。在对网站内信息整合处理并分目录呈现给用户，但其缺点在于用户需预先了解本网站的内容，并熟悉其主要模块构成。目录搜索引擎是依赖人工收集处理数据并置于分类目录链接下的搜索方式。

16.4　项目小结

本项目介绍了网上搜索信息的技巧、保存网页内容、下载文件资料、利用百度网盘整理文件和文件夹的使用方法。

通过本项目的学习和训练，熟练掌握信息搜索、信息保存、下载文件、信息整理等方法，了解多种搜索服务的使用方法；使学习者具备网络获取信息资源、下载存储资料，以及灵活运用下载工具软件下载文件的能力；培养学习者的信息检索、信息整理、信息归类以及信息分享的能力。

16.5 IT 工作室

通过深入企业调研，利用网络信息检索等方法，从物联网、大数据、人工智能或者其他方向中任选一个方向进行分析，形成该产业未来发展的趋势报告。具体的工作任务如下：

任务 1：分析选题与收集资料

本次信息检索与分析采用 3 ~ 5 人为一小组，将主题分解成多个子主题，利用现代信息检索手段从互联网、学术期刊、报纸或其他渠道收集信息，并整理信息。资料收集统计表见表 16–1。

表 16–1 资料收集统计表

收集人	资料目录 （文档、图片、视频、音频）	资料来源
如“图图”	文档：第 53 次中国互联网络发展状况统计报告	中国互联网络信息中心 (2024–03–22)

任务 2：整理资料与编写报告

经过上一阶段的选题分析和资料收集工作之后，本阶段主要完成资料的整理，在对资料的整理的基础上提炼主要的观点，并完成分析报告的撰写。

① 通过对前一阶段的资料进行仔细甄别和参阅，将资料按照子任务模块进行归类，然后对重复资料进行合并或去除重复部分。在此过程中对缺少的资料继续进行补充，其分类表见表 16–2。

表 16–2 资料分类表

序号	子任务模块	资料目录
1	无线通信技术背景	6G 移动通信技术背景 6G 标准竞争产业链应吸取 5G 的经验 无线移动通信技术发展现状与趋势 6G 移动通信主要技术标准讨论
2	……	……

② 小组成员按照各自子任务的需求对素材材料进行阅读和分析，通过阅读材料提炼相应的主要观点，其见表 16–3。

表 16–3 提炼的主要观点

序号	子任务模块	提炼的主要观点
1	无线通信技术背景	1. 移动通信技术发展迅速，给人们的生活和工作带来了巨大的改变 2. 目前 5G 无线通信技术已经普及 3. 6G 无线通信技术面临无法满足用户需求的问题 4. 从 GSM、GPRS、5G 再到 6G，需要不断演进，而且这些技术可以同时存在 5. 未来的 6G 通信给了人们真正的沟通自由，并彻底改变人们的生活方式
2	……	……

③ 文档撰写是完成信息检索与分析（ISAS）工作的重要环节，在 ISAS 评比中有相关评分标准。

任务 3：制作演讲稿幻灯片

将分析研究报告要点制作成图文并茂、形象生动的演示文稿。为专家论证或向公司决策层汇报工作情况做好准备。

① 解说词的作用是配合演示文档的演示，编写解说词的人必须具备扎实深厚的文字功底，同时应熟悉文档的内容。解说词任务表见表 16-4。

表 16-4 解说词任务表

序号	子任务模块	幻灯片	时间（秒）	解说词	演说者
1	自我介绍部分	第 1 张：团队介绍	20	各位专家好：我们是来自某部门的工作小组。我是组长小文，这是我的团队成员小张，这位是小王	图图

② PPT 的制作一定要遵循清楚、易读、容易理解的原则。设计和制作 PPT 需要做到颜色使用须协调、字体和字号要简洁清楚、页面布局应合理、图片和表格应美观协调、展示主线要明确。

任务 4：汇报演讲与提问答辩

现场汇报演讲介绍阶段研究成果，展示最新信息和资料，配以精准的演说词，通过项目小组成员的团队协作而完成。在演讲完毕后接受评委的提问并现场回答。

演讲与答辩是按照一定的标准来进行评分的，一般情况下信息检索与分析工作采用相关评分标准。

IT 工作室
项目评分标准

项目 17

编造创新设计报告

编造创新设计报告

PPT

17.1 项目分析

项目描述

为使 VR 衣秀服装城的开发项目能顺利开展，市场营销中心总监安排蓝蓝团队撰写该项目的商业计划书，要求制作成书籍效果，并印刷装订成册。

项目要求

1. 页面设置

设置纸张A4（210 mm×297 mm），纵向。页边距：上为2.5 cm、下为2.5 cm、左为3 cm、右为3 cm；装订线：靠左，0.5 cm；距边界：页眉为1.5 cm、页脚为1.5 cm。

2. 使用样式

设置所有的蓝色文字（章名）应用“标题 1”样式，将所有的红色文字（节名）应用“标题 2”样式，所有的橙色文字（小节名）应用“标题 3”样式；将“标题 1”的格式修改为“黑体、二号、居中、段前和段后间距分别为 0.5 和 1.5 倍行距”，将“标题 2”的格式修改为“楷体、三号、段前段后均 12 磅、1.5 倍行距”，将“标题 3”的格式修改为“楷体、四号、段前段后均 6 磅、1.5 倍行距”；定义新样式“计划书正文”，要求样式基于“正文”来新建，其格式为“楷体、小四、首行缩进 2 字符、1.5 倍行距”，并将正文的文本全部应用“计划书正文”样式；在“标题 1”前添加多级编号“1，2，…”，“标题 2”前添加多级编号“1.1，1.2，…”，“标题 3”前添加多级编号“1.1.1，1.1.2，…”。

3. 插入页眉和页脚

在“目录”前、后各插入一个分节符，在文档的最后位置插入分节符；给计划书正文设置页眉“VR 衣秀服装城商业计划书”；设置页脚，商业计划书封面和目录没有页码，正文页码位置：底端、居中，页码格式为：第 X 页，起始页码为 1。

4. 插入题注和脚注

为商业计划书中的所有表格插入题注，格式为表 1–1（前一个“1”代表“章节编号”，后一个“1”代表“在该章节中表的编号”），表 1–2，…；为商业计划书中的所有的图插入题注，格式为图 1–1，图 1–2，…；为“7.4 价值链管理”所在页的“中国纺织服装出口美国市场的产品价值链构成”添加脚注。

5. 插入并编辑目录

利用三级标题样式生成商业计划书目录，要求：目录中包含应用“标题 1”样式的章名、应用“标题 2”样式的节名、应用“标题 3”样式的小节名，其中“目录”文本的格式为“居中、小一、隶书”；将目录 1（TOC1）的格式修改为“黑体、三号、1.5 倍行距、段前段后距离 0.5 行”；将目录 2（TOC2）的格式修改为“宋体、小四、段前段后距离 0.3 行、缩进 2 个字符”；将目录 3（TOC3）的格式修改为“楷体、小四、缩进 4 个字符”。

VR 衣秀服装城商业计划书

6. 设计文档封面

为商业计划书添加内置封面；自行设计封面，用形状为封面设置层次；利用文本框，添加“VR 衣秀服装城商业计划书”等封面文字内容。

17.2 项 目 实 现

17.2.1 页面设置

微课 17-1
页面设置

要想打印出符合要求的商业计划书，需要对文档页面进行设置。不同的纸张、页边距，打印出来的效果不同。

设置纸张 A4（210 mm × 297 mm），纵向；页边距：上：2.5 cm、下：2.5 cm；左：3 cm、右：3 cm；装订线：靠左，0.5 cm；距边界：页眉 1.5 cm、页脚 1.5 cm。其实现方法如图 17-1 所示。

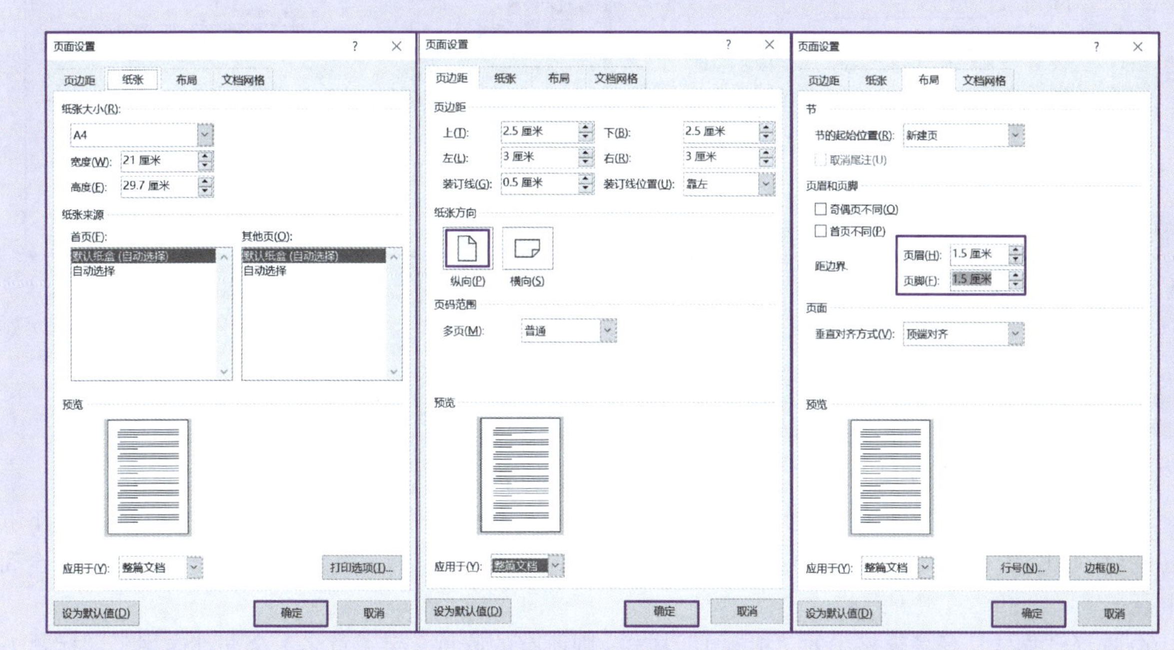

图 17-1 “设置纸张”操作

【操作步骤】

① 打开“VR 衣秀服装城商业计划书（素材）.docx”文档，将其另存为“VR 衣秀服装城商业计划书（效果）.docx”。

② 单击“布局”选项卡“页面设置”组中的“对话框启动器”按钮，打开“页面设置”对话框。

③ 在“纸张”选项卡中，设置纸张大小为 A4，宽度为 21 cm，高度为 29.7 cm。

④ 在“页边距”选项卡中，设置页边距，上为2.5 cm，下为2.5 cm，左为3 cm，右为3 cm，装订线为靠左，0.5 cm；设置纸张方向为纵向，应用于“整篇文档”。

⑤ 在“布局”选项卡中，设置边界组，页眉为1.5 cm，页脚为1.5 cm；应用于“整篇文档”，单击“确定”按钮。

微课 17-2
使用样式

17.2.2 使用样式

VR 衣秀服装城商业计划书文档长，且格式多，像一本书，如果按部就班地排版，既费时又费力，阅读起来也不方便。蓝蓝决定使用 Word 中功能最强的工具之一“样式”来解决此类问题。

1. 套用系统内置样式

设置所有的蓝色文字（章名）应用“标题 1”样式，将所有的红色文字（节名）应用“标题 2”样式，所有的橙色文字（小节名）应用“标题 3”样式。其实现方法如图 17–2 所示。

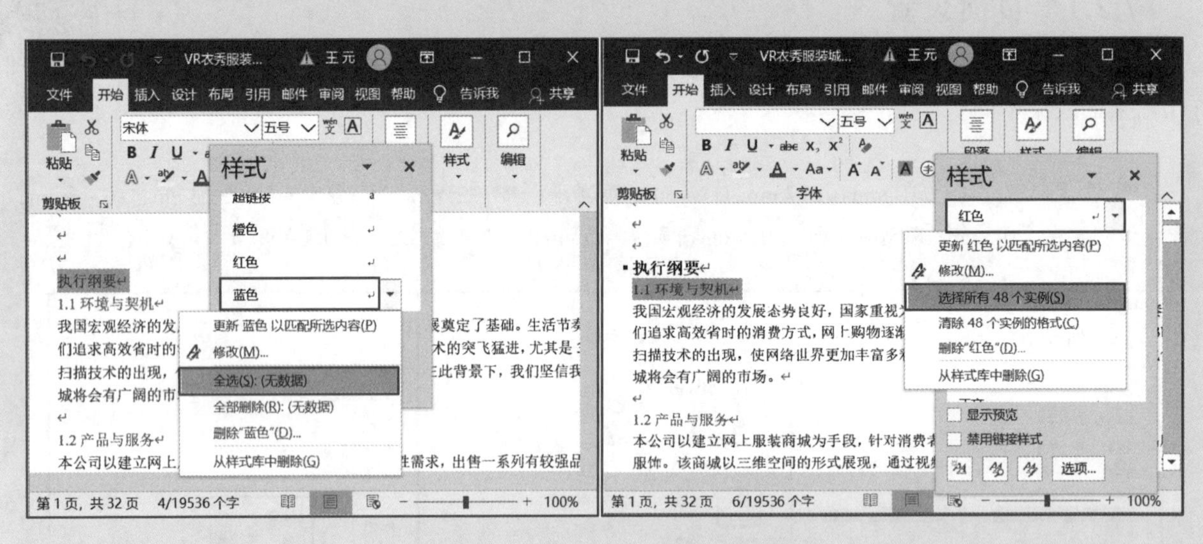

图 17–2 “套用系统内置样式”操作

【操作步骤】

① 将插入点置于文档正文部分的任意位置。

② 单击“开始”选项卡“样式”组中的“对话框启动器”按钮，打开“样式”任务窗格。

③ 选中文档中任意处的蓝色文字，单击“样式”任务窗格中的“蓝色”样式右侧的下拉按钮，在弹出的下拉列表框中选择“全选（S）:（无数据）”选项。可将文档中的蓝色文字全部选中。

④ 选择“样式”任务窗格中的“标题 1”样式，则所有的蓝色文字（章名）全部都应用了“标题 1”样式。

⑤ 选中文档中任意处的红色文字，单击“样式”任务窗格中的“红色”样式的下拉按钮，在弹出的下拉列表框中选择“选择所有 48 个实例”选项。可将文档中的红色文字全部选中。再选择“样式”任务窗格中的“标题 2”样式，则所有的红色文字（节名）全部都应用了“标题 2”样式。

⑥ 用相同的方法，将文档中的所有小节名（橙色文字）全部应用为“标题 3”样式。

2. 修改样式

现将“标题 1”的格式修改为“黑体、二号、居中、段前和段后间距分别为 0.5 和 1.5 倍行距”。将“标题 2”的格式修改为“楷体、三号、段前段后各 12 磅、1.5 倍行距”。将“标题 3”的格式修改为“楷体、四号、段前段后各 6 磅、1.5 倍行距”。其实现方法如图 17–3 所示。

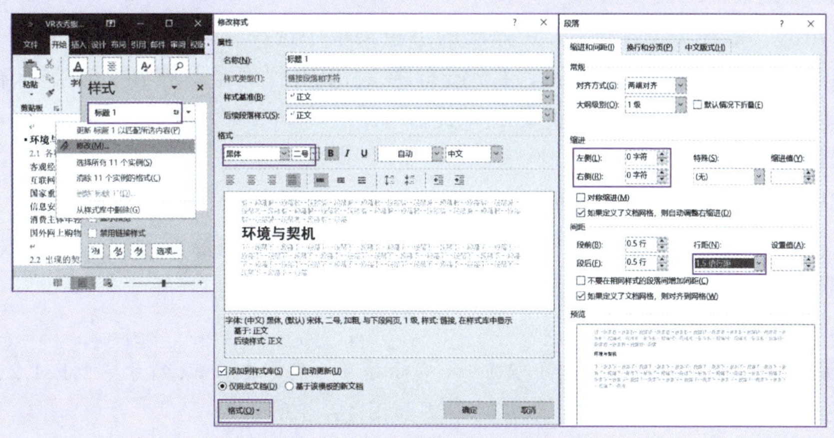

图 17–3 “修改样式”操作

【操作步骤】

① 将插入点置于已设置“标题 1”样式的文本中，单击“样式”任务窗格中的“标题 1”样式右侧的下拉按钮，在弹出的下拉列表框中选择“修改”选项。

② 打开“修改样式”对话框，在“格式”选项组中选择“黑体、二号、居中”。

③ 单击右下角的“格式”下拉按钮，在弹出的下拉菜单中选择“段落”命令，打开“段落”对话框。

④ 设置段落格式为“段前和段后间距分别为 0.5 行和 1.5 倍行距”。在“修改样式”对话框中选中“自动更新”复选框，单击“确定”按钮，则设定的格式将自动应用于所有“标题 1”样式的文字。

⑤ 使用同样的方法修改“标题 2”和“标题 3”样式的格式。

3. 自定义样式

定义新样式“计划书正文”，要求样式基于“正文”来新建，其格式为“楷体、小四、首行缩进 2 字符、1.5 倍行距”，并将正文文本全部应用“计划书正文”样式。其实现方法如图 17–4 所示。

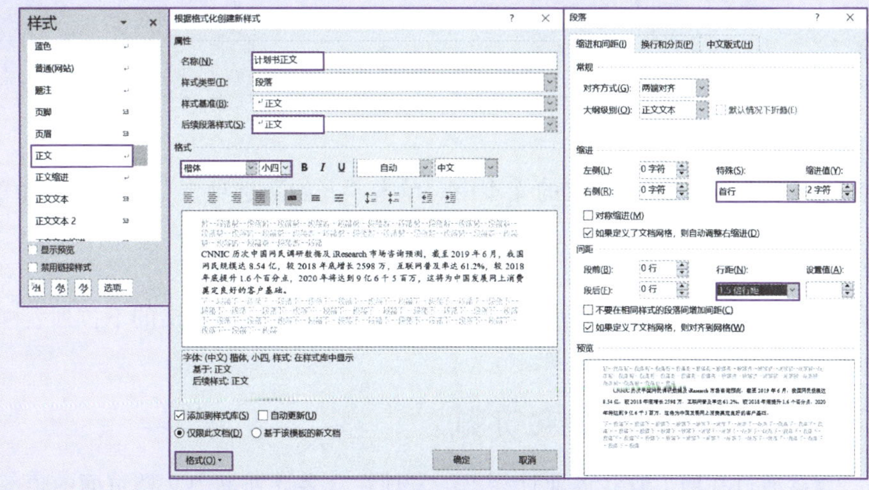

图 17–4 “自定义样式”操作

【操作步骤】

① 在“样式”任务窗格中单击“新建样式”按钮，打开“根据格式化创建新样式”对话框。

② 在“名称”文本框中输入“计划书正文”，在“后续段落样式”下拉列表框中选择“正文”选项，在“格式”选项组中选择格式为“楷体、小四”。

③ 单击左下角的“格式”下拉按钮，在弹出的下拉菜单中选择“段落”命令，打开“段落”对话框。

④ 设置段落格式为“首行缩进 2 字符，1.5 倍行距”。单击“确定”按钮，确定所有的操作。然后，选择正文中的所有文字，应用“计划书正文”样式。

4. 使用多级编号

商业计划书内容较长，需要使用多种级别的标题编号，如第一章、1.1、1.1.1 或（一）、1、（1）等。如果是手工加入编号，一旦章节发生了变动，如增删或移动，编号也需要随之手动修改，非常麻烦。通过上网搜索，蓝蓝查找到可以通过自动设置多级编号来解决此类问题。

将“标题 1”前添加多级编号“1,2,…”；“标题 2”前添加多级编号“1.1,1.2,…”；“标题 3”前添加多级编号“1.1.1，1.1.2，…”。其实现方法如图 17-5 所示。

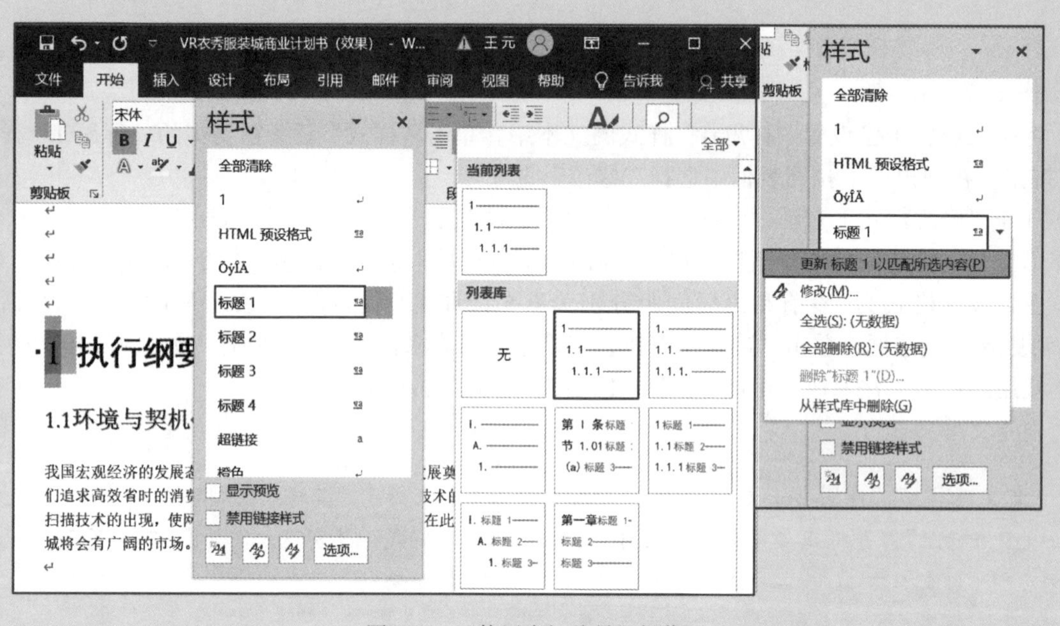

图 17-5　“使用多级编号”操作

【操作步骤】

① 将插入点置于应用“标题 1”样式的文本中。单击“开始”选项卡“段落”组中的“多级列表”下拉按钮。

② 在弹出的下拉列表框中，选择相应的列表选项，即可设置多级编号。

③ 单击“样式”任务窗格中的“标题 1”样式右侧的下拉按钮，在弹出的下拉列表框中选择“更新标题 1 以匹配所选内容”选项。

微课 17-3
插入页眉和页脚

17.2.3　插入页眉和页脚

蓝蓝通过在网上查找商业计划书，发现在众多计划书中文档页面的顶部（页眉）或底部（页脚）位置都插入标题、页码、日期或公司标志等图形和符号等信息，而且目录和正文部分设置了不同的页眉和页脚，这就需要在计划书中插入分节符，然后再添加页眉和页脚。

1. 插入分节符

打开长文档直接设置页眉和页脚，会使得所有页面的页眉和页脚都相同。若想为不同的部分设置不同的页眉和页脚，就要用到分隔符中的“分节符”。

在“目录”前、后各插入一个分节符，在正文的最后位置插入分节符，如图 17-6 所示。

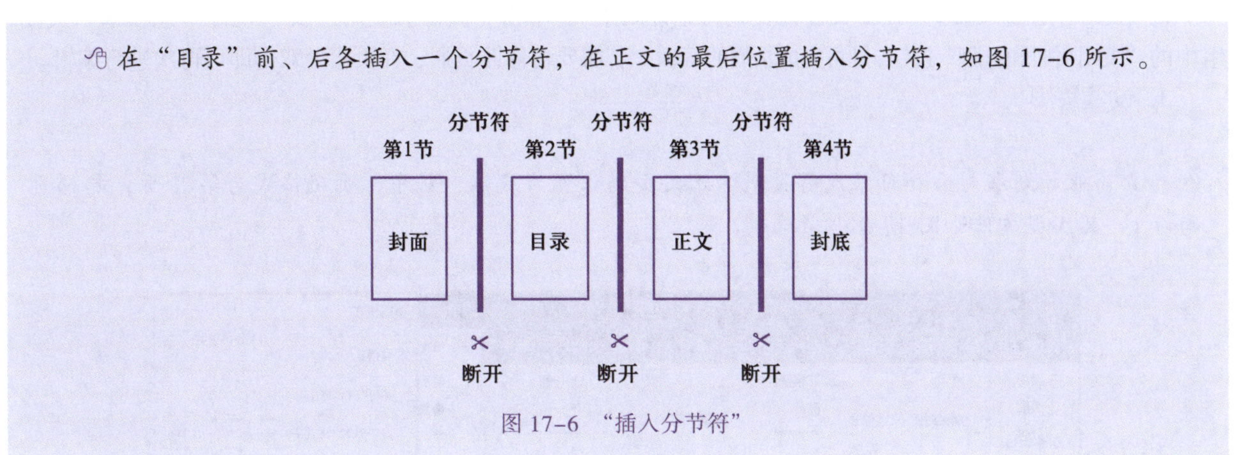

图 17-6　“插入分节符”

【操作步骤】

① 为了便于观看插入分节符的情况，通常是单击“视图”选项卡“视图”组中的“草稿”按钮，切换到“草稿”视图。

② 将插入点置于“目录”文字前，单击“布局”选项卡“页面设置”组中的“分隔符”下拉按钮，在弹出的下拉列表框中选择“下一页”选项，即可插入“分节符（下一页）”。用同样的方法插入其他的分节符。

2. 设置页眉

给计划书正文设置页眉“VR 衣秀服装城商业计划书”，其实现方法如图 17-7 所示。

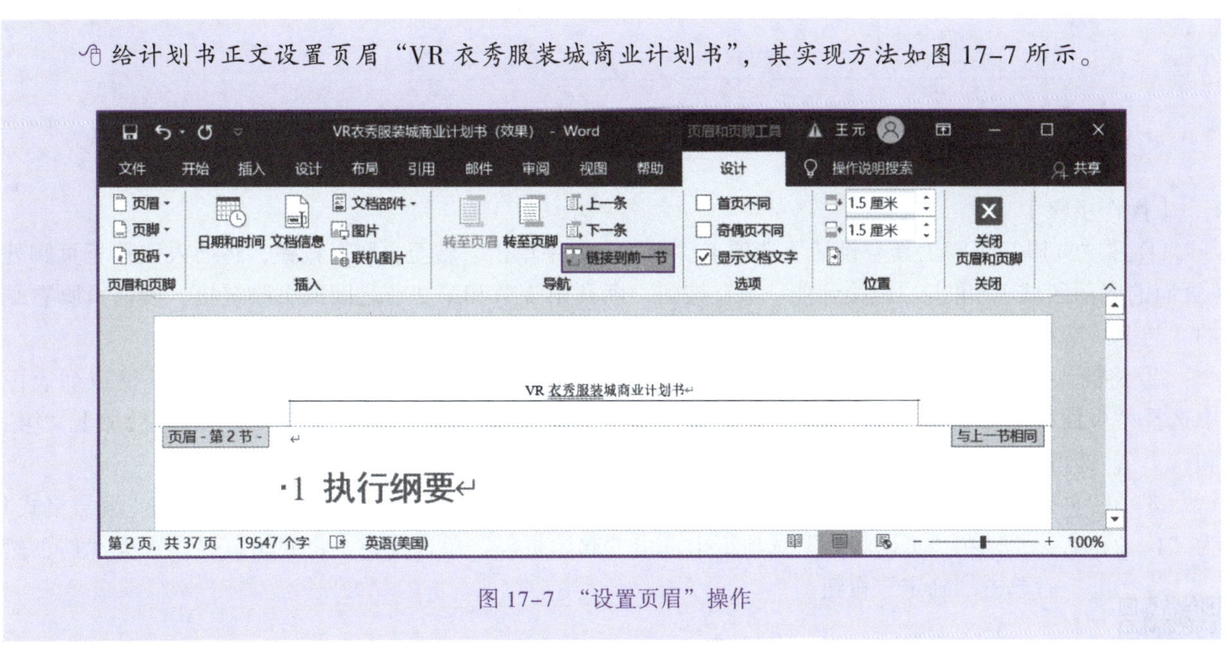

图 17-7　“设置页眉”操作

【操作步骤】

① 将插入点置于“VR 衣秀服装城商业计划书”正文所在的节中。在“插入”选项卡“页眉和页脚”组中单击“页眉”下拉按钮，在弹出的下拉列表框中选择“编辑页眉”命令，此时出现“页眉和页脚工具”上下文选项卡。

② 当前节的页眉右侧出现“与上一节相同”的标记时，若页眉与前一节相同，则不需要关注它。而在本商业计划书的排版中，“正文”节与“目录”节的页眉不同，因此需要单击“页眉和页脚工具 – 设计”选项卡“导航”组中的“链接到前一节”按钮。当该按钮弹起时，页眉右上角“与上一节相同”的字样消失，此时断开了第 1 节与第 2 节的链接。

③ 在页眉处输入文字“VR 衣秀服装城商业计划书”。单击“页眉和页脚工具 – 设计”选项卡“关闭”组中的“关闭页眉和页脚”按钮，即可完成页眉的编辑。若需要再修改页眉，在页眉处双击即可再次进行编辑。

3. 设置页脚

商业计划书封面和目录没有页码。正文页码位置为底端、居中，页码格式为第 X 页，起始页码为 1，其实现方法如图 17-8 所示。

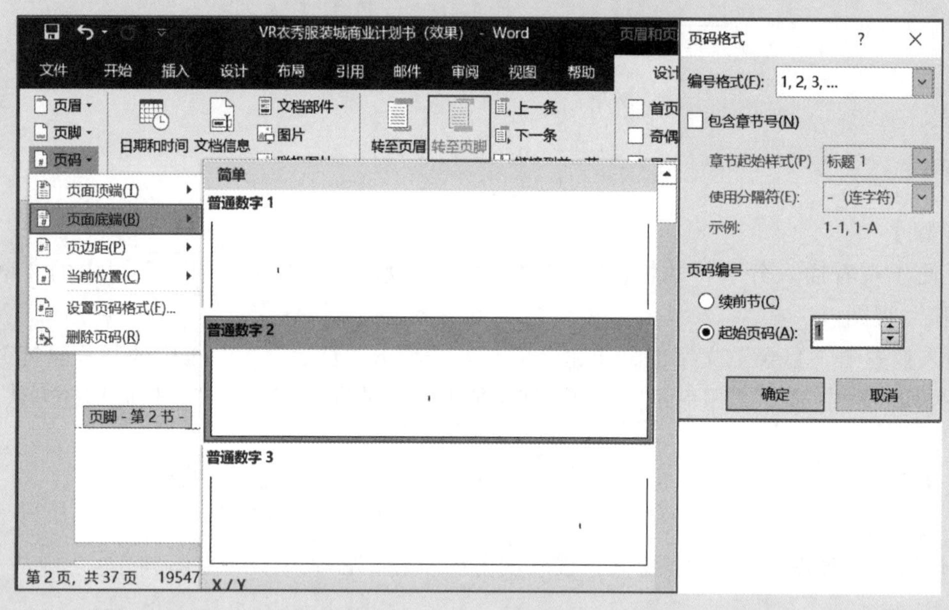

图 17-8 “设置页脚”操作

【操作步骤】

① 在“页眉和页脚工具 – 设计”选项卡“导航”组中单击“转至页脚”按钮，将插入点移至页脚处（页面的底部区域）。单击“链接到前一节”按钮，断开第 1 节和第 2 节之间的页脚链接，确保页脚右端的“与上一节相同”的字样消失。

② 将插入点定位在“VR 衣秀服装城商业计划书”正文所在的“节”中。在“页码”下拉列表框中选择“页面底端”中的“普通数字 2”选项，此时页面底端出现了页码，并在页码的前后加上“第”和“页”，即可将页码格式设置为“第 1 页”“第 2 页”……

③ 在“页码”下拉列表框中选择“设置页码格式”命令，打开“页码格式”对话框。设置“编号格式”为“1，2，3，...”，在“页码编号”选项组中选中“起始页码”单选按钮，将起始页码设置为“1”，然后单击“确定”按钮。

微课 17-4
插入题注和脚注

17.2.4 插入题注和脚注

商业计划书包含多个表格，为了方便查找，需要为它们编号。如果手工添加，一旦表格发生变动（增删），编号也需要手动修改，比较麻烦。蓝蓝决定通过题注来为表格编号，从而使得表格的管理和查找更方便。

1. 插入题注

为商业计划书中的所有表格插入题注，格式为表 1–1（前一个“1”代表“章节编号”，后一个“1”代表“在该章节中表的编号”），表 1–2，……。为商业计划书中的所有的图插入题注，格式为图 1–1，图 1–2，…，其实现方法如图 17–9 所示。

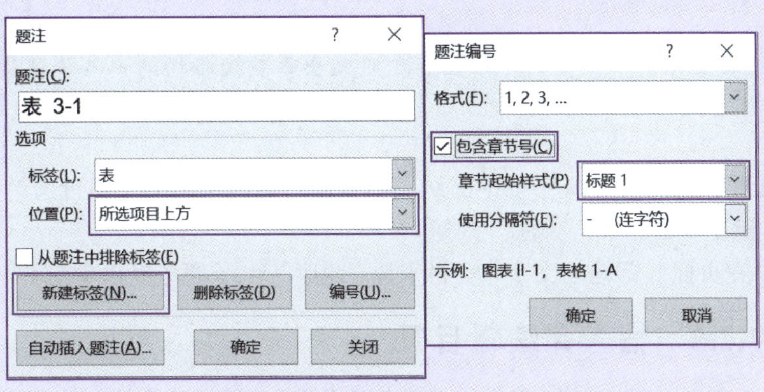

图 17–9　“插入题注”操作

【操作步骤】

① 选中文档中需要插入题注的第 1 个表格，单击“引用”选项卡“题注”组中的“插入题注”按钮。

② 在打开的“题注”对话框中，单击“新建标签”按钮，在打开的“新建标签”对话框中输入标签名“表”，单击“确定”按钮，返回“题注”对话框。

③ 单击“题注”对话框中的“编号”按钮，在打开的“题注编号”对话框中，设置“格式”为“1，2，3…”选中“包含章节号”复选框，章节起始样式设置为“标题 1”，使用分隔符设置为“-（连接符）”，单击“确定”按钮。若出现提示框“Microsoft Word”提示：若要应用章节变化，请使用“开始”选项卡“段落”组中的“多级列表”按钮，然后选择链接到标题样式的编号方案，则表示刚才的设置不成功，需要修改章节号所对应的“多级列表”。将插入点置于章节名（应用“标题 1”样式）文本中。单击“开始”选项卡“段落”组中的“多级列表”下拉按钮，在弹出的下拉列表框中，选择“定义新的多级列表”命令，在打开的“定义新多级列表”对话框中，将“将级别链接到样式”设置为“标题 1”，单击“确定”按钮，即可使得前面设置的“题注编号”方案起作用，如图 17–10 所示。

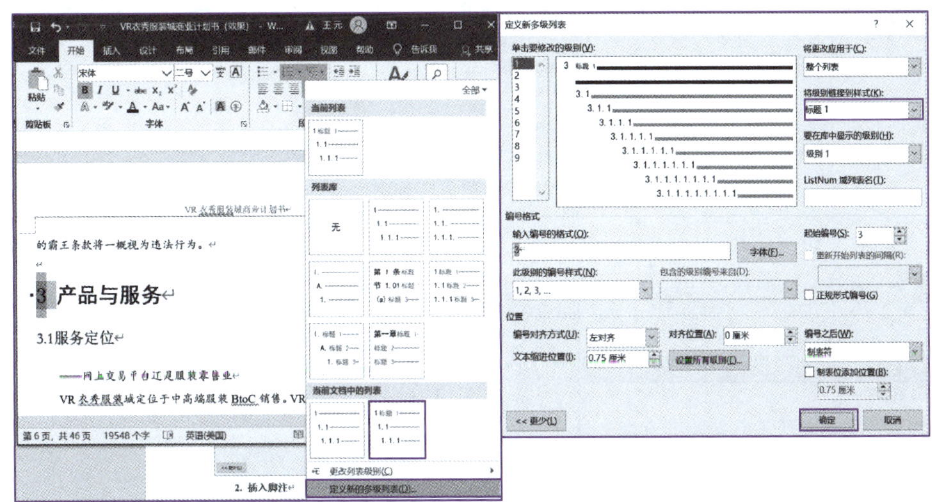

图 17–10　“设置链接到标题样式”操作

④ 返回“题注”对话框，设置选项组中的位置为“所选项目上方”，单击“确定”按钮，即可为表格插入题注“表 3–1”。

⑤ 依次选择文档中后续的表格，单击“引用”选项卡“题注”组中的“插入题注”按钮，在打开的“题注”对话框中单击“确定”按钮，即可为表格自动插入题注，表的编号也将随着章节、表的顺序而变化。

⑥ 使用同样的方法为文档中的图依次插入题注即可。

2. 插入脚注

为“7.4 价值链管理”所在页的“中国纺织服装出口美国市场的产品价值链构成”添加脚注。

【操作步骤】

① 将插入点置于要添加脚注的文字“中国纺织服装出口美国市场的产品价值链构成”之后，在“引用”选项卡“脚注”组中单击“插入脚注”按钮。

② 在页面底部输入文字“资料来源：谢康《电子商务经济学》”。

微课 17–5
插入并编辑目录

17.2.5　插入并编辑目录

对于商业计划书来说，目录是必不可少的。手工添加目录既麻烦又不利于以后的编辑修改，蓝蓝通过上网搜索资料，发现在运用样式及多级列表编号设置的基础上，借助样式可以快速生成目录。

1. 插入目录

利用三级标题样式生成商业计划书目录，要求：目录中包含应用“标题 1”样式的章名、应用“标题 2”样式的节名、应用“标题 3”样式的小节名，其中文字“目录”的格式为“居中、小一、隶书”。其实现方法如图 17–11 所示。

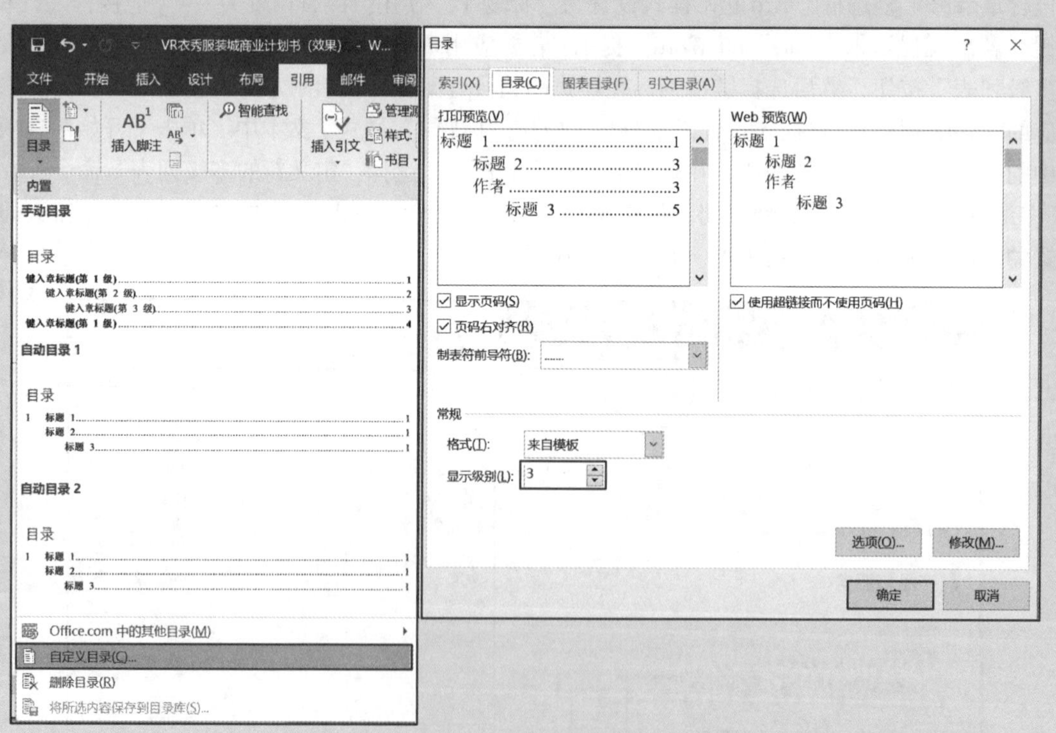

图 17–11　“插入目录”操作

【操作步骤】

① 将插入点置于“第 2 节”2 空行中，输入文本“目录”并按 Enter 键。在“引用”选项卡“目录”组中，单击“目录”下拉按钮，在弹出的下拉列表框中选择“自定义目录”命令。

② 在打开的“目录”对话框中，将“目录”选项卡的“显示级别”设置为“3”，单击“确定”按钮，在文本的“第 2 节”中将自动生成目录。将文字“目录”格式设置为“小一、隶书、居中”。

2. 修改目录

将目录 1（TOC1）的格式修改为“黑体、三号、1.5 倍行距、段前段后距离 0.5 行”；将目录 2（TOC2）的格式修改为“宋体、小四、段前段后距离 0.3 行、缩进 2 个字符”；将目录 3（TOC3）的格式修改为“楷体、小四、缩进 4 个字符”。其实现方法如图 17-12 所示。

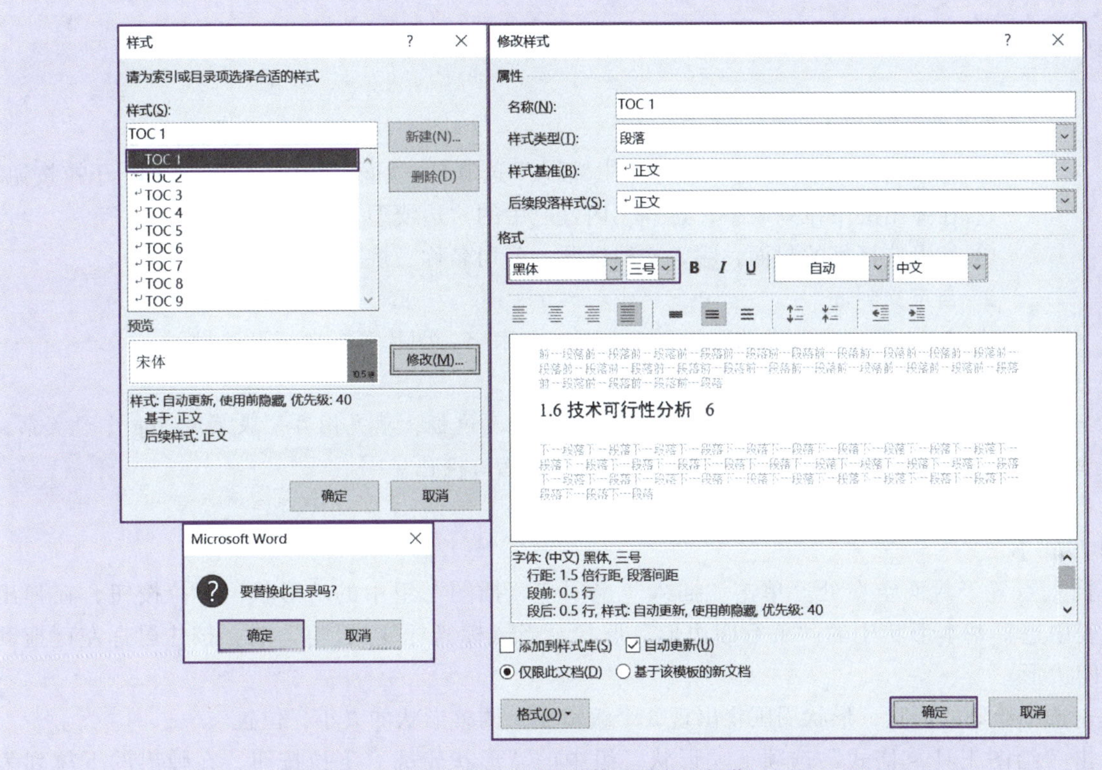

图 17-12 “修改目录”操作

【操作步骤】

① 将插入点置于目录中的任意位置。在“引用”选项卡“目录”组中，单击“目录”下拉按钮，在弹出的下拉列表框中选择“自定义目录”命令。在打开的“目录”对话框中单击“修改”按钮，打开“样式”对话框，选择“TOC1”选项，再单击“修改”按钮，打开“修改样式”对话框。

② 在“修改样式”对话框中设置目录 1（TOC1）格式为“黑体、三号、段前段后距离 0.5 行”。用相同的方法修改目录 2（TOC2）的格式为“宋体、小四、段前段后距离 0.3 行、缩进 2 个字符”，目录 3（TOC3）的格式为“楷体、小四、缩进 4 个字符”。连续单击“确定”按钮，关闭“目录”对话框。

③ 随之打开是否要替换此目录提示框，单击“确定”按钮。

3. 更新目录

当商业计划书中的章节名或页码发生变化时，可更新目录。

【操作步骤】

① 将插入点置于目录中的任意位置。在“引用”选项卡“目录”组中，单击“更新目录”按钮。

② 在打开的“更新目录”对话框中，进行相应设置。若只有页码变化，则选中“只更新页码”单选按钮；若页码、章节名都变化了，则选中“更新整个目录”单选按钮，然后再单击“确定”按钮，即可更新目录。

微课 17-6
图文混排

17.2.6 设计文档封面

封面是一本书的脸面，是一位不说话的推销员。好的封面设计更能吸引学习者的注意力，使得书籍被更多的人翻阅。对商业计划书而言，亦是如此。

1. 使用内置封面

为商业计划书添加内置封面。

微课 17-7
设计文档封面

【操作步骤】

① 将插入点置于文档首页，切换到“插入”选项卡“页面”组中，单击“封面”下拉按钮。

② 在弹出的下拉列表中，选择“内置”中的“边线型”作为封面。

③ 编辑选择好的封面，输入文档标题、公司名称、撰写人、日期即可。

2. 自定义封面

在 Word 中，可以借助形状、文本框、艺术字、图片等来自行设计封面。

绘制 2 个平行四边形图案，设置第 1 个平行四边形无边框，填充图片“服装城 .jpg”；设置第 2 个平行四边形边框线为白色、粗细为 3 磅，形状填充颜色为橙色。

【操作步骤】

① 将插入点置于封面空白处。单击“插入”选项卡“插图”组中的“形状”下拉按钮，在弹出的下拉列表中选择基本形状中的“平行四边形”形状。当鼠标光标变成“+”时，按住鼠标左键拖动绘制平行四边形。

② 单击选中绘制的形状，形状周围将出现 8 个编辑点，调整形状的大小，位置。

③ 单击“绘图工具 – 格式”选项卡“形状”组中的“形状轮廓”下拉按钮，在弹出的下拉列表中选择“无填充”命令；在“形状填充”下拉列表中选择“图片”命令，在打开的“插入图片”对话框中，选择“来自文件”，选择事先准备好的“服装城 .jpg”，单击“插入”按钮，即可将图片插入到形状中。

④ 使用同样的方法，再次插入形状“平行四边形”，调整好大小、位置。设置“形状填充”为标准色中的“橙色”，设置“形状轮廓”为主题颜色中的“白色，背景 1”，粗细为 3 磅。

⑤ 按住 Shift 键，依次单击两个平行四边形图案。单击“绘图工具 – 格式”选项卡“排列”组中的“组合”按钮，即可将图形组合在一起。

⑥ 选中组合的两个形状，单击“图片工具”选项卡“排列”组中的“下移一层”下拉按钮，在弹出的下拉列表中选择“置于底层”命令。

⑦ 使用类似的方法，插入“直线”形状，设置“形状轮廓”中的“虚线”为“实线”，“粗细”为 2.25 磅，并将其置于橙色平行四边形的上一层。

3. 设计封面文字

【操作步骤】

① 添加横排文本框，输入“商业计划书”，设置字体格式为“白色，微软雅黑、小一”。

② 添加横排文本框，输入“VR 衣秀服装城”，设置字体格式为“白色，微软雅黑、小初”。

③ 添加横排文本框，输入“撰写人:蓝蓝”，设置字体格式为“白色，楷体、四号”。

④ 在页面下方添加横排文本框，输入公司名称，设置字体格式为“黑色，微软雅黑、四号”。

利用文本框，添加“VR 衣秀服装商业计划书”等封面文字内容，其实现效果如图 17-13 所示。

图 17-13　封面效果图

17.3　相关知识

17.3.1　样式

样式是用名称保存下来的对修饰对象进行修饰所使用的一组修饰参数。修饰对象可以是字符、段落、链接段落和字符、表格和列表。修饰参数包括字体、段落、制表位、边框、图文框、编号、文字效果等。简言之，就是以样式名命名的一组格式的集合，便于对具有相同格式的文档的编辑。

使用样式制作的文档统一、规范，并且方便修改。当创建了一个常用的样式后，可以直接将其应用于输入的内容上。而且当因某种原因而更改了样式之后，应用此样式的段落文字都将随之修改，省去了逐项修改的麻烦。

17.3.2　节

“节”是文档格式化的最大单位（或指一种排版格式的范围），分节符是一个“节”的结束符号。默认方式下，Word 将整个文档视为一“节”，故对文档的页面设置是应用于整篇文档的。若需要在一页或多页之间采用不同的版面布局，只需插入“分节符”，将文档分成若干“节”，然后根据需要设置每“节”的格式即可，如设置边距、纸型或方向、页面边框、页眉和页脚、页码等。由于不同节的格式可以截然不同，所以可以编排出复杂的版面。

在“分节符”下拉列表中可以选择需要的分节符类型:“下一页”是指分节符后的文本从新的一页开始;“连续”是指新节与其前面一节同处于当前页中;“偶数页”是指分节符后面的内容转入下一个偶数页;“奇数页”是指分节符后面的内容转入下一个奇数页。

插入“分节符”后,若要使当前“节”的页面设置与其他“节”不同,只需单击“布局”选项卡“页面设置”组中的“对话框启动器”按钮，打开“页面设置”对话框,在“应用于”下拉列表框中选择“本节”选项即可。

17.3.3 页眉和页脚

页眉是位于页面顶端的一行或几行文字，通常用来显示文档的标题等。页脚是位于页码底部的一行文字，通常用来显示页码、日期等。它们都位于页边距的范围外，不占用文档的空间。

17.3.4 题注和脚注

题注就是给文档中的图片、表格、图表、公式等项目添加的名称和编号。使用题注功能可以保证长文档中图片、表格或图表等项目能够顺序地自动编号，如果移动、插入或删除带题注的项目时，题注的编号可以自动更新。且当某一项目带有题注时，还可以对其进行交叉引用。

脚注常用于文档和书籍中，以显示引用资料的来源，或输入性说明或补充性信息，通常位于页面的底部。

17.4 项 目 小 结

微课 17-8
任务小结毕业设计报告排版

本项目通过编造创新设计报告，介绍长文档中排版方法和操作技巧，涉及样式、页眉和页脚、题注和脚注、目录、封面的应用。

通过本项目的学习和训练，使学习者掌握样式、分节符、页眉和页脚的概念及其用途，学会用样式编辑排版长文档，具备编辑排版企业年终总结、调查报告、使用手册、讲义、小说、杂志和毕业论文等长文档的能力，能制作出版面均衡、图文并茂、生动活泼、搭配合理、淡雅美观的文档。培养学习者的项目统筹能力、归纳总结能力、提炼创作能力、创新创业能力、团队协作能力，以及在项目制作过程中提升学习者的学习自信。

17.5 IT 工作室

蓝蓝所在团队准备参加创新创业比赛，需要对“移动商务创业项目（素材）.docx”文档进行排版，具体要求如下：

1. 按样文效果设计文档的封面。

（1）添加两张 LOGO 图片并设置图片格式。

（2）给文档增加背景图片。

（3）添加文字并设置文字格式。

2. 利用样式对文档格式进行排版。

一级标题格式：华文新魏、小二，2 倍行距，段前段后各 15 磅。

二级标题格式：黑体、小三、1.5 倍行距，段前段后各 12 磅。

三级标题格式：楷体、四号、1.5 倍行距，段前段后各 6 磅，首行缩进 2 个字符。

正文格式：宋体、小四，首行缩进 2 个字符，1.5 倍行距。

3. 按样文效果适当地使用分隔符进行版面调整。

4. 给文档合适位置添加目录，并适当调整目录格式。

5. 在文档的底部添加页码，从正文开始标页码，从 1 开始。注意：封面和目录页不添加页码。

6. 给文档添加页眉页脚，效果如样文所示。

7. 给正文第 1 页中的 B2M 添加脚注，脚注内容为“B2M 电子商务模式——Business To Move，顾名思义，就是企业对手持移动终端客户的一种新兴电子商务形式。企业针对拥有智能手机的用户以及各种智能手机平台设计、开发出一系列的终端软件，让使用该软件的人能够随时随地实现产品的查询、购买和支付”。

8. 给正文第 4 页中“团队成员”处，添加一个表格，效果见样文。

9. 给正文第 8 页中“网站整体架构图”处，添加一个流程图，效果见样文。

10. 给正文第 3、4、10 页的位置添加格式，效果见样文。

11. 给正文第 5 页添加项目符号，效果见样文。

12. 将文档另存为“移动商务创业项目 .docx”文档。

13. 查看样文效果。

项目 18

展示答辩创新成果

展示答辩创新成果

18.1 项目分析

项目描述

在完成创新设计报告的编写后，蓝蓝团队要进行创新项目的路演活动。为了吸引投资商的关注和兴趣，蓝蓝团队需要制作推介演示产品、推介理念等的演示 PPT。

项目要求

1. 将 Word 文档转换成 PPT

将“VR 衣秀服装城商业计划书 .docx”Word 文档转换成 PPT 文档。将素材文件夹内的“灵悦黑体”添加到当前电脑内的字体库中。

VR 衣秀服装城商业计划书

2. 应用幻灯片模板

给“VR 衣秀服装城商业计划书 .pptx”文档应用“蓝色科技梦想起航创业计划企业年会 PPT.potx”模板，如图 18-1 所示的第 1 张幻灯片。给文档应用标题幻灯片版式、节标题幻灯片版式、标题和内容版式，如图 18-1 所示。

3. 设置音乐放映方式

给第 1 张幻灯片添加“haixiu.mp3”音乐，设置效果为“自动”“循环播放，直到停止”“放映时隐藏”。给其他的幻灯片添加“夜空中最亮的星 .mp3”音乐，设置从“00:20 秒”开始播放音乐，在“40 张幻灯片后”停止播放音乐。

4. 插入视频文件

给幻灯片的“服务”页面，插入“VR 试衣 .mp4”视频，设置视频播放格式为“自动、全屏播放”，如图 18-1 所示的第 5 张幻灯片。

5. 插入对象

在幻灯片中，插入“市场推广计划 .pptx”演示文档，如图 18-1 所示的第 11 张幻灯片。重用“蓝色科技梦想起航创业计划企业年会 PPT.potx”文件中的“幻灯片 27”，并修改幻灯片内的内容，如图 18-1 所示的第 8 张幻灯片。

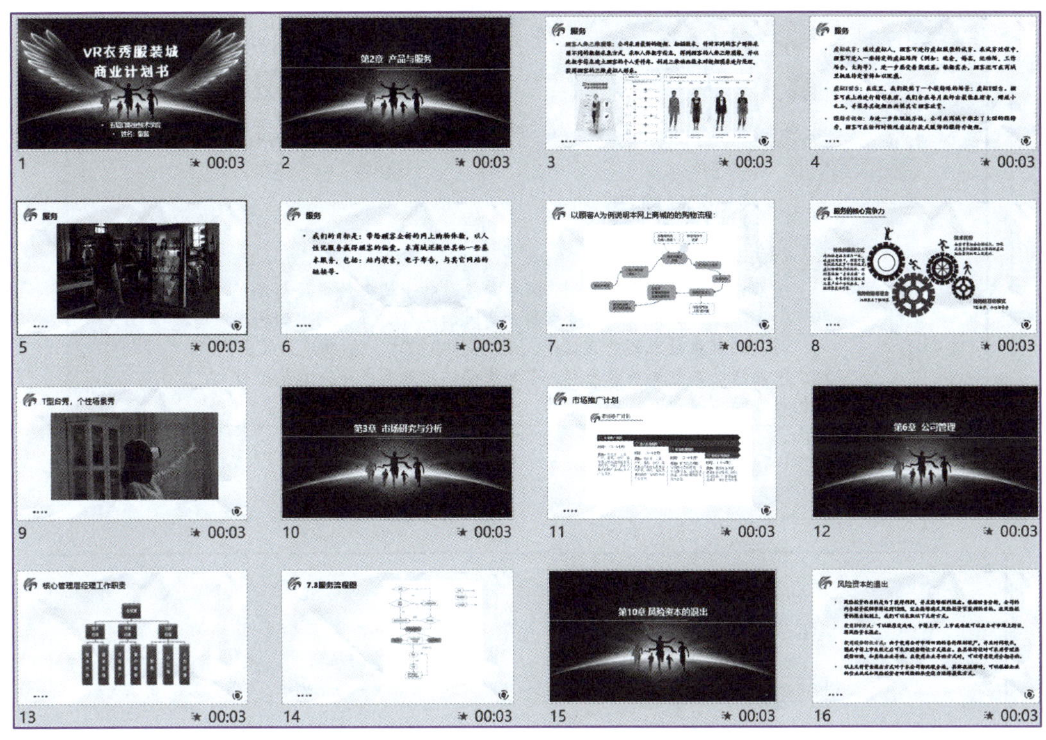

图 18–1　VR 衣秀服装城商业计划书样文

6. 打印幻灯片

打印当前演示文稿的所有幻灯片，打印设置为“4 张水平放置的幻灯片、横向、灰度”。

18.2　项 目 实 现

18.2.1　将 Word 文档转换成 PPT

将 Word 转成 PPT 是最常见的一种操作，借助 Word 自带的功能即可完成。

1. 将 Word 文档转换成 PPT

微课 18–1
将 Word 文档转换成 PPT

将“VR 衣秀服装城商业计划书 .docx” Word 文档转换成 PPT 文档。

【操作步骤】

① 打开“项目 18　编造创新设计报告”的 Word 文档，单击“视图”选项卡“视图”组中的“大纲”按钮，进入“大纲”视图。

② 单击左上方的级别按钮，根据需要将文档内容划分为 1 级、2 级、3 级、正文；在大纲视图下对原文档进行层次整理，如图 18–2 所示。

③ 选择“文件”选项卡，在窗口左侧选择“选项”，在打开的对话框中左侧选择“快速访问工具栏”选项卡，在右侧“从下列位置选择命令”下拉列表中选择“不在功能区中的命令”选项，在列表框中选择“发送到 Microsoft PowerPoint”选项，单击“添加”按钮然后将其添加到“自定义快速访问工具栏”列表框中，单击“确定”按钮，返回编辑页面，如图 18–3 所示。

微课 18-2
用 AIGC 生成 PPT

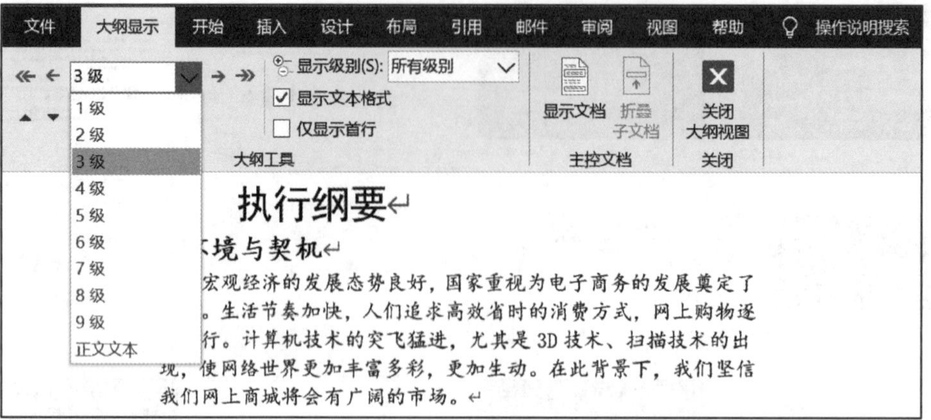

图 18-2 大纲视图

图 18-3 Word 选项

④ 单击“发送到 Microsoft PowerPoint”按钮，几秒钟后文档就被迅速转成 PPT 了。

2. 给 PPT 添加字体

将素材文件夹内的“灵悦黑体”添加到当前电脑内的字体库中。

【操作步骤】

① 选择素材文件夹内的“灵悦黑体”，同时按 Ctrl+C 组合键进行复制。

② 依次打开“此电脑”下的“C 盘→Windows→Fonts”文件夹。

③ 同时按 Ctrl+V 组合键粘贴字体。

④ 此时，在 PPT 中的字体下拉框内可查看到“灵悦黑体”字体。

18.2.2 应用幻灯片模板

在 PPT 的制作过程中，为了使内容更具有条理性和连贯性，常需要把所有的幻灯片应用相同的模板。

1. 应用幻灯片模板

微课 18-3 应用幻灯片模板

给“VR 衣秀服装城商业计划书 . pptx”文档应用“蓝色科技梦想起航创业计划企业年会 . potx”模板，如图 18-1 所示的第 1 张幻灯片。

【操作步骤】

① 打开由 Word 生成的 PPT 文档，命名为“VR 衣秀服装城商业计划书 .pptx”。

② 单击“设计”选项卡“文档格式”组中的“主题”下拉按钮，在弹出的下拉列表中选择“浏览主题”命令，在打开的对话框中，选择“蓝色科技梦想起航创业计划企业年会 PPT.potx”模板，此时可以应用到模板样式。

2. 应用幻灯片版式

给文档应用标题幻灯片版式、节标题幻灯片版式、标题和内容版式。

【操作步骤】

① 单击第 1 张幻灯片，单击“开始”选项卡“幻灯片”组中的“版式”下拉按钮，在弹出的下拉列表中选择“标题幻灯片”，即可应用版式，将标题的字体设置为“灵悦黑体，66 磅”，如图 18-4 所示。

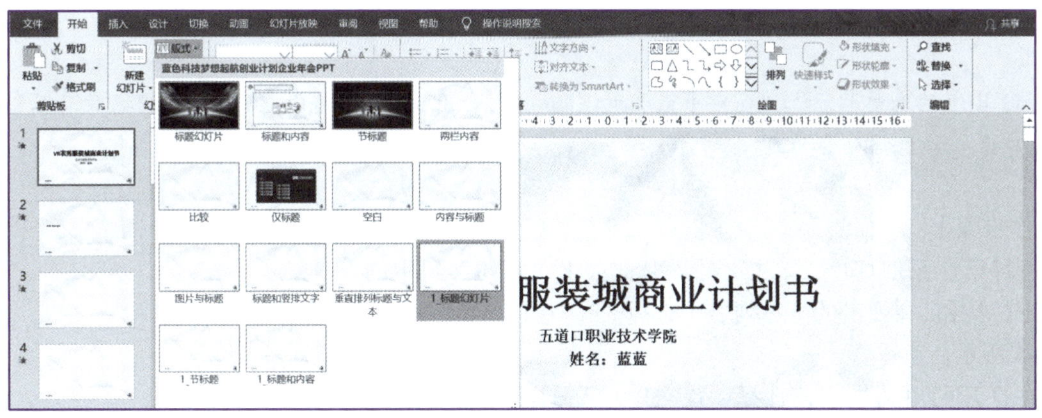

图 18-4 幻灯片版式

② 单击第 2 张幻灯片，单击“开始”选项卡“幻灯片”组中的“版式”下拉按钮，在弹出的下拉列表中选择“节标题”幻灯片，即可应用版式。用同样的方法设置其他页面的版式。

③ 按住 Ctrl 键，选择其他剩下的幻灯片，将其应用“标题和内容”版式。

18.2.3 设置音乐放映方式

使用 PowerPoint 制作幻灯片，有时需要给所有幻灯片加上背景音乐，来渲染气氛，增强演示效果。

1. 给单页幻灯片添加背景音乐

微课 18-4
设置音乐放映方式

给第 1 张幻灯片添加“haixiu.mp3”音乐，设置效果为“自动”“循环播放，直到停止”“放映时隐藏”。

【操作步骤】

① 选择第 1 张幻灯片，单击“插入”选项卡“媒体”组中的“音频”下拉按钮，在弹出的下拉列表中选择“PC 上的音频”命令，如图 18-5 所示。

图 18-5 插入音频

② 在打开的对话框中，选择“haixiu.mp3”音频文件。

③ 将音频的图标 移动到幻灯片正文区域以外的部分。

④ 选择音频图标，在“音频工具 - 播放”选项卡“音频选项”组中，设置“开始”为“自动”，勾选“循环播放，直到停止”“放映时隐藏”复选框，如图 18-6 所示。

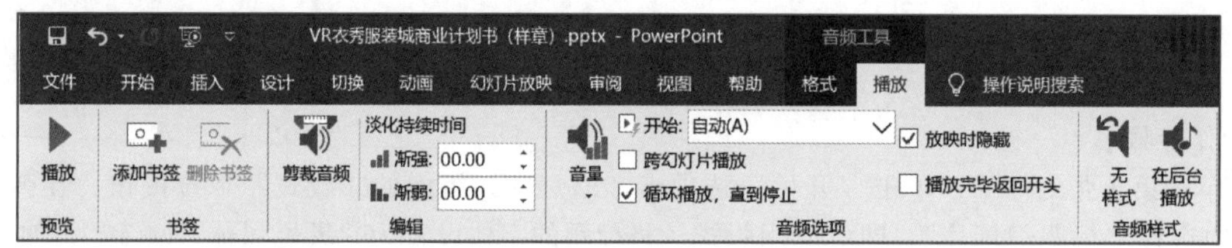

图 18-6 设置音频播放

2. 给多页幻灯片添加背景音乐

给其他的幻灯片添加“夜空中最亮的星 .mp3”音乐，设置从“00:20 秒”开始播放音乐，在“40 张幻灯片后”停止播放音乐。

【操作步骤】

① 选择第 2 张幻灯片，单击“插入”选项卡“媒体”组中的“音频”下拉按钮，在弹出的下拉列表中选择“PC 上的音频”命令，如图 18-5 所示。

② 在打开的对话框中，选择“夜空中最亮的星 .mp3”音频文件。

③ 将音频的图标 移动到幻灯片正文区域以外的部分。

④ 单击“动画”选项卡“高级动画”组中的“动画窗格”按钮，在右侧“动画窗格”任务窗格中选择“夜空中最亮的星”，单击其右侧下拉箭头，在弹出的下拉列表中选择“从上一项开始”命令，则打开当前幻灯片就自动播放音乐。接着，再选择“效果选项”命令，在打开的对话框中，设置“开始播放”时间从“00:20 秒”开始播放音乐，在“40 张幻灯片后”停止播放音乐，如图 18-7 所示。

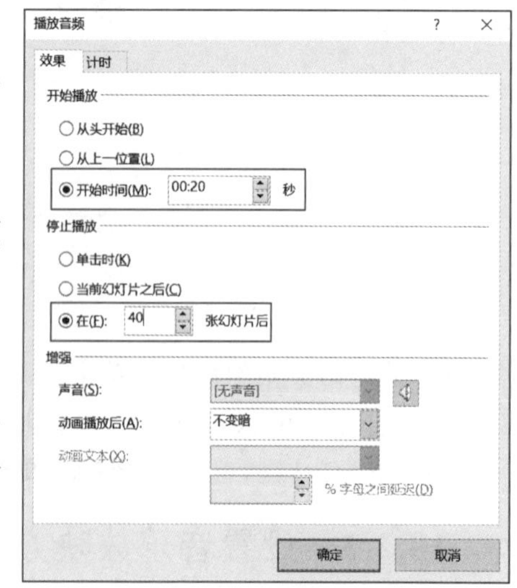

图 18-7 “播放音频”对话框

18.2.4　插入对象

在展示 PPT 的时候，可能会链接到其他相关内容，如 PPT、Word 或者视频文件等，如果分别打开的话，查找过程和保存都会比较麻烦。如果插入超链接，一旦资料更换位置，很容易造成超链接失效。那么，可以通过插入对象的方法来解决这些困扰。

1. 插入其他的 PPT 文档

微课 18-5
插入视频文件

在幻灯片中，插入“市场推广计划 .pptx”演示文档，如图 18-1 所示的第 11 张幻灯片。

微课 18-6
插入对象

【操作步骤】

① 单击“市场推广计划”所在的幻灯片。

② 单击“插入”选项卡“文本”组中的“对象”按钮，在打开的“插入对象”对话框中，选择“市场推广计划 .pptx”演示文件，如图 18-8 所示。

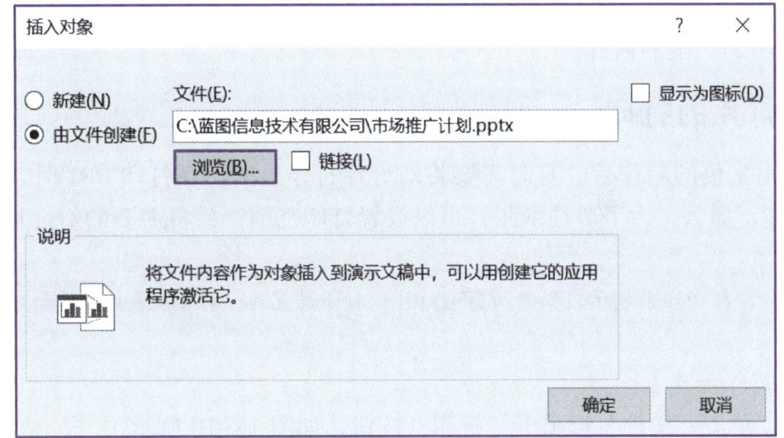

图 18-8　插入对象

③ 此时，当前的演示文稿成为缩略图插入到幻灯片的正文区域，适当调整位置和大小。

④ 单击右下角的“幻灯片放映”按钮，播放当前的幻灯片。单击幻灯片的缩略图，即可以全屏放映插入的幻灯片。插入的演示文稿全部播放完毕后，又可以重新回到当前的演示文稿的播放。

2. 重用幻灯片

重用“蓝色科技梦想起航创业计划企业年会 PPT.potx”文件中的“幻灯片 27”，并修改幻灯片内的内容，如图 18-1 所示的第 8 张幻灯片。

【操作步骤】

① 单击“服务的核心竞争力”所在的幻灯片。

② 单击“开始”选项卡“幻灯片”组中的“新建幻灯片”下拉按钮，在弹出的下拉列表中选择“重用幻灯片”命令。

③ 在右侧的任务窗格中，单击“浏览”按钮，在打开的对话框中，选择“蓝色科技梦想起航创业计划企业年会 PPT.potx”文件，如图 18-9 所示。

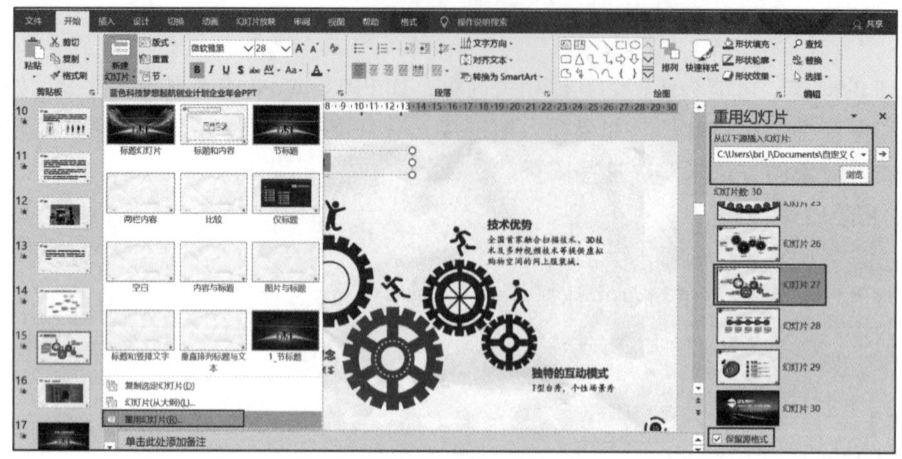

图 18-9 重用幻灯片

④ 单击“幻灯片 27”，选中“保留源格式”复选框。此时，在正文区域出现和“幻灯片 27”格式内容一模一样的幻灯片。

⑤ 修改“幻灯片 27”上的内容。

18.2.5 幻灯片的打印

当完成 PPT 演示文稿的制作后，有时需要将幻灯片打印出来。在打印 PPT 时，若有些幻灯片不需要打印，那么，为了节约纸张，可以设置打印范围，只将需要的幻灯片打印出来。

微课 18-7
幻灯片的打印

打印当前演示文稿的所有幻灯片，打印设置为“4 张水平放置的幻灯片、横向、灰度”。

【操作步骤】

① 单击“文件”选项卡“打印”按钮，如图 18-10 所示。

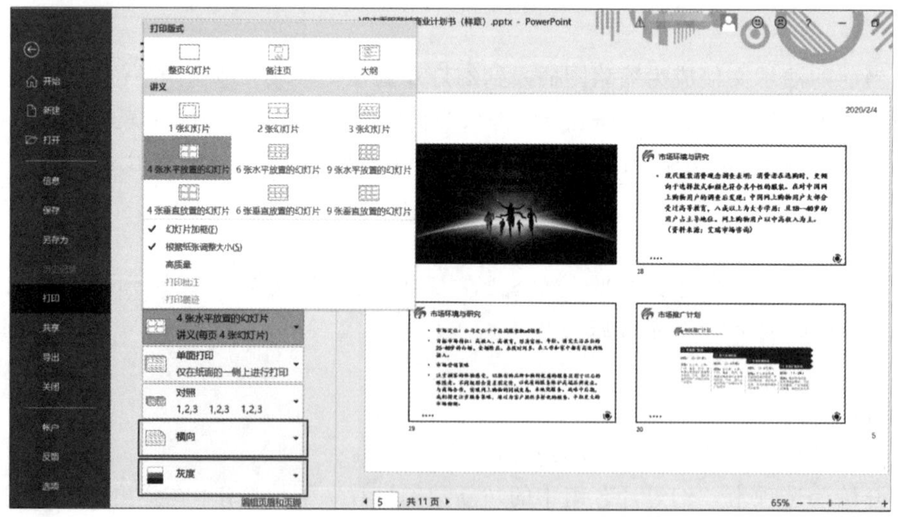

图 18-10 幻灯片打印设置

② 在“打印版式”中选择“4 张水平放置的幻灯片”。

③ 方向选择“横向”。

④ 颜色选择“灰度”。

⑤ 单击“打印”按钮，则可以将所有的幻灯片全部打印出来。

18.3　相关知识

18.3.1　幻灯片的版式

幻灯片版式包含幻灯片上显示的所有内容的格式、位置和占位符框。占位符是幻灯片版式上的虚线容器，包含标题、正文文本、表格、图表、SmartArt 图形、图片、剪贴画、视频和声音等内容。幻灯片版式还包含幻灯片的“颜色”“字体”“效果”和“背景”(整体称为主题)，如图 18–11 所示。

PowerPoint 包含内置幻灯片版式，可以修改版式以满足用户的特定需求，也可以采用与在 PowerPoint 中创建演示文稿的其他人共享的自定义版式。

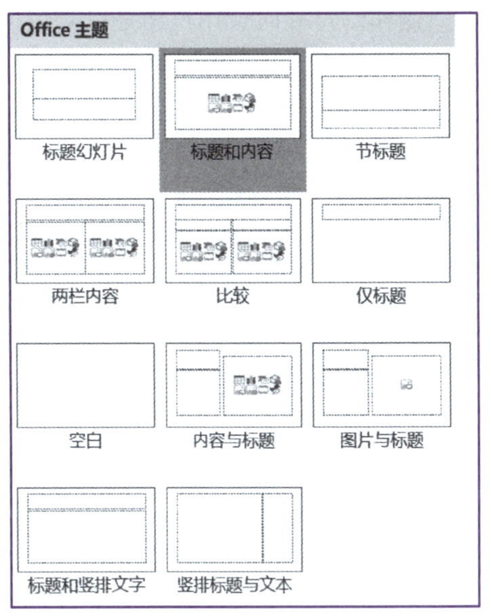

图 18–11　幻灯片版式

18.3.2　幻灯片打印

单击“文件”选项卡“打印”按钮，就可以看到有相应的打印选项，其具体功能如下。

1. 打印版式

在“整页幻灯片”选项框中，可以设置打印版式：整页幻灯片、备注页、大纲。或设置讲义版式：1 张、2 张、3 张、4 张、6 张、9 张水平或垂直放置的幻灯片，如图 18–12 所示。

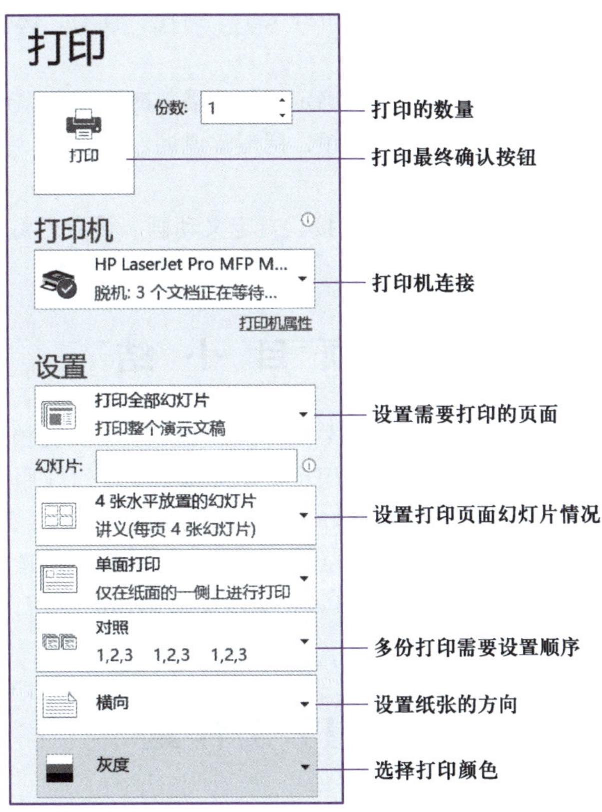

图 18–12　打印设置

2. 颜色模式

对演示文稿进行打印时，其打印的颜色模式分为“颜色”“灰度”和“纯黑白”3种模式。

“颜色”模式：主要用于打印彩色演示文稿。

“灰度”模式：是在黑白打印机上打印彩色幻灯片的最佳模式，此模式将以不同的灰度显示不同的颜色。

“纯黑白”模式：是将大部分灰色阴影更改为黑色或白色，可用于打印草稿或清晰可读的备注和讲义。

制作幻灯片时，用户均是以彩色模式进行设计显示。但是，一般的打印机并不支持彩色打印，或者是不需要进行彩色印刷。因此，幻灯片多采用灰度模式进行打印。

18.3.3 演示文稿制作流程

1. 设计演示文稿的制作方案

在制作演示文稿之前，首先要设计好演示文稿的制作方案，在方案中要明确以下内容。

（1）演示文稿的主题

公司介绍可以选择的主题很多，如公司的整体介绍、主打产品介绍等，要尽可能反映公司的品牌形象。

（2）确定幻灯片的总体结构

主题确定之后，要围绕主题确定演示文稿的基本结构。明确整个演示文稿大致需要几张幻灯片，分成几部分主要内容，是否需要设置标题幻灯片，各主要内容之间如何连接，是否使用模板，对模板进行哪些修改等问题。

（3）确定幻灯片的播放方式

要根据展示主题及放映场合的实际情况，决定幻灯片采用何种播放方式，如何进行幻灯片切换，是否要隐藏幻灯片或者自定义播放等内容。

2. 准备素材

制作演示文稿之前需要准备素材，一般要准备好文字、图片、音乐、视频等多方面的素材。

3. 组织文稿

组织、编辑每张幻灯片的标题及文字内容，确定幻灯片播放时采用什么形式的动画，确定在幻灯片上插入的具体图片，确定在哪些幻灯片上插入视频，撰写解说词。

4. 制作演示文稿

制作阶段主要完成创建演示文稿、建立超链接、自定义动画、设置幻灯片切换方式、录制解说词、排练计时、设置循环播放等具体工作。

18.4 项目小结

本项目通过展示答辩创新成果，介绍Word文档转换成PowerPoint文档的方法、添加字体的方法，以及PowerPoint软件中模板应用、幻灯片版式应用、音频视频插入、幻灯片打印的方法。

通过本项目的学习和训练，使学习者能对幻灯片模板进行修改与应用，重用幻灯片，学会幻灯片的打印，具备制作创业计划书、商业计划书、工作总结、公司介绍、毕业答辩、发布会、演讲培训、宣传片等类型演示文稿的能力。提升学习者对PowerPoint演示文稿制作的自信，帮助学习者在各种舞台上大胆自如地展示自我、表达自我。

18.5 IT工作室

从十一国庆节、五一劳动节、父亲节、母亲节、元旦等节日中，任选一个节日，利用模板来设计制作一个活动策划演示文稿，用于提升学校或公司的公众形象。

设计要求：

1. 利用素材文件夹中的模板（或者自己从网上下载模板）制作演示文稿。

2. 要求使用图片、文本框、自选图形、表格、音频、视频等元素制作演示文稿。

3. 要求整个演示文稿包含：片头动画、PPT 封面、前言、目录、过渡页、图表页、图片页、文字页、封底、片尾动画等。

4. 在多维展示活动策划演示文稿时，会使用到背景格式的统一设置、插入自动更新日期和时间、添加页眉和页脚以及设置幻灯片放映方式等操作。

5. 根据放映的房间大小设计文字的字体、大小和颜色等。

6. 要求每张幻灯片尽量使用图片、表格、自选图形来设计，幻灯片内不要出现大量文字。

7. 尽量给每张幻灯片的每个元素设计动画效果，并设计好动画播放顺序。

8. 给每张幻灯片设计幻灯片切换效果。

9. 给整个演示文稿添加轻音乐的背景声音。

10. 要求整个演示文稿内容丰富、页面精美、生动活泼。

模块五

技术融合

当前全球新一轮科技革命和产业变革深入发展，以 5G、AI 等为代表的新一代信息技术不断突破并加速向制造业融合渗透，推动制造业的生产方式、组织形态、商业模式等变革与重塑，持续向数字化、网络化、智能化方向跃迁升级。党的二十大报告中进一步为我国新一代信息技术产业未来发展指明了方向，报告明确指出，推动战略性新兴产业融合集群发展，构建新一代信息技术等一批新的增长引擎。

新一代信息技术不断地融合创新，不断地赋能产业升级转型，也需要新时代的大学生、工作者进行技术拓展、融合创新，持续地学习新的程序设计语言，进行机器人流程自动化的学习和改造。

学习目标

知识目标

（1）理解程序设计的基本概念、发展历程和未来趋势。

（2）掌握典型程序设计的基本思路与流程。

（3）掌握程序设计语言的基本语法、流程控制、数据类型、函数、模块等。

（4）理解机器人流程自动化的基本概念、发展历程。

（5）对机器人流程自动化整体框架具有初步的认知。

（6）掌握一款主流机器人流程自动化工具的简单应用。

能力目标

（1）能针对具体任务需求，选择合适的算法，运用一种程序设计语言加以实现，最终解决实际问题。

（2）学会在信息化环境下创建软件机器人来完成一些规则较为固定、重复性较高的工作，如自动查询数据生成报表、批量上传图片、数据审核等。

（3）能使用相关工具创建所需的软件机器人并实施自动化任务。

素养目标

（1）引导学习者主动学习新的编程技术，利用编程技术实现项目需求，提升其学习能力、逻辑思维能力、解决问题的能力。

（2）培养学习者利用新一代信息技术在专业领域中不断地进行技术融合创新，去创造更加智能化、高效率、可持续的生活和工作方式。

项目 19

程序设计应用基础

19.1 项 目 分 析

项目描述

为了开发“VR 衣秀服装城”商城软件，蓝蓝团队通过 Python 程序设计语言的学习，为商城软件的应用开发提供支持。

项目要求

1. 下载并安装 Python 和 Pycharm

从 Python 官方网站下载并安装适用于当前操作系统的 Python 解释器。从 JetBrains 官方网站下载并安装功能强大的 Python 集成开发环境。

2. 商城客户折扣计算器

根据商城提供的各种优惠券，为客户编写一个使用优惠券后显示商品、数量、折扣前和折扣后价格的折扣计算器。

3. 商城图片添加水印

为商城内的图片添加“VR 衣秀服装城”字样的水印。

19.2 项 目 实 现

19.2.1 下载并安装 Python 和 Pycharm

拓展阅读
下载并安装 Python 和 Pycharm

Python 语言是一种高级、通用的编程语言，强调代码的可读性和简洁性，具有简单而易于理解的语法，被广泛应用于不同领域的软件开发，包括科学计算、人工智能、Web 开发、数据分析等，是一门理想的编程入门语言，也是许多开发者首选的工具之一。使用 Python 能为开发“VR 衣秀服装城”商城软件提供高效、可靠且易于维护的解决方案。

19.2.2 设计商城客户折扣计算器

Python 语言提供了许多内置的数据类型、条件语句和循环语句来帮助开发人员进行程序设计和处理数据。Python 语言采用缩进方式表示代码块，而不是使用花括号或关键字，这种特殊的语法规则使得 Python 代码具有良好的可读性，并促使开发者编写结构清晰、易于维护的程序。本项目设计一个折扣计算器，用户输入商品的原价、数量、折扣后能实现查看折扣后价格、节省金额等功能。

微课 19-1
下载与安装 Python

微课 19-2
下载与安装 Pycharm

微课 19-3
Pycharm 的基本用法

微课 19-4
商城客户折扣计算器

1. 需求分析

针对客户需求，分析折扣计算器的功能、性能和约束等方面的具体需求。

【操作步骤】

① 输入商品原价和折扣比例，能够计算出折扣后的价格。

② 具备基本的计算功能，如加、减、乘、除等。

③ 提供简洁的输入方式，以便用户输入数据。

④ 能够显示计算结果并进行合理的结果展示，包括保留小数位数等。

2. 设计方案

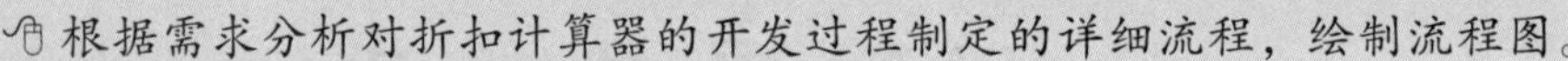

根据需求分析对折扣计算器的开发过程制定的详细流程，绘制流程图。

【设计步骤】

根据需求分析，绘制折扣计算器流程图，如图 19-1 所示。

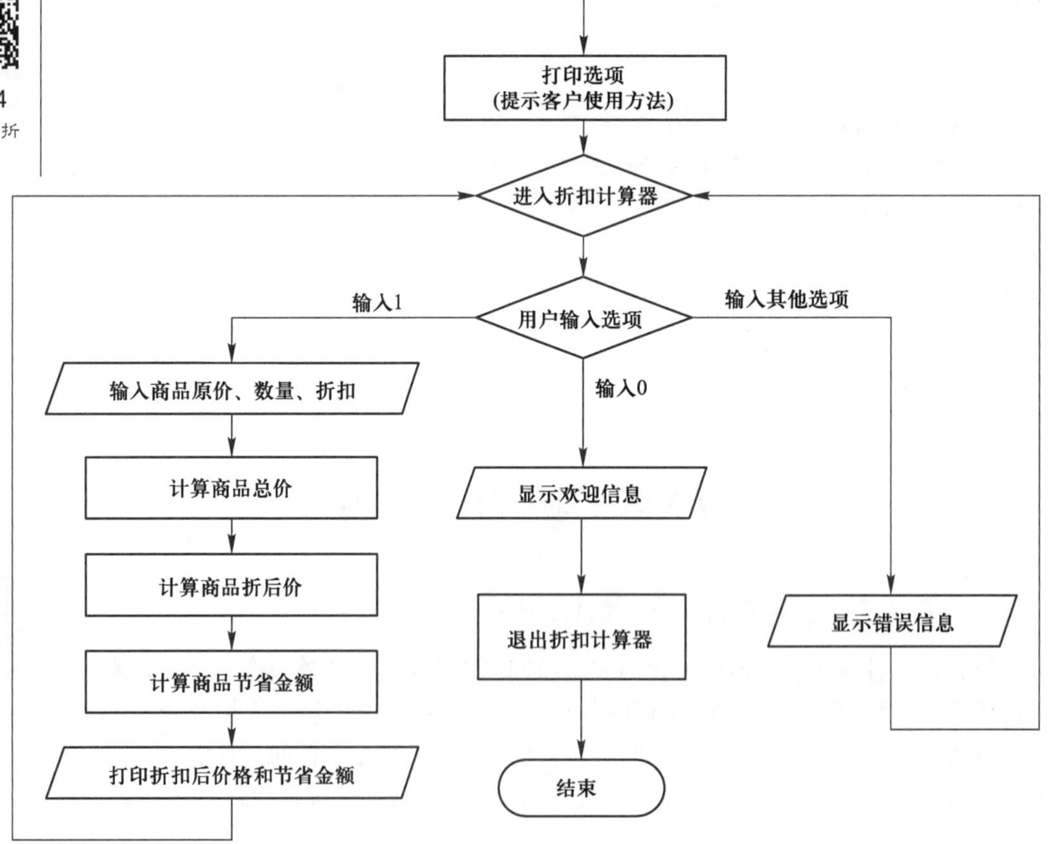

图 19-1 折扣计算器流程图

小技巧

流程图绘制小技巧：

流程图包含开始 / 结束、节点、判定、输入 / 输出线等标准元素。

① 开始 / 结束：使用椭圆或者圆角矩形表示程序的“开始”与“结束”。

② 节点：使用矩形表示状态、操作等节点。

③ 判定：使用菱形表示判断，产生不同的处理结果。

④ 输入 / 输出：使用平行四边形表示输入输出。

⑤ 连接线：使用带箭头的线条，箭头表示工作方向。

3. 编写代码

根据设计方案编写相应的代码。

折扣计算器的详细代码如下。

```
# 打印选项
print(" 欢迎使用折扣计算器 ")
print("1 ：计算折扣 ")
print("0 ：退出 ")
# 进入循环
while True:
    num = int(input(" 请输入您的选项 ："))
    # 如果选项为 1
    if num == 1:
        # 用户输入商品的原价、数量和折扣
        original_price = float(input(" 请输入商品的原价 ："))
        quantity = int(input(" 请输入商品的数量 ："))
        discount = float(input(" 请输入折扣金额（0-1 之间）："))
        # 计算商品原价
        price=original_price*quantity
        # 计算折扣后价格
        discounted_price = round(original_price * discount * quantity,2)
        # 计算节省金额
        saved_amount = round(original_price * (1 - discount) * quantity,2)
        # 打印折扣后价格和节省金额
        print(" 商品原价 ：",price)
        print(" 折扣后价格 ：", discounted_price)
        print(" 节省金额 ：", saved_amount)
    # 如果选项为 0
    elif num == 0:
        print(" 感谢使用折扣计算器！")
        # 跳出循环
        break
    # 如果选项不是 1 或者 0
```

```
30      else:
31              print(" 您输入的选项有误 ")
```

【操作步骤】

（1）打印选项

折扣计算器的代码中第 2 行 ~ 第 4 行通过 print() 函数打印出欢迎信息和提示选项。

print() 函数用于将内容输出到控制台。它可以接受多个参数，并自动将它们按照指定的方式进行连接和输出。语法如下：

```
print(value1, value2, ..., sep=' ', end='\n', file=sys.stdout, flush=False)
```

其中，value1, value2, ... 表示要输出的值，可以是字符串、数字或其他类型的数据。sep 参数用于指定多个值之间的分隔符，默认为一个空格。end 参数用于指定行尾的字符，默认为换行符 '\n'。file 参数用于指定输出流，默认为 sys.stdout（标准输出）。flush 参数用于指定是否立即刷新输出流，默认为 False。

（2）进入循环

折扣计算器的代码中第 6 行通过 while 语句进入循环，通过用户输入选项能根据需求多次计算商品折扣。

while 循环用于在条件为真的情况下重复执行一段代码块，直到条件不再为真为止。其中条件是一个布尔表达式，如果该表达式的结果为真（True），则循环体将会被执行；当条件表达式为假（False）时，循环则会结束。其基本语法如下：

```
while 条件：
    # 执行的代码块
```

折扣计算器代码中第 6 行书写“while True：”进入无限循环，让用户能随意计算多种商品的折扣。它的作用是创建一个循环，条件始终为真，因此循环将一直执行下去，除非遇到跳出循环的条件或明确的终止语句。while 语句中的执行代码块是需要空格的建议使用 4 个空格作为缩进。这样可以提高代码的可读性，并且符合 Python 编码规范的官方指南中 PEP 编码规范的建议。

除了 while 循环，还有 for 循环。for 循环用于遍历一个可迭代对象（如列表、元组、字符串）中的每个元素，并执行相应的代码块，其基本语法如下：

```
for 变量 in 可迭代对象：
    # 执行的代码块
```

在循环中，变量会依次取得可迭代对象中的每个元素，然后执行相应的代码。当所有元素都被遍历完后，循环结束。

（3）输入选项

折扣计算器的代码中第7行用到了input()输入函数。输入选项：如果为1，则计算折扣等数据；如果为0，则退出程序。第11行 ~ 第13行也用到了此方法，让用户输入商品原价、数量和折扣。

input() 函数用于从用户处获取输入，并将用户输入的内容返回为一个字符串类型的数据。语法如下：

```
variable = input(prompt)
```

其中，prompt是一个可选参数，表示在等待用户输入时显示的提示信息。input()函数会等待用户输入，直到用户按下Enter键。用户输入的内容以字符串的形式赋值给变量variable。

（4）赋值给变量

例如，折扣计算器的代码中第 9 行用到了赋值运算符将值赋给变量。

Python中的变量是用于存储数据的标识符。变量可以用来表示数值、字符串、布尔值、列表、字典等不同类型的数据。Python的变量名是区分大小写的，可以包含字母、数字和下画线，但不能以数字开头。命名变量时，应选择具有描述性的名称，以便代码易读和理解。

在 Python 中，变量不需要事先声明或指定数据类型，它们的类型是根据赋给变量的值自动推断出来的。可以使用赋值运算符（=）将一个值赋给变量。

（5）数据类型转换

Python 中主要包括了以下 7 种数据类型。

① 整型（int）：用于表示整数，如 1、2、-3 等。

② 浮点型（float）：用于表示带小数点的数字，如 3.14、2.0 等。

③ 字符串（str）：用于表示文本或字符序列，如 "Hello" "World" 等。字符串可以使用单引号或双引号括起来。

④ 布尔型（bool）：用于表示真或假的值，即 True 或 False。

⑤ 列表（list）：用于存储多个值的有序集合，可以包含不同类型的元素，如 [1, 2, "three"]。

⑥ 元组（tuple）：与列表类似，但是元组是不可修改的，用小括号表示，如 (1, 2, 3)。

⑦ 字典（dict）：用于存储键值对的数据结构，每个键关联一个值，如 {"name": "John", "age": 25}。

在Python中，可以通过数据类型转换函数将一个数据类型转换为另一个数据类型，但是有些数据类型之间可能无法直接进行转换。由于input()函数总是返回字符串类型，所以在折扣计算器的代码中的input()函数前加入int()、float函数把字符串类型转换成整型或者浮点型，方便下一步计算。以下是常用的数据类型转换函数：

int()：将一个数值或字符串转换为整数类型。

float()：将一个数值或字符串转换为浮点数类型。

str()：将任意类型的数据转换为字符串类型。

bool()：将一个值转换为布尔类型。非零、非空、非 None 的值被认为是 True，否则为 False。

list()：将一个可迭代对象转换为列表类型。

tuple()：将一个可迭代对象转换为元组类型。

set()：将一个可迭代对象转换为集合类型。

dict()：将一个可迭代对象或者包含键值对的序列转换为字典类型。

（6）判断选项

折扣计算器的代码中 9、25、30 行通过 if 语句判断用户输入 0、1 或者其他选项，进入不同的折扣计算器的计算流程。

条件语句是编程中用于根据条件判断来执行不同代码块的结构。在 Python 中，条件语句主要由 if 语句、elif 语句和 else 语句组成。

条件通常是由比较运算符（如 ==、>、< 等）和布尔运算符（如 and、or 等）组成的表达式。用户可以根据实际需要组合不同的条件来构建条件语句，以实现预期的逻辑判断和代码执行。

（7）计算折扣

折扣计算器的代码中第 15、17、19 行对用户输入的数据进行了计算，其中用到了“*”等运算符。

Python 提供了多种运算符，用于执行不同类型的运算。以下是一些常见的运算符：

① 算术运算符：用于执行基本的数学运算，如加法（+）、减法（-）、乘法（*）、除法（/）、取余（%）和取整除（//）。

② 比较运算符：用于比较两个值，返回布尔值 True 或 False。比较运算符包括等于（==）、不等于（!=）、大于（>）、小于（<）、大于或等于（>=）和小于或等于（<=）。

③ 赋值运算符：用于为变量赋值。常见的赋值运算符有赋值（=）、加法赋值（+=）、减法赋值（-=）、乘法赋值（*=）、除法赋值（/=）和取余赋值（%=）等。

④ 逻辑运算符：用于组合多个条件，返回布尔值。包括与（and）、或（or）和非（not）。

⑤ 位运算符：用于对二进制数进行操作。常见的位运算符有按位与（&）、按位或（|）、按位异或

(^)、按位取反(~)、左移(<<)和右移(>>)等。

⑥ 成员运算符：用于检查某个值是否存在于序列中。成员运算符包括in和not in。

⑦ 身份运算符：用于比较两个对象的内存地址。身份运算符包括is和is not。

(8)跳出循环

折扣计算器的代码中第 28 行使用 break 语句用于跳出循环。当用户输入“0”时，循环体执行到 break 语句，会立即终止当前循环，跳出循环结构。

4. 调试测试

代码编写完成后，通过调试测试，判断代码的正确性。

【操作步骤】

单击菜单栏中的“运行”按钮，运行该程序。例如，输入“1”计算折扣，用户购买原价 105 元商品，3 件，打 4 折。程序运行结果得到商品原价 315 元，折扣后价格 126 元，节省金额 189 元。输入“0”退出程序，运行结果如图 19-2 所示。

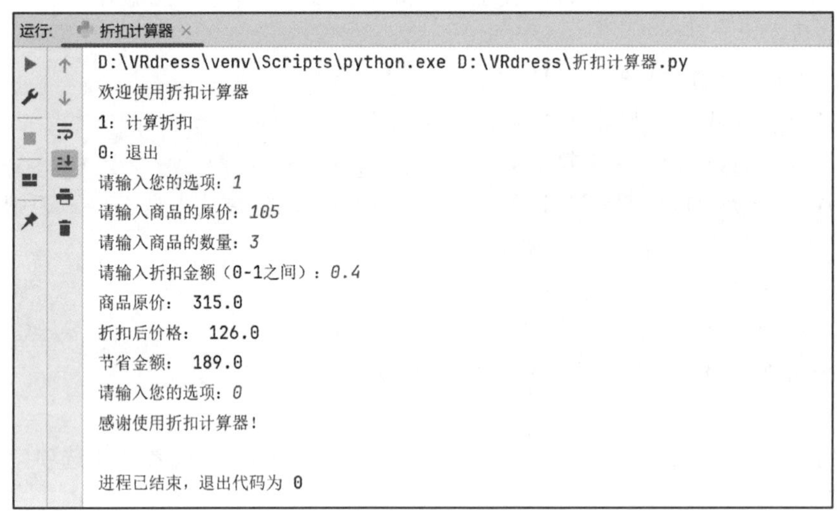

图 19-2 程序的运行效果图

小技巧

面向过程编程小技巧：

面向过程的语言也称为结构化程序设计语言，采用自顶向下、逐步求精的程序设计方法，使用 3 种基本控制结构构造程序，即任何程序都可由顺序、选择、循环 3 种基本控制结构构造，并使用函数把计算过程组织在一起。

① 顺序结构：表示程序中的各操作是按照它们在代码中的排列顺序依次执行的。

② 选择结构：表示程序的处理需要根据某个特定的条件选择其中的一个分支执行(单选、双选、多选)if、case、switch。

③ 循环结构：表示程序反复执行某个或某些操作,直到某条件为假(或为真)时才停止循环(直到循环、当循环)for、while。

19.2.3 为商城图片添加水印

Python 拥有丰富的标准库和强大的第三方库生态系统，可以提供各种功能和工具。它支持面向对象编程、函数式编程、模块化编程等多种编程范式，并提供了丰富的内置数据类型和高级数据结构，如列表、字典、元组、集合等，以及强大的文本处理和正则表达式功能。PIL 是一个非常流行的 Python 图像处理库，它提供了许多用于图像操作的函数和方法，可以为商城图片添加水印。

微课 19-5
为商城图片添加水印

1. 需求分析

针对需求，分析商城图片添加水印的功能、性能和约束等方面的具体需求。

【分析步骤】

① 水印类型，采用文字“VR 衣秀服装城”。

② 水印的颜色，采用单一白色。

③ 水印位置，根据图片大小，水印文字大小计算水印文字位置。

2. 设计方案

根据需求分析对商城图片添加水印制作的详细流程，绘制流程图。

【设计步骤】

UML 类图是统一建模语言（Unified Modeling Language，UML）众多图形类别中的一种，也是最常被用到的一种。在 UML 类图中，类使用包含类名、属性（field）和方法（method）且带有分割线的圆矩形来表示。属性 / 方法名称前加的加号和减号表示了该属性 / 方法的可见性，UML 类图中表示可见性的符号有以下 3 种：

+：表示 public，public 指公有属性的类变量和类函数，在类的外部、内部以及子类中都可以正常访问。

-：表示 private，private 指私有属性的类变量和类函数，只能在本类内部使用，在类的外部以及子类都无法使用。

#：表示 protected，protected 指受保护的类变量和类函数，只允许其本身与子类进行访问。

属性的完整表示方式是：可见性 名称 ：类型 [= 默认值]

方法的完整表示方式是：可见性 名称(参数列表) [： 返回类型]

根据需求分析，图片添加水印 UML 类图如图 19-3 所示。

WatermarkGenerator（水印）
-image_path:String -text: String -font_path:String -font_size:Int -text_width:Int -text_height:Int
+__init()__:void +generate_watermark():void

图 19-3　图片添加水印 UML 类图

3. 编写代码

根据设计方案编写相应的代码。

```
#导入库及库内的方法
from PIL import Image, ImageDraw, ImageFont
#定义类
class WatermarkGenerator:
    #初始化
    def __init__(self, image_path, text, font_path, font_size, text_width, text_height):
        self.image = Image.open(image_path)
        self.draw = ImageDraw.Draw(self.image)
        self.font = ImageFont.truetype(font_path, font_size)
```

```
10          self.image_width, self.image_height = self.image.size
11          self.text_width = text_width
12          self.text_height = text_height
13          self.num_cols = int(self.image_width / self.text_width) + 1
14          self.num_rows = int(self.image_height / self.text_height) + 1
15          self.text = text
16      # 定义方法
17      def generate_watermark(self):
18          for i in range(self.num_cols):
19              for j in range(self.num_rows):
20                  position_x = i * self.text_width
21                  position_y = j * (self.text_height + 10)
22                  self.draw.text((position_x, position_y), self.text, fill=(255, 255, 255), font=self.font)
23                  self.image.save("VRmarket.jpg")
24  # 创建 WatermarkGenerator 对象并调用生成水印的方法
25  generator = WatermarkGenerator("input.jpg", "VR 衣秀服装城 ", "simhei.ttf", 80, 600, 300)
26  generator.generate_watermark()
```

【操作步骤】

（1）导入 PIL 库

商城图片添加水印的代码中第 2 行通过“import”关键字导入 pillow 模块中的子模块。

PIL 是 Python Imaging Library 的缩写，是 Python 中处理图像的标准库之一，用于图像处理和操作。Image、ImageDraw、ImageFont 均为 PIL 库中的子模块。

Image 是 PIL 库的核心模块，用于打开、创建和操作图像。ImageDraw 模块提供了一个简单的接口来绘制形状和文本到图像上。ImageFont 模块允许为 ImageDraw 模块选择字体。通过这些模块，能容易地对图像进行各种操作和增强，如添加文字、绘制形状、调整颜色和大小等。

（2）定义类

商城图片添加水印的代码中第 4 行通过“class”关键字定义了一个名为 WatermarkGenerator 的类，该类用于生成水印。代码的第 6 行通过“def __init__”初始化用于设置这些参数。

代码的第 7 行 ~ 第 15 行用于处理图像的代码，特别是与添加水印有关的代码。

第 7 行，“self.image = Image.open(image_path)”表示使用 PIL 库打开位于 image_path 的图像，并将该图像对象存储在 self.image 中。

第 8 行，“self.draw = ImageDraw.Draw(self.image)”创建一个可以在 self.image 上绘制的对象，并将其存储在 self.draw 中。这样，就可以使用 self.draw 来绘制文本、形状等。

第 9 行，“self.font = ImageFont.truetype(font_path, font_size)”加载了一个字体文件（位于 font_path），并设置其大小为 font_size。ImageFont.truetype 是一个方法，用于加载 TrueType 字体。

第 10 行，“self.image_width, self.image_height = self.image.size”从打开的图像对象中提取宽度和高度，并将其存储在相应的属性中。

第 11、12 行，“self.text_width = text_width”和“self.text_height = text_height”这两行代码将传入的文本宽度和高度参数存储在类的属性中。

第 13 行，“self.num_cols = int(self.image_width / self.text_width) + 1”用于计算文本可以放置的列数，通过将图像宽度除以文本宽度并向上取整来完成列表的计算。

第 14 行，“self.num_rows = int(self.image_height / self.text_height) + 1”用于计算文本可以放置的行

数，通过将图像的高度除以文本的高度并向上取整来，计算行数，加 1 是为了确保最后一行也有足够的高度来放置文本。

第 15 行，“self.text = text”将输入的 text 参数赋值给类的 text 属性，这样在后续的方法或函数中就可以使用该属性。

第 17 行 ~ 第 23 行定义一个“generate_watermark”的方法，实现在一个图像上按照指定的行和列模式添加了文本水印，并将结果保存为 JPEG 文件。

第 17 行，应用“def”关键字定义一个名为 generate_watermark 的方法，它没有输入参数，但需要 self 引用类的实例。

第 18 行“for i in range(self.num_cols):”表示通过循环遍历每一列，其中 self.num_cols 表示文本可以放置的列数。

第 19 行“for j in range(self.num_rows):”对于每一列，再遍历每一行，其中 self.num_rows 表示文本可以放置的行数。

第 20 行，“position_x = i * self.text_width”计算文本在图像上的 x 位置。文本将沿着列放置，因此位置由列索引决定。

第 21 行，“position_y = j * (self.text_height + 10)”计算文本在图像上的 y 位置。文本将沿着行放置，因此位置由行索引决定。这里加 10 是为了给文本下方留出一些空间，使文本不会贴着图像的边缘。

第 22 行，“self.draw.text((position_x, position_y), self.text, fill=(255, 255, 255), font=self.font)”使用 draw.text 方法在计算出的位置绘制文本。文本内容是 self.text，填充颜色是白色（RGB 值为 (255, 255, 255)），字体是之前加载的字体（self.font）。

第 23 行，“self.image.save("VRmarket.jpg")”将带有水印的图像保存为 VRmarket.jpg。

（3）调用类

商城图片添加水印的代码中第 25 行创建了一个“WatermarkGenerator”类的实例，第 26 行调用了该类的 generate_watermark 方法来生成水印。实现使用指定的文本（VR 衣秀服装城）和字体在指定的图像上生成水印，并将结果保存为新的图像文件（本例中为 VRmarket.jpg）。

第 25 行，“generator = WatermarkGenerator("input.jpg", "VR 衣 秀 服 装 城 ", "simhei.ttf", 80, 600, 300)”创建了一个 WatermarkGenerator 类的实例。该实例使用以下参数：

"input.jpg"：要添加水印的图像的路径。

"VR衣秀服装城"：要添加到图像上的文本。

"simhei.ttf"：用于文本的字体文件的路径。

80：字体大小。

600：文本的宽度。

300：文本的高度。

第 26 行，“generator.generate_watermark()”代码调用了 generate_watermark() 方法，实现在图像上生成水印。

4. 调试测试

代码编写完成后，通过调试测试，判断代码的正确性。

【操作步骤】

在项目文件夹中放入源文件“input.jpg”，单击菜单栏中的“运行”按钮，运行该程序，生成新图片“VRmarket.jpg”，具体效果如图 19-4 所示。

图 19-4 商城图片加入水印前后对比图

19.3 相关知识

19.3.1 程序设计的概念

程序设计是指根据特定的需求和要求，使用计算机编程语言来设计、实现和测试计算机程序的过程或活动，其涉及分析问题、设计解决方案、编写代码、调试错误和最终发布程序等多个步骤。

19.3.2 程序设计语言的发展历程和未来发展趋势

程序设计语言的发展经历了几个重要的阶段。早期的机器语言和汇编语言被广泛使用，但难以理解和编写。随后出现了高级语言，如 FORTRAN、COBOL、C 和 Pascal 等，使得编程更加容易并提高了开发效率。后来，面向对象编程语言（如 Java、C++ 和 Python）的出现进一步简化了程序设计过程，并促进了软件开发的快速发展。

未来，程序设计语言将继续朝着更高效、更安全和更易于使用的方向发展。其中，人工智能技术将会对程序设计语言的发展产生深远影响，如自动程序生成、自动错误修复和自适应编程等。另外，随着物联网和大数据的快速发展，程序设计语言也需要能更好地支持分布式计算、并行计算和数据处理等领域。

19.3.3 程序设计的基本流程

程序设计的基本流程通常包括以下几个阶段：

① 需求分析：分析问题或需求，确定程序需要完成的功能和要求。

② 设计方案：根据需求分析的结果，设计一种合理的解决方案，包括确定算法、数据结构和程序架构等。

③ 编写代码：按照设计方案，使用所选择的编程语言编写程序代码。

④ 调试测试：对编写的代码进行测试和调试，发现和修复可能存在的错误和异常情况。

⑤ 优化改进：对程序进行性能优化和改进，确保程序能够高效运行并满足需求。

⑥ 发布维护：最终将程序发布并提供给用户使用，并进行后续的维护和更新。

19.3.4 主流的程序设计语言

目前，有许多主流的程序设计语言可供选择，每种语言都有自己的特点和适用场景。以下是一些常见的主流程序设计语言：

① C语言：作为一种面向过程的语言，C语言具有高效性和可移植性，广泛应用于系统级编程和嵌入式系统开发。

② C++语言：是在C语言基础上扩展而来的一种面向对象的语言，具有更丰富的功能和更高的抽象能力，广泛应用于软件开发等领域。

③ Java语言：是一种跨平台的面向对象编程语言，具有平台无关性、安全性和可移植性，主要用于企业级应用和移动应用开发。

④ Python语言：是一种简洁、易学且功能强大的脚本语言，广泛应用于科学计算、人工智能、Web开发和数据分析等领域。

除了以上几种语言外，还有许多其他主流的程序设计语言，如 JavaScript、Ruby、Go、Rust 等，每种语言都有其独特的优势和适用场景，开发者可以根据实际需求选择合适的语言进行程序设计。

19.4　项目小结

本项目讲解了 Python、Pycharm 的下载、安装和使用方法。从需求分析、设计方案、编写代码、调试测试 4 个方面全面介绍 VR 衣秀商城内的客户折扣计算器、图片添加水印两个小模块程序项目的实现过程。

通过本项目的学习和训练，学习者能编写简单的程序。通过折扣计算器项目，可理解面向过程的编程思想，学会了绘制流程图、Python 的变量、数据类型、条件语句、循环语句、定义函数等语法。通过商城图片添加水印项目，使学习者理解面向对象的编程思想，学会了绘制 UML 图、定义类、类的属性、方法，创建对象，调用对象的方法等内容。通过本任务，引导学习者主动学习新的编程技术，利用编程技术实现项目需求，能提升读者的学习能力、逻辑思维能力、解决问题的能力。

19.5　IT 工作室

VR 衣秀商城需要实现客户地址管理功能。要求提示客户是否输入地址，输入“N”表示不输入地址，结束程序，输入“Y”表示添加地址，继续要求客户输入收件人姓名、手机号、所在地区、详细地址。输入完成后，显示客户地址，方便客户查看。地址管理功能实现流程如图 19-5 所示。

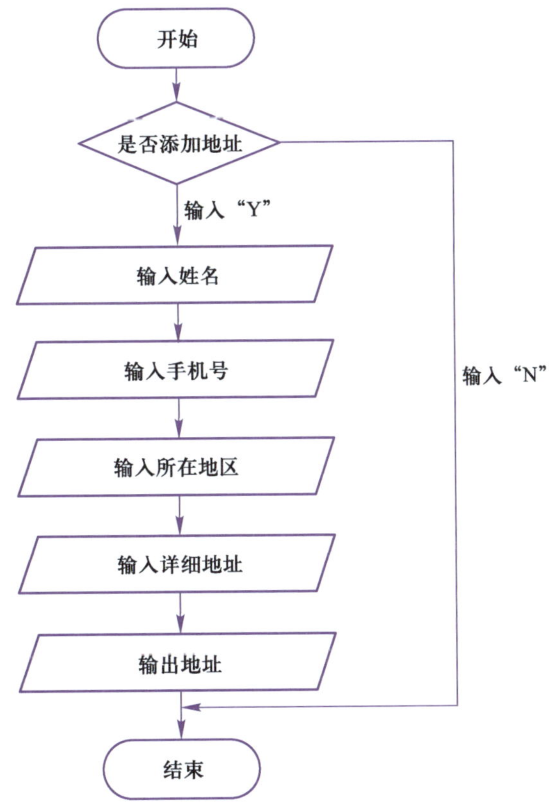

图 19-5　地址管理功能实现流程图

项目 20

机器人流程自动化

机器人流程自动化

20.1 项 目 分 析

项目描述

部门主管告诉蓝蓝一个好消息，公司将部署机器人流程自动化系统，可以将整理信息、读取数据、审核内容等大量单调而重复的工作交给软件机器人来处理，这样蓝蓝就可以把注意力集中在一些更有挑战性的工作上了。

年末要进行工资奖金的发放，市场营销中心张总监要求蓝蓝统计部门员工的销售业绩信息，计算业绩提成，协助人事部门制作工资单，蓝蓝打算通过创建软件机器人来完成该项工作。

	A	B	C
1	姓名	业绩	业绩提成
2	李磊	7800	780
3	王小利	12000	1800
4	赵莉莉	4500	225
5	汪晓月	16500	2475
6	李木	7400	740
7	王从	13000	1950
8	孙采	4800	240
9	汪林	17500	2625
10	欧亚轩	6900	690
11	史铭	22000	3300
12	钱艺	3680	184
13	黎韵	26800	4020
14	向倩	8800	880
15	毛小茂	6590	659
16	蔡敏	2960	148
17	娅莱	19860	2979

Sheet1

图 20-1 “业绩提成”效果图

项目要求

1. 认识机器人流程自动化，了解机器人流程自动化的概念、技术框架、常用的机器人流程自动化工具等基础理论知识，探索机器人流程自动化对个人、企业和社会发展的意义。

2. 通过UiBot Creator创建软件机器人：根据统计的销售业绩信息，创建计算业绩提成的软件机器人，业绩提成计算规则：业绩<5000，提成5%；5000≤业绩<10000，提成10%；业绩≥10000，提成15%。最终效果如图20-1所示。

20.2 项 目 实 现

微课 20-1
认识机器人流程自动化

20.2.1 认识机器人流程自动化

蓝蓝需要借助机器人流程自动化系统工具来创建软件机器人，首先需要对机器人流程自动化具有初步的认识。

1. 机器人流程自动化

机器人流程自动化（Robotic Process Automation，RPA）是以软件机器人及人工智能为基础的业务过程自动化科技，可以理解为是一种根据预先设定的程序，通过模拟并增强人类与计算机的交互过程，执行基于一定规则的大批量、可重复性任务，实现工作流程自动化的软件或平台。现阶段，不同的软件厂商和咨询公司对 RPA 的定义略有不同，但都具备一些共同的特征，如模拟用户交互、基于明确的业务规则、非侵入模式（以外挂的形式部署在现有业务系统上，不影响原有 IT 基础架构，可以在不增加接口的情况下实现各业务系统的集成）。

2. 机器人流程自动化的功能

机器人流程自动化可以通过软件机器人自动执行一系列流程。例如，能够登录到应用程序、复制或粘贴数据、填写表格、从文档中提取结构化或半结构化数据、打开浏览器从中抓取数据等。如图 20-2 所示为一个可以由软件机器人执行的 RPA 流程，实现视频或文章的多个媒体平台上传。公司大量基于规则的、重复性工作，如信息收集和录入、数据核对、交易处理等，都可以由软件机器人快速、准确、连续地执行。

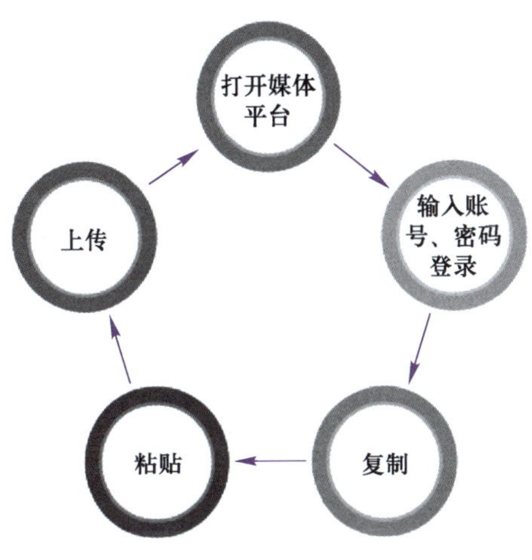

图 20-2 软件机器人执行的 RPA 流程

20.2.2 创建计算业绩提成的软件机器人

蓝蓝收集完成员工的销售业绩信息后，下载并安装 UiBot Creator，使用 UiBot Creator 来创建一个计算业绩提成的软件机器人。

1. 创建基本流程

创建基本的流程如图 20-3 所示。

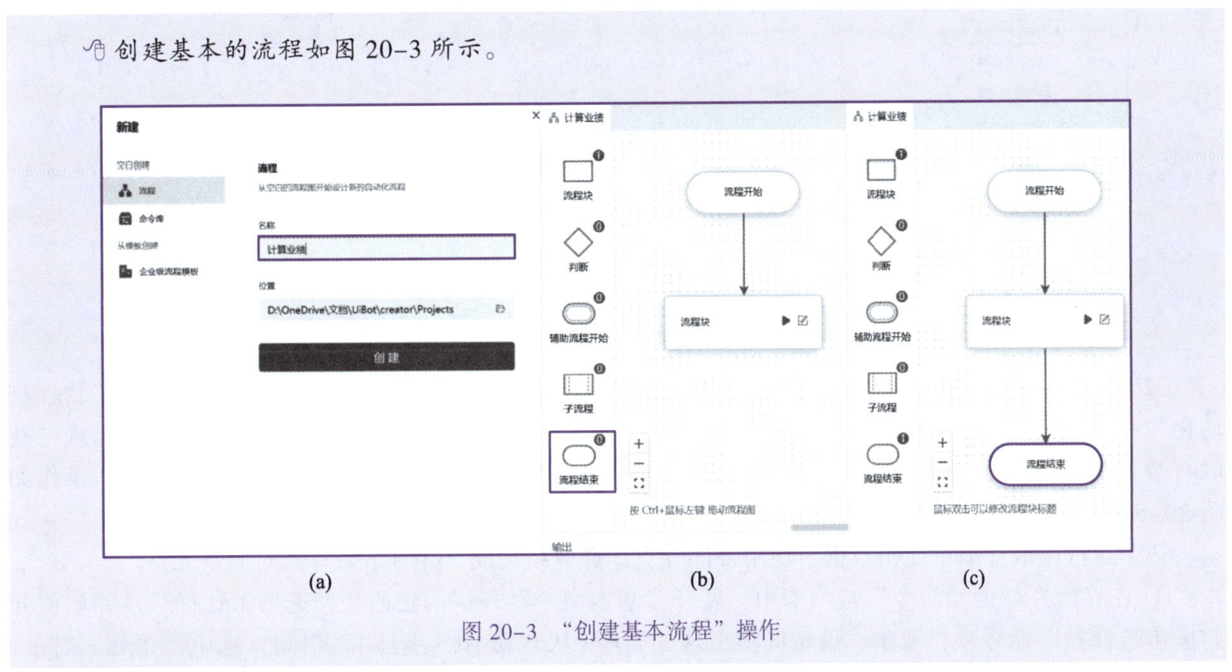

图 20-3 “创建基本流程”操作

【操作步骤】

① 启动 UiBot Creator 并登录，单击“新建”按钮，打开“新建”对话框，如图 20-3（a）所示，在“名称”文本框中输入“计算业绩”，单击“创建”按钮，将出现流程图的编辑界面，如图 20-3（b）所示。

② 在“计算业绩”组件框中拖动一个“流程块”组件和一个“流程结束”组件至流程图中；将鼠标光标移至“流程块”组件上，当光标变成“+”时，按住鼠标左键拖曳至“流程结束”组件上，松开左键，

创建的流程图如图 20-3（c）所示。

微课 20-2
创建业绩提成的软件机器人

2. 编辑流程

按照计算业绩提成的操作步骤来进行流程编辑。

打开销售业绩表，依次读取业绩单元格数据，计算业绩提成，将结果写入到对应单元格中。提成计算规则：业绩<5000，提成5%；5000≤业绩<10000，提成10%；业绩≥10000，提成15%，其实现方法如下所示：

【操作步骤】

（1）单击“流程块”组件右上角的 按钮，打开“流程块”可视化界面，在界面左侧的“命令”选项卡中，单击 按钮，展开“软件自动化”→“Excel”选项，选择“打开 Excel 工作簿”命令项，并拖曳至“编辑区”；在右侧的“属性”选项卡中，单击“文件路径”右侧的 按钮，打开“选择文件”对话框，找到“销售业绩表”，单击“打开”按钮，将设置打开 Excel 的文件路径。操作如图 20-4 所示。

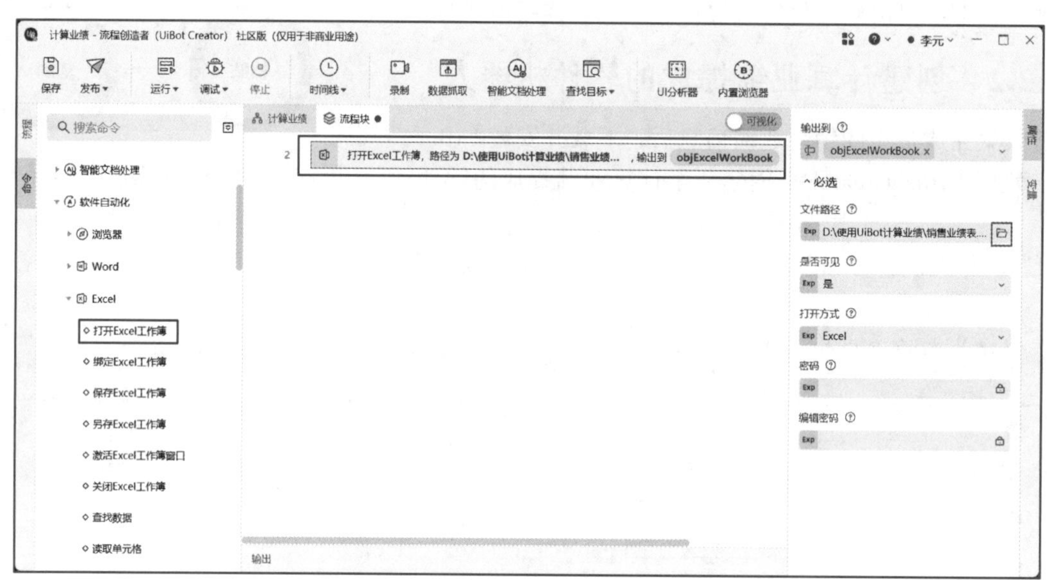

图 20-4 “打开 Excel 工作簿”操作

（2）获取 Excel 文件中的工作簿的数据行总数。在界面左侧的“命令”选项卡中，展开“软件自动化”→“Excel”选项，选择“获取行数”命令项，并拖曳至“编辑区”，可视化编辑区将出现“获取有数据的行总数，输出到 iRet”语句，其属性不做修改，其中 iRet 为输出的数据对象名。操作如图 20-5 所示。

（3）逐行读取业绩单元格数据，使用条件分支计算业绩提成，并将结果写入对应单元格。

① 在界面左侧的“命令”选项卡中，展开“基本命令”→“词法语法”选项，选择“从初始值开始按步长计数”命令项，双击，编辑区将出现“循环 i 从 0 到 10，步长 1”语句，选中该语句，右击，在弹出的快捷菜单中选择“定位到源代码”命令，将进入源代码编辑区域，将 i 的初始值由“0”修改为“2”（业绩数据从第 2 行开始），将终止值由“10”修改为“iRet”，即前面获取的行总数。在源代码编辑区的空白处右击，在弹出的快捷菜单中选择“定位到可视化”命令，返回可视化编辑界面。操作如图 20-6 所示。

图 20-5 “读取数据总行数”操作

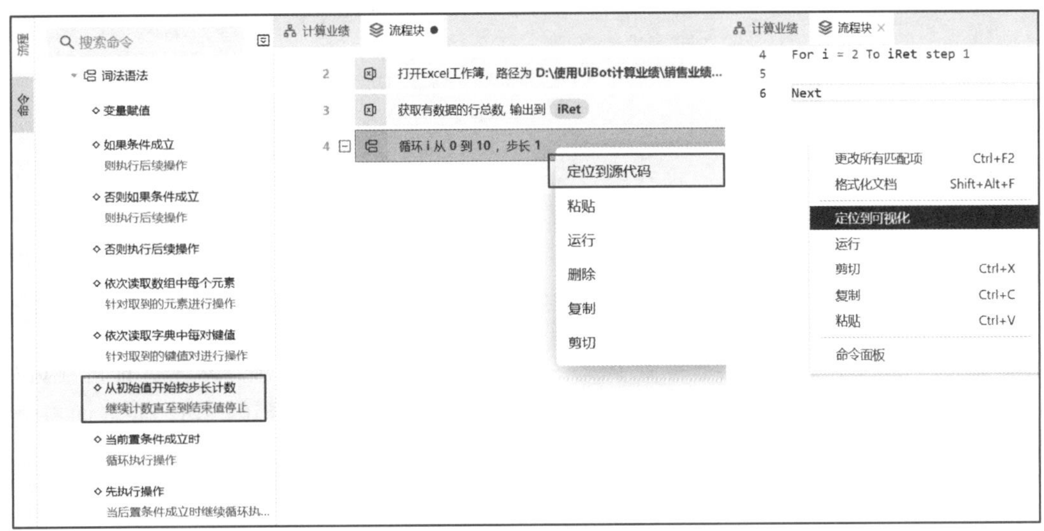

图 20-6 “书写循环语句”操作

② 在窗口右侧“变量”选项卡中，单击“添加”按钮，弹出“新建当前流程块变量”对话框，设置变量名称为“Y”，默认值为“""”，单击“确定”按钮即可新建当前流程块变量 Y。用同样的方式，新建流程块变量 YEJI、TICH，默认值均为 0。其中，Y 用来临时保存数据类型转换前的待计算业绩，通过读取单元格数据得到；YEJI 用来保存数据类型转换后的待计算业绩；TICH 用来保存业绩提成的计算结果，如图 20-7 所示。

③ 在左侧“命令”选项卡的“搜索命令”输入框中输入“读取”，在下方的搜索结果中，选择“Excel”→“读取单元格”命令项，并拖曳至“循环 i 从 2 到 iRet，步长 1”语句上，确保出现的“读取单元格 A1 的值，输出到 objRet”语句包含在循环内；选择该语句，选择界面右侧“属性”选项卡，在“输出到”下拉列表中，选择当前流程块变量“Y”；在“单元格”下方的输入框中输入“"B"&i”，其中 B 为销售业绩表中业绩所在的列号，i 代表待计算的单元格所在行的行号，两者组合起来表示待计算的单元格地址。操作示意如图 20-8 所示。

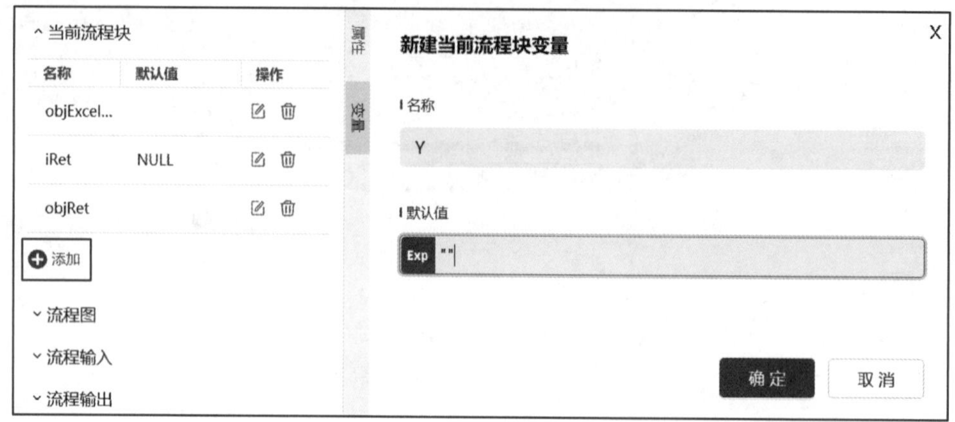

图 20-7 “新建流程块变量”操作

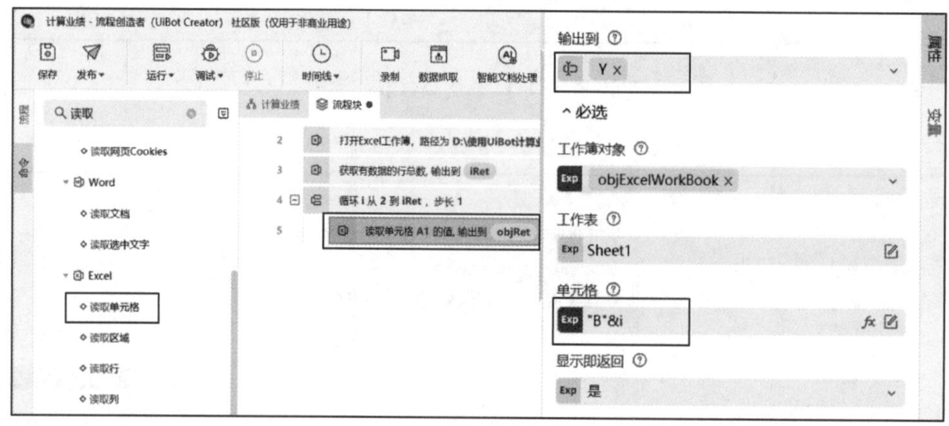

图 20-8 “读取单元格数据”操作

④ 在“命令”选项卡中选择“基本命令”→“转为整数数据”命令项，双击，即可在可视化编辑区出现“将上一条命令的结果转换为整数类型，输出到 iRet”语句；选择该语句，在界面右侧“属性”选项卡中，在“输出到”下拉列表中选择流程变量“YEJI”，在“转换对象”下拉列表中选择流程变量“Y”，如图 20-9 所示。

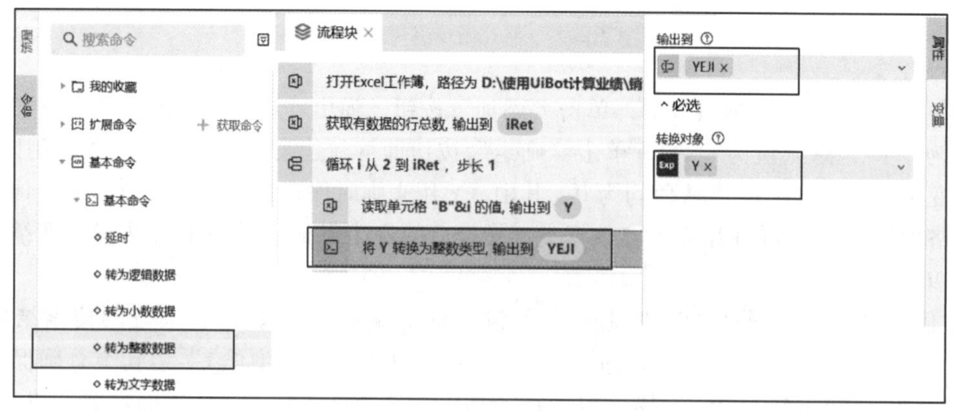

图 20-9 “数据类型转换”操作

⑤ 在左侧“命令”选项卡的“搜索命令”输入框中输入“调试”，在下方的搜索结果中选择“输出调试信息”命令项，并拖曳至可视化编辑区中的“将 Y 转换为整数类型，输出到 YEJI”语句上，确保

其包含在循环内。在右侧“属性”选项卡中，在“输出内容”下拉列表中选择流程变量 YEJI，方便流程运行调试，如图 20-10 所示。

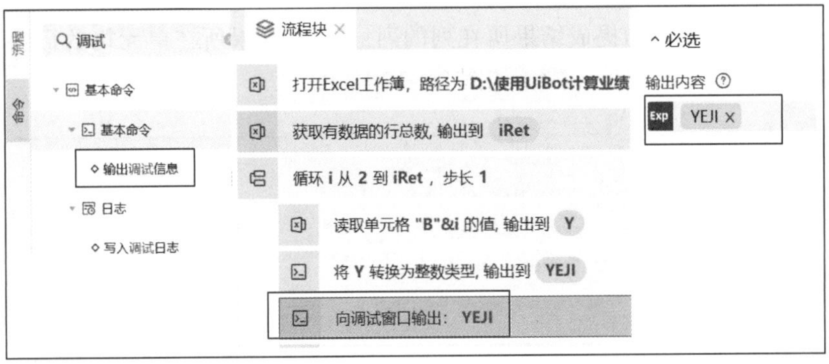

图 20-10　“书写调试语句”操作

⑥ 在左侧“命令”选项卡的“搜索命令”输入框中输入“条件”，在下方的搜索结果中选择“如果条件成立”命令项，并将其拖曳至“向调试窗口输出：YEJI”语句后（置于循环中），可视化区域将出现“根据条件判断，如果条件成立则”语句；在“命令”选项卡的“搜索命令”输入框中输入“赋值”，在下方的搜索结果中选择“变量赋值”命令项，添加“令 temp 的值为空字符串”语句，位于“如果条件成立则”语句后；在“命令”选项卡的“搜索命令”输入框中输入“否则”，在下方的搜索结果中选择“否则执行后续操作”命令项，拖曳至“令 temp 的值为空字符串”语句下方，与“如果条件成立则”语句同级；选择“如果条件成立则”语句，右击，在弹出的快捷菜单中选择“定位到源代码”命令，切换到源代码编辑界面，输入如下代码：

```
IF YEJI<5000
TICH = YEJI*0.05
ELSEIf YEJI>=5000 And YEJI<10000
TICH = YEJI*0.1
Else
TICH = YEJI*0.15
End If ;
```

操作如图 20-11 所示。在源代码编辑区域，右击，在弹出的快捷菜单中选择“定位到可视化”命令，返回可视化界面。

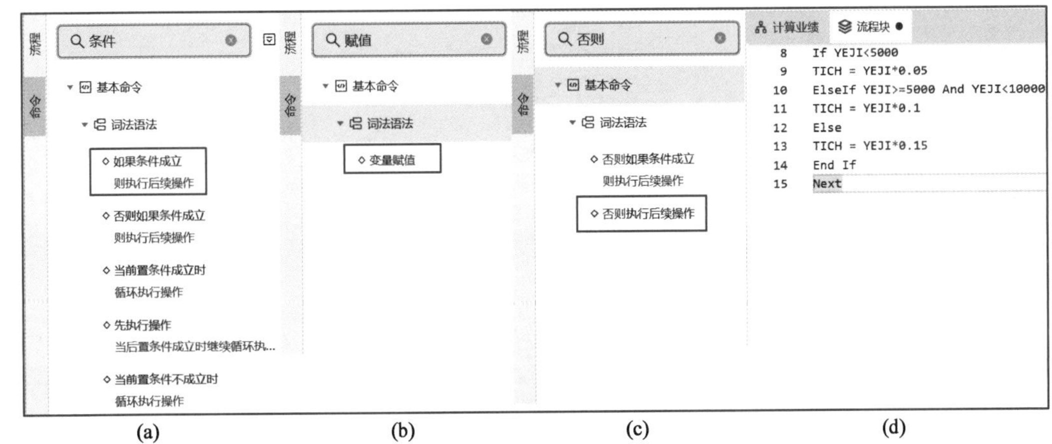

图 20-11　“根据条件计算业绩”操作

⑦ 在“命令”选项卡的“搜索命令”输入框中输入“写入单元格”，在下方的搜索结果中选择“写入单元格”命令项，并将其拖曳至“令 TICH 的值为 YEJI*0.15”语句后，与“根据条件判断”语句同级；选中该语句，在界面右侧“属性”选项卡中，在“数据”下拉列表框中选择“TICH”，在“单元格”输入框中填写“"C"&i”，其中 C 为提成结果所在列的列号，i 为结果所在单元格的行号，“&”为连接符，组合起来构成结果存放的单元格地址。操作如图 20-12 所示。

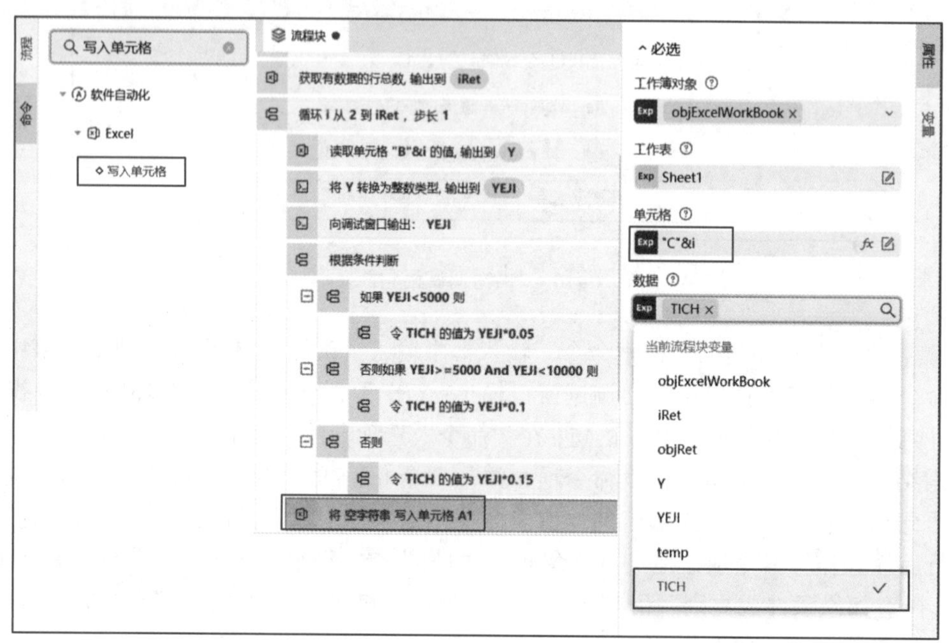

图 20-12 “计算结果写入单元格”操作

⑧ 选择“命令”选项卡，展开“软件自动化”→“Excel”选项，选择“保存 Excel 工作簿”命令项，并拖曳至“将 TICH 写入单元格 "C"&i”语句后，置于循环语句外。

⑨ 选择“命令”选项卡，展开“软件自动化”→“Excel”选项，选择“关闭 Excel 工作簿”命令项，拖曳至代码区。最终的流程语句和源代码如图 20-13 所示。

⑩ 单击工具栏中的“保存”按钮，保存编辑的流程块。

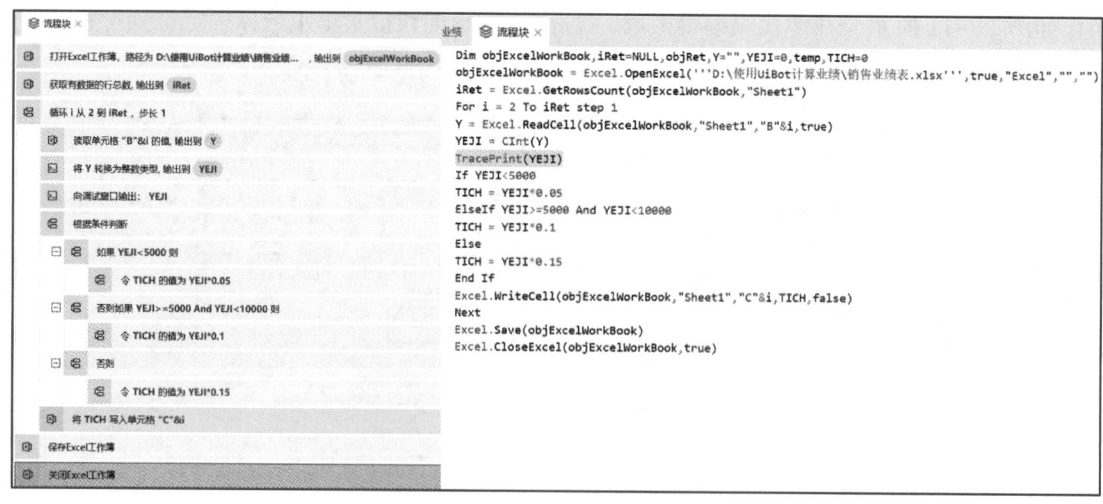

图 20-13 计算业绩流程语句

3. 运行流程

按照流程运行的操作步骤来调试运行已创建的软件机器人。

运行计算业绩的软件机器人。

【操作步骤】

单击工具栏中的“运行”按钮运行软件机器人。在界面下方的“输出”区域将出现流程块运行的提示信息。打开销售业绩表，检验运行结果，结果显示“计算准确无误”。

20.3 相关知识

20.3.1 机器人流程自动化的技术框架

典型的机器人流程自动化平台至少包括开发工具、运行工具和控制中心 3 部分。

1. 开发工具

开发者可以使用开发工具配置或创建软件机器人，并为它指定一系列的指令和决策逻辑，需要开发者具备相应的编程知识储备，如循环、变量赋值等。目前，大多数 RPA 软件代码相对简单，即使没有 IT 背景的用户也可以快速学习和使用。

开发工具一般包括以下功能：

① 记录功能，也称“录屏”，可以记录用户的每一次鼠标动作和键盘输入。软件机器人可以重复执行所记录的操作。

② 插件和扩展功能。为了让配置或创建的软件机器人变得简单，大多数机器人流程自动化平台会提供许多插件和扩展功能，以实现各种特殊的功能。

③ 可视化流程视图。通过可视化流程图，开发者可以通过拖动的方式，对软件机器人的流程进行编辑。

2. 运行工具

当软件机器人开发完成时，用户可以使用运行工具来运行已有的软件机器人，查看运行结果。

3. 控制中心

用户通过控制中心对软件机器人进行部署与管理，包括开始 / 停止机器人的运行，为机器人制作日程表，维护和发布代码，重新部署软件机器人的不同任务等。当需要在多台计算机中运行软件机器人时，也可以通过控制中心对这些软件机器人进行集中管理，如统一分发流程、统一设定启动条件等。

20.3.2 机器人流程自动化的部署模式

机器人流程自动化的部署模式主要有开发型、模板型、云型。

1. 开发型

开发型机器人流程自动化系统是公司根据自身环境、办公系统、业务流程等单独开发的专属定制系统，其工作流程与公司的业务流程完全匹配。优点是扩展可自动化的业务范围，减少操作环境的限制。缺点是需要投入更多的人力、财力，交付的时间也相对较长。

2. 模板型

模板型机器人流程自动化系统是基于特定的模板（如规则、宏、脚本等）来推进公司业务流程自动化，因此，需要选择与公司业务流程相匹配的模板，并构建与公司安全策略相匹配的环境。当模板型机器人流程自动化系统与自身业务流程不匹配时，在某些情况下，公司可能需要更新业务流程。

3. 云型

云型机器人流程自动化系统是登录云服务平台，在云环境中部署软件机器人，在网页浏览器上自动化执行任务。优点是不受场所限制，操作简便。缺点是自动化范围仅限于网页浏览器任务，难与云服务之外的部门合作。

20.3.3 常用的机器人流程自动化工具

中国机器人：跑出加速度

国际主流的RPA厂商有UiPath、Automation Anywhere和Blue Prism等。其中UiPath提供了全面的RPA解决方案，也是目前市场上比较受欢迎的RPA自动化工具之一。UiPath提供了一整套工具，用于通过流程挖掘和任务分析发现工作流，并将其转变为可编辑和调整的自治流程。

国内主流的RPA厂商有艺赛旗、弘玑、来也科技等。其中，来也科技开发的机器人流程自动化服务平台为UiBot。UiBot平台搭建的软件机器人可模拟用户在计算机上的操作，按照一定的规则自动化执行任务，如处理邮件和文档、大批量生成文件和报告，进入客户关系管理系统（Customer Relationship Management，CRM）执行特定任务等。UiBot团队还在AI方面具有深厚的技术积累，推出了一系列RPA+AI的解决方案，从流程自动化到认知自动化，进一步扩大了RPA的适用范围。

20.3.4 UiBot产品介绍

UiBot产品主要包括流程创造者、流程机器人、机器人指挥官等。

1. 流程创造者

流程创造者（UiBot Creator）是开发工具，用来开发软件机器人，是机器人流程自动化开发的核心环节。它允许用户以流程图、低代码的方式，采用鼠标拖曳界面自动化操作、AI识别、数据读取等具体步骤，轻松组装符合业务流程需求的自动化流程。

2. 流程机器人

流程机器人（UiBot Worker）用来执行软件机器人。当流程开发完成后，可将其部署在流程机器人中，流程机器人将按照需要手动启动运行流程，也可通过计划任务安排自动运行。

3. 机器人指挥官

当企业内部采用多个软件机器人时，就需要机器人指挥官（UiBot Commander）来统一管理和控制它们。机器人指挥官提供对流程、机器人、资源、任务等进行标准化管理的统一平台，能够创建、管理和控制多个任务的运行，能够管理资源，并对系统运行状态进行实时监测。

20.4 项目小结

本项目通过创建简单的软件机器人，介绍了机器人流程自动化的概念、技术框架、常用的机器人流程自动化工具，以及UiBot Creator的简单使用。

通过本项目的学习和训练，使学习者学会在信息化环境下通过创建软件机器人来完成一些规则较为固定、重复性高的工作，如自动查询数据生成报表、批量上传图片、数据审核等，引导学习者主动学习目前最新的信息技术，利用信息技术实现自动化办公，使其能节省出时间处理附加值更高的工作。

20.5 IT工作室

市场营销中心张总监让蓝蓝在京东官网搜索前5页“投影仪”商品信息（包括商品名称、价格、商家名称）保存到 Excel 表格中，方便公司自营新品“投影仪”上架时的定价，以及营销活动的制订。蓝蓝为了提高工作效率，决定使用 RPA 技术创建一个软件机器人，操作步骤如下：

① 安装 UiBot Creator。

② 创建商品信息抓取机器人流程。

③ 添加并编辑商品信息抓取流程块。

④ 添加并编辑信息保存流程块。

⑤ 添加商品信息抓取机器人结束流程。

⑥ 保存并运行商品信息抓取机器人。

参考文献

[1] 赵丽梅，万睿. 信息技术基础[M]. 北京：人民邮电出版社，2024.

[2] 张敏华，史小英. 信息技术 基础模块慕课版[M]. 2版. 北京：人民邮电出版社，2023.

[3] 张丹阳. 信息技术 基础模块[M]. 2版. 北京：人民邮电出版社，2023.

[4] 吴振峰. 计算机应用基础（Windows 7+Office 2010）[M]. 北京：高等教育出版社，2014.

[5] 眭碧霞. 信息技术基础[M]. 2版. 北京：高等教育出版社，2019.

[6] 李杏林. Word/Excel/PPT办公应用实战秘技250招[M]. 北京：清华大学出版社，2017.

[7] 周庆麟，等. Excel数据分析思维、技术与实践[M]. 北京：北京大学出版社，2019.

[8] 互联网+计算机教育研究院. Word Excel PPT 2016商务办公全能一本通（全彩版）[M]. 北京：人民邮电出版社，2017.

[9] 卢山，郑小玲. Office 2016 办公软件应用案例教程（微课版）[M]. 2版. 北京：人民邮电出版社，2018.

[10] 安世虎，等. 大学信息技术基础教程[M]. 2版. 北京：清华大学出版社，2019.

郑重声明

高等教育出版社依法对本书享有专有出版权。任何未经许可的复制、销售行为均违反《中华人民共和国著作权法》，其行为人将承担相应的民事责任和行政责任；构成犯罪的，将被依法追究刑事责任。为了维护市场秩序，保护读者的合法权益，避免读者误用盗版书造成不良后果，我社将配合行政执法部门和司法机关对违法犯罪的单位和个人进行严厉打击。社会各界人士如发现上述侵权行为，希望及时举报，我社将奖励举报有功人员。

反盗版举报电话　（010）58581999　58582371

反盗版举报邮箱　dd@hep.com.cn

通信地址　北京市西城区德外大街4号　高等教育出版社知识产权与法律事务部

邮政编码　100120

读者意见反馈

为收集对教材的意见建议，进一步完善教材编写并做好服务工作，读者可将对本教材的意见建议通过如下渠道反馈至我社。

咨询电话　400-810-0598

反馈邮箱　gjdzfwb@pub.hep.cn

通信地址　北京市朝阳区惠新东街4号富盛大厦1座　高等教育出版社总编辑办公室

邮政编码　100029

资源服务提示

授课教师如需获得本书配套的教学资源，请登录"高等教育出版社产品信息检索系统"（xuanshu.hep.com.cn）搜索下载，首次使用本系统的用户，请先进行注册并完成教师资格认证。